高等职业教育工商管理专业规划教材

管理学新编

——管理的原理、方法与艺术

沈　波　蒋新宁　肖立刚　等编著

东南大学出版社
·南京·

内容简介

本教材为高等职业教育财经专业、工商管理等专业的专业基础课教材，它融合了编者多年在教学、科研和企业咨询等方面积累的成果与经验，全书分上篇“管理理论”、中篇“管理职能与方法”、下篇“综合案例”，比较详细、通俗地阐述了管理与管理学、管理理论的发展、管理的基本原理与原则、决策、计划、组织、人员配备、领导、激励、控制、协调与沟通等管理理论、管理职能和方法。

案例教学是本书的一个重要特点，不仅各章附有课堂讨论和学生自行组织讨论的小案例，在下篇还收编了十几个专题与综合案例供教师在组织讨论中有选择地使用，同时还对管理案例的分析方法与组织案例教学应把握的重要问题进行了详细的阐明。为了便于教学与学生自学，本书各章开篇都有学习目的与要求和知识框架图，并在章末附有重要知识点小结和自测练习、案例讨论等，以便学生课后复习，进行技能训练。

本书是一本内容新颖、选材得当、语言流畅、深入浅出、突出案例、注重实用的教科书，不仅适用于高职高专财经类、工商管理类各专业，也可供高职高专工科类各专业以及远程开放教育、成人高校、成人继续教育各专业学生选用。

图书在版编目(CIP)数据

管理学新编：管理的原理、方法与艺术/沈波等编著. 一南京：东南大学出版社，2011.8(2015.7 重印)
ISBN 978－7－5641－2983－5

Ⅰ.①管… Ⅱ.①沈… Ⅲ.①管理学一高等职业教育一教材 Ⅳ.①C93

中国版本图书馆 CIP 数据核字(2011)第 176568 号

管理学新编——管理的原理、方法与艺术

出版发行 东南大学出版社
责任编辑 陈 跃
E－mail chenyue58@sohu.com

出 版 人 江建中
社 址 南京市四牌楼 2 号
邮 编 210096

经 销 全国各地新华书店
印 刷 南京玉河印刷厂
开 本 700mm×1000mm 1/16
印 张 24.25
字 数 489 千字
版 印 次 2011 年 8 月第 1 版 2015 年 7 月第 3 次印刷
书 号 ISBN 978－7－5641－2983－5
定 价 48.00 元

(凡因印装质量问题，请与我社读者服务部联系。电话：025－83792328)

序

21世纪是建立在高新科技、知识和人才基础之上的一个崭新时代，这一时代最重要的特征是全球化、信息化和市场化。在日趋激烈的全球经济竞争中，人才被提到了越来越突出的地位。联合国《1996年度的人力资源开发报告》指出："一个国家国民生产总值的四分之三是靠人力资源，四分之一是靠资本设备，国家之间的竞争，是知识与技术的竞争，实质上是人才的竞争。"因此，作为开发人力资源的摇篮——教育事业，在现代社会经济中所起的支柱作用，越来越引起广泛重视。而在人才培养和开发系统中，社会经济建设所需要的各类面向基层岗位的应用型、技能型人才受到日益高度的重视，随着我国高等职业教育的发展和就业市场对实用型人才的需要，我们亟须在教学资源方面花大力气建设一大批符合高职教育特点的知识面广、实用性强、注重理论与实践结合、便于应用操作的教材和课件。沈波教授等编著的《管理学新编》正是为适应高等职业教育大力培养地方经济建设所需要的，面向基层工作岗位的工商管理应用型人才而进行的积极有益的尝试。

管理是社会化大生产的必然产物，也是任何组织的永恒主题。管理学是任何管理者从事管理实践活动都必须掌握的基本知识。马克思曾指出，凡是存在共同协作劳动的地方，都需要管理，并且组织规模越大，人员越多，管理也就越复杂。现代社会经济发展实践也越来越证明，管理对效率和效益提高具有十分重要的意义。本书在吸取有关管理名著和论说的基础上，紧密结合高职教育的特点，既注重理论知识性，更注重应用性、操作性，比较全面、系统地把反映管理基本规律的原理、职能和方法，以一种通俗易懂的方式加以表述，同时在逻辑思路、体系结构、写作风格以及内容的详略、取舍等方面都颇具特色。

《管理学新编》教材在体系结构上以管理理论、管理职能与方法、综合案例作为上、中、下三篇来安排，既反映了管理理论的演进发展和体现管理活动内在本质规律的管理基本原理，又突出了管理职能与方法在组织中的具体运用，同时各章最后的重要知识总结、测试练习以及课堂案例讨论等都比较适合高职学生、成人学生在老师指导下进行自学和组织学生讨论所用。

另外，大量运用案例教学、强调实践能力的培养也是教材的一个特色。教材中对案例教学和学习方法的研究、选编的十几个专题和综合案例是教师长期从事管理教学、科研、咨询的知识积累，非常适合教学和学生自主化学习。我热忱期望案例教学方式能够成为高职教育工商管理学科各专业专业课程中实现理论与实践相结合的实践教学平台之一。

相信本教材的出版，将对高职教育、成人学历教育和继续教育的工商管理专业课程建设起到积极的推动作用，同时衷心希望能有更多更好的为培养地方经济建设所需应用型人才服务的高职教育教材出版。

（南京城市职业学院院长）

二〇一一年八月十日

前言

发展高等职业教育是我国新世纪高等教育改革与发展的一个重要方面，培养一大批在知识、能力、素质结构上能够胜任各行各业基层各类岗位的工商管理类应用型人才，已成为工商管理高等职业教育、成人教育以及各类管理培训教育义不容辞的责任。

为了改变长期以来工商管理专业基础课教材存在的体系僵化、结构松散、内容空洞、知识陈旧并与专业管理课程重复等现状，也为了进一步适应21世纪高等职业教育、成人教育和各类在职人员的培训特点和要求，培养出大批懂理论知识、会操作应用、适应和变通能力强的社会基层所需要的应用型管理人才，由南京城市职业学院工商管理系沈波教授为首的优秀教学团队经过长时期的管理专业教学、科研、咨询的积累和酝酿，并在充分借鉴、吸收国内外先进管理理论和方法成果的基础上，2008年初编著并出版了《管理学概论》教材。两年来，教材在高职和成人开放教育工商管理、旅游管理、财经等专业广泛使用，在培养学生分析管理问题、提高管理的组织、协调和沟通能力等方面取得了比较好的效果。

本教材是在对《管理学概论》教材进行较多修改、补充和完善的基础上形成的，特别是增加了管理的社会责任与管理伦理、领导的时间管理与驾驭、协调与冲突管理等章节内容，并对下篇中的部分案例做了增减和替换。新教材写作的指导思想是在吸取和借鉴现有同类教材知识体系的基础上，博采众长，融为一炉，锤炼创新，力求把管理的基本理论知识与社会主义市场经济改革与发展实践中面临的新情况、新问题结合起来，有针对性地介绍国内外最实用的管理理论研究成果，使学生一方面能够把握管理学基本知识体系以及发展的现状和趋势，另一方面能够对实际管理案例进行分析思考，逐步提高学生运用管理基本理论、职能、方法解决各种管理实践活动中问题的应用能力。本教材在写作方法上，既注重学科内容结构的系统性、逻辑性与知识的科学性，同时又特别突出表述的简明性、通用性和操作性等特色，以利于读者举一反三，学以致用。本教材不但适合高职高专工商管理类各专业在校学生的学习需要，也可作为各类成人和管理干部、技术人员自学与培训的参考。

《管理学新编》分为上、中、下三篇。

上篇为管理理论，分为三章。第一章主要对管理、管理的性质和职能、管理学的含义、研究对象、内容体系结构、管理的作用以及学习管理学的意义与方法等问题进行了系统的介绍，为学习后面各篇章起开门铺路的作用；第二章主要介绍中外管理发展的历史，并重点讨论近代、现代管理理论的主要代表人物及主要管理理论内容，使读者能清晰地把握管理问题的由来及解决方法的不同思路;第三章在从管理的对象、过程、动力、目的等管理实质内容以及基本运动规律入手,重点讨论管理的系统原理、控制原理、人本原理、效益原理及相应的管理原则。

中篇为管理职能与方法,主要介绍在任何组织管理过程中如何通过决策、计划、组织、领导、人事、激励、控制、沟通、协调与冲突管理等一系列管理职能与方法来实现有效管理。

下篇为综合案例篇,根据长期教学、科研、咨询的经验积累,我们向读者较为系统地介绍了管理案例教学的学习方法,同时还有针对性地结合前面各章节的学习内容选编了十四个专题性、综合性的管理案例供教学和学习参考。

编著本教材的教学团队由南京城市职业学院的中青年骨干教师沈波、李岩、蒋新宁、肖立刚、鲜丽华、刘美林、葛静、季晓云、徐力、汪发成、肖永红、朱明远、吴红、吴晓晨、严维红等组成,具体编写的人员分工如下:沈波、李岩、肖立刚、鲜丽华、吴晓晨合作编撰了上篇、下篇。蒋新宁、刘美林、季晓云、葛静、徐力、汪发成、肖永红、朱明远、严维红、吴红、丁亮参加了中篇各章节的编撰,具体分工是:蒋新宁编写第四章;汪发成编写第五章;刘美林编写第六章;徐力编写第七章;肖永红编写第八章;吴红编写第九章;丁亮编写第十章;朱明远和严维红编写第十一章;葛静、季晓云编写第十二章。最后由沈波、肖立刚负责对全书各篇章进行了统稿和校审。

感谢南京城市职业学院院长夏桂松为促进和支持高等职业教育工商管理专业的建设和发展,在百忙之中为本教材作序,同时还要感谢东南大学出版社的编辑们,正是因为他们的关心和帮助才使本书能再次出版。

由于我们水平有限,加之管理科学在不断发展,教材中的疏漏和不当之处在所难免,敬请广大读者批评指正,我们将加强对学生学习的跟踪、调查工作,及时收集学生和广大读者的意见和建议,不断对教材做出必要的修订,使之更趋合理、完善。同时,在编著本书过程中,参考了大量的文献资料,在此向原作者表示谢意。

编著者
2011 年 8 月于南京

目　录

上篇　管理理论

中篇 管理职能与方法

下篇 综合案例

上篇

管理理论

第一章
管理与管理学

学习目的与要求

本章主要介绍管理及管理学的性质、基本内容和体系结构，并阐述管理的作用及学习管理的方法，目的是为了让读者站在高处俯视管理的概貌和这门学科的基本内容，为后面各章的学习起到开门引路的作用。具体来说，本章的学习目的与要求是：

(1) 理解管理的含义、性质及职能。

(2) 了解管理的外部环境因素及环境与管理的关系。

(3) 明确管理的作用。

(4) 了解管理者的角色。

(5) 了解管理学的研究对象和基本内容。

(6) 理解现代管理思想的主要特点。

(7) 掌握学习管理学的基本方法。

📖 本章框架结构图

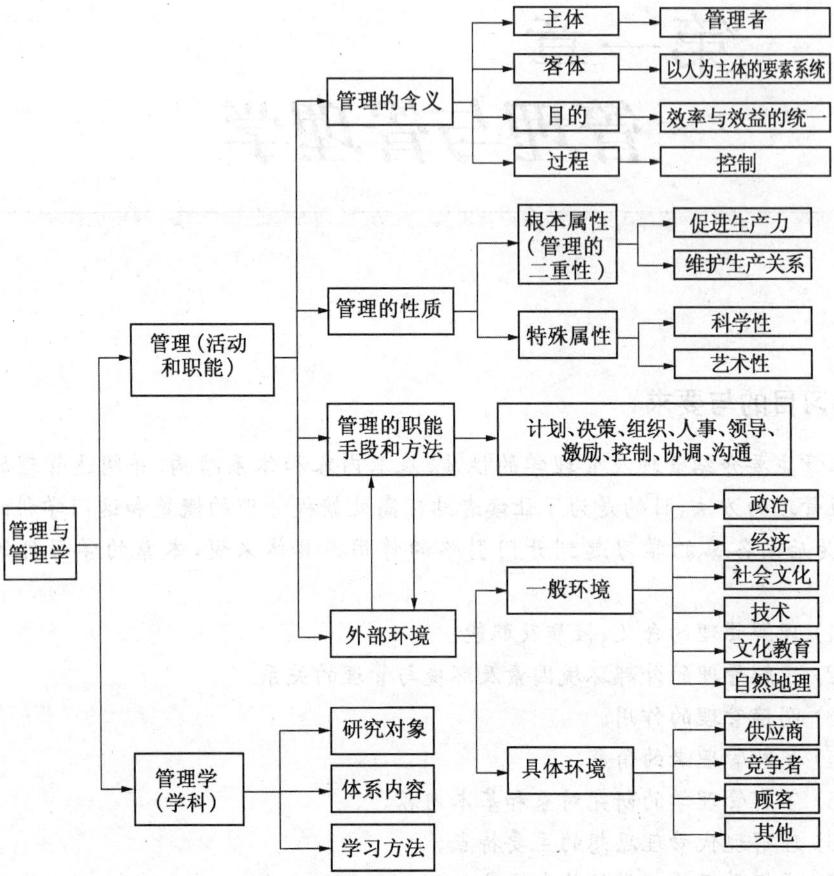

第一节　管理的含义与性质

20 世纪以来，在世界范围内掀起了管理的浪潮。人们普遍重视社会各个领域和人类各种活动中存在的各种管理问题。特别是进入 20 世纪 70 年代，人们把管理和技术并列为推动经济发展和人类社会前进的两大车轮。的确，管理作为人类最基本的活动之一，它已广泛地存在于现实的社会生活之中，大至国家、军队，小至企业、学校、医院、家庭，凡是由两个以上的人组成的有一定活动目的的组织都离不开管理。管理已渗透到人类社会的政治、经济、文化、社会等各种生活之中。人们已经充分认识到有效的管理活动是一个国家、一个企业和各类组织实现其目标的必不可少的保证。

一、管理的含义

什么是管理？这是每个初学管理的人首先遇到的问题。众所周知，管理有许多特殊的领域，例如行政管理、经济管理、企业管理，以及各种行业、部门和过程的管理。这些领域都有专门的学科进行研究，但是我们稍加分析就可以发现，这些专门的学科有许多共性的内容，如人、财、物的组织与计划问题，对人进行领导和激励的问题等等。本教材所要研究的正是这种一般意义的管理。由于管理的广泛性、复杂性以及研究的出发点不同，所以对于管理的含义，不同的管理学派有着不同的观点，至今还没有一个统一的、为大多数人所接受的定义。例如，“科学管理之父”泰罗（F. W. Taylor）认为，管理就是要“确切地知道你要别人干什么，并注意他们用最好的、最经济的方法去干”；古典管理学创始人之一法国管理学家亨利·法约尔（H. Fayol）指出：“管理就是计划、组织、指挥、协调、控制。”[①]而美国管理学家、诺贝尔奖获得者赫伯特·A. 西蒙（H. A. Simon）则认为，决策贯穿于管理的全过程，所以“管理就是决策”[②]。管理过程理论的代表人物孔茨（H. Koontz）则认为，“管理就是通过别人来使事情做好的一种职能”，“管理是为保证圆满实现企业任务而采用的手段、方法，通常是指计划的编制、执行和控制”，“管理是指同别人一起，或通过别人使活动完成得更有效的过程”[③]。行为科学学派创始人梅奥（Mayo）和美国的罗特利斯伯格（F. J. Roethisberger）等认为，管理就是做人的工作，它的主要内容是以研究人的心理、生理、社会环境影响为中心，激励职工的行为动机，调动人的积极性。管理科学学派的代表人物美国的伯格等人认为，管理就是用数学模式与程序来表示计划、组织、控制、决策等合乎逻辑的程序，求出最优解答，以达到企业的目标。而在西方管理学界很有影响的管理学家彼德·德鲁克（P. Druck）则认为：管理包括5项基本活动：① 确定目标；② 组织实施；③ 考核结果；④ 激励与沟通；⑤ 培训人才。

可见，上述观点都只是从某个侧面强调了管理的内容和重要性。我们认为，要对管理下一个比较确切、全面的定义，则需要把握管理的主体、对象、目的、过程以及管理所面临的环境。因此，本教材从上述5个方面对管理进行定义：管理就是在一定的外部环境条件下由管理者根据管理的原理对管理对象行使决策、计划、组织、人事、领导、激励、控制、协调、沟通等一系列职能与方法，从而高效地达到某一确定目标的活动。

上述定义说明：

(1) 管理的主体是管理者。

(2) 管理的客体（对象）是以人为主体的，包括人、财、物、时间、技术、信息、环境

---

① 亨利·法约尔. 工业管理与一般管理. 北京：中国社会科学出版社，1982：5

② 小詹姆·H. 唐纳利. 管理学基础——职能、行为、模型. 北京：中国人民大学出版社，1982：18

③ 史蒂芬·P. 罗宾斯. 管理学. 北京：中国人民大学出版社，1997：6

等基本要素所构成的有机整体或系统(见图 1-1)。

(3) 管理是在一定的外部环境制约条件下进行的,同时管理也能对外部环境产生积极的影响和作用。

(4) 管理的任务是高效率地实现组织所确定的目标。这一目标可以表现为某种经济效益或社会效益,所以管理的目的是达到效率与效益的统一。

(5) 管理是一个活动过程,从广义上讲,管理就是人们为达到一定目标而运用决策、计划、领导、激励、控制、协调、沟通等职能与方法来对各种要素资源进行优化配置的活动过程,同时,由于管理对象是以人为主体的一个系统,所以管理活动还是一个调整人们协作与利益关系的过程。

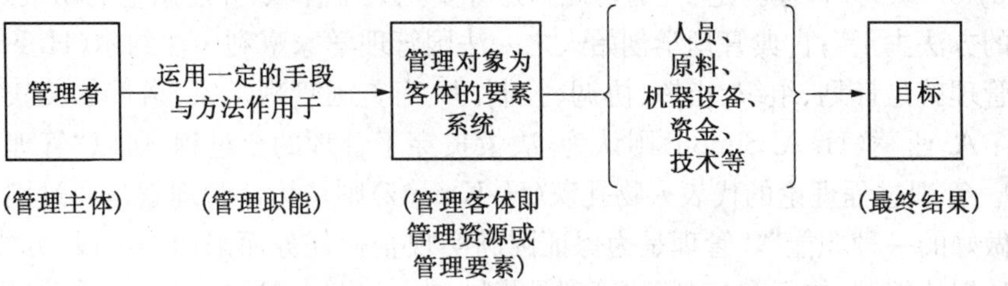

图 1-1 管理含义示意图

二、管理的性质

管理作为一种普遍的社会活动,起源于社会成员劳动的集体性,以及社会成员在劳动和社会生活过程中相互交往的必要性。因此,管理的本质属性是管理具有二重性,但同时作为一种特殊的实践活动,管理还具有自己独特的性质。

(一) 管理的根本属性:管理的二重性

1. 管理二重性的含义及内容

马克思在分析资本主义管理的性质和职能时指出:“凡是直接生产过程具有社会结合过程的形态,而不是表现为独立生产者的孤立劳动的地方,都必须会产生监督劳动和指挥劳动,不过它具有二重性。”①

“一方面,凡是有许多人进行协作的劳动,过程的联系和统一都必然要表现在一个指挥的意志上,表现在各种与局部劳动无关而与工场全部活动有关的职能上,就像一个乐队要有一个指挥一样。这是一种生产劳动,是每一种结合的生产方式中必须进行的劳动。”②

“另一方面,——完全撇开商业部门不说,——凡是建立在作为直接生产劳动者和生产资料所有者之间的对立上的生产方式中,都必然会产生这种监督劳动。这种

① 资本论·第3卷.马克思恩格斯全集·第25卷.北京:人民出版社,1973:431
② 资本论·第3卷.马克思恩格斯全集·第25卷.北京:人民出版社,1973:431

对立越严重，这种监督劳动所起的作用也就越大。”①

可见，管理的二重性是指管理作为合理组织生产力的自然属性和在一定生产关系下所体现的社会属性。具体地说，管理的二重性就是：由生产力的发展引起和决定的反映生产力属性的管理，是共同劳动、分工协作需要的管理，体现了不同社会制度下管理的共同属性即自然属性；受一定生产关系影响和制约的反映生产关系的管理，是维护和调整生产资料占有阶级的经济利益需要的管理，规定着管理的阶级实质和目的，具有阶级社会各自特殊属性即社会属性。因此，管理既要适应生产力运动的规律，也要适应生产关系运动的规律。

2. 管理二重性的意义

(1) 掌握管理二重性原理，能全面而深刻地理解管理产生的客观必然性、性质、基本职能，以及管理在组织社会化生产和实现社会化生产目的等方面的重要作用。它有利于我们学习和借鉴资本主义发达国家的先进管理技术，有利于我们正确认识管理的特点和规律，迅速发展我国的管理科学，以提高管理水平。

(2) 掌握管理二重性的原理，能够更好地区分资本主义和社会主义经济管理之间的共性与个性。根据二重性原理，要认识到管理既有自然属性(共性)，也有社会属性(个性)，两者不可偏废，既不能忽视不同社会制度下管理上存在着自然属性上的共性，也不能否认两者在社会属性上存在的个性。特别注意对资本主义国家反映剥削或不尊重员工主人翁地位的管理制度和方法不能盲目崇拜和全盘照抄，以免给我们的管理工作造成损失。

(二) 管理的特殊属性：管理是科学与艺术的统一

1. 管理的科学性

管理的科学性是指管理工作有其内在的客观规律，这种内在必然性反映了管理过程各方面、各要素、各职能之间的相互关系，这些关系是从长期管理实践中总结出来的知识理论，它是由相互依存的概念、原理、原则、职能等构成的管理知识框架或组合。管理的科学性反映了其理论知识的准确性，所以它对管理实践具有重要的指导作用。当然，管理作为一门科学，处于不断发展完善的过程当中，因为受到各方面条件的限制，管理学不可能达到尽善尽美的程度，它要在发展中不断充实、完善，有些内容还要进行修正，使之能够更有效地去指导实践。

2. 管理的艺术性

管理的艺术性就是强调管理的实践性。由于管理工作面临的许多变量是极其复杂的，也就是说，所有停留在书本上的管理理论或靠背诵管理原则、管理原理进行管理活动是不能保证其成功的。管理人员必须在管理实践中发挥积极性、主动性和创造性，灵活地将管理知识与具体管理活动相结合，才能有效地进行管理。

---

① 资本论·第3卷.马克思恩格斯全集·第25卷.北京:人民出版社,1973:431

3. 管理是科学与艺术的统一

从以上分析可见,一方面,管理是一门科学,它以反映管理客观规律的管理理论和方法为指导,有一套分析问题、解决问题的方法论,要搞管理工作,必然要按管理科学理论与方法办事;另一方面,管理是一种实践活动,它体现在管理工作中必须灵活地把经过组合的管理知识理论运用于管理实践,才能取得好的效果。所以管理要求科学与艺术二者兼备,即管理活动除了要掌握一定的理论和方法外,还要有灵活地运用这些知识和技能的技巧和诀窍。

第二节 管理的职能与作用

一、管理的职能

根据管理的二重性,管理具有合理组织生产力和维护与完善一定的生产关系这两种基本职能。把这两种基本职能结合在一起,共同作用于生产过程时,又表现为决策、计划、组织、人事、领导、激励、控制、协调、沟通等具体职能。现将这些职能简述如下:

(1) 决策职能。决策职能是指组织根据外部环境和内部条件的变化,按照组织的根本任务,确定决策目标,拟定实现目标的方案,并做出选择和决定。决策是行动的基础,正确的决策能够指导人们正确的行动,从而获得良好的绩效;错误的决策必将导致错误的行动,给组织工作带来损失。正是在这个意义上,西蒙提出了"管理就是决策"①这一重要观点。决策是企业经营成败和组织活动成效的关键,所以它是管理的一项首要职能。

(2) 计划职能。计划职能从广义上说也可以包括决策职能。但本书的计划职能是从狭义上说的,是指执行决策所进行的具体规划与方法。在管理工作中,有了正确的决策之后,还必须有保证决策得以实现的各种计划,使组织的各项活动有条不紊地进行。就一个企业来说,计划职能,就是自觉依据和运用价值规律,在国家计划指导下,根据决策的经营目标的要求,采取综合平衡的方法,编制各种长、中、短期计划,确定各种主要技术经济指标,以及组织计划实现的一系列管理活动。实行计划职能,进行计划管理的过程,也是实行目标管理的过程。充分发挥管理中计划职能的作用,能使企业各个方面、各个单位以至每个职工都有明确具体的奋斗目标,并能以此将企业各单位、各部门的工作很好地衔接和协调起来,建立起正常的生产和工作秩序。这是现代社会对管理的要求。

(3) 组织职能。两个人以上的集体为了一个共同的目标,在统一指挥下,分工合

① (日)占部都美.现代管理论.北京:新华出版社,1984:27

作的行为，就是组织。或者说，组织是实现目标与任务的有关人员的分工协作的集合体。就企业来说，实现生产经营活动的目标和计划，必须把企业生产经营活动的各种要素、各个环节和各个部门，从劳动的分工与协作上，从上下左右的关系上，以及从空间与时间的相互结合上，合理地组织起来，形成一个有机的整体，这就是管理组织职能所要解决的问题。它的具体内容一般包括：合理地确定企业的管理环节和管理组织形式，规定各个环节和部门的职责分工、工作权限和组织协作关系；正确地挑选和配备各类人员，规定每个员工的职责分工和相互关系等。一个组织的组织管理职能水平高低，直接关系到能否更好地调动人的积极性，充分发挥其他各种管理要素的作用，在一定程度上，决定着一个单位效率的高低和管理活动目标的实现。

(4) 人事职能。管理学中的人事是指组织根据任务需要，通过选拔、考核、培训、开发等活动为组织各部门、各岗位配备合适人选的活动。因此，做好人事管理工作，无论对什么性质的组织来说都是十分重要的。

做好人事管理工作，是合理开发和利用组织的人力资源，充分发挥组织成员潜能的重要途径。在组织的各种组成要素中，人是最有活力、最能动的要素。如何调动组织成员的积极性和创造性，是管理要解决的最重要的问题。一般来说，首先，要做到组织人员的合理利用、合理配置，避免出现大材小用、有材不用，浪费人力资源的现象；其次，要做好制定报酬标准的工作，使职工觉得付出的劳动得到了合理的报酬；再次，要通过培训、指导等工作，使人们认识到自己的潜能，并将这种潜能发挥出来，最大限度地挖掘组织内可用的人力资源。

(5) 领导职能。领导是管理工作的一个重要职能，它与管理工作的其他职能如计划、组织、控制等的区别主要体现在与人相联系的特征上。领导是指指导和影响个人或群体，在一定条件下使人们为实现共同的组织目标而做出努力和作出贡献的过程或艺术。要实现有效的领导，就必须对领导者的职、责、权，对领导的影响力、领导工作的基本方法、领导方式以及领导艺术等问题进行全面的研究。

(6) 激励职能。激励就是引发和促进人们去进行某种特定行为的活动。在一个组织中，当管理者制定出计划，并通过组织活动以及建立有效的控制系统后，组织成员便可以投入到为实现组织目标而必须进行的个人活动中去了。但是管理者如何保证组织成员能够真正投身有利于组织目标实现的个人活动中，并使组织成员在这一行为过程中充分发挥个人的主动性、积极性和创造性呢？这就涉及管理的激励问题。对激励职能的研究，包括对激励过程的心理分析、影响激励的因素以及各种激励模式的探讨等内容。

(7) 控制职能。控制职能也称监督职能，就是根据组织内部和外部的反馈信息，按既定的目标和计划，对组织的活动及其成果进行监督和检查，以便发现偏差，寻找原因，并及时采取纠正措施，使之符合计划，如若不能消除差异，则必须调整计划。控制的内容是多方面的，例如从企业管理来说，控制职能包括生产控制、质量控制、库存控制、成本控制及财务控制等等。但本书主要是从一般意义上来探讨控制的基本类型、程序及方法等。

(8) 协调职能。法约尔认为，协调即和谐，指企业的一切工作都能配合得当，以便使企业的经营活动顺利进行，并有利于企业取得成功。它要求企业各部门、部门内各成员，在对完成企业共同目标方面各自必须承担的工作和相互间所应提供的协助有准确的认识；同时，必须反对各自为政、互不通气和不顾企业整体利益的行为。

像企业这样的组织，是由人、财、物、技术、信息等要素共同构成的。企业要正常运转，必须根据企业经营目标对各生产要素进行统筹安排和全面调度，使各要素间能够均衡配置，各环节相互衔接、相互促进。这里的统筹安排和全面调度就是协调，它需要通过管理者的管理行为来执行。其实，这种协调就是理顺组织内部的各种关系，如部门间的关系、员工与员工之间的关系、上下级间的关系等。同时，企业是开放的系统，在其运转过程中，必然要与外部环境发生多种关系，如企业与政府的关系，企业与消费者及新闻界的关系等。这些关系处理得是否得当，关系到企业能否正常运转。所以管理者必须正确处理好这些关系，为企业正常运转创造良好的条件和环境。

总之，协调就是正确处理组织内外各种关系，为组织正常运转创造良好的条件和环境，促进组织目标的实现。

协调的作用主要表现在三个方面：① 使个人目标与组织目标一致，促进组织目标实现。② 解决冲突，促进协作。通过协调，可以很好地处理和利用各种冲突，发挥冲突的积极作用，使部门之间、人与人之间能够相互协作，很好地配合。③ 提高组织效率。

(9) 沟通职能。沟通是人与人之间传达思想和交流情报、信息的过程。沟通职能广泛存在于各类组织的管理活动中，在管理过程中具有非常重要的意义。沟通职能的主要内容是分析和研究沟通的过程、类型、渠道、网络以及克服沟通障碍等内容。

二、管理的作用

(一) 从国内外的历史经验与现实看管理的重要作用

1. 从国外的历史经验看管理的重要作用

管理是共同劳动的产物，在现代社会化大生产中起着非常重要的作用。马克思曾经指出，“一切规模较大的直接社会劳动或共同劳动，都或多或少的需要指挥，以协调个人的活动，并执行生产整体的运动——不同于这一整体的独立器官运动——所产生的各种一般职能。一个单独的提琴手是自己指挥自己，一个乐队就需要一个乐队指挥。”[①]可见，只要有许多人在一起共同劳动，就必须对劳动过程进行有效的管理，以协调各个劳动者的劳动，使劳动达到预期的目的。因此，管理是劳动过程正常

① 马克思. 资本论·第1卷. 北京：人民出版社，1975：367

进行所必不可少的条件，是以专业化分工与协作为特征的现代社会大规模共同劳动的客观要求。随着科学技术的发展，共同劳动的规模越大，专业化分工和协作越精细、越复杂，对管理的要求就越高。所以随着现代科学技术的迅猛发展，生产社会化和经济全球化的程度日益提高，管理就成为挖掘社会潜力、合理配置资源以取得竞争优势或组织目标的一个不可缺少的构成部分。

另一方面，管理的必要性，从现代社会经济发展的角度来看，在于它是当代人类社会进步的加速器。各国经济发展的经验表明，经济发展固然是建立在科技进步、知识更新、资源开发与利用的基础之上的，但是如果缺乏先进的管理，那么先进的科学技术就难以得到推广或有效地运用，包括人才在内的各种有形资源和无形资源也难以得到优化配置，掌握科学技术、文化、管理知识的人的聪明才智和积极性也不能得到充分发挥。例如，据专家分析，在现有的科技和设备的条件下，改善管理可提高生产力水平 1/3 以上；反之，管理不改善，即使科技和设备得到改善也不可能大幅度地提高生产力。战后日本起初引进了不少美国和西欧先进的技术和装备，但由于当时对科学的管理思想和管理方法重视不够，结果产品的成本、质量、劳动生产率和利润等各项指标仍大大落后于发达国家。从 20 世纪 50 年代末期开始，日本总结了这方面的经验教训，认识到只引进先进技术，不改善管理，是不能充分发挥先进技术这一要素的作用的。因此，日本在向外国学习的过程中，绝大部分企业开始重视管理思想和管理方法的引进，一面大量地翻译并研究美国和西欧国家有关经营管理方面的著作，派人出国观摩学习；一面又邀请国外管理专家到日本讲学，在整个企业界、政府部门和教育部门掀起了一个学习科学管理思想和管理方法的高潮。当时，日本工商业界尤其注意以下几个问题：① 全面地研究并有选择地吸收、引进那些真正能提高日本生产力的管理制度和方法。② 注意把外国的先进管理思想、方法与本国的实际情况结合起来，进而创造出具有日本特色的新型的管理方法。③ 不断研究国外企业管理方法的一些最新成果，并及时的引进、推广，在全国范围内不断掀起群众性的学习管理知识的浪潮。④ 大力发展管理教育事业。

由于采取了“引进技术与引进管理并重”的方针，自 20 世纪 60 年代初期开始，日本的经济获得了高速发展。目前，日本的管理水平在某些方面已高于美国。日本从事管理的人数也大量增加。据统计，日本的工科毕业生有 20%从事企业管理工作。日本能迅速跻身于世界强国之列，是与它有一支精明强干的经营管理队伍分不开的。有人把管理和技术称为是日本实现现代化的两个轮子，更有人把管理和科学、技术称为现代社会的三大支柱。

美国不仅是目前世界上最发达的经济强国，而且管理理论与管理方法也走在世界前列。每年经济学诺贝尔奖获得者绝大多数由美国著名的经济学、管理学专家教授囊括。从美国 20 世纪 40 年代制造第一颗原子弹的“曼哈顿工程”到 60 年代载人登月的“阿波罗计划”，以及 80 年代以来美国各大公司的全球化经营战略的成功，无不体现着管理的巨大威力与作用。负责“曼哈顿工程”的奥本海默教授曾指出：“使科学技术充分发挥威力的是科学的组织管理。”①“阿波罗”登月计划的总负责人韦伯博士也说：“我们没有使用一项别人没有的技术，我们的技术就是科学的组织管理。”②可见一个国家经济上的发达与强盛，无不是建立在先进的科学技术和科学的管理基础上的，没有科学的管理就不可能有现代社会的一切重大成就。

2. 从我国现代化建设看管理的作用

从我国的情况看，新中国建立半个多世纪以来，在中国共产党的领导下，我国不论在工业和农业，还是在国防和科学技术等方面，都取得了举世瞩目的成就，并且建立了独立的、比较完整的国民经济体系。尤其是党的十一届三中全会实行改革开放政策以来，我国的社会、经济、技术、国防及综合国力都有了很大的发展和提高，这其中管理所起的作用是不言而喻的。当然，与发达国家相比，我们的管理无论是从理论、工具、方法、手段来看，还是从管理所达到的水平和效果来看，都有很大的差距。例如，我国企业无论在劳动生产率、物耗水平、产品质量、人均利税等指标上，还是在战略、决策、计划、组织、预测、控制等管理组织水平和管理技术方面都与发达国家企业有很大差距。因此，提高我国的管理水平是当务之急。而要提高管理水平，就必须在管理学理论知识方面打好基础。所以从建设社会主义现代化事业来看，加强对管理的认识，学习管理理论，提高管理水平，其重要性不亚于技术、知识、资源、环境等要素资源所起的作用。

邓小平在《解放思想，实事求是，团结一致向前看》一文中指出，“当前大多数干部要抓紧3个方面的学习：一个是学经济学，一个是学科学技术，一个是学管理。”③从我国改革与发展的现实情况来看，管理的确是我们亟待解决的一个重大问题。就拿国有企业来说，目前许多国有企业遇到亏损、负债率过高、产品销路不畅、积压严重、效益低下等问题，虽然原因是多方面的，但绝大多数都可以在管理方面找到问题的症结。如决策失误、组织涣散、领导不力、制度不全、分工不明、观念陈旧，以及生产经营活动过程中散、乱、滴、漏、失，甚至由于制度约束和监督不力而造成管理者贪污腐化等各种问题。从另一方面来说，在一些成功的企业的背后，我们看到一定有一个强有力的领导群体、健全的管理制度、科学的管理方法和先进的管理理论。例如我们从海尔集团的“斜坡球体论”的企业文化以及“三个三分之一发展战略”到小天鹅集团的“末日管理论”，从春兰集团的“超值服务”到邯钢的“模拟市场，成本倒推核算”等无不体现着管理所起的巨大作用。所以，我们要实现社会主义现代化，必须充分认识到管理的地位与作用。当务之急尤其是要对我国各类政治、经济、行政、文化等组织的各类人员和大中专在读学生深入进行管理理论与方法的普及教育，扫除久已成为习惯势力的小生产管理思想和管理办法，认真自觉地学习与研究现代化的

---

① （日）占部都美.现代管理论.北京：新华出版社，1984：266

② （日）占部都美.现代管理论.北京：新华出版社，1984：267

③ 邓小平文选·第2卷.北京：人民出版社，1994：150

管理思想和管理方法，并把它们运用于各类组织的活动中去。

(二) 从微观上看管理的重要作用

前面从宏观层面说明了管理决定了一个国家的经济发展或社会生产力发展的水平，下面再从微观角度来看管理对一个组织或企业的重要作用。

(1) 管理的聚集、整合与放大作用。一个组织通过科学管理能把人、财、物、知识、时间、文化等有形资源与无形资源有机地加以聚集、整合并放大，创造出各种要素在孤立状态时所不具备的功能和能量。

(2) 管理的有序与效率作用。一个组织通过科学管理可以将组织目标任务合理地分解、落实到各部门、各单位和个人，用合理的组织结构与明确的制度规范来确定上下隶属关系和平行协作关系，并通过目标、计划、定额、标准等手段来控制组织内各部门、单位、个人的活动过程与行为，从而保证高效完成目标任务。

(3) 管理的沟通与调节作用。一个组织通过科学管理能够保证上下层之间、平行部门之间以及组织与外部环境之间保持畅通的信息传递与交换渠道，同时也能通过管理来调节组织内外各种关系、利益、矛盾等，使组织保持旺盛的活力。

(4) 管理的激励作用。一个组织通过科学管理，针对各个单位和各个人在不同时期的不同动机、需求运用相应的物质、精神、信息等手段激发组织成员的内在潜力、主动性与创造性，并有助于增强组织的凝聚力，从而实现组织目标。

第三节　管理的外部环境

任何组织都存在于一定的环境之中，环境对管理系统运动会产生各种影响，所以，任何组织的管理、行为、活动都不是独立的，都要受到外部环境的制约。但同时，组织管理活动也会对环境产生积极的影响作用。

一、外部环境的特点和构成

(一) 外部环境的含义与特征

外部环境指存在于组织外部，并影响组织管理活动和绩效的各种因素和力量，它既包括政治、经济、社会、文化、科技、法律等宏观环境因素，也包括行业、上下游关联组织、顾客等中观、微观环境因素。各种环境因素对组织活动的影响是错综复杂、相互交织的。有些因素有利于组织的生存和发展，给组织带来机会；有些因素可能会给组织带来不利的方面，即孕育着风险。

组织环境具有复杂性、动态性和可测性 3 个特征。

1. 复杂性

复杂性是指构成组织外部环境的因素是多方面的、复杂的。它包括人的因素、物的因素以及政治经济、技术、文化、自然条件等多方面的因素。这些因素同时综合地对组织发生影响,制约着组织的行为。组织生存在这种复杂的环境中,必须全面地分析各方面的因素,才能作出正确的决策。

2. 动态性

动态性是指任何一种环境因素的稳定都是相对的,变化则是绝对的。当今世界的经济环境与技术环境的变化不仅是明显的,而且有显著的趋势,市场供求关系变化的频率也在不断加快,所有这些变化既有渐进性,又有突变性,因此要求组织必须以相应的战略决策、计划、组织等职能去适应这种变化。

3. 可测性

可测性是指各种环境因素之间是互相关联和相互制约的,因而某种环境因素的变化大都是有规律可循的。不过,这种规律性有的比较明显,有的比较隐蔽;有的作用的时间长,有的作用的时间短。变化规律性明显且作用时间长的环境因素,其可测性较高;反之,其可测性较低。所以,任何组织要发展,就必须对环境变化趋势进行科学的调查、预测和分析。

(二)外部环境的构成

根据对组织绩效影响的程度,可以分为一般环境和具体环境。

1. 一般环境

一般环境指可能对组织的活动产生影响的各种宏观经济、政治、社会、文化、技术、自然等环境。

(1)政治环境。政治环境是指一国政治制度、方针、政策、法律、法规以及政局形势和事件构成的对企业的影响因素,如国家政局的总体稳定性、国际关系、不同党派执政、重大国际事件的发生和发展等。政治环境对各种组织的管理活动都会产生影响,比如一个国家的政局稳定,有利于组织长期计划的制定,也会吸引国外投资不断涌入;在国际关系上两国关系的融洽,常会促进跨国公司的投资和合资企业的建立。对管理者而言,在投资决策中考虑政治风险是一项重要的任务。

(2)经济环境。外部经济环境是指社会整体的经济发展形势和景气状况对组织的影响因素,如经济发展趋势、物价水平、财政金融政策等等。经济环境一般从资金来源、人员供给、市场需求等方面影响组织的投入和产出,从而对组织的管理活动起制约作用。

(3)社会文化环境。社会文化环境指一个社会中形成的传统文化、社会风俗、道德观念、价值取向和知识水平等因素的总和。任何组织都是由人所构成的,组织及其人员都处在一定的社会文化环境之中,要受到社会文化环境的影响和渗透,从而反映在组织行为和人的行为之中。管理者要考虑到社会文化环境对组织和员工的影响,根据社会文化环境的不同特点,采取不同的管理方法和手段,这一点在跨国公司的管理中尤为重要。

(4) 技术环境。技术环境是指科技水平的提高、新工艺和新技术的发明和应用等对组织生存与发展带来影响的各种因素。技术是组织生存与发展的物质保证，它包括国家的科学技术发展水平，新技术、新设备、新材料、新工艺的开发和利用，国家的科技政策、科技管理体制和科技人才，它们直接关系到企业生产技术的发展方向以及可资利用的技术资源。

(5) 文化教育环境。文化教育环境主要包括人们的教育水平和文化水平，各种大专院校、职业学校的发展规模和水平等。它直接关系到企业职工的来源和构成、职工队伍的素质、进行人力资源开发的措施。

(6) 自然地理环境。自然地理环境主要包括自然资源、地理条件和气候条件等。组织需要根据自然环境的状况，研究原材料供应、能源供应、产品贸易的地理方向以及生产、交通、运输条件来开展生产经营活动。

2. 具体环境

具体环境是指对组织的目标实现有直接影响的各种外部因素，一般包括供应者、竞争者、顾客、政府机构和利益集团等。

(1) 供应者。任何组织的正常运营必须拥有一定的人力、物力、财力和信息资源。供应者是指向组织提供资源的单位，如对企业而言，原材料供应商、银行、学校都是它的供应者，分别为其提供原材料、资金和各类专业人才。组织在资源供应方面得不到充分保证，就无法完成组织任务、实现组织目标。组织的管理者应寻求以尽可能低的成本保证所需投入的持续和稳定的供给。

(2) 顾客。顾客是组织要满足其某种需求的服务对象。一个组织能否成功，关键在于是否能够满足顾客的需要，使顾客满意。因此组织中管理工作的重要方面就是要正确分析市场需求及其变化趋势，及时开发出满足顾客需要的产品和服务，形成广泛而稳定的顾客群体。

(3) 竞争者。能够提供相同或可以替代产品或服务的组织相互成为竞争对手。组织之间的竞争是多方面的，主要表现在市场和资源方面的竞争。由于竞争对组织的市场条件和资源条件会造成直接影响，因此组织的管理者必须正确估计自己和竞争对手的势力，根据竞争环境的特点，制定有效的组织发展战略，以期在激烈的竞争条件下立于不败之地。

(4) 政府机构。政府机构作为行政管理部门，利用其行政管理职能制定的各种政策和法规在很大程度上制约着组织能做什么和不能做什么，因而对组织目标的实现具有直接影响。一切组织都应该在政府政策的指导下，在法律允许的范围内进行活动；而一旦政府的政策和法规发生了变化，组织的战略和策略也要进行适应性调整。

(5) 利益集团。利益集团是指社会上代表某一部分人的特殊利益的群众组织，如工会、消费者协会、妇联、残联、环境保护组织等。利益集团虽然没有政府机构那样的权力，但同样可以对各类组织施加相当大的影响。他们可以通过直接向政府部门反映情况，以各种宣传工具制造舆论，从而影响组织的管理活动。事实上，政府所制定的某些政策和法规，很多都是对某些利益集团要求的反映。

二、外部环境与管理之间的关系

环境因素是客观存在的，组织与环境之间存在着密切的联系，组织的管理活动要受到环境的作用和影响，同时组织也可以有所作为，对一些环境因素采取对策并对环境施加影响。

（一）环境对管理的影响

环境对管理职能的发挥具有重要影响。这种影响表现在：

(1) 社会环境对组织具有决定性作用。社会外部环境是组织存在的前提，具体的要素环境直接决定组织的生存和发展。比如，没有消费需求和各种生产要素的供给，企业就不可能生存，更谈不上发展。

(2) 社会环境对组织具有制约作用。也就是说，社会外部环境作为外在条件对组织的生存和发展起着限制和约束作用。以法律环境为例，在市场经济条件下，国家调整企业与企业之间、企业与消费者之间、企业与政府之间以及涉外经济活动的利益关系和商务纠纷，主要是通过法律手段和经济手段。这样，企业的生产经营活动就必然面临大量的国内和国际法律环境。各种各样的法律规定以一定的标准衡量企业进入市场运行的资格，衡量企业在市场中运作的合法性，等等。由此可见，法律规定对规范和控制企业具有重要的制约作用。

(3) 社会环境对组织具有影响作用。也就是说，某一事物行为对他事物或周围的人或社会行为的波及作用。如习俗观念、民族文化或同一文化区域人们的不同观念等，对组织活动都会产生重要的影响。

因此，管理的基本职能的发挥都要受到环境因素的影响和制约。特别是在市场竞争十分激烈和市场信息瞬息万变的条件下，管理工作更要强调灵活性和预见性；管理组织模式必须随着环境因素的变化而变化，以确保有效地履行职能，完成其目标。管理者应根据环境条件及其变化，选择适当的管理方式和方法。

（二）组织对环境的适应

组织对环境的适应，主要是指组织对其社会环境的觉察和反应。组织适应外部环境有两种基本形态：一是消极、被动的适应；二是积极、主动的适应。任何组织要想达到既定的目标，都必须采取积极的态度，积极主动地适应环境的变化。例如管理者与政府、银行等部门搞好关系，多请示，主动汇报，往往能取得主管部门和银行的关心、支持，使得制定的有关政策有利于组织的生存和发展。

第四节　管理者及角色

一、管理者及分类

(一) 管理者的含义

管理者是组织管理活动的主体,任何组织的管理活动都是与管理者密切相关的。大量事实证明,一个组织乃至一项活动的成功与失败,在很大程度上取决于管理者。具体来说,管理者就是在组织从事并负责对组织资源(人、财、物)进行计划、组织、人事、领导、激励、控制、协调等管理活动的人员。例如,公司经理,医院院长,学校校长,系主任,机关中的局长、处长、科长等。

这里强调"从事并负责"是十分重要的。一个人不从事上述管理活动当然不是一个管理者,而仅仅从事管理活动但并不"负责"或者说没有扮演负责人的角色也不能成为管理者。

(二) 管理者的分类

组织中的管理者,由于他们的责任和权限不同,他们所处的地位和所起的作用不同,因此可以按不同的标志把一个组织中的管理者划分成不同的类型。最基本的划分方法是按照管理的层次和管理的内容来进行划分,即从组织的纵面和横面进行划分。

1. 按不同的管理层次来划分

按不同的管理层次进行划分,管理者可以分为高层管理者、中层管理者和基层管理者,如图 1-2 所示。

(1) 高层管理者。组织的高层管理者是站在组织整体的立场上,对整个组织实行综合指挥和统一管理的人员。高层管理者所考虑的问题和所从事的管理活动,都是与组织的总体发展和长远发展密切相关的。具体来讲,高层管理者的主要职责是制定组织长远发展的战略目标和发展的总体战略,制定政策,使用干部,分配资源,评价组织的活动成效和业绩等。公司的总经理、学校的校长、医院的院长、机关行政首脑等都是高层管理者。

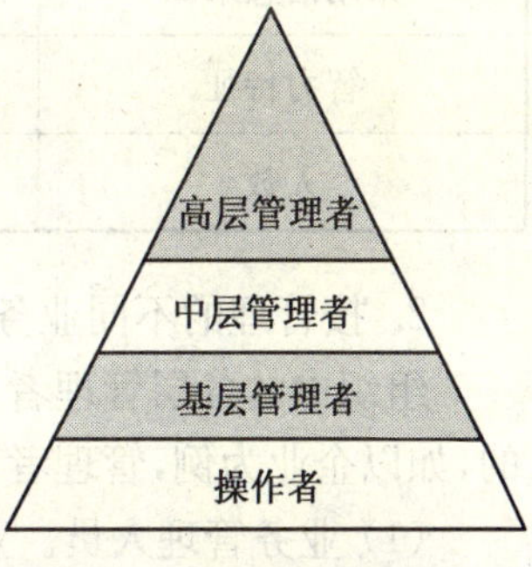

图 1-2　组织管理层次

(2) 中层管理者。中层管理者的职责主要是执行高层管理者所作出的决策和大政方针,并使高层管理者制定的目标、战略付诸实施。他们或者对组织的某个部分(如车间)负责,或者领导某个职能部门(如人事处)。中层管理者要为他们所负责的部分或部门制定为达到组织总目标的次一级的管理目标;筹划和选择达到目标的实施方案;按部门分配资源;协调组织内各单位的活动;对偏离目标的行动进行纠正等。他们向组织的最高管理层直接报告工作,同时负责监督和协调基层管理者的工作,起着承上启下的作用。公司的部门经理、工厂的车间主任、学校的系主任、政府机关的处长等都属于中层管理者。

(3) 基层管理者。基层管理者的主要职责是按中层管理者指示的程序去组织、指挥和从事组织的具体管理活动,给下属人员分配工作、监督下属人员的工作情况等。基层管理者又称一线管理者,如工厂里的工段长、班组长,学校里的教研室主任,机关里的科长、股长等,都属于基层管理者。

上述3类管理者的工作特征和内容如表1-1所示。

表1-1 各层次管理者的工作特征和内容

工作特性	高层管理者	中层管理者	基层管理者
经营方针	重要	适当考虑	不重要
管理目标	适当考虑	重要	重要
考虑管理问题的时间范围	1～5年以上	1年	每日
工作活动范围	极为广泛	全部工作职能	单项工作职能
复杂程度	非常复杂,变量很多	不太复杂	简单易行
工作计量	困难	不困难	较易
工作内容	计划、政策、战略	按计划实施	最终活动
采用信息来源	组织外部	组织内部	组织内部
智力特征	创造性	有效性	业务性
人数	少数	适当人数	多数

2. 按管理的不同业务内容划分

组织中的各层管理者在实际工作中所从事的管理工作性质和业务内容是不同的,如以企业为例,管理者可分为以下几种:

(1) 业务管理人员。业务管理人员对组织目标的实现负有直接责任,负责计划、组织和控制组织内的日常业务活动的开展,如企业中的生产部、市场经营部、技术设计部等部门的负责人都属于业务管理人员。

(2) 财务管理人员。任何一个组织的运转都离不开资金的有效运作,财务管理人员主要从事与资金的筹备、预算、核算、投资和使用等有关的活动的管理。

(3) 人事管理人员。人事管理人员的主要职责是从事对人力资源的管理。具体地说，人事管理人员的任务是制定人力资源计划，招聘和选择组织所需要的合格人才，并对这些人才进行有效的培训和合理使用，建立合理而有效的业绩评估、晋升、奖励、惩罚及报酬制度。

(4) 行政管理人员。主要负责后勤保障工作，以保证其他各部门各项工作的正常运转。

(5) 其他管理人员。就是除了上述几类管理人员以外的各类管理人员。除了上述各类管理人员以外，在许多组织中还有其他一些专职管理人员，如公共关系人员，负责处理与传媒界之间的关系，提升组织的形象；跨国公司中的国际管理人员等。这些专业管理人员就其人数、性质及重要性来看，因组织的不同而异。

二、管理者的角色

管理者虽然有不同的种类，所从事的工作也不尽相同，但从特定的管理行为范畴来看，管理者具有相同之处。加拿大学者明茨伯格在实际调查研究的基础上，提出了关于管理者的角色理论，对管理者(主要指高层管理者)所扮演的角色进行了分类，对我们认识管理者的具体角色很有启发。他认为管理者的角色可归纳为 3 个方面共 10 种角色。

(一) 人际关系方面

(1) 挂名首脑。管理者必须履行礼仪性、象征性和法律性的义务。如参加剪彩仪式、签署法律文件等。

(2) 领导者。管理者要负责为组织配备和培训人员，并指导和激励人员。

(3) 联络员。管理者要维护自行发展起来的外部联系网络，与提供信息的来源接触。

(二) 信息传递方面

(1) 监听者。管理者要寻求和获取各种特定的信息，以便对组织和环境有清楚的了解。

(2) 传播者。管理者要将从组织内外获得的信息传递给组织的有关人员。

(3) 发言人。管理者代表本组织向外界发布有关组织的信息。

(三) 决策制定方面

(1) 企业家。管理者要寻求组织和环境中的机会，发起和实施变革，并监督和检查方案的执行情况。

(2) 混乱驾驭者。当组织出现重大的、意外的混乱时要面对现实，解决矛盾，排除障碍。

(3) 资源分配者。管理者要根据需要，合理分配组织的各种资源。

(4) 谈判者。管理者需代表组织在各种谈判中为组织的利益与对方议价和商定成交条件。

上述角色描述及典型活动见表1－2。

表1－2 明茨伯格的管理者角色理论

角色		描　述	特征活动
人际关系方面	1.挂名首脑	象征性的首脑，必须履行许多法律性的或社会性的例行义务	迎接来访者，签署法律文件
	2.领导者	负责激励和动员下属，负责人员配备、培训和交往的职责	实际上从事所有的有下级参与的活动
	3.联络员	维护自行发展起来的外部接触和联系网络，向人们提供恩惠和信息	发感谢信，从事外部委员会工作，从事其他有外部人员参加的活动
信息传递方面	4.监听者	寻求和获取各种特定的信息（其中许多是即时的），以便透彻地了解组织与环境；作为组织内部和外部信息的神经中枢	阅读期刊和报告，保持私人接触
	5.传播者	将从外部人员和下级那里获得的信息传递给组织的其他成员——有些是关于事实的信息，有些是解释和综合组织中有影响的人物的各种价值观点	举行信息交流会，或用打电话的方式传达信息
	6.发言人	向外界发布有关组织的计划、政策、行动、结果等信息；作为组织所在产业方面的专家	举行董事会议，向媒体发布信息
决策制定方面	7.企业家	寻求组织和环境中的机会，制定"改进方案"以发起变革，监督某些方案的策划	制定战略，检查会议决议执行情况，开发新项目
	8.混乱驾驭者	当组织面临重大的、意外的动乱时，负责采取补救行动	制定战略，检查陷入混乱和危机的时期
	9.资源分配者	负责分配组织的各种资源——事实上是批准所有重要的组织决策	高度调度、询问、授权，从事涉及预算的各种活动和安排下级的工作
	10.谈判者	在主要的谈判中作为组织的代表	参与工会进行的合同谈判

三、管理者的技能与作用

（一）管理者的技能

管理者要在不同的环境中扮演好自己的角色，必须具备一定的管理技能。一般而言，管理者应当具备3种技能：技术技能、人事技能和概念技能。

（1）技术技能。指使用技术完成组织任务的能力，即从事自己管理范围内的工作所需的技术和方法。对于管理者来说，虽然没有必要成为精通某一领域技能的专家，但还是需要了解并掌握与其所管理的专业领域相关的基本技能，以便更好地了解情况，更有效地与有关技术人员进行沟通，从而对其所管辖范围内的业务活动和管理工作进行具体的指导。相对而言，技术技能对基层管理者更为重要。

（2）人事技能。指与人打交道和与人共事以实现组织目标的能力，通常与人际关系如何处理有关。从某种意义上说，管理者的活动是围绕着人进行的，因此怎样和组织内外的各种人打交道，对外争取到有利的合作，对内与上下左右实现有效的沟通，是管理者必须掌握的基本技能。

(3) 概念技能。指洞察组织与环境之间相互影响的复杂性的能力，即要在复杂多变的环境中，综观全局，辨清各种要素，抓住问题的实质，权衡利弊和风险程度，从而做出正确的决策。实际中，越是高层的管理者，越是可能经常面临复杂而混乱的环境，所做的决策也越无先例可循，因此更需要具备概念技能。

不同层次的管理者的技能要求虽然都包括以上 3 个方面，但它们所要求的范围大小是不同的，见图 1-3。

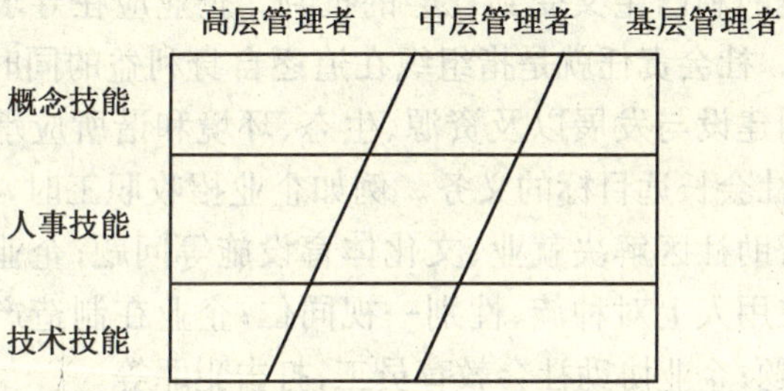

图 1-3　不同层次管理者的技能范围示意图

(二) 管理者的作用

管理者在组织活动中，其地位和作用是不言而喻的。从一个组织的高层管理者来说，其主要作用表现在以下 3 个方面：

(1) 管理者必须为组织确定一个长远的发展目标，并动员下属去实现其目标。

(2) 管理者必须合理地运用组织内外的各种资源要素来最优地实现其管理目标。

(3) 管理者必须为一个组织确立某一种共同信仰、价值观和文化理念，以凝聚全体员工，形成团队力量。

第五节　组织的社会责任和管理伦理

在 20 世纪 80 年代以后，组织的社会责任和管理伦理问题开始引起了社会的充分关注，因为随着经济发展和社会的进步，人们逐步意识到组织作为社会系统的一个子系统，除了追求产出最大化，还必须为社会承担一定的责任，如慈善事业、社会公益事业、员工健康、资源和生态保护等等，同时，组织在采用一定的管理方式、工具和手段来追求组织目标时，还必须考虑到管理道德及伦理问题。

一、组织对社会应承担责任的内容

在传统的管理理论中，是找不到组织的社会责任问题的，组织被认为是以利润最大化作为自己主要的经营目标的。随着社会发展，人们对资源、生态、环境、幸福感等日益重视，组织开始意识到企业不仅是一个由职工、经营者和投资者为主体组成的经济组织，也是一个包含顾客、供应商、竞争者、政府等要素在内的开放系统，应把这些系统要素的共同利益作为企业的目标。一些学者指出，企业目标不应是单纯地追求企业的发展，还要将社会责任、尊重人等都作为企业目标的组成部分。在现代社会中，传统企业的利己主义受到社会的批判。企业应在寻求自身发展的同时，努力为社会做贡献。社会责任就是指组织在追逐自身利益的同时，对全社会人们的物质生活、精神文明建设与发展以及资源、生态、环境和谐所应承担的相应义务，它是应尽的一种实现社会长远目标的义务。例如企业招收职工时，按照一定比例招收残疾人；企业主动帮助社区解决就业、文化体育设施等问题；企业捐资建设学校、资助困难群体；企业在用人上对种族、性别一视同仁；企业在制造产品时，主动考虑绿色、节能、环保等问题；企业协助社会教育员工，打击犯罪等。

面对日趋变化的社会环境，企业为了保持自己在公众中良好的形象，不得不“割舍”一定的利润，以承担其在环保、就业、社会稳定等方面相应的责任。如美国埃克森石油公司，每年在环保方面的支出就有数亿美元。公司建立埃克森教育基金会支持教育事业。公司还通过捐助非盈利性组织来支持及满足重大的社会需求。斯蒂芬·P.罗宾斯通过对80家美国大公司进行调查，发现每家公司设立的目标数量都不尽相同，从1个到18个不等，平均为5～6个。在这些目标中得到最高评价的前10个目标依次为：利润率、增长、市场份额、社会责任、雇员福利、产品质量和服务、研究与开发、多元化、效率、财务稳定性。可见在生活质量管理阶段，企业目标已经是多元化了，尤其是将资源、生态、环境、生活质量等社会责任纳入到企业经营目标中了。

组织承担社会责任虽然会增加成本和组织管理的复杂性，但实践证明，组织在资源、生态、环境、生活质量等社会责任作出的与自身实力相称的投入和努力，最终能够有助于组织在公众中形成良好的口碑，并能够留住优秀雇员，形成良好的组织氛围为组织增添吸引力，同时良好的社区关系和负责行为能为组织赢来更稳固的长期利润。

二、外部对组织应承担社会责任的监督

从客观上看，组织的外部社会责任监管是由行政监督、法律监督、行业监督、公众监督所构成的(如图1-4所示)，它们的监督内容分述如下：

(1) 行政监督。我国担任行政监督的机构主要是政府行政管理部门，如工商行政管理部门、技术质量监督部门、国家监察机构、物价管理与监督部门、计量监督

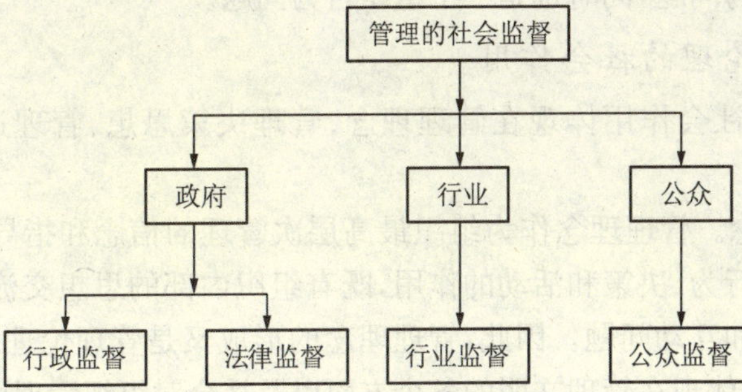

图 1-4 管理的社会监督体系

部门、防疫检测监督部门、税务监督部门、审计部门等。行政监督范围包含了组织管理的各个方面，是实施管理监督的主体。

（2）法律监督。法律监督具有严格性、客观性、规范性、稳定性的特点，它对管理的作用除强制性的监督作用外，还具有教育作用和引导作用，其目的是通过惩罚管理中的犯罪违法行为，建立法制化的组织管理秩序，维护各方面的基本权益和国家与公众利益。

（3）行业监督。行业监督是一定行业范围内的同行组织采取联合行动的自律性监督。行业监督主要通过行业协会（或相应组织）的规则与制度，在国家法律的基础上约束、协调和控制其成员的行为，同时行使对成员利益保护和行业管理秩序维护等方面的监督权，负责对行业内从业人员资格的认证监督等。主要包括产品生产监督、产品市场监督、行业竞争监督、行业合作监督、行业形象监督等。

（4）公众监督。公众监督包括公众组织和社会舆论监督两大部分。所谓公众组织，是指具有某种共同目标和利益的公众为维护权益而建立的组织，如消费者协会等。公众组织的监督活动包括接受投诉、进行调解、判明是非、寻找多种维护公众利益的途径等。所谓舆论监督，是指通过媒体发布舆论，形成对管理违规行为的谴责的一种监督。舆论监督以社会道德、伦理规范为基础，以法律为依据，其监督的内容涉及管理活动的各个方面，因而是其他监督方式的重要补充和支撑。

以上各方面的监督既分工，又协调，从而形成了政府主导下的社会化的管理监督体系，其制度保证构成了组织运行与管理的重要基础。

三、管理伦理的内容及作用

（一）管理伦理的内容

伦理在道德基础上形成，是社会调整个人、组织、大众之间相互关系的行为原则，它通过一定的道德观念、习惯和传统发生作用。管理伦理观即指在管理领域内所涉及的是非规则和准则。一个组织的管理伦理观通常都能较为清晰地反映出在该组织文化中所蕴藏的价值观、态度、信念、语言以及行为模式等。所以，管理伦理既是一个个人行为问题,同时也是一个组织行为问题。

(二) 管理伦理的社会作用

管理伦理的社会作用体现在管理理念、管理决策思想、管理过程和管理结果方面。

(1) 管理理念。管理理念作为组织最高层次管理的信念和指导思想,起着控制和支配整个组织行为、决策和活动的作用,既有组织内部的思想交流与统一过程,又有与社会的协调和互动问题。因此,管理理念的形成又是管理伦理对组织的综合作用过程,作用结果体现在管理文明的各个方面以及社会对组织管理思想的认可上。

(2) 管理决策思想。管理伦理规范从道义上明确了社会组织的社会义务和责任,为管理决策提供了伦理依据。

(3) 管理过程。管理伦理对过程的作用包括组织设计、人力资源管理、业务流程管理、计划与控制等方面的综合作用,是调整组织运行状态的保证。

(4) 管理结果。管理伦理规范直接关系到管理的结果。例如,符合社会道德、伦理规范的企业将取得社会的认可,具有相应的信誉,可以从此出发建立良好的公共关系和发展业务系统,可以在获取经济效益的同时产生巨大的社会效益;相反,如果不符合社会道德、伦理规范,企业将不可能取得社会公众、客户和往来同行的信任,势必失去市场,导致经营失败。

(三) 组织中改善管理伦理的行为

在日趋激烈的全球竞争中,通过建立规范的伦理体制来创建一个有利于加强团结和提高声誉的组织氛围,已成为各组织获得成功所必不可少的基础。为此,组织的高层管理者应特别重视以下几个方面:

(1) 新员工招聘

新员工招聘是组织了解个人伦理道德发展水平、个人价值准则、自我强度和控制中心的一个良好机会。所以组织在招聘的过程中,应重视对应聘者个人价值观和性格的测试,并据此对那些在伦理道德上不符合要求的人员进行淘汰和剔除。

(2) 制定明确的伦理准则

伦理问题具有一定的主观意识性,就好像一句俗语说,“仁者见仁,智者见智”,在不同文化背景和家庭环境中长大的人对于某些问题的伦理判断可能会产生大相径庭的观点,所以组织内部应建立明确的伦理准则,这有利于避免组织员工可能产生的迷茫感。伦理准则是表明一个组织基本价值观和它希望雇员遵守的道德规则的正式文件。在伦理准则的制定过程中,要特别注意两个方面:一方面,伦理准则应尽量详尽具体,能让雇员明白组织所要求的工作精神;另一方面,伦理准则又应有足够的宽松度,从而给予雇员们一定的判断自由。

(3) 高层管理者的榜样作用

组织伦理准则的有效落实,高层管理者的以身作则是关键。因为上行下效,高层管理者的言谈举止对其下属而言往往具有很强的表率作用，所以作为组织最高决策者的管理人员应时刻注意自己的一言一行对组织伦理规范建立的表率作用。

(4) 组织文化培训

组织文化培训对于员工伦理行为的实质性变化仍是非常有益的。这种培训能够提高组织员工个人的伦理道德发展水平并增强受训者对管理伦理问题的意识。

第六节 现代管理思想及主要表现

现代的先进管理思想与方法是相对于传统的落后管理思想与方法而言的。在人类社会已迈入21世纪之际，科学技术知识、人的创造力、合作竞争、现代化大生产与协作以及以人为本的思想已经对各个领域的管理活动发生了重大影响，导致了管理思想与方法出现了根本性的创新。从管理的职能看，主要表现在以下9个方面：

（一）决策方面

现代管理思想强调决策目标时应考虑系统优化，兼顾短期利益与长远目标、经济效益与社会效益；在程序上，强调按科学化和民主化程序决策，以提高决策目标和方案选择的正确性和决策实施进程的主动性、积极性、创造性。而传统落后的管理思想是主要考虑局部利益、眼前利益和单纯的利润最大化；在程序上是建立在个人过去的经验、知识以及个性的基础上进行的"一言堂"式决策，其决策目标的盲目性、决策实施的被动性以及决策后果的风险性很大。

（二）计划方面

现代管理的计划，基本出发点是把计划建立在对市场供求特点和变化趋势进行调查、分析、预测的基础上，同时计划的目标是求得整体利益的最大化，所以有时衡量一项计划的优劣，不能只看局部的或直接的效益。如果一项计划在局部看来是不可行的，但它对全局是有利的，就应该考虑实施；反之，就应该取消。另一方面，现代计划强调民主性，让组织各层次的管理人员都参与制订计划，使计划的制订者同时也是计划的执行者。这样，就把激励引入了计划过程。而传统的管理在计划方面往往从主观资源考虑，或"等、靠、要"式的听命、依赖于上级主管部门，忽视从客观市场需求出发制订计划，同时在计划目标上往往是片面追求单体的经济收益，从而导致重复建设、环境污染、大而全、小而全以及整体效益低下等状况。计划的制订和实施完全是自上而下的下达和自下而上的被动执行，从而导致基层没有积极性。

（三）组织管理方面

现代化的管理思想在组织上表现为专业化、协作化，追求规模经济和组织结构与环境、组织特点以及文化等因素的高度协调性。以专业化协作为例，现代组织理论认为，每个单位运用自己的一技之长，发挥自己的优势，并与其他单位进行密切的合作，能够达到社会效益和经济效益的最大化。因为实行社会化、专业化的劳动分工，不仅可以缩短学会操作的时间，节约变换工序所费的时间，还可应用自己的专长，重点发展专用工具和设备，改进工艺，提高质量，精益求精。一些发达国家的社会化和专业化程度越来越高，并已由产品专业化发展到零部件专业化和工艺性专业化（如铸、锻、热处理、电镀等）。如果这个厂生产的整机没有竞争能力，就宁可只生产单件，做到小而专、小而精，使某种单件成为世界上第一流的产品。目前，生产的社会化、专业化日益冲破国界，向世界范围扩展，各个国家利用自己的自然资源和有利条件为全世界提供最优产品，各国之间互相依赖、互相协作，已逐渐成为历史的潮流，这也成为经济全球化的一个重要内容。另外，现代组织管理特别强调全面可塑的组织结构，以更好地适应市场，满足顾客的需求，如“虚拟组织”、“企业流程再造”、“战略联盟”等。

而传统落后的管理思想在组织方面的表现是目光短浅，闭关自守，求稳怕变，样样求全，在组织结构上僵化，缺乏弹性。例如从生产力组织方面看，在传统的计划体制下，许多单位搞“大而全”、“小而全”、“万事不求人”，至今仍有相当一部分厂矿企业、机关单位办食堂、医院、商店、理发店、托儿所、小学、中学，甚至办派出所、办农场……应有尽有，暂时没有的将来也要想办法有，结果是每个单位办社会，想方设法求其“全”。这样不仅使全社会的资源严重浪费，而且从局部一个单位来说，其管理者被大量的琐碎事务缠身，根本没有精力抓大事，很难生产出高水平产品。

（四）人事方面

传统的人事管理职能从内容上只限于人员招聘、选拔、委派、工资发放、档案保管之类琐碎的具体工作。从性质上讲，人事管理实质上属于行政事务性的工作，主要由人事部门执行，活动范围有限，短期导向，很少涉及企业高层战略决策；从在企业中的地位看，人事活动被视为是低档的、技术含量低的、无需特殊专长，谁去都能掌握，人事部门被看做是安置其他部门不能胜任的人员的场所；从观念和方法上讲，传统的人事管理方法的局限性是：只着眼于静止、死板、制度化地挑选人、配备人、培训人和给予福利、报酬这些事务性的工作，把人看做只有经济需要，而没有动态地从不断满足人的心理和社会需求方面来研究人的行为，也没有从如何发掘人的内在潜能和充分激发人的动机的角度来实现以人为中心的管理。

随着“以人为中心”、“人本管理”等管理理论的确定，人事管理职能在组织中的地位与作用日益受到重视。“人事管理”一词逐步被“人力资源管理”一词所取代，越来越多的公司、企业从战略高度来制定人力资源管理规划与人力资源管理发展战略，以配合和保障企业总体战略目标的实现。

从职能内容的角度分析，现代人事管理的基本实现表现为吸引、保留、激励与开发组织所需的人力资源。具体来说，即把组织所需人力资源吸引到组织中来，将他们保留在组织之内，调动他们的工作积极性，并开发他们的潜能，以便充分发挥他们的积极作用,来为本组织服务。现代人事管理的基本功能体现在5个方面:① 获取:包括招聘、考试、选拔与委派;② 整合:指的是使被招收的职工了解企业的宗旨与价值观,接受和遵从其指导,使之内化为他们自己的价值观,从而建立和加强他们对组织的认同与责任感;③ 保持和激励:提供职工以所需奖酬,增加其满意感,使其安心和积极工作;④ 控制与调整:评估他们的素质,考核其绩效,作出相应的奖惩、升迁、离退、解雇等决策;⑤ 开发:对职工实施培训,并提供他们发展的机会,指导他们明确自己的长处、短处与今后的发展方向和道路。

(五)领导方面

现代管理思想特别强调通过领导者的影响力进行启发、诱导、鼓励、指导或管理,并认为领导是一种影响下级或团体实现一定目标的管理工作过程。所以领导者要想提高领导绩效,要特别注意加强品德、知识、能力、感情等方面的修养和锻炼。同时,现代管理认为,正确的领导应是根据领导者、被领导者、情景环境等因素选择适宜的领导方式,领导艺术则是领导方式、方法的巧妙合理的运用。而传统的管理思想,强调领导是领导者利用职权来指挥下属达到预定目标的过程。由于传统管理思想认为领导的实现主要来自于权威,所以,往往造成权力至上,造成领导方式方法运用的机械僵化与领导者素质的修养差等严重问题。

(六)激励方面

现代管理思想特别强调以人为本,能力导向,重视贡献,以精神激励、正向激励为主,因为21世纪企业的成长与发展,从根本上依赖于知识和掌握知识的人才资源。知识作为生产要素的重要组成部分,已成为经济增长的关键因素。世界上许多成功企业的发展历程都证明,人才优势对一个单位发展的重要作用。例如,美国微软公司成功的秘诀,就是因为它拥有以比尔·盖茨为代表的一大批既精通最新技术又善于经营的高新技术人才。所以21世纪企业经营的成功,不仅要依靠技术新、设备好、资金足、信息快,而且更为重要的是依靠具有高智慧的创新人才。因此,重视人才资源的开发和激励人才是现代管理思想的一个重要表现。而传统的管理思想是以机器为中心的管理,见物不见人,人被当做机器系统中的配件,因此,人被异化为物,管理的中心是物。在激励上,强调X管理,奖勤罚懒,这种激励不利于人的创造性的发挥。

(七)控制方面

随着现代社会生产规模的越来越大,专业化分工越来越细,协作越来越紧密,技术越来越复杂,管理也越来越具有综合性。特别是随着科学技术渗透到各个领域,许多规模庞大、结构复杂、功能综合、因素众多的项目、工程,涉及各行各业,四面八方,需要各个不同部门和具有不同知识结构的专家共同参与组织和管理。从管理的方式和手段来说,也发生了根本的变化,因为面对极其复杂的管理对象,需要有复杂的技术手段来采集管理信息并做出分析、决策和实施。因此,现代管理思想在控制方面,所强调的是利用专业化的管理队伍,作为控制系统的主体,并建立由各种专家组成的“智囊团”或“思想库”，作为控制主体的参谋部，这可称之为集团控制式的管理体制。另外，在控制方式与手段方面，针对被管理对象的情况、性质、规模、特点等，综合采用不同的控制方式，同时注重自觉反馈、自觉调整，并采用建立在计算机技术基础上的现代管理信息系统来作为控制技术手段。而传统落后的管理思想表现在控制主体上是依靠于个人或少数人的权威；在控制方式上，常常是家长式的独断专行，金字塔式的自上而下的单向式监督、检查的控制结构。由于缺乏决策的制约与反馈机制，往往导致决策失误、实施失控等严重问题。总之，传统的控制是建立在少数个别人的经验、知识、智慧基础之上，与小生产、简单分工协作的生产方式相适应。而面对现代社会化大生产的分工协作，以及科学技术的日新月异，就显得很不适应了。

（八）协调方面

传统的协调管理职能从范围上讲，主要侧重对组织内部的人、财、物、技术、信息等各要素的关系进行平衡调节，来确保组织的正常运转和组织目标的实现。从协调管理和重点任务来看，主要是解决冲突、促进协作。因为传统管理认为冲突对组织是不利的，而且被认为是造成组织不安、紧张、不和乃至导致分裂、瓦解的主要原因之一，因此是必须加以克服和予以否定的因素。基于这种认识，传统的管理者都把防止和消除冲突当做自己的主要任务之一。

现代的协调管理不仅注重组织内部各种关系的处理和调节，同时高度重视组织外部关系的协调，包括组织与消费者的关系、组织与协作单位（协作配套企业、经销商、供货商、代理商等）关系、组织与政府部门关系、组织与新闻媒体关系以及组织与社区关系等等，调整处理好上述关系，能为组织长期生存和发展创造良好的外部环境。同时，现代协调管理思想认为，冲突具有正面和反面、建设性和破坏性两种性质；没有冲突的组织将表现得呆滞，对环境变化适应慢和缺乏创新精神，因而绩效也不是最好的；而存在一定水平的冲突，可以使一些问题充分暴露出来，可以释放员工心中积聚的不满，促进各方面的交流沟通，也可以促进新思想、好建议的产生，从而促使组织变革，使组织充满活力，因而绩效水平可以大大提高。基于这种认识，管理者的任务不再是防止和消除冲突，而是管理好冲突，减少其不利影响，充分发挥其积极的一面。

（九）沟通方面

现代管理思想强调信息沟通的快速化、双向化，以减少信息在过程中的各种失真和延误。例如现代企业在组织结构方面的分立化、扁平化和网络化趋势非常明显。所谓分立化是指在企业内部组织结构上，使决策尽可能地分散化，将大公司尽可能地分散成若干小的相对独立的子公司、分公司或部门。所谓扁平化，是指尽量减少组织结构的管理层次，以利指令下达及信息传递速度加快，保持决策与管理的有效执行。所谓网络化的组织结构，通常由两部分组成：一是由战略管理、人力资源管理、财务管理与其他功能相分离而形成一个由总公司进行统一管理和控制的核心;二是根据产品、地区、研究开发和生产经营业务的管理需要形成组织的立体网络,它随着市场、用户、项目的需要而临时组成班子。以上企业组织结构的最新发展趋势,事实上就是为了适应科学技术的飞速发展与市场的瞬息万变,使企业在信息沟通方面能更加顺畅,更加灵活和机动。而传统落后的信息沟通,侧重强调单向、自上而下的发布指示、命令,缺乏反馈机制,从而导致组织层次过多、市场反应缓慢、信息失真、决策失误等严重后果。

由上可见,现代管理思想和方法与传统、落后的管理思想和方法是根本不同的。我们学习管理学基础,就是要扫除久已习惯的小生产管理思想和管理办法,从而自觉地运用现代管理思想与方法,从事各领域的管理活动。

第七节 管理学的研究对象和学习方法

一、管理学的含义

作为一门学科而言,管理学是指在总结管理发展历史经验的基础上,综合运用现代社会科学、自然科学和工程技术科学的理论与方法去研究社会各个领域管理活动最一般的规律和方法的一门应用性基础学科。

这个概念说明以下几点:

(1) 管理学是一门综合性的应用性科学,它既要总结国内外历史上的管理经验,同时还要运用现代社会科学、自然科学和工程技术科学所提供的理论与方法来综合、归纳、提炼各个领域管理活动实践的内在基本规律。

(2) 管理学既不同于具体专业领域的专业性的管理学科,如企业管理、教育管理、农业管理、行政管理、物资管理、财政管理、国民经济管理等,也不同于工具性、方法性的专业管理科学,如管理会计、系统工程、统计学、质量管理、管理心理学、管理数学、信息管理等。上述这些专业性、工具性、方法性的管理学科是建立在管理学基础之上的。因为管理学所揭示的基本原理、原则、功能与方法,对各专业性、工具性的管理学科具有普遍的指导意义。为了有别于各专业管理科学,我们通常把管理学称为管理学原理或管理学基础,本书书名就采取这种约定俗成的称法。

(3) 管理学不去研究具体的管理事务和细枝末节,而是要从管理理论发展历史的探索中,采用从具体到抽象、再到具体的科学分析方法,来寻求掌握一般的管理基本原理、原则与方法。

二、管理学的研究对象和主要内容

毛泽东同志曾指出:“科学研究的区分,就是根据科学对象所具有的特殊的矛盾性，因此，对于某一现象的领域所特有的某一种矛盾的研究，就构成了某一门科学的对象。"①所以，任何一门学科都有其自身特定的研究对象。

管理学研究对象是管理活动过程及其基本规律。具体来说，管理学的研究内容主要有以下 3 个方面：

(1) 管理实践与理论发展的历史。管理学的理论和方法，首先是对前人管理经验、管理思想、管理理论的总结与概括，所以管理学必须从研究管理实践与管理理论发展的历史开始。离开对前人管理经验、管理思想、管理理论的总结与发展，管理学理论将成为空中楼阁，我们也将难以理解管理的一般理论与方法。

(2) 管理的基本原理与原则。所谓管理基本原理，就是在对管理的对象、管理过程、管理的核心与动力以及管理的目的进行科学分析之后，从中得出的带有规律性的认识。所谓管理原则，就是根据管理的基本原理认识而引申出来的、要求人们在管理活动中共同遵循的观察问题和处理问题的准则。

(3) 管理的职能与方法。要实现有效的管理，必须在管理过程中通过具体的决策、计划、组织、领导、激励、控制和沟通这一系列管理职能与方法来实现既定的目标。

三、学习管理学的方法

(一) 全面把握体系结构

根据本课程的对象、性质、特点、体系和基本内容，我们在学习过程中必须掌握正确的方法。

管理学作为一门管理专业的基础学科，发展很快，目前国内外已经出版了许多教科书，从国外的代表性教材来看，大致有 3 种：

第一种有代表性的教科书可称为职能型或过程型教材，其代表是哈罗德·孔茨和西里尔·奥唐奈合著的《管理学——管理职能的系统分析方法和因地制宜的分析方法》，这是西方管理过程学派的代表作之一，它比较全面、系统地反映了当代西方管理学理论的主要成就，作者都是西方赫赫有名的管理学家。该教材体系的特点是按管理职能和过程来展开管理理论的，它继承和发展了法约尔的管理思想，并使之具体化。这类教材的优点是层次清晰、逻辑性强。所以国外有不少大学选用它作为管理学基础课的教材。我国目前市场上也有最新的翻译版本出售。

第二种有代表性的教材属于学派型教材，其代表是小詹姆斯·H. 唐纳利、詹姆斯·L. 吉布森、约翰·M. 伊凡赛维奇三人合著的《管理学基础——职能·行为·模型》。该书的特点是以管理思想发展的三大阶段理论即古典科学管理理论、行为科学管理理论、现代管理理论为中心来展开管理与方法的论述的。该类教材特别强调三大管理思想学派是相辅相成的关系，旨在让读者对各管理学派的思想及发展获得系统的了解。

---

① 毛泽东选集·第 1 卷. 北京：人民出版社，1991：284

第三种有代表性的教科书可称为经理型或经验型教材，其代表人物是美国管理学家彼得·F.德鲁克教授所著的《管理学》。其特点是高度重视实践经验，围绕如何成为有效的管理者而展开管理学理论的叙述。由于该书实际材料丰富，生动有趣，所以受到实践中的各类管理者的欢迎。

以上3种教科书各有所长，在全面论述管理学基本理论与方法的同时，在表述方式、逻辑思路和论述重点上均有特色，在欧美、日本等许多国家的大学或工商管理学院的管理教育中均有较大影响。

从国内看，尽管目前已出版了许多管理学教材和著述，但总体而言，具有中国特色的社会主义管理学理论、体系仍处于探索之中。本教材的指导思想是借鉴国内外具有代表性的管理学教材体系，博采众长，融为一体，按照高职高专教育学生的特点和应用型人才的培养要求，结合对我国社会主义管理理论与实践的认识与思考，在体系结构上按上、中、下三篇来安排本教材的教学内容。

上篇"管理理论"通过对管理及管理学最基本概念、性质、特点以及研究对象、内容、学习方法和管理理论的产生与发展的历史回顾，为大家学习管理学基本理论与方法奠定基础。主要包括第一章管理与管理学、第二章管理思想与管理理论的发展、第三章管理的基本原理及应用共三章内容。

中篇"管理职能与方法"则是把管理学的基本理论运用于管理实践过程中所体现的一些具体职能与手段。主要包括第四章决策、第五章计划、第六章组织、第七章人员配备、第八章领导、第九章激励、第十章控制、第十一章信息沟通与管理信息系统、第十二章协调与冲突管理共九章内容。

下篇"管理案例"则是在对管理案例教学与案例分析方法进行研究的基础上，精选一些管理专题案例和实际调研、咨询所写的一些案例，目的在于突出管理这门学科必须是一门"解决实际问题"的应用性基础学科。通过案例分析与讨论，正是提高学生理解管理理论，并加强学生运用基本理论和方法解决实际问题能力的一种有效途径。

我们认为，按上述逻辑思路来编写《管理学新编》在体系上具有全面性、逻辑性和清晰性的特点，便于把教师的面授教学辅导和学生自主化学习结合起来。从关系上看，各篇章紧密相连，环环相扣；从内容上看，把中外优秀的管理思想、理论与方法有机地结合起来，体现出兼容并蓄、锤炼创新的特色。

（二）要把"学"和"用"结合起来

由于管理学概论课程是一门实践性很强的应用学科，所以在学习过程中，要重视案例分析、实例分析并结合到社会经济各部门、组织和企业进行参观、实习，来增加感性认识。这里特别强调在教学中要积极运用案例分析法，因为这是理论联系实际的一种管理理论教学方法，它有助于提高运用管理基本理论和方法去发现管理问题、分析管理问题、解决管理问题的能力。同时，通过对案例进行分析，可以开展座谈讨论，相互交流，相互启发，达成共识，有助于深化认识。案例讨论与分析首创于哈佛大学商学院，目前在西方发达国家管理院校的教学中非常盛行。它是运用课堂讲授的专门理论、知识与方法来具体剖析某一实践问题并提出有效的解决方法的一种专门训练。其目的在于，通过案例分析提高学生的思维敏捷性、逻辑性和创造性。因此，我们认为，从提高学生和各类管理人员的理论素质和综合能力出发，将案例讨论与分析引入我国管理教学中是很有必要的。

总之，我们学习管理学要以马克思主义哲学和政治经济学为理论基础，以唯物辩证法为总的方法指导，参照各种科学方法，并以有关学科的理论和方法作为辅助分析工具，一切从实际出发，理论联系实际、实事求是地学习、研究和发展具有中国特色的管理学，为管理者的成长和进行有效的管理实践服务。

本章小结

(1) 管理就是在一定的外部环境条件下由管理者根据管理的原理对管理对象行使计划、决策、组织、人事、领导、激励、控制、协调、沟通等一系列职能与方法，从而高效地达到某一确定目标的活动过程。管理的主体是管理者。管理的客体(对象)是以人为主体的，包括人、财、物、时间、技术、信息、环境等基本要素所构成的有机整体或系统。管理的任务是高效率地实现组织所确定的目标。管理的目的是达到效率与效益的统一。

管理具有二重性(自然属性和社会属性)，即管理作为合理组织生产力的自然属性和在一定生产关系下所体现的社会属性。管理的二重性是相互联系、相互制约、辩证统一的关系。管理除具有二重性之外还具有科学性与艺术性。管理的科学性是指管理工作有其内在的客观规律，管理是一门科学。管理的艺术性是强调管理的实践性，是指在掌握一定理论和方法的基础上，灵活地运用管理知识和技能。管理是科学与艺术的统一。

(2) 管理职能是指管理的职责和权限，一般职能源于二重性，即合理组织生产力和维护生产关系，具体职能表现为决策、计划、组织、人事、领导、激励、控制、协调和沟通。无论是宏观的社会发展、现代化建设，还是微观的一个组织(企业)的良性运作，管理的作用都是至关重要的。

(3) 外部环境指存在于组织外部，并影响组织管理活动和绩效的各种因素和力量，它既包括政治、经济、社会、文化、科技、法律等宏观环境因素，也包括行业、上下游关联组织、顾客等中观、微观环境因素。组织环境具有复杂性、动态性和可测性 3 个特征。

(4) 管理者是组织管理活动的主体，是在组织中从事并负责对组织资源(人、财、物)进行计划、组织、人事、领导、激励、控制、协调等管理活动的人员。管理者按不同的管理层次进行划分，可以分为高层管理者、中层管理者和基层管理者；按所从事的管理工作性质和业务内容分类，有业务管理人员、财务管理人员、人事管理人员、行政管理人员和其他管理人员。加拿大学者明茨伯格将管理者的角色归纳为 3 个方面

10种角色。管理者必须具备3类技能：① 技术技能：指运用自己管理范围内的工作所需的技术和方法的能力。技术技能对基层管理者更为重要。② 人事技能：指成功地与人打交道及与人共事以实现组织目标的能力。人事技能是所有层次管理者必须掌握的基本技能。③ 概念技能：指洞察组织与环境之间相互影响的复杂性的能力，高层管理者更需具备概念技能。

(5) 本书通过现代管理与传统管理比较的方式，从管理职能的9个方面阐述了现代管理思想的主要表现。

(6) 管理学是指在总结管理发展历史经验的基础上，综合运用现代社会科学、自然科学和工程技术科学的理论与方法去研究社会各个领域管理活动最一般的规律和方法的一门应用性基础学科。

(7) 学习管理学的方法。首先要全面把握管理知识和理论的体系结构。从管理学的最基本概论、性质、特点等内容入手，系统地考察管理理论的发展历史，把握管理的基本原理与原则，认识并掌握管理的职能与方法。其次，要把“学”和“用”结合起来，特别注意案例分析与案例讨论，以增强解决实际问题的能力。

课堂案例讨论

节约后的致歉

如果有人能给公司带来1 000万美元的节约，大多数的管理人员会对此给予赞赏的，除非这意味着要砍掉一个他们所喜爱的项目。但是，一位刚走出校门的年轻人却从此举中得到了深刻的教训。

从表面上看，情况似乎一清二楚。这家拥有700个床位的美国中西部医院门前有一个停车场，在高峰期间常常拥挤不堪，给病人及其家属带来了诸多不便。即使医院管理人员并没有那么强的道德感，仅从财务方面考虑，鉴于最近有越来越多的患者另寻他处就医，从而给医院带来了很大的损失，也迫使医院的院长助理查尔斯想办法解决这个问题。

查尔斯吩咐刚从大学拿到工商管理硕士学位的莫里对这种情况作一调查，并提出改进意见。他解释说，要是问题尚不严重，医院可能会设法将楼前的一块地方腾做停车场用。要是问题非常严重，就要考虑建一个新的多层停车场，为此得投资1 000万美元。查尔斯在对莫里作了交代以后，便到外地休假3个星期。

希望能一显身手的这位年轻人，在接受任务后进行了2周的调查，分析了停车场发出的印有停车时间标记的票据，最后发现一个不曾预料到的事实：停车场之所以拥挤，完全是因为医院的职工不顾院规将车停放在这里，而不是停在靠近高速公路的一个较不方便的宽敞的停车场。医院并不需要作1 000万美元的投资，它需要的只是强化已颁布的职工停车条例。

因为院长助理仍在休假中，这位年轻人便把他的发现直接在一次大型会议上报告给了院高层管理人员。听到这条令人振奋的消息后，这些高层管理人员对莫里说了一番鼓励和感谢的话，然后要求他所在的部门做进一步的研究。

在院长助理返回前，一切都进展顺利。可是，这天查尔斯回来了，听说他提议的1 000万美元的投资项目被取消了——这使他看起来像个低能者。而且更令他难受的是，在医院白领职工中很少得到遵守的停车条例，现在得到了三令五申。不幸的莫里，在他的上司责备下，不得不向院长助理道歉，并且又承担了寻找落实院停车条例最有效方式的任务！

在思量了各种方案后，莫里最后向一个副总裁和几位部门负责人提议，下午5点钟在门前停车场会合，准备当面逮住那些违规停车的职工，并要求他们缴纳停车时间内的所有停车费。如此进行了连续两天后，院门前的这块停车场在高峰期间也有一半是空的。

年轻的莫里，不久就离开了医院，在一家私人公司找到了新的工作。他离开时对曾经同窗过的一些朋友们说，自己得到了一次深刻的教训，现在明白了过度的坦诚与精明之间有何等的区别。

分析讨论

根据案例所提供的情况，请回答下列问题：

1. 莫里成功地发现解决问题的办法，这是归功于他（　　）。
   A. 所学的科学管理知识　　B. 高度的工作热情
   C. 学以致用的工作方法　　D. 管理者的基本素质
2. 莫里向查尔斯道歉的主要原因是（　　）。
   A. 莫里的报告使查尔斯提议的1 000万美元投资项目取消了
   B. 莫里的报告使医院停车条例得到了重视和执行
   C. 莫里越过查尔斯向高层管理人员汇报
   D. 莫里的报告使问题的解决复杂化了
3. 这位年轻的毕业生不久就离开了这家医院，以下最有可能的原因是（　　）。
   A. 莫里的工作能力不够
   B. 医院里的人际关系复杂
   C. 医院不注重经济效益，用不上他所学的管理知识
   D. 医院的人事管理存在严重问题
4. 莫里在这家医院的经历无疑使他得到了一次深刻的教训。这次教训（　　）。
   A. 使他认识到坦诚待人的重要性，从而对他以后的工作会产生积极的影响
   B. 使他意识到要精明为人，这点对他以后的工作会产生消极的影响
   C. 使他认识到了管理理论与管理实践的关系
   D. 使他认识到管理者需要具备哪些技能

5. 这个案例表明，管理工作内容与管理工作效果的关系是（　　）。

A. 管理工作的效果取决于管理工作内容

B. 管理工作的效果不取决于你做什么，而取决于你怎么做

C. 实际中管理工作的内容往往比书本上介绍的要简单许多，但简单的工作并不一定能取得预期的效果

D. 只有既研究工作内容，又注意处理工作关系，才能取得好的管理工作效果

✍本章自测题

一、名词解释

1. 管理
2. 管理二重性
3. 管理学
4. 技术技能
5. 人事技能
6. 概念技能

二、单项选择题

1. 管理的核心是（　　）。

A. 处理组织内部资源的稀缺问题

B. 处理与组织外部的关系

C. 处理组织内部与组织外部的一致性关系

D. 处理各种人际关系

2. 管理者必须因地制宜地将管理知识与具体管理活动相结合，这里强调的是（　　）。

A. 管理的科学性　　B. 管理的艺术性

C. 管理学的历史性　　D. 管理学的实用性

3. 人事、概念和技术技能是合格的管理者必备的3项基本技能，但在三者组合比例上，不同层次的管理者就各不相同。试根据下表中的数据，标明左栏"（　　）"中相应的管理层次是什么。

技能要求 / 管理层次	人事技能	概念技能	技术技能
（　　）	42	31	27
（　　）	35	47	18
（　　）	35	18	47

A. 基层管理　　B. 中层管理　　C. 高层管理

4. 一个管理者所处的层次越高，面临的问题越复杂，越无先例可循，就越需要具备(　　)。

A. 技术技能　　B. 领导技能

C. 概念技能　　D. 人事技能

5. 在特定工作领域内运用技术、工具、方法等的能力称为(　　)。

A. 人事技能　　B. 技术技能

C. 概念技能　　D. 都不正确

6. 管理的任务是(　　)。

A. 实现组织确定的目标

B. 协调人际关系

C. 节约资源

D. 平衡组织内外矛盾

7. 控制职能又称(　　)。

A. 指挥　　B. 组织　　C. 计划　　D. 监督

8. 管理的首要职能是(　　)。

A. 计划　　B. 决策　　C. 领导　　D. 组织

9. 管理的二重性表现在管理一方面是合理组织社会生产力的客观要求，另一方面是(　　)的客观要求。

A. 协调人际关系　　B. 维护组织利益

C. 协调社会生产关系　　D. 平衡社会、环境、资源

10. 正是因为管理的(　　)，所以我们才必须学习国外一切先进的管理知识与方法和手段。

A. 自然属性　　B. 文化属性

C. 社会属性　　D. 政治属性

三、问答题

1. 管理有哪些性质？学习管理二重性理论有何意义？
2. 管理的职能有哪些？它们之间有什么关系？
3. 在一个组织中，有效的管理者需要扮演哪些角色？需要具备哪些技能？
4. 如何认识管理的地位与作用？
5. 为什么要学习管理学？怎样才能把管理学基础这门课学好？
6. 为什么说学习管理学是提高管理者素养的重要方式？

四、判断题

1. 管理的客体是人。　　(　　)
2. 管理的任务是计划、组织、领导、控制、激励、沟通。　　(　　)
3. 有效地指导和影响个人或群体为实现共同的目标而作出努力与贡献属于管理中的组织职能。　　(　　)

4. 如何对组织活动及其成果进行监督和检查、发现偏差、寻找原因、采取纠正措施属于管理中的控制职能。 ( )

5. 沟通职能广泛存在于各类组织的管理活动中。 ( )

6. 基层管理者比高层管理者应更多地掌握管理学基础知识。 ( )

7. 管理既是一门科学,又是一门艺术,是科学与艺术的有机结合体。 ( )

8. 高层管理者负责制定具体的计划及有关细节和程序。 ( )

第二章 管理思想与管理理论的发展

学习目的与要求

管理思想和管理理论发展并形成比较完整的管理理论体系，经历了漫长的演变过程。本章主要对中外古代管理实践、管理思想、西方管理理论的发展以及现代管理理论学派的主要内容等进行概要介绍。通过本章的学习，要求学生了解并掌握以下内容：

(1) 了解中外古代重要的管理实践活动。

(2) 了解中国古代管理思想的基本内容。

(3) 理解西方近代管理思想和古典管理理论的内容。

(4) 理解并掌握行为科学管理理论和现代管理理论主要流派的基本观点。

(5) 了解战略管理、文化管理、学习型组织和企业再造的主要内容。

本章框架结构图

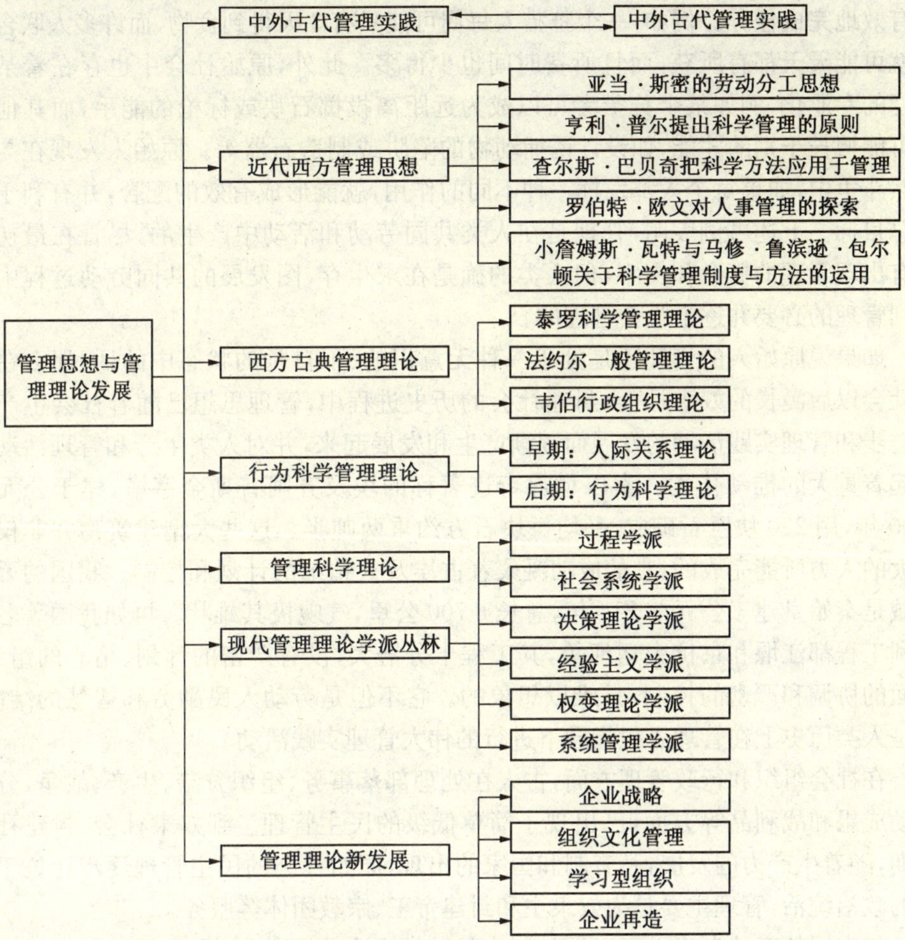

第一节　中外古代重要的管理实践和管理思想

一、中外古代重要的管理实践活动

根据有关文字记载，人类至少在六千年以前就已经产生了管理思想。所谓管理思想是指从长期的管理实践活动中提炼、概括出来的指导人们在管理活动中所遵循的一般性原则、观念和方法。管理思想是来源于管理的实践活动，早在远古时代，人类在与大自然的斗争中，为求得自身的生存，就懂得了必须合作，一起劳动，这就产生了管理问题。例如在原始社会里，男人由于身材高大、体魄强壮而总是担任狩猎和采集任务，而妇女则留在家里照顾家庭，加工男人们提供的原材料，于是这里便体现出最初的、最原始的分工。原始人还意识到，只有通过与其他人合作的方式，才能更有效地完成任务。例如，一个狩猎人每周可能只有 3 天得到食物，而许多人联合狩猎就可能天天都有所获，而且所费时间也少得多。此外，原始社会中也存在着某种程度的专业化，例如某个狩猎者可以成为远距离投掷石块或标枪的能手，而其他人则可能擅长于别的才能，如设计诱捕动物的陷阱或制造石器等。原始人发现在与大自然斗争中，如果每个人都发挥一种不同的作用，就能形成有效的配合，并有利于实现总目标。上述事例表明，管理是在人类共同劳动和活动中产生的，尽管在最初还没有出现管理的概念和文字，但人类的确是在求生存、图发展的共同劳动过程中认识到管理的必要并逐渐学会管理的。

如果说原始人的管理还是处于一种无意识的、不自觉的状态中的话，那么在原始社会以后漫长的奴隶社会、封建社会的历史进程中，管理思想已随着社会生产力的进步和管理实践活动的发展而逐渐产生和发展起来，并对人类生产和管理活动实践起着重大的推动作用。素以世界奇迹著称的埃及齐阿普斯金字塔，建于公元前 2800 年，用 230 块巨石砌成，平均每块石方约重两吨半。这些大型建筑物并非仅靠巨大的人力所能完成的，它的成功凝聚着古埃及人精细的计划和控制。我国的万里长城是秦始皇建于公元前 214 年，总长 6 700 公里，气魄极其雄壮。再如我国著名的水利工程都江堰和京杭大运河等，其工程十分浩大，没有严密的计划、精心的组织、全面的协调和严密的控制，是难以想象的。它不但是劳动人民勤劳和智慧的结晶，也是人类历史上在管理思想指导下进行的伟大管理实践活动。

在社会组织和行政管理方面，古人在处理部落事务、组织狩猎、生产、战争，分配劳动成果和战利品等方面，已出现了简单低级的民主管理。到奴隶社会、封建社会时期，随着生产力的发展，私有制和国家的出现，原始社会的民主管理逐步让位于阶级的政治统治，管理主要是为奴隶主和封建帝王、宗教团体等服务。

如中国的秦始皇建立了以郡县制为基础的中央集权体制，设立了一整套以三公九卿为主的行政管理机构，制定了以“法经”为主要内容的一系列法律条令，统一了全国的文字、货币和度量衡制度，按一定规格修建了通向四方的驰道，统一了车轨和道路宽度(驰道宽 50 步)，道旁每隔 3 丈植青松 1 株为路标。

再如古罗马帝国采取了较为分权的组织管理形式，从一个小城市发展成为一个世界帝国，在公元 2 世纪统治了欧洲和北非广阔的领域。由于古罗马在组织上实行有利于分权、委派和协调的改革，从而成为组织效率很高的庞大帝国。

在生产管理方面，中国古代和近代的行业管理比较发达，如陶瓷业管理、丝绸业管理、矿冶业管理、铸钱业管理、建筑业管理、造纸业管理、印刷业管理、食盐产销管理、茶叶专卖管理、酒类专卖管理和海外贸易管理等等。中国封建时代还设“三监”作为官府手工业管理机构，其管理的主要特点是封建强制，一般是无偿劳役，同时采用若干经济的手段。

另外，在军事组织和战争实施方面也留下了出色的管理实践记载。中国春秋战国以来历代的大规模战争组织，如官渡之战、赤壁之战，国外古罗马波澜壮阔的斯巴达克斯奴隶大起义，震惊欧亚的十字军东征等等。

还有古代的许多宗教组织也有各种成功的管理实践，如罗马天主教教会按照地理区域划分基层部门，采取高效率的职能分工，各级组织都配备辅助人员，成功地解决了大规模活动的组织问题，使罗马教廷的中央行政组织能够全面地控制分布在世界各个角落的 5 亿以上教徒的宗教生活。

但总的来说，古代管理实践偏重于宏观行政组织管理，如国家、军队、宗教等。这是由当时生产力和生产关系的发展状况所决定的，并且对早期的管理观念的形成也有很大影响。

二、中外古代的管理思想

（一）中国古代管理思想

中国是世界历史上的四大文明古国之一，有着悠久的历史和灿烂的文化。四大发明标志着我国古代生产力水平发展到相当高的水平。我国古代的天文、数学、医药、建筑、丝绸、冶炼、陶瓷等各个科学领域也都取得过辉煌的成就，走在世界前列。万里长城的修筑、大运河的开凿、都江堰的修建都极大地促进了中华民族的繁荣。古代的劳动人民创造了尧舜的繁荣、秦朝的统一、汉唐的强盛、宋元帝国的强大等盛世，这一切都表明中国古代有着非常丰富的管理思想，正是依赖这些朴素的管理思想才带来了古代生产力水平的发展。中国古代历史悠久，几千年的管理思想主要反映在一些重大的工程建设、军事战争、名人传记、历史小说和科研著作上，它们主要是《尧典》、《孙子兵法》、《周礼》、《考工记》、《管子》、《货殖列传》、《梦溪笔谈》、《营造法式》、《天工开物》等等。

归纳上述古代留下的著述，我们基本上可以从宏观治国（更多地体现为哲学思想）管理和微观治生（更多地体现为管理的应用方法）管理两个层面来把握我国古代管理思想的精髓。从宏观治国管理层面来看，我国古代管理思想体现在顺“道”、重人、仁政、人和 4 个方面。

从管理思想的应用层面来看，我国古代管理思想主要体现在战略、理财、经营、组织、选贤用人、系统管理以及管理者素质 7 个方面。

(1) 经营战略思想。我国早在 2 000 多年的春秋时期，就出现了《孙子兵法》这一军事著作。其精妙的战略战术思想与现代的经营管理原理如出一辙。如“知己知彼，百战不殆”、“五事・七计”都体现为精辟的经营战略理念。目前许多中外企业家都把孙子兵法作为制订企业经营战略和商战的座右铭。

(2) 在理财方面。中国古代有许多著名的理财家，如春秋时的管仲、范蠡、计然、吕不韦，秦朝的商鞅，西汉时的桑弘羊，唐代的刘晏，宋代的王安石，明代的张居正等。春秋时代的齐国大政治家管仲所著的《管氏春秋》是一部治国理财的专著，汉代司马迁所著的《史记》系统地记载了历代理财家的理财思想。另外,我国南宋时期的郑伯谦,在《太平经国之书》中,最早提出要实行会计监督,王莽时代史书上也有关于酒类生产的成本核算记录。

(3) 在经营管理方面。主要体现在《管子》、《盐铁论》、《史记》等史书中。由管仲所写的《管子》,用大量篇幅阐述了经济问题,它提出富强之道,在于建立国家统治的经济计划和政策,主要是对资源的计划管理,对物资和货币的控制,同时通过国家经营和物价调节来增加财政收入。《盐铁论》是记述西汉昭帝时盐铁会议的文献,它详细记载了西汉时国家推行盐铁官营、酒专卖以及均输、平准等经济干预政策。最令人称道的是司马迁所著《史记》中的《货殖列传》关于范蠡、白圭提出的"待乏原则"和"积贮之理"等经营思想。货殖即经商之意。"待乏原则"提到"水则资车,旱则资舟","夏则资裘,冬则资缔",是指市场上的物资应预测未来的迫切需要,方可有利可图。水灾时制作车,因为灾后车将成为短缺急需商品,价格将上涨。天旱经营舟船,夏天贩运皮货,冬天早售葛麻,都是预测未来,道理相同。"积贮之理"是指获取利润的方式。《货殖列传》上写道:"务完物,无息币。以物相贸易,腐败而食之货勿留,无敢居贵。论其有余不足,则知贵贱。贵上极反贱,贱下极必反贵,贵出如粪土,贱取如珠玉,货币欲其行如流水。"这是指所经营的物品必须质量完好,货币不能停滞。对易烂的东西,切勿长期压存,贪图高价,通过商品数量的多寡,来预测其价格的贵贱,商品价格太高必转而下跌,太贱则又会回涨,货物和货币须像流水一样常流不断才能取得好效益。"待乏原则"和"积贮之理"是我国古代经营管理思想的一个典型范例。

(4) 关于组织的思想。管理的核心是组织,因而关于组织的理论源远流长。早在战国时期(公元前约 400 年)成书的我国古代典籍《周礼》中,专门有行政管理制度和责任制度的具体叙述。该书相传是周公为周朝制定的一套官僚组织和制度。它将周代官员分为天、地、春、夏、秋、冬六官,以天官职位最高,六官分别定编、定级、定员;六官即中央政府的 6 个部门,各有首脑 1 名,级位最高的为"卿",其部属则依次为"中大夫"、"下大夫"、"上士"、"中士"、"下士"5 个级别。每个级别都有固定的人员配额,2～8 人不等,多的可达 32 人。对政府官员的录用、任职进行监督和考核。《周礼》对官员的任用,对政府内部工作的监督都有严格的规定。例如有所谓"八法",指对政府机构实行严格管理的方法,包括"官属、官职、官联、官常、官成、官法、官刑、官计"等;有所谓"八柄",指驾驭群臣的手段,包括"爵、禄、赏赐、安置、升迁、剥夺、罢免、处死"等。《周礼》还规定了相应的考核方法和考核内容。这些组织管理思想至今仍有借鉴意义。在《孙子兵法》一书中,提到了有关军事组织编制规范的理论。如军队编制,军为 12 500 人,旅为 500 人,卒为 100 人,伍为 5 人;明确规定了军队组织结构的层次关系。在军队的组织管理上,孙子提出:"凡治众如治寡,分数是也;斗众如斗寡,形名是也。"(《孙子兵法·势篇》)也就是说,通常管理大部队如同管理小部队一样,这属于军队的组织编制问题;指挥大部队作战如同指挥小部队作战一样,这属于指挥号令的问题。在这里,孙子指出一个观点,即无论管理人数的多少其道理都是一样的，关键是抓住人员编制这个特点。这与现代管理学中所讲的要“按一定的管理层次和幅度建立组织机构”有些类似。在劳动组织方面，中国古代已经有劳动过程分工和流水作业的思想。古代组织的工农业生产，进行重要的工程建设，都组织了大量的人力、物力与财力，如秦代蒙恬曾征役30万大军修筑万里长城，隋炀帝动员近百万军民修运河。在战国时代，墨翟就提出过劳动过程分工的思想，他说，“譬如筑墙然，能筑者筑，能实壤者壤，能欣者欣，然后墙成。”

(5) 在选贤用人方面的思想。中国古代在用人方面素有“选贤任能”、“任人唯贤”的主张。例如，公元前455—395年战国时期魏国人魏文侯、李悝提出“五视”的静态识人观，即“居视其所亲、富视其所与、达视其所举、穷视其所不为、贫视其所不取”。而三国时期的诸葛亮则提出动态的知人之道“七观”，即“问之以是非而观其志，穷之以辞辩而观其变，咨之以计谋而观其识，告之以祸难而观其勇，醉之以酒而观其性，临之以利而观其廉，期之以事而观其信”。这些思想在今天看来，仍然闪烁着智慧的火花。另外，管仲、墨翟、刘邦、李世民等的用人之道也都是古今称道的人才管理典范。

(6) 关于系统管理的思想。在我国各类史书上不乏古代系统管理思想的火花，例如春秋时代孙武的《孙子兵法》从道、天、地、将、法5个方面分析战争的全局，也就是从系统思想出发，把环境、系统整体与系统中诸要素统一起来，研究战争的规律。这种军事系统思想直至今日在国内外都享有盛名。此外，我国古代系统思想还体现在工程技术管理中。秦昭王时(前306—前251)蜀郡太守李冰父子主持修建的都江堰水利工程，融灌溉、蓄水、排洪、排沙、行舟于一体，做了十分精心、周到的安排，反映了当时工程规划与施工过程的整体观念和统筹思想。再如《梦溪笔谈》(宋沈括著，1031—1095)上记载的宋真宗时京都失火，宏伟的昭应宫被烧毁了，由宰相丁渭负责主持修复宫室的任务。丁渭经过系统筹划，下令选取几条主要街道，挖成河渠，从中取出大量的土就地烧成砖瓦，同时引汴河水入渠，由水路使用竹排木筏，运进建筑材料，待宫城修复竣工后，又将建造中弃置的碎瓦、破砖、灰土等填平河渠，修复路面，恢复街道。这种“一举三得”的方案反映了古代系统工程思想的萌芽。

(7) 在管理者素质方面。关于管理者素质，孙子认为一个成功的管理者应该具有“智、信、仁、勇、严”五大素质。再如战国时期的老子、墨子也提出一些人才管理思想。老子说：“知人者智。”(《老子・第三十三章》)意思是说，能够认识人才、发现人才，才称得上是最有智慧的人。这里所讲的正是“认识”的重要性。那么，如何使用人才呢？老子说：“善用人者为之下。”即一个好的领导者对待人才应该谦虚大度，要善于“礼贤下士”。他举例说，正像江海之所以成为众多河流的积聚之地，是因为它处于最为低下的地方一样，一个好的领导者在物质利益等方面也要具有甘居人后(下)的胸怀，这样才能把众多的人才吸引到自己的周围。墨子明确提出“贤人”的3条标准：一是道德品行的标准，叫“厚乎德行”，即在道德行为上要厚道，是德行高尚的“仁人”；二是交际能力的标准，叫“辩乎言谈”，即鉴于当时国家之间争斗频繁的现实，一个贤者又必须是一个能说会道的“智者”；三是知识标准，叫“博乎道术”，即要有广博的知识，或者说一个贤者必须又是知识渊博的“能人”。

(二) 外国古代管理思想

外国的古代管理思想，散见于古埃及、古希腊、古罗马的各种文史典籍中。根据古文献《出埃及》的记载，希伯来人的领袖摩西在率领希伯来人为摆脱埃及人的奴役而出走的过程中，他的岳父叶忒罗对他处理事物事必躬亲、东奔西跑的做法提出了批评，说：“你这种做事的方式不对头，你会累垮的。你承担的事情太繁重，光靠你个人是完不成的。现在听我说，我要给你提个建议，你应当从百姓中挑选出能干的人，封他们为千夫长、百夫长、五十夫长和十夫长，让他们审理百姓中的各种案件，凡是大事都呈报到你这里来，所有的小事由他们自己去解决，这样他们会替你分担许多容易处理的琐事。如果你能够这样做事，这是上帝的旨意，那么你就能在位长久，所有的百姓将安居乐业。”摩西接受了他岳父的意见，制定了一种《条例和法令》制度，主要内容是把法令昭示于民众，建立等级制并责成管理人员分级管理，只有最重要的政务才提交给摩西处理。这个故事事实上讲的就是现代的层次管理原则和例外管理原则。这种确定管理跨度和组织程序的思想在当时是很了不起的。古希腊人也有很多管理思想，例如，大哲学家柏拉图虽然很看不起商业活动，称它为“卑鄙和粗俗的”，但他对理想国的描述，却集中体现了人们对商业和管理技能的需要。同时，柏拉图在《共和国》一书中提出专业化和分工原理。柏拉图的学生亚里士多德虽反对商业以营利为动机，但他的思维逻辑却成为现代决策理论的基础。而与柏拉图同时代的色诺基认为，商业应受到鼓励，商人应在公共场合受到令人尊敬的荣誉地位。以他的个人经历和观点为基础写成的《自传》被认为是第一部系统地论述领导作用的著作。另一著名学者苏格拉底则深邃而生动地指出了管理的普遍性和管理者的互换性原则。

限于篇幅，以上我们只能对浩如烟海的中外古代管理实践和管理思想做挂一漏万式的简要介绍，使读者能够窥一斑而知全豹。还必须指出，无论是中国还是外国，古代的管理思想都只是作为某个人或某个集团的单一管理思想或实践体现出来的，它们往往零星分散于各种史书文献典籍中，甚至有的仅仅是传说。也就是说古代的管理思想还远远没有形成系统的整体的管理科学理论。管理理论只是到了近代，随着近代工业的产生，随着资本主义的发展而产生和发展起来的。

第二节 西方近代管理思想

一、亚当·斯密的劳动分工思想

对资本主义管理理论第一个作出贡献的应追溯到英国古典政治经济学的代表

人物亚当·斯密。他在1776年(当时正值英国的工场手工业开始向机器工业过渡时期)发表的《国民财富的性质和原因的研究》中,第一次分析了劳动分工的经济效益,提出了生产合理化的概念。斯密认为,劳动是国民财富的源泉,一国财富的多寡取决于两个因素:一是该国人口中有用劳动的居民在总人口中所占的比重;二是这些人的劳动熟练程度、劳动技巧和判断力的高低。财富的增加可以提高人民的幸福程度,而提高劳动者的技巧和熟练程度,从而提高劳动生产率,则是增加一国物质财富的重要途径。劳动分工有助于这个目标的实现。

那么分工为什么有好处呢?斯密认为主要原因有3点:① 分工可以重复完成单项操作,从而提高劳动熟练程度,提高劳动生产率;② 分工可以减少由于变换工作而损失的时间;③ 分工可以使劳动简化,使人们把注意力集中到一种特定的对象上,有利于促进工具的改进和机器的发明。

斯密的上述分析,不仅符合当时生产发展的需要,而且也成了以后企业管理理论中的一条重要原理。

斯密在研究经济对象时,一个根本论点是,经济现象是具有利己主义的人们所进行的活动而产生的。他认为,人们在经济活动中追求个人利益,社会上每个人的利益总是受到他人利益的制约,个人都需要兼顾到他人的利益,由此而产生共同利益,进而形成总的社会利益。所以,社会利益正是以个人利益为立足点的。这就是所谓"经济人"观点,该观点后来成了整个资本主义经济学和管理学的理论基础。

二、小詹姆斯·瓦特与马修·鲁滨逊·包尔顿关于科学管理制度与方法的运用

最早在企业管理中使用科学管理方法的当推瓦特和包尔顿,他们是发明和设计蒸汽机的两个先驱者的儿子。1796年,他们的父亲在英国建立了索豪工程铸造厂时就开始负责这家工厂的管理,并对管理事务进行了分工:瓦特主持组织工作与行政管理,包尔顿负责销售与商业活动。他们为工厂制定了许多管理制度,并在组织工厂的生产与销售活动中运用了许多管理技术。比如,他们组织市场调查,向欧洲大陆派出许多代表收集各项可能影响蒸汽机需求的资料,并据此确定企业的生产能力和编制生产计划;依据工作流程的需要,有计划地安排机器的空间布置,组织生产过程规范化和产品部件标准化;在会计与成本核算方面,他们建立了详尽的统计记录和控制系统,采用了原料成本、人工费用、成品库存等分别记账的会计制度,从而能够计算工厂制造的每台机器的成本和每个部门所获得的利润;在人事管理方面,他们进行了工作效率研究,制定了管理人员和职工的培训计划,实行按成果支付工资的方法,并试图改进职工的福利,为职工建立了一套互助保险制度。瓦特与包尔顿在管理实践中的这些探索至今对企业管理仍具启迪意义。

三、罗伯特·欧文对人事管理的探索

罗伯特·欧文是19世纪初期英国卓越的空想社会主义者,也是19世纪初最有

成就的实业家之一。欧文认为，人是环境的产物，只有在适宜的物质和道德环境下，人才能培养出好的品德。为了证明自己的观点，他对自己在苏格兰纽拉纳克的工厂进行了一系列改革试验，包括改善工作条件，缩短劳动日时间，严禁童工劳役，改善工人生活条件，设立工厂、商店、幼儿园、医院，发放抚恤金，等等。他的试验证实，重视人的作用和尊重人的地位，也可以使工厂获得更多的利润。为了吸引其他实业家也来关心工人工作条件和生活条件的改善，欧文正确地指出了人在工业生产中的重要作用。他认为，实行良好的人事管理，是每个经理人员工作的基本部分。欧文在关于人的因素方面的思考和实践，使得有些管理学家称其为"人事管理之父"。

四、查尔斯·巴贝奇把科学方法应用于管理

查尔斯·巴贝奇是英国数学家和机械学家，也是世界上最早的电子计算机的发明者和时间研究的创始人。他曾花费多年时间访问英国和法国的一些工厂，研究管理问题，于1832年发表了《论机器和机器制造业的经济》一书，在该书中他把管理问题分为制造的经济原理和制造的机械原理，对它们分别进行了科学的研究。他在斯密的劳动分工学说的基础上，又进一步对专业化、工作方法、机器与工具的使用、成本记录等问题进行了系统的研究。他指出分工可以缩短学会操作的时间，可以节约交换工序所费的时间，可以促进专用工具和设备的发展等。他还指出分工既适用于体力劳动，又适用于脑力劳动。他根据对制造程序和工作时间的研究成果，提出以专业技能作为工资与奖金基础的原理，成为后来"科学管理的基础"。此外，巴贝奇还强调不能忽视人的因素。他认为企业与工人之间有一种共同的利益，主张实行利润分配制，这种制度由两部分构成：一是要使工资的一部分与工厂的利益挂钩；二是对有利于降低生产成本的建议要支付奖金。

五、亨利·普尔提出科学管理的原则

亨利·普尔是19世纪中叶的美国管理学者。他通过长期的观察和研究，指出企业管理不能依靠创办人和资助者，而必须通过专职管理人员来改进管理。他提出了管理的科学三原则：①组织。从总经理到一般工作人员必须有详细的劳动分工，每人有特定的职责，并向其直接领导负责。②通讯联系。就是在组织中设计出一种报告方法，使最高领导能连续地、确切地了解作业情况。③资料。普尔认为必须编制保存一套有关成本、收入、定额测定等方面的系统资料，并对这些资料进行分析，以便改进业务。此外，普尔还提出用集体精神来克服只强调严格管理的官僚化作风，克服"把人只看成是一部机器"的危险。普尔对资本主义早期管理理论有重大影响，为科学管理理论的创立作出了贡献。

第三节 古典管理理论

人类长期的管理实践为管理理论的产生打下了基础，而早期的管理思想和近代管理理论萌芽则为管理理论的系统建立创造了必要的条件。管理理论是由一系列管理原理、管理原则、管理形式、管理方法和管理制度等组成的，它是对管理实践活动的理论概括和反映。管理作为一门理论是随资本主义的产生和发展，从手工业的生产转变为机器大工业的生产，才逐渐形成的。因为工厂制度的出现，大规模协作劳动成为基本劳动形态，迫切需要科学的系统的管理方法，这就为管理理论的产生提供了历史前提。同时，经济科学、技术科学和自然科学知识的发展以及在实践中的运用，为管理理论的产生奠定了科学的方法论基础。由于管理在企业中比在其他人类活动中运用和发展得更早、更充分、更完备和更系统，所以管理理论首先是从企业管理的角度开始建立的。就管理理论的发展来看，国内外一般认为最早形成的比较系统的管理理论是19世纪末到20世纪初的"古典管理理论"。它包括以泰罗为代表的科学管理理论、以法约尔为代表的一般管理理论和以韦伯为代表的行政组织理论。

一、泰罗的科学管理理论

（一）科学管理理论产生的背景

科学管理理论的产生有以下几方面的背景因素：

1. 技术背景

19世纪后半期，由于科学技术的进步，出现了第二次技术革命。第二次技术革命的结果，由于电力、内燃机等新技术的广泛采用，大大地促进了资本主义生产的发展。而资本主义生产的发展则推动了资本的积累和集中，并出现各种垄断组织，资本主义逐步由自由竞争走向垄断。这时，资本主义经济进一步发展了。随着专业化协作的发展和企业规模的不断扩大，生产技术日益复杂，对企业管理的要求也越来越高，主要凭经验和判断来进行的传统管理不再能够适应，迫切要求人们把过去在企业管理方面积累的经验加以标准化、系统化和科学化，用科学的管理代替传统的经验管理。

2. 经济背景

经济背景包括经营的大规模化、所有权与经营权分离这两个相互关联的因素。就经营的大规模化来说，由于19世纪后半叶，钢铁、石油、汽车、机械等重化工业的发展，规模经济这一因素在生产经营中越来越重要，同时，由于经营的大规模化，就要实行资源的大规模集聚，这必然增加管理上的复杂性。另外，经营的大规模化也必将导致所有权和经营权的分离。在19世纪前半叶，资本主义企业所有权和经营权是一致的，资本家既是生产资料所有者又是经营者。但随着企业规模的扩大，技术复杂性提高，资本家不得不依靠具有专业管理技能的经营者来从事企业经营管理。于是所有权和经营权开始发生分离，这就越来越需要管理职能的专门化，管理职能专门化就必然催生出科学系统的管理理论。

3. 社会背景

19世纪末至20世纪初，资本主义逐步由竞争走向垄断，资本主义竞争更加激烈，阶级矛盾更加尖锐，特别是劳资纠纷此起彼落，使社会动荡不安。资本家为了榨取最大的剩余价值，意图提高工人的劳动强度，不断压低计件工资的单价，于是工人采取了有组织的怠工或罢工进行反抗。据记载，当时许多企业工人的工作效率仅为正常值的1/2～1/3。为了适应资本主义生产力发展的要求，为了对付工人决定生产方法和生产时间的权力，资本家迫切需要改进管理方法，以推动企业管理水平提高，适应资本主义经济发展需要。

古典科学管理理论正是背负着解决这些有关经营的技术、经济、社会等问题的使命而呱呱落地了。

（二）泰罗及生平介绍

科学管理理论的创始人是美国的弗雷得里克·泰罗（1856—1915）。泰罗出生在美国费城一个富裕的律师家庭，接受过良好的早期教育，幼年就爱好科学研究和实验。1874年他考入美国哈佛大学，但因眼疾不得不辍学。1878年进入费城米德维尔钢铁厂工作，先后当过技工、工长、车间主任、总机械师、总工程师等，期间开始进行劳动时间和工作方法的研究，总共获得100多项专利，相继发表了《计件工资制度》（1895）、《车间管理》（1903）等论著。1883年，他通过函授学习和自学，获得了斯蒂芬工艺学院机械工程学位。泰罗长期从事企业管理工作，具有丰富的实践经验。为试验和推广科学管理，他为许多著名的公司当管理咨询顾问，醉心于科学管理原理的研究，并于1911年出版了《科学管理原理》一书。这是企业管理从经验向科学过渡的标志。由于泰罗在管理发展史上的特殊地位，他被后人称为"科学管理之父"。

（三）泰罗的科学管理理论的主要内容

泰罗提出的科学管理的具体内容与做法，大体上可以分为作业管理和组织管理两个方面。

从作业管理方面看，包括实行定量作业管理、科学地选择和训练工人、实行差别工资制、对工人宣传劳资合作互利的思想4个方面的内容。

1. 实行定量作业管理

具体做法又包括时间和动作研究、任务管理两个方面。

（1）时间和动作研究。时间和动作研究包括为规定标准时间而进行的时间研究和为消除无用的动作找出有效率的作业方法而进行的研究两个方面。具体来说，首先要把工人的一定的作业分解成基本动作，再对尽可能多的工人用秒表测出完成这些基本动作所需要的时间。在这个过程中，选定最适于完成这种作业的工具、机器，决定最适当的作业程序，消除错误的动作、慢动作、无用的动作，以找到最有效的作业方法，使其标准化。其次是累计这样得出的基本动作所需要的时间，加上不可避免的迟缓而耽误的时间，规定一种作业的标准时间，由此而决定作业标准。所谓不可避免的迟缓，包括疲劳及其他不可避免的由人造成的迟缓和机械故障等造成的迟缓。假如我们把各种基本动作所需要的标准时间分别称为 a、b、c、d，把不可避免的迟缓称为 p，那么，某一作业的标准时间(T)可用下式来表示：

$$T=(a+b+c+d)(1+p)$$

科学管理法提倡的“科学的事实和法则”正是指工人为完成一定的作业所需要的标准时间。正因为它是“科学的事实和法则”，所以劳资双方都必须服从这个标准，既不允许利用工会的力量来篡改作业标准，也不允许企业家像过去那样任意地降低以标准时间为基础规定的工资率。并且还要规定工人有义务努力达到标准时间。泰罗在 1903 年撰写的《车间管理》一书中谈到科学管理法时说：“整个体制都依赖于对单位时间正确而科学的研究，这才是科学管理的最重要的因素。”①

时间和动作研究通过作业标准的规定而成了实行任务管理的基础，直至今天它在企业经营管理中，对工具设备的改良、测定作业人员的劳动效率、决定奖金的数额以及制定工程计划等方面仍起着重要的影响作用。

(2) 任务管理。任务管理是构成科学管理法的另一个重要因素。它是根据泰罗以下 3 种考虑提出来的：① 如果应该实现的工作目标和标准不明确，人们就无法提高工作效率；② 如果随意决定工作标准，人们就不会为提高效率而最大限度地努力工作；③ 为了刺激工人努力提高效率，必须实行刺激工资制。

为此，泰罗在《车间管理》这部著作中指出，为了实施科学管理法，需要贯彻以下 4 个原理：

① 高标准地规定一天的任务。企业每个经营人员，不管他的地位高低，每天都必须接受明确规定的任务。这个任务必须是清晰的、全面的，并且是需要经过努力才能完成的。

② 标准条件。在给工人下达任务的同时，必须提供必要的完成任务的条件。

③ 高工资。工人如果完成了任务，必须保证向他支付高工资。

④ 损失责任。工人如果不能完成任务，必须承担由此造成损失的责任。

可见，任务管理是由以高效率为原则科学地规定作业标准、实行最佳的标准化作业、实行奖励工资制以及岗位责任等内容所构成的。

2. 科学地选择和训练工人

根据每个工人的性格、特点和长处来分配工作，发现他们的局限性和发展的可

---

① [日]占部都美. 现代管理论. 北京：新华出版社，1984：32

能性，然后按照科学的方法教育、训练他们，使他们承担能胜任的、最有兴趣的工作。

3. 实行差别工资制

实行差别的计件工资制度，对完成和超额完成工作定额的工人，按较高的工资单价支付工资，为正常工资率的125％；对完不成工作定额的工人，则按较低的工资单价支付工资，为正常工资率的80％。

4. 对工人宣传劳资合作互利的思想

认识到只有互相协作，才能共同提高劳动生产率，从而使雇主降低了成本，工人提高了工资，泰罗认为这就是劳资双方进行“精神革命”、从事协调与合作的基础。

从组织管理方面看，主要包括把计划职能与执行职能分开、实行职能组织——职能管理式的组织制度、例外管理原理3个方面。

1. 把计划职能与执行职能分开

设立专业的计划部门，按照科学的方法管理企业。职能化的组织原理是科学管理法的一个重要内容。泰罗在1910年发表的《科学管理原理》这部著作中指出，由经营人员和工作人员分担工作责任，经营人员通过承担其固有的计划职能来支持作业人员行使职能。泰罗指出，整个工厂的日常工作不是由厂长、工长来干，而是由计划部完成的。而计划部的具体职能包括：

(1) 进行旨在发现科学事实的调查研究(如时间研究)。

(2) 规定基于科学调查的“标准”或“指标”。

(3) 决定计划和发布必要的命令。

(4) 通过对指标和实际成绩的比较进行控制，等等。

把这种计划和控制的职能从作业职能中分离出来再集中到计划部是泰罗组织论的一个重要特征。集中所有计划和控制职能的计划部具有近似于今天的经营组织中的总参谋的性质。我们认为，从这一意义上讲，泰罗的计划部在组织论的发展过程中应该受到极大的重视。也正是由于计划职能(管理职能)和执行职能(作业职能)的分离，才奠定了“经营管理科学化”的基础。

2. 实行职能组织——职能管理式的组织制度

如果说计划部的设置意味着作业劳动和管理劳动的分工，那么职能组织就意味着由于专门化的发展而从作业劳动分化出来的管理劳动本身的分工。职能组织也就是职能管理。

在过去的直线式组织中，有关作业的一切命令都由厂长通过工长传达给作业人员。由于直线式管理组织没有实行管理劳动的分工，所以厂长和各工长的工作极其繁杂。例如，厂长和工长的工作有：必须分配工厂的工作、决定作业程序、指导和监督作业、工人的准备和训练、决定工资标准等。工长为了圆满地完成庞杂的工作，必须掌握大量的情报，并要具备特殊的才能，因此也就必须经过长时间的训练。

泰罗指出，直线式管理组织中的工长为了圆满地履行其职责，必须具备以下9种素质：① 智能；② 教养；③ 专门的或技术性的知识；④ 才能；⑤ 精力；⑥ 坚韧刚毅；

⑦ 正直；⑧ 判断力或常识；⑨ 健康。

但在企业各层管理人员中，具备其中 3 种素质的人居多，如果具备 4 种素质工资也就高了，具备 5 种素质的人很罕见，具备 6 种、7 种乃至 8 种的几乎不可能。具备上述素质中 4 种或 5 种的工长较多。为了让这样的工长能有效地执行他的管理职能，需要把管理工作分成几部分。泰罗说，为了能使管理劳动实行分工，计划工作必须包含科学管理法的大部分任务。泰罗强调，这种理论的必然归宿应当是用职能组织取代原来的直线式管理组织。

泰罗的职能组织原理概括起来讲就是分解管理劳动，使所有管理人员都尽可能少地分担管理职能，使管理职能专门化，同时每个管理职能部门（人员）都可以在自己特定的职能范围内直接向下下达命令，进行指挥。见图 2-1。

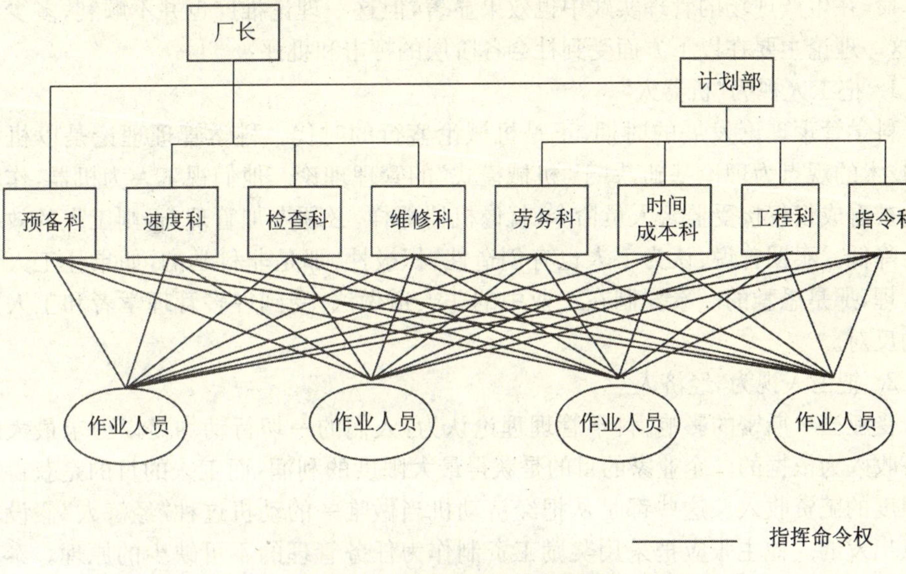

图 2-1　泰罗的职能组织图

泰罗认为，实行职能组织——职能管理，有 3 个好处：

(1) 同直线式管理组织相比，培养管理人员需要的时间要短得多。

(2) 管理人员的任务和责任明确，任务管理的原理也能适用于管理劳动。

(3) 整个工厂都能够实行工具和作业方法标准化，从而能降低成本，提高效率。

3. 例外管理原理

在泰罗的组织论中，另一个不可忽视的原理是例外管理原理。所谓例外管理原理的含义是：不是把所有的权限都集中于上层经营者的手中，而是尽可能地分散给下级管理阶层的管理人员。上层经营者只保留例外事项的决定权或控制权。这相当于今天的经营组织的授权管理。因此，它是极为重要的原理。按照今天的话讲就是高级管理人员为了减轻日常琐事的负担，把处理一般日常事务的权力授予下级管理人员，高级管理人员只保留对例外事项也就是重要事项的管理权。

把例外管理原理同职能组织相互衔接起来特别重要。从职能组织来说,由于各职能工长是根据各自特定的职能向所有的作业人员发布命令的,因此容易发生命令相互矛盾、权限相互抵消的问题。如果发生这样的问题,首先要在有关的职能工长之间通过协商加以调整。如果在工长之间调整不了,就分别把这个问题报告给各自的上级工长,在上级工长之间谋求问题的解决;如果上级工长关于权限问题也不能圆满地进行调整,那就把问题提交给厂长,最后由厂长解决。职能组织中这样调整权限的方法是例外管理原理的重要运用。例外管理原理对泰罗组织论来说是不可缺少的。排除这个原理,职能组织也就不能有效地形成。

(四)科学管理理论的局限

自从泰罗及其他同期先行者创立的科学管理理论以来,尽管在理论上实现了一次革命,在生产现场的管理实践中也效果显著,但这一理论推广也并不顺利,多少年来,这一理论主要在以下方面受到社会各阶层的抨击和批评:

1. 把工人视为"机器人"

科学管理理论发展的时期,正是机械论盛行的时代。科学管理理论是以机械的、技术的观点为理论基础,属于"机械模式"的管理理论。他们视工人为机器,作业人员被看成仅仅接受监督人员命令,就像机器那样,必须严加管理,否则工人的效率必会降低。泰罗曾说:认为工人也有创造性、积极性,那是非科学的,如果让工人参加管理,那是愚蠢的。泰罗制在工业中的非人道做法,受到许多管理学者和工人阶级的反对。

2. 把工人视为"经济人"

受亚当·斯密的影响,科学管理理论认为,人们的一切行动均是以力求最大的经济收入为依据的。企业家的目的是获得最大限度的利润,而工人的目的是获得最大限度的工资收入。这些都是从把经济动机当做唯一的动机这种"经济人"假设的观点出发的。他主张应把采用奖励工资制作为任务管理的不可缺少的原理。泰罗的继承者继承了他的这些主张,但是在从事生产和分配经济活动时,只要这些活动是通过组织或团体进行的,那么经济动机就不是唯一的动机。同经济动机一样,非经济的、社会的动机如自尊、社交、自我实现等等也是重要的动机。这一点将通过后述的人群关系论加以阐述。

过于注重企业的基层作业管理。古典科学管理理论的重点局限于生产领域内的效率、时间、动作、生产的研究,过于注重部门、车间、基层、执行等方面的问题,而忽视了对企业整体、上层、外部的管理问题。

二、法约尔的一般管理理论

作为古典管理理论的另一分支,是一般管理理论,其创立人是与泰罗齐名的法国人亨利·法约尔,其代表作是1916年的《工业管理和一般管理》,法约尔被西方称为"经营管理之父"。法约尔的一般管理理论主要包括以下内容:

(一) 经营与管理的概念和职能

法约尔认为,经营和管理是两个不同的概念,管理只是经营的一部分,除了管理活动外,企业经营还包括技术、商业、财务、安全以及会计等一系列职能。其中技术职能是企业加工材料、生产产品的制造活动;商业职能是与原材料和设备购买或产品的销售有关的市场活动;财务职能是与围绕资金的筹集和运用而展开的活动;安全职能是与设备和人员保护有关的活动;会计职能是指为监视资金的合理运用而对其运动过程中的变化状况进行的记录、归类和分析活动。法约尔认为,不论事业的类型如何,也不论企业规模的大小,这6种职能对所有的企业经营来说都是不可缺少的固有的职能。人们对上述5种职能都比较了解,明确它们的活动范围也较容易,但对管理职能却缺乏明确的认识。作为经营的一个方面,管理职能本身由计划、组织、指挥、协调和控制等一系列活动所构成。于是法约尔给管理下的定义为:"管理就是实行计划、组织、指挥、协调和控制。"法约尔关于管理的要素分析以及它在经营中的地位可用图2-2表示。

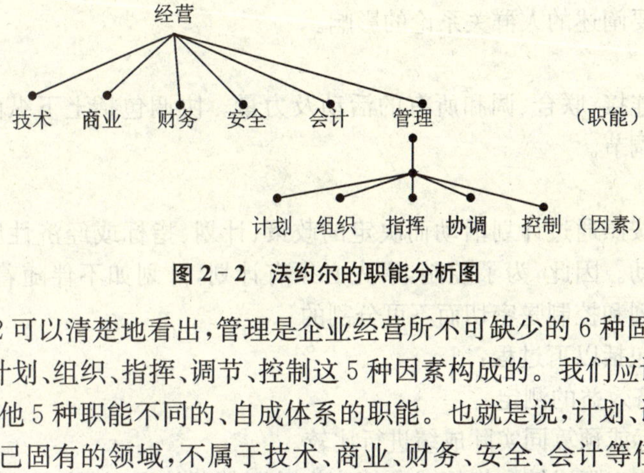

图2-2 法约尔的职能分析图

从图2-2可以清楚地看出,管理是企业经营所不可缺少的6种固有职能中的一种职能,是由计划、组织、指挥、调节、控制这5种因素构成的。我们应该注意的是,管理职能是同其他5种职能不同的、自成体系的职能。也就是说,计划、调节、控制之类的活动都有自己固有的领域,不属于技术、商业、财务、安全、会计等任何一种职能,而是自成体系的。另一方面,管理职能既不是总经理等上层经营者垄断的特权,也不是他们特有的职责,同其他5种职能一样,也是由经营者和职工分别承担的。总之,管理职能在概念上同其他职能有明显的区别。

管理的概念同经营的概念也有区别。法约尔说:"所谓经营,就是努力确保6种固有职能的顺利运转,以便把企业拥有的资源变成最大的成果,从而导致企业实现它的目的。"①而管理只不过是通过经营得以运转的6种职能中的一种。

(二) 管理五职能的主要内容

现将法约尔关于管理的五职能主要内容说明如下:

---

① (日)占部都美.现代管理论.北京:新华出版社,1984:55

1. 计划

所谓计划,概括地讲,它的含义是:为了未来的目的而把组织体的各种活动统一起来,为了相互调节而具体地规定经营目的、制定政策、决定经营计划、选择标准程序。

2. 组织

这里所说的组织是为形成和维持组织体而进行管理的一个因素,是指组织体结构的合理形成。因此,组织职能就是组织化的职能,它意味着有效地形成和维持组织体的结构。已建立起来的组织终究是旨在实现管理目的的手段,它被看做是管理工具。组织理论就是解决分部门的方式、线性组织和参谋组织的关系、权限和责任等问题的。

3. 指挥

所谓指挥,概括地说,就是通过命令、指示等信息的传递,让他人有效地进行工作。正式的信息是通过管理组织规定的权限和责任渠道进行的。

正式信息的传递手段有口头、文件、记录、报告、会议等。但是,为了进行有效的指挥,需要给职工参与经营的机会,对职工的工作成绩给予公平的报酬,培养职工自主地执行各自职务的责任感。总而言之,指挥职能的基础是形成协调的人事关系,它受到后面将要阐述的人群关系论的影响。

4. 协调

协调就是连接、联合、调和所有的活动及力量。协调包括上下纵向、左右横向、内外等关系的调节。

5. 控制

控制是指按照通过计划活动而决定的政策、计划、指标或经济性原则进行经营活动的管理活动。因此,为了控制,事先必须有计划,计划如不伴随着控制,就变得毫无意义。计划和控制是密切而不可分割的。

控制活动包括以下过程:

(1) 对经济效益的测定。

(2) 用指标或预算同实际成绩进行比较。

(3) 掌握使实际成绩和指标或预算产生差距的制约因素;确定造成这一结果的责任所在。

(4) 为控制或消除制约因素而采取必要的手段。

(5) 当制约因素不能控制时,要改变目标和计划。

上面列举的计划、组织、指挥、协调、控制5种职能不是互相独立存在的,而是密切联系在一起的,是作为经营管理过程的一个整体被执行的。法约尔对管理职能的分析,为管理理论的形成奠定了基础。

(三) 法约尔法则

前面已经讲到,管理职能同技术、商业、财务、会计、安全这5种职能在概念上是有明确区别的。其他5种职能是对物的职能,大体上相当于泰罗的作业职能,法约尔的管理职能则相当于泰罗的计划职能。法约尔的管理理论的最大特色是对管理职能的原理及构成管理职能的各种因素进行了分析。泰罗认为，计划职能是管理人员的固有职能，作业职能是工人的固有职能，通过设置计划部使两者在组织上分割开来。而法约尔认为，就像管理人员的任务被看做只是行使管理职能那样，管理职能在管理人员的任务中占有重要的地位，但管理职能并非是只属于管理人员的职能。管理职能是由从企业的最高领导到一般工人的各个成员分担的。从这一基本假设出发，就形成了著名的"法约尔法则"。该法则说明企业的管理、技术、商业、财务、安全、会计这 6 种职能都分别需要与其相应的特殊能力。也就是说，这 6 种不同的职能分别需要技术能力、营业能力、财务能力、安全能力、会计能力和管理能力。在大型企业里，各种职能是由人数众多的经营者和职工分担的，各人必须具备的各种能力在他的总能力中所占的比重是随着管理阶层的不同而不同的。

法约尔认为，企业无论大小，简单还是复杂，其全部活动都可以概括为 6 种：

(1) 技术性的工作——生产、制造。

(2) 商业性的工作——采购、销售和交换。

(3) 财务性的工作——资金的取得与控制。

(4) 会计性的工作——盘点、会计、成本及统计。

(5) 安全性的工作——商品及人员的保护。

(6) 管理性的工作——计划、组织、指挥、协调及控制。

法约尔对这六大类的工作做了分析之后发现，对基层工人主要要求其具有技术能力。随着组织层次中职位的提高、人员的技术能力的相对重要性降低，而管理能力的要求逐步加大，并且随着企业规模的增大，管理能力显得更加重要，而技术能力的重要性减少(参看表 2-1 和图 2-3)。此点法约尔与泰勒是不一样的，泰勒极为重视作业阶层和技术能力，而法约尔更为重视一般性的管理工作和管理职能，即计划、组织、指挥、协调及控制。

表 2-1 大型工业企业技术职能人员必要能力的相对重要性比较

人员类别	能 力(%)						
	管理	技术	商业	财务	安全	会计	总计
大型企业							
作业人员(*a*)	5	85	—	—	5	5	100
工长(*b*)	15	60	5	—	10	10	100
车间主任(*c*)	25	45	5	—	10	15	100
分厂长(*d*)	30	30	5	5	10	20	100
部门领导(*e*)	35	30	10	5	10	10	100
经理(*f*)	40	15	15	10	10	10	100
总经理(*g*)	50	10	10	10	10	10	100
政府部长(*h*)	50	10	10	10	10	10	100
首相(*i*)	60	8	8	8	8	8	100

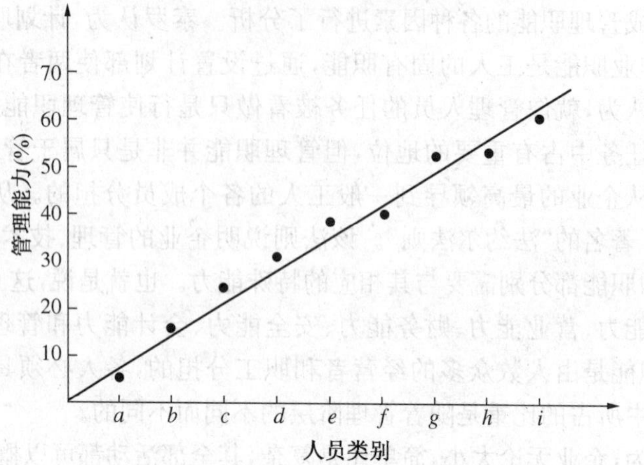

图 2-3 人员类别与管理能力相关图

由表 2-1 可以看出，法约尔把整个国家当做一个大型企业，给出了不同层次人员所需要各种能力的比重。我们可以把不同人员所应具备的管理能力的百分数用二维坐标表示出来，它基本上可以回归成一条直线，图 2-3 说明了职位越高所需的管理能力就越多，其他方面的能力就可相对减少。对不同规模的企业也有类似的现象。企业越小，领导人所需要的管理能力所占的比重就越小；相反，企业越大，领导人所需要的管理能力所占的比重就越大。

以上就是法约尔根据他担任法国第一流矿业公司总经理三十年期间积累的宝贵经验总结出来的"法约尔法则"。尽管各栏的数值是否正确尚有疑问，但仅就两表的结论而言是符合现实情况的。它尤其充分地证明，在企业的上层经营者的职能中，管理职能是多么重要。

对企业的经营来说，有关生产技术、商业、财务、安全、会计等职能的知识和能力显然是很重要的。但是，只靠这些知识和能力还不足以确保企业的有效经营。这些职能还必须得到管理职能的支持。

（四）管理的一般原则

法约尔十分重视探讨管理的一般原则，他认为管理的一般原则，是社会组织正常而又有效地进行活动的条件。同时他又认为必须灵活地运用原则，而灵活运用各项原则则是一门很难掌握的艺术，因为这门艺术是智慧、经验、判断力的综合，所以对管理人员来说，通过学习、培训、实践来掌握这门艺术是非常必要的。

法约尔根据他长期的管理实践，总结出以下 14 条管理的一般原则：

(1) 劳动分工。劳动分工是提高效率的最好办法。因为劳动分工可以减少目标的数目，做到用同样的努力取得更多更好的成果。但分工应有一个限度，不能超越这个限度。

(2) 权威与责任。权威就是指挥和要求别人服从的力量。权威必须和责任相一致，责任是权威的当然结果和必要补充。凡权威行使的地方就有责任，而责任又应和奖惩紧密相连。

(3) 纪律。纪律就是服从企业中各方达成的协定。为使企业顺利发展，纪律应尽可能明确和公正。否则，任何一个企业都不能兴旺繁荣。高层领导人和下属人员一样，必须接受纪律的约束。

(4) 统一命令。一个下属人员只应接受一个领导人的命令。这是一条普遍的、永久必要的准则。如果这条准则受到破坏，那么权力将受到损害，纪律将受到危害，秩序将受到扰乱，稳定将受到威胁。

(5) 统一指导。为了达到同一目的而进行的全部活动，只能有一个领导人和一项计划。这是统一指导、协调力量和一致努力的必要条件。

(6) 个人利益服从整体利益。领导应公正地协调每个下属同整个集体之间的不同方面的利益，并经常进行监督。但实际上如何贯彻这一原则一直是管理方面的难题之一。成功的办法是：第一，领导人的坚定性模范榜样；第二，尽可能订立公平的协定；第三，认真地监督检查。

(7) 人员的报酬。人员的报酬必须公平合理，尽可能使职工和企业双方都满意。人员报酬的方式可以对企业的发展产生重大影响，选择报酬方式是一个重要而又困难的问题。报酬方式通常要求能保证报酬公平；能奖励有益的努力和激发热情；不会导致超过合理限度过多的报酬。

(8) 集中。集中是指决策权的集中度和分散度。集中是一种必然的现象，目的应是尽可能地使用所有人员的才能。集中到多大的程度，不应该是千篇一律的，应根据企业的规模、条件和领导人的才能、精力、智慧、经验、理解速度以及从属人员的情况来决定。正确的集中应能提供最高效率的方法。

(9) 等级链。就是从最高权力机构直至低层管理人员的领导系列。等级路线就是情报由最高权力机构向下发出或把情报上报给最高权力机构，中间经过等级制度每一级的传递联系路线。这条路线对于统一指挥是很有必要的。但在一些大企业里，这种方法需要很长时间，因此，就应该把尊重等级路线与保持行动迅速结合起来。后来，管理学者用法约尔"跳板"或法约尔"桥"来说明二者如何进行有效的结合。

(10) 秩序。秩序包括物品秩序和社会秩序。建立物品秩序应该是每件物品都有一个位置，每件物品都在指定的位置上，而且应该事先选择位置，以便尽可能地便利所有的工作程序。建立社会秩序就应该使每个人都有一个位置，每个人都在指定给他的位置上，并要求做到岗位适合于人，人也适合于他的岗位，即所谓"合适的人在合适的岗位上"。

(11) 公平。为了鼓励其所属人员能全心全意和无限忠诚地执行他的职责，应该以善意来对待他。而公平就是由善意和公道产生的。公平不排斥刚毅，也不排斥严格。

(12) 人员保持稳定。一个人要适应他的新职位，并做到能很好地完成他的工作，这需要时间，需要保持人员的稳定。

（13）首创性。全体人员的首创性对于事业来说是一股巨大的力量源泉，特别是在困难时刻更是这样。所以应尽可能地鼓励和发展这种能力。对人员主动性起限制作用的只应是等级制度和纪律性所规定的权力关系。

（14）集体精神。在一个组织中，全体人员的和谐与团结是这个企业的巨大的力量。所以，应该尽力做到团结。

法约尔在《工业管理和一般管理》一书中指出："在管理方面，没有什么绝对的东西，这里全部是尺度的把握问题……原则是灵活的，是可以适应于一切需要的，问题在于懂得使用它……没有经验与尺度，即使最好的原则，人们仍将处于困惑不安之中。原则是灯塔，它能使人辨明方向，但它只能为那些知道通往自己目的地道路的人所利用。"①

上述 14 条原则在当时是很新鲜而又有启发性的，对以后的管理实践和管理思想影响很大。特别是不少内容是涉及组织职能的，对以后组织理论也具有重要的影响。

三、韦伯的行政组织理论的主要内容

马克斯·韦伯（1864—1920）是德国柏林大学教授，他是德国社会科学家、经济学家和德国古典管理理论的代表人物。韦伯对管理理论的贡献，主要是提出了一套官僚行政组织的理想结构。所谓理想的官僚行政组织体系，是指通过职务或职位而不是通过个人或世袭地位来管理，他所讲的"理想的"并不是指最合乎需要的，而是指现代社会最有效和合理的组织形式。

（一）官僚行政组织体系的权力基础

韦伯指出，任何组织都必须有某种形式的权力作为基础才能实现目标。只有权力，才能变混乱为秩序。韦伯认为，存在三种纯粹形态的权力：理性、合法的权力，传统的权力和超凡的权力。在这三种纯粹形态的权力中，传统权力是世袭得来而不是按能力挑选的，其管理单纯是为了保存过去的传统，传统权力的效率较差。超凡的权力则过于带感情色彩，并且是非理性的，不是依据规章制度而是依据神秘或神圣的启示。只有理性、合法的权力才宜于作为理想组织体系的基础，才是最符合理性的原则、高效率的一种组织结构形式。

（二）官僚行政组织体系的主要内容与特征

韦伯提出的理想的科层组织体系的主要内容与特征体现在以下 5 个方面：

（1）存在明确的分工。把一个组织中为了实现其目标所需要的全部活动都划分为各种基本的作业，作为任务分配给组织中的各个成员。每个职位都明文规定其权利和义务。各种职务和职位是按照职权的等级原则组织起来的，形成一个指挥体

① （法）H. 法约尔. 工业管理与一般管理. 北京：中国社会科学出版社，1982：69

系。在这个体系里，每一个下级接受其上级的控制和监督，不仅要为自己的行动负责，还要为自己所属下级的行动负责。

(2) 组织是根据规定的法规、规章组成的。法规、规章不变更，组织结构也固定不变。组织的任何一个成员都受法规、规章的控制。组织要明确规定每一成员的职权范围和协作关系，以便各个成员正确行使职权，减少摩擦和冲突。

(3) 组织中人员的任用，完全根据职务上的要求，通过正式考试或教育训练来实现，合格者才能录用。每一职位上的人员必须称职，同时也不能随意免职。

(4) 组织成员之间的关系是一种不受个人感情影响的关系，完全以理性准则为指导。

(5) 人员的升迁制度和工资制度都有明文规定，以服务年限和工作成绩为标准。但是否升迁，完全由上级决定，下级没有发言权，以免破坏指挥系统。

从以上特征可以看出，官僚制的优点体现在组织中的个人与权力相分离，通过一套有连续性的规章制度体系，使个人主观因素对整个组织的运转影响降到最低程度。韦伯认为，这种理想的科层组织体系能提高工作效率。它在精确性、稳定性、纪律性和可靠性方面都优于其他组织形式。摆脱了传统组织的随机、主观、偏见的影响，这种组织适合于工业革命以来的大型企业组织的需要。

四、古典管理理论的其他重要人物介绍

(一) 厄威克提出的 8 项组织原则

林德尔·厄威克长期从事管理方面的领导和咨询工作，他是英国著名的管理权威，他虽然没有在管理思想方面增加什么新的内容，但他对各种组织理论进行了相互比较、研究，最后综合成一种“综合组织理论”，对管理理论具有一定的影响。1938年，厄威克在《组织的科学原理》一书中，提出适用于一切组织的 8 项原则：

(1) 目标原则。即所有的组织都应当表现出一个目标。

(2) 责权相符原则。

(3) 职责原则。即下属无条件服从上级。

(4) 组织阶层原则。

(5) 控制幅度原则。即每一个上级领导所管辖的下级人员不应超过 5～6 人。

(6) 专业化原则。即每个人的工作应限制为一种单一的职能。

(7) 协调原则。

(8) 明确性原则。即对每一项职务都要有明确的规定。

这 8 项原则可以说在更高一个层次上集中反映了管理的本质。

(二) 穆尼和古利克对组织理论的贡献

1. 詹姆斯·穆尼

穆尼根据自己作为企业家的工作经验，与赖利合著了《组织原理》一书，认为管

理是指导、激励别人的方法和技术,组织是把各种不同职责或职能联系成一个协调的、整体的方法。据此他提出了做好组织管理的 3 条原则:一是以统一的行动为目标的协调原则;二是以授权、尽责为基础的等级原则;三是以专业化的分工为前提的职能原则。穆尼的分析第一次为近代的组织管理理论提供了一个比较清晰的框架结构。

2. 鲁舍·古利克

古利克在研究了法约尔等人的管理职能理论后加以系统化,他在 1937 年与厄威克合编的《管理科学论文集》中,提出了著名的管理"七职能"论,又叫 POSDCRB。这 7 种职能:一是计划(Planning);二是组织(Organizing);三是人事(Staffing),包括职工的选择、训练、培养和恰当安排等;四是指挥(Directing),包括对下属的领导、监督和激励;五是协调(Coodinating);六是报告(Reporting),包括下级对上级的报告及上级对下级的考绩、调查和审核;七是预算(Budgeting),包括财务计划、会计、控制等。POSDCRB 就是取这些职能的英文词首字母组成的。他的这个系统综合,后来成为所有这类研究的出发点。

五、古典组织理论的特点及局限性

以上重点介绍了古典管理组织理论,包括一般管理理论的代表人物法约尔、行政组织理论的代表人物韦伯以及其他重要人物对组织理论的贡献。总的来看,古典组织理论具有以下 4 个方面的特征:

(1) 过程论。他们都把管理作为管理者行使各种手段和职能的一种活动,并认为各种手段和职能是循环往复、连续不断的一个过程。

(2) 实践论。古典组织理论的目的是促进管理实践、指导组织设计的,其组织原则是从有效的经验中提炼出来的。

(3) 技术论。古典组织理论是把组织当做有效地实现经营目的的手段,把组织问题当做技术论来研究的。

(4) 机构论。古典组织理论在研究组织设计时把组织看做是管理机构,它只研究为实现经营目的而设计组织结构的问题,而并不像我们后面要讲的人群关系论那样研究组织内在的一面即人际关系对实现组织目标的影响等问题。

古典组织管理理论虽然对管理学理论的发展做出了很大贡献,但后来的学者普遍认为该理论也存在下列一些局限:

(1) 组织原则过于抽象,对从事管理实务的管理人员帮助不大,同时,某些组织原则之间互相矛盾。例如,统一指挥原则与专业化原则有抵触,如果强调统一指挥原则,管理专业化原则就难以保证,反之亦然。这种矛盾在特定情况下如何合理解决,法约尔等人并未提供任何科学的答案。

(2) 经验成分居多,理论基础不坚实。许多学者批评组织管理理论提出的各项组织原则仅仅是从经验中提炼出来的,并没有在具体的管理情况下对一定的假设进行科学的验证，所以这些原则的科学性和普遍适用性值得怀疑。

(3) 着重于正式组织及作用的研究，而忽视了对非正式组织的作用以及对“人性”的研究。

(4) 忽略了外界环境对管理的影响，各项组织原则仅局限于企业内部控制。

以上概括地介绍了古典管理理论中两大学派的理论发展，是有史以来第一次以科学的、系统的方法来探讨管理问题的，在当时对促进社会生产力发展产生了深远的影响。

第四节 行为科学管理理论

行为科学管理理论是指运用心理学、社会学、人类学等理论和科学方法，从人的工作动机、情绪、行为与工作、环境之间的关系，探索影响生产率因素的管理理论，目的在于激发人的积极性。20 世纪 30 年代美国学者梅奥(G. E. Mayo)的霍桑实验，为行为科学管理理论奠定了基础。从行为科学管理理论的发展来看，基本上可分为两大时期，前期叫做人际关系学说(或人群关系学)，后期是行为科学管理理论。“行为科学”是 1949 年在美国芝加哥讨论会上第一次提出的，提倡研究人类行为规律，以提高对人们行为的预测和控制能力。在 1953 年美国福特基金会召开的各大学科学家参加的会议上，正式定名为行为科学。

一、行为科学产生的背景

20 世纪初期，科学管理理论的产生极大地提高了劳动效率，促进了经济的发展，但科学管理只注重于满足职工物质上的需要，而忽视了职工精神上的需要，将职工当成是赚钱的机器，从而引起广大职工的强烈不满，遭到职工的抵制，使得劳动效率急剧下降。西方的一些学者感到单纯用泰罗制不能有效地控制工人，企业的生产不仅受物理的、生理的因素的影响，而且还会受到社会、心理因素的影响。德国的芒斯特伯格于 1912 年发表了《心理学与工业效率》一书，提出创造心理条件以提高生产效率的观点。1924 年在美国西方电器公司霍桑工厂，以哈佛大学著名的社会心理学家梅奥为首的有关研究人员开始进行调查研究工作条件、社会因素与生产效率关系的“霍桑试验”，创立了早期的行为科学——人际关系说。到了 40 年代，美国心理学家马斯洛发表了《人类动机的理论》，提出了著名的需要层次理论，标志着行为科学的逐渐成熟。此后，世界各地的各类学者纷纷从各种不同的角度来研究人类的行为问题，创立了各种不同的行为科学理论。

二、早期的行为科学管理理论——人际关系学说

(一) 霍桑试验

人际关系学说，又称人群关系理论，其创始人是梅奥(G. E. Mayo)。梅奥原籍澳大利亚，早年他在澳大利亚昆士兰大学教授逻辑和哲学，后去苏格兰学医学，并参加研究精神病理学，1922年移居美国，在宾夕法尼亚大学任教。1926年任美国哈佛大学企业管理学院产业研究室主任。从1927年开始，负责指导芝加哥西方电气公司霍桑工厂的调查研究工作，即著名的"霍桑试验"。他于1933年发表了《工业文明中人的问题》一书，总结了霍桑试验第一阶段的工作，并提出了人际关系学说。以后又继续进行试验，到1936年才告结束。

霍桑试验的全部过程可分为4个阶段：

(1) 照明试验。照明试验主要是考察工作条件与生产效率之间的关系。在开始试验时，研究小组设想，增加照明度会使产量提高。他们挑选了两组工人，一组为试验组，一组为对照组。对照组一直处于正常的照明度下工作，照明度不变。在试验组里，照明度做各种变化。结果，当试验组的照明度逐步增加时，两组的产量均大致上以相同的比例增加。当试验组的照明度逐步降低时，两组的产量继续增加，只是降到0.06支烛光(相当于月光)时，试验组的产量才下降。实验表明，照明度的改变对两个小组的生产率没有什么影响。

(2) 继电器装配试验室试验。这一试验是把6个自愿参加试验的女工安置在与其他工人隔绝的受控条件下工作。试验期间，研究者多次改变工作条件，如增加休息时间、缩短每日工作时间、供应茶点等等。实行一段时间，又取消这些条件，恢复原来的工作条件。结果，不论工作条件如何变化，生产量都是增加的。这种现象用"科学管理"的理论是无法解释的。研究小组认为，产量上升，可能由于工人对试验的关心和兴趣。这时，工人们自己对产量上升的原因也说不清楚，只感到由于没有工头的监督，工作自由了，知道自己是一项重要试验的成员，并与试验小组的成员建立了良好的关系，工余时间工人之间的接触也增加了，人与人之间的关系改善了，产生了一种团结互助的感情。

(3) 与工人谈话试验。先后花了两年多时间(1928—1931)对20 000名职工进行了访问交谈，以了解工人对工作和工作环境、对监工和公司当局的看法和意见，并研究工人们的这些意见和看法如何影响生产率。

(4) 继电器绕线机组观察室试验。据分析，这个小组的工人都可能超过他们目前的产量。可是在试验过程中，经过几个月的观察，小组的产量总是维持在一定水平而没有超过。经考察，发现组内有一种默契，有一种无形的压力，限制着各人突破生产记录。谁如果不遵守这种默契，便会受到小组的冷遇、讽刺、打击，小组的压力就会指向他。另外，小组中还有自己的非正式的行动规范，如不应完成太多的产量，也不应完成太少的产量，不应向监工报告任何有损于同伴的事情等等。组内还存在

着自然形成的群众领袖人物。这样，通过试验，证实了"非正式组织"的存在。

通过试验，取得了大量的实际材料，研究小组根据这些材料进行总结、研究，梅奥写了《工业文明中人的问题》一书，于1933年发表，标志着人际关系学说的诞生。

（二）人际关系理论的主要观点

人际关系理论与古典管理理论相比，提出了以下几个新的理论观点：

(1) 职工是"社会人"。古典管理理论认为职工是"经济人"，即把人看做是仅仅为了追求最大经济利益而进行活动的所谓"经济人"。霍桑试验表明，人是"社会人"，认为人不是孤立存在的，而是属于某一个工作集体，并受这一集体影响的。影响人的生产积极性，除了物质利益等经济因素外，还有社会因素和心理因素。因而人际关系学说主张把工人当做"社会人"加以尊重，不应把人视为"机器"。

(2) 提高工人的士气，是提高生产效率的关键。古典管理理论认为生产效率受工作方法和工作条件的制约，因而在管理上，它只强调实行工作方法的科学化，劳动组织的专业化，作业程序的标准化。可是霍桑试验表明，生产效率的提高，关键在于工人的士气。所谓士气，也就是工作积极性、主动性、协作精神等结合成一体的精神状态。梅奥等人从人是"社会人"这一观点出发，认为士气高低取决于工人社会方面、心理方面的欲望的满足程度。满足程度越高，士气就越高。这种满足程度又依存于两个因素：其一是职工从家庭生活和社会生活中所形成的态度；其二是组织内部的人际关系。

(3) 企业中存在着"非正式组织"。企业的经营结构是由技术组织（即物的组织）和人的组织（即社会组织）构成的。而人的组织又可分为正式组织和非正式组织两种。所谓正式组织就是为了有效地实现企业的目标，规定企业各成员之间的相互关系和职责范围的一定组织体系，这种体系对职工有强制作用。梅奥等人认为，人是社会性动物，他们通过企业的正式组织在企业内共同工作，必然发生相互之间的关系，产生共同的感情，自然形成一种行为准则或惯例，要求个人服从，这样就构成了一种体系，这种体系就是人际关系学说中的所谓"非正式组织"。这实际上是一种无形的组织，这种组织有特殊的感情、规范和倾向，控制着每个成员的行为。非正式组织与正式组织是不同的。正式组织是以效率逻辑为重要标准，而非正式组织则以感情逻辑为重要标准，要求遵守人际关系中形成的不成文的、非正式的行为准则。因此，就要求企业管理者要注意倾听和沟通职工的意见，使正式组织的经济目标同非正式组织的社会性需要取得平衡。

以上三个方面的观点和理论，构成了早期"人际关系学说"的主要内容。这些观点虽然受到一些人的批评，但是梅奥等人把社会学、心理学等引进企业管理理论，为创立一个新的管理学说奠定了基础，弥补了古典管理理论的不足之处，促进了对组织中人的行为的一系列研究。继梅奥等人之后，研究行为科学的学者大量涌现，行为科学也就日益发展起来了。

三、后期的行为科学管理理论

在进行霍桑试验和提出人际关系学说的前后，正值 20 世纪 30 年代初期资本主义经济危机的爆发，企业忙于应付危机，因而对人际关系学说并未引起多大关注。到了 30 年代中期，美国国会通过了“全国劳工关系法”，“产联”等大工会也相继成立，劳资关系起了新的变化。于是，霍桑试验和人际关系学说的影响也就随之扩大，有些大学开设了相关课程，一些大企业也建立了专门的研究机构。1947 年美国成立了全国性的“工业关系研究会”，1949 年在美国芝加哥大学召开的一次跨学科的讨论会上，把人际关系学正式定名为行为科学。从这时起，企业管理中的行为科学取代了人际关系学说，向更广阔的领域发展，形成了行为科学管理理论学派。

由于任何人的行为都是在一定的组织和群体内、在一定主管的领导和控制下表现的，因此它不仅与个体的行为基础有关，还要受到群体环境和管理人员领导方式的影响。关于人的行为的理论研究也涉足了上述各个方面。所以，就其主流而言，后期行为科学管理理论主要集中在以下 4 个领域：

(1) 人类需要层次理论。其代表人物是美国的马斯洛，他在 1943 年发表了《人类动机的理论》一书，把人的需要分为 5 个层次：① 生理需要，包括衣、食、住、行、医药等人体生理上的主要需要，这是一切需要中最根本的需要；② 安全需要，包括心理上和物质上的安全保障，如预防危险事故、生活有保障、生病或年老有所依靠等；③ 社交需要，包括友谊、爱情、归属感各方面的需要；④ 尊重需要，包括自尊和受别人尊重、赏识的需要；⑤ 自我实现的需要，包括事业心和实现自己对生活的期望。马斯洛认为，只有排在前面的需要得到满足，才能产生更高一级的需要，人们一般是按照这个层次来追求各项需要的满足，只有尚未满足的需要，才能对行为起激励作用。由此，他认为应尽可能在客观条件许可的情况下，针对不同人对不同层次需要的追求给予相对的满足，这样，才能成为推动人们继续努力的内在动力，不断提高生产率。

(2) 人的假设理论。主要有道格拉斯·麦格雷戈(Douglas Mcgregor)的“X 理论—Y 理论”和莫尔斯等人提出的超 Y 理论。麦格雷戈是美国麻省理工学院教授、社会心理学家，他于 1957 年首次提出 X 理论和 Y 理论，并在 1960 年正式出版了《企业的人性方面》一书，对这两种不同的理论进行了创见性的分析比较。麦格雷戈认为，在管理中由于对人性的假设不同，便存在着两种截然不同的管理观点，即 X 理论和 Y 理论。X 理论是把人性建立在错误假设上的传统管理观点，它将劳动效率或工作效率不高归结于人的本性不诚实、懒惰、愚蠢、不负责任等造成的，必须进行强制监督，并以惩罚为主要管束手段，才能迫使他们付出足够的努力去实现组织的目标。Y 理论是对人性作出相反假设的一种新的管理观点，它认为人性并非生来就是懒惰的，要求工作是人的本能，只要给予一定的外界条件，就能激励和诱发人的能动性去努力工作，达到确定的目标；如果职工的工作没干好，应从管理本身去找妨碍劳动者发挥积极性的因素，主张以“诱导与信任”代替“强制与管束”，去鼓励职工发挥主动性和积极性。麦格雷戈认为，X理论对人的行为管理建立在错误的因果观念基础上，不适应人类科学文明水平不断提高的需要；而Y理论则是建立在正确认识人的本性与人类行为关系的基础上，适应了工业化社会经济发展的需要，它应是X理论的合理替换物。他主张在管理中应用Y理论，才能在管理上取得成功。

在麦格雷戈提出X理论和Y理论之后，美国的约翰·莫尔斯(John Morse)和乔伊·洛尔施(Joy Lorsch)选出两个工厂和两个研究所进行了试验。试验结果表明，采用X理论的单位和采用Y理论的单位都有效率高和效率低的，Y理论并不能完全替换X理论而普遍适用。据此，他们提出了超Y理论，其主要观点是：应针对不同的工作性质和人员素质等实际情况，采用不同的对人的管理方式。

(3) 非正式组织以及人与人关系的理论。其代表性的理论有：① 库尔特·卢因(Kurt Lewin)的"团体动力学理论"。卢因是美国心理学家和行为科学家，他倡导这一理论是研究非正式组织的一种团体行为理论，它主要论述了作为非正式组织的团体的要素(活动、相互影响、情绪)、目标(以维持团体的存在和继续发挥作用)、内聚力、规范、结构、领导方式、参与者、行为分类、规模以及团体如何实现行为改变等问题。② 利兰·布雷德福(Leland Bradford)的"敏感性训练"。布雷德福是美国行为科学家，以他为代表首创的是训练行为的一种方法，其目的是通过受训者在团体学习环境中的相互影响，提高受训者对自己的感情和情绪、自己在组织中所扮演的角色、自己同别人的相互影响关系的敏感性，以改变个人和团体的行为，达到提高工作效率和满足个人需求的目标。③ 弗雷德里克·赫茨伯格(Frederick Herzberg)的"双因素理论"。赫茨伯格是美国心理学家，他在1966年出版的《工作与人性》一书中，首创地提出了双因素理论，它是研究需要对行为积极影响的一种理论。这种理论把企业中的有关因素分为满意因素和不满意因素，凡能使人带来满足(或满意)的因素为"激励因素"，凡能防止使人产生不满的、消极的因素为"保健因素"。赫茨伯格认为，改善保健因素，可以消除不满情绪，维持原有的工作效率，但不能激励个人提高生产率；激励因素如得到满足，可以激励个人或集体不断提高工作能力和生产率，作为一个管理者更应注意"激励因素"对人的作用。④ 莱维特(H. J. Likert)的"意见沟通理论"。莱维特是美国心理学家，他在1972年出版的《管理心理学》一书中提出了意见沟通理论，它是研究企业组织内人与人之间、部门与部门之间互相传达思想、交换信息的一种理论。这一理论主要论述了意见沟通的方式、渠道和沟通网的组织形式及其对行为的影响等。莱维特认为，意见沟通是影响行为的工具，是改变行为的有效途径，因此要求传达的信息明确易懂，外来的信息要经过筛选和查核，组织机构要职权分明，内部控制幅度与组织层次要安排合理，这样上下左右的意见才能畅通和取得反馈作用。

(4) 组织中领导方式方面的理论。在这一方面的代表性理论主要有：① 伦西斯·利克特(Rensis Likert)的"支持关系理论"。利克特是美国心理学家和行为科学家，他在1961年出版的《管理的新模式》一书中，对企业领导模式发表了独特的见解，提出支持关系理论。利克特在其著作中指出，在所有的管理工作中，对人的领导是最重要的中心工作；而在对人的领导工作中，必须善于使每个职工建立和维持自己个人价值和重要性的感觉，并把自己的知识和经验看成是对自己个人价值和重要性的一种支持，这种关系就叫做支持关系。他还指出，一个企业的领导者在管理中如果以职工为中心、较多地关心职工的需要和愿望等，则该企业的生产率就会较高；同职工接触时间较多者，领导方式愈是民主、合理者，其生产率就愈高。② 罗伯特·坦南鲍姆(Robert Tannenbaum)和施米特(W. H. Schmidt)的"领导方式连续统一理论"。坦南鲍姆和施米特都是美国行为科学家，他们认为，在企业的领导方式中，以专权式的、以上司为中心的领导方式到极为民主的、以职工为中心的领导方式之间，存在着多种多样的领导方式，它们是一个连续的统一体。至于应选择哪一种领导方式，不能一概而论，要考虑经理、职工、形势、长期战略等方面的因素，才能在这个连续统一体中选择一个当时当地最合适的领导模式。③ 罗伯特·布莱克(Robert R. Blake)和简·穆顿(Jane S. Mouton)的"管理方格理论"。布莱克和穆顿是美国行为科学家，他们于 1964 年发表《新管理方格》一书，就企业中的领导方式问题提出了管理方法。他们认为，为了避免企业管理的领导工作中趋于极端的方式(即以生产为中心，或者以职工为中心，或者以 X 理论为依据，或者以 Y 理论为依据等)，应采取各种不同的综合的领导方式。他们以对生产的关心程度为横轴，对职工的关心程度为纵轴，各轴线均为九等份，共形成 81 个小方格，用来代表各种不同结合的领导方式。他们认为，把对生产的高度关心同对职工的高度关心结合起来的领导方式是最为有效的领导方式；企业领导者应该客观地分析企业内外的各种情况，把自己的领导方式转化为理想型方式，以求得最高的效率。④ 斯托格迪尔(R. M. Stogdill)和沙特尔(C. L. Shartle)等人的"双因素模式"。斯托格迪尔和沙特尔是美国俄亥俄大学教授、行为科学家。他们认为，组织中的领导行为包含两个因素：主动结构(以工作为中心)和体谅(以人际关系为中心)。这两种因素不是互相排斥的，应该结合起来，才能实现高效率的领导。他们还认为，这两种因素的结合可以有多种领导行为模式，一位"高工作、高关系"的领导者，其工作效率与领导的有效性必然高。1966 年，美国的科曼(A. K. Korman)在分析"双因素模式"(即管理四分图)的基础上，提出"领导生命周期理论"，加进了第三个因素，即下属人员的成熟程度。他认为"高工作、高关系"的领导并不经常有效，"低工作、低关系"的领导也不一定经常无效，都要看下属的成熟程度而定。科曼提出，领导的有效性是由工作行为、关系行为和下属的成熟程度 3 个因素决定的，这 3 个因素之间的关系是一种曲线关系，这条曲线可使领导者了解领导方式与下属成熟程度之间的关系。

综上所述，行为科学管理理论是从人的行为的本质中激发出动力，不断提高生产率的理论，也就是从人际关系和人的行为上去激发动力的管理理论。尽管有它的各种理论和学派，但它们的基础都是建立在梅奥的人际关系学说之上的。

必须指出，早期的行为科学管理理论是与科学管理理论的观点不同而创立的，但在行为科学管理理论的后期发展中，倾向于把行为科学同科学管理理论调和起来。因为资本主义的基本矛盾，并不是行为科学那一套所能解决的。而行为科学的许多主张和做法不但没有被当代西方管理学者所抛弃，而且受到更多的研究和应用。

四、行为科学管理理论的局限性

行为科学管理理论强调将企业内的人和社会因素协调成一个有机整体，把激励人的积极性、主动性问题放到了管理的首要地位，这是管理理论发展史上的重大转变。但行为科学理论也存在一些缺陷，主要表现在：

（1）把企业外部影响作为常数，忽略不计，而注重研究企业内部的人、群体、正式组织、非正式组织之间的协调与冲突。

（2）过分否定经济人概念，忽略了经济因素对人的制约。

（3）注重用静态的观点去分析人和群体的行为，未能用动态、发展的观点去研究。

必须说明，上述缺陷在 20 世纪 80 年代以后的行为科学管理理论研究中已有了很大的改变。

第五节 管理科学理论

一、管理科学理论产生的背景

管理科学是继科学管理、行为科学管理理论之后管理理论和实践发展的结果；目前以美国学者伯法、布莱克特等人为代表，伯法的代表作为《现代生产管理》。它运用运筹学、系统工程、计算机等科学技术，通过建立模型来求得管理问题（如时间、成本、利润、产量等）的最优解，以达到组织目标的一种管理理论。就其理论渊源可以追溯到泰罗的科学管理或更早的巴贝奇等人。这一理论强调应用科学的方法解决生产和作业管理问题。20 世纪 50 年代该理论体系已形成。管理科学的目的是通过把科学的原理、方法和工具应用于管理的各种活动，降低结果的不确定性，以便使投入的资源发挥最大的作用，获得最大的经济效果。目前较为成熟的管理科学模型有决策理论模型、盈亏平衡点模型、库存模型、网络模型、排队模型、资源配置模型、对策模型等。

管理科学学派重点研究的是操作方法和作业方面的管理问题。现在管理科学也有向组织更高层次发展的趋势，但目前完全采用管理科学的定量方法来解决复杂环境下的组织问题还面临着许多实际困难有待于进一步的研究，也有待于其他科学的发展。

从管理理论产生的背景来说，管理科学产生于第二次世界大战期间。二战期间，首先在英国，由于雷达系统、高射炮、反潜艇战、民防、军用物资护航、对敌轰炸等方面的需要，从 1939 年开始，成立了许多运筹学的研究小组。其中最著名的是英国曼彻斯特大学教授布莱克特领导的小组，他们为英国和大西洋战斗的胜利作出了贡献。在英国的影响下，美国也组织了很多专家，设立了“作业分析”小组进行研究和应用。战后，这种研究仍在继续进行，并将研究的成果应用于民用企业。同时，高等学校也开设了这方面的课程，如 1948 年首先在麻省理工学院开设了运筹学的非军事应用课程，其后，有 30 多所高等院校也开设了这方面的课程。从 50 年代开始出版了许多关于管理科学方面的著作。1948 年英国成立了运筹学学会，并于 1950 年出版了世界上第一份管理科学的刊物《运筹学季刊》。美国亦于 1952 年成立了运筹学学会。1957 年在英国牛津召开了第一届国际运筹学会议，1959 年成立了国际运筹学联合会，并由其主持于 1960 年 9 月在法国召开了第二届国际运筹学会议。60 年代，管理科学发展很快，取得了新的进展，但应用得较差。70 年代以来发展重点则转向于应用。

管理科学学派重点研究的是操作方法和作业方面的管理问题。现在管理科学也有向组织更高层次发展的趋势，但目前完全采用管理科学的定量方法来解决复杂环境下的组织问题还面临着许多实际困难，有待于进一步研究，也有待于其他科学的发展。

二、管理科学的理论特征

考察管理科学的各种分析方法与工具，我们可以把管理科学的理论特征简要概括为以下 4 个方面：

(1) 用系统的观点研究各种功能关系。组织中的任何部分或任何功能的活动必然会影响其他的部分或功能，故评价组织中的任何决策或行为都必须考虑到对整个组织的影响和所有的重要关系，正确的决策要从整个系统出发，寻求整体优化。

(2) 应用多种学科交叉配合的方法。在管理科学的研究和应用之中，除了需要数学和计算机知识以外，随具体对象的不同，还需要经济学、心理学、会计学、物理学、化学及工程技术等方面的知识。

(3) 应用模型化和定量化来解决问题。管理科学将一个已确定范围的问题，按提出的目标和约束条件，把主要的因素和因果关系转变为各种符号表示的模型，同时，尽可能地用定量化的技术来说明各种因素及其相互关系。

(4) 广泛的使用电子计算机。现代企业管理中影响某一事物的因素错综复杂，建立模型后，计算任务极为繁重，依靠传统的计算方法获得结果往往需要若干年时间，致使计算结果无法用于企业管理。电子计算机的出现大大提高了运算速度，使数学模型应用于企业和组织成为可能。

三、管理科学理论应用于管理的主要方法

(1) 决策论。决策论实际上是研究决策中所应用的定量技术，阐明在决策过程中所运用的数学方法和数学模型。决策论中所包含的定量方法很多，最常用的有概率论的应用，期望值和决策树，模拟技术(包括计算机模拟)等等。决策论不等于决策理论，后者除包括决策定量技术外，还包括决策的原理、类型、程序、组织、原则以及定性分析等问题。

(2) 规划论。在企业管理中，对人力、设备、材料、资金、时间等资源最合理的利用，对原材料、半成品、成品最适当的运输，对原料的最优配合，都要求从整体出发，对各种条件和因素统筹安排，合理调配，最优设计等等。这些问题通过数学方法求解，使成果达到最大或消耗降到最低。规划论就是解决这类问题的数学理论和方法，它又分为线性规划、非线性规划和整数规划等等。

(3) 库存论。库存投资和维持费用常常是经营业务的主要费用，特别是一些大型企业，数量更大。因此，库存管理对企业经营的成败关系密切。库存管理方面的问题，最主要的是：第一，在任一规定时间内订货的合理库存量是多少；第二，何时是此库存量的合理订货时间。库存论就是用来研究和解决在什么时间、以多少数量来补充各种库存，保证库存达到最优的一种定量分析方法，其内容包括各种库存模型。

(4) 网络计划技术。网络计划技术的基本原理是首先应用网络图来表达一项计划中各个工作的先后顺序和相互关系；其次通过计算找出计划中的关键路线，通过不断改善网络计划，选择最优方案并付诸实践。在计划执行过程中进行有效的控制，保证在最合理地使用人力、物力、财力的基础上完成计划。

网络计划技术效果极为显著，因此引起世界各国的重视。它在工业、农业、国防、大型科研项目的计划和管理中都得到了广泛的应用。

(5) 排队论。排队论又称等候线理论。等候就是提供服务与需要之间发生矛盾。例如电话线路少，打电话的人多；车辆少，等车的人多等等。这样，服务不能满足需要而造成排队现象。服务供应能力大于需要，服务供应方面遭受损失；供应能力不足，又会造成排队。排队论就是研究在各种服务系统中，设置多少服务人员或设备最为合适，最为有利，既不使顾客或需要者过长地排队等候，又不至于使人员和设备过久地闲置不用。

(6) 对策论。对策论又称博弈论。在现实生活中，有许多带有竞赛或竞争性质的现象。竞争的一方总是先对对手的行动进行分析估计，然后采取自己的行动，企图取得胜利。对策论就是探求制胜对方的最优对策的一种数学方法。

以上是管理科学应用于企业管理的一些主要的、常用的方法。这些方法在实际运用中都有大量的运算工作，因此，必须借助于电子计算机这一强有力的运算工具。只有电子计算机的应用，才能把管理科学推向一个新的发展阶段。

管理科学是管理中很有用的一种方法。但是,它是一门运用数学方法进行定量分析的科学,它要求各种变量都是定量的。要把与管理有关的各种复杂因素全部都数量化,这是很困难的,有的甚至是不可能的。因而,管理科学有一定的局限性。但从发展来看,它又是很有发展前途的。今后生产进一步发展,管理或决策中遇到的困难就会更多更大,需要进行定量分析的问题也会更多更复杂。总之,管理科学是企业管理中一种极其重要的工具,但它又不是唯一的工具。

第六节 现代管理理论丛林

第二次世界大战后,随着科学技术日新月异的发展,生产社会化程度的日益提高,管理理论的研究出现了百花齐放的新局面。众多的学者和管理专家都从各自不同的背景、不同的角度、用不同的方法对现代管理问题进行研究,形成了众多的管理理论学派。

一、现代管理理论产生的背景

所谓现代管理理论是指第二次世界大战后到现在的西方管理理论。

第二次世界大战后,由于经济的修复,固定汇率制度的形成,关税壁垒的拆除以及各国政府推行的有调控的自由经济政策等因素,使西方国家出现了一个黄金发展时期。其经济发展迅速,生产力不断提高,市场不断扩大,企业经营环境发生了很大的变化。主要表现在以下几个方面:

(1) 工业生产迅速增长,企业规模进一步扩大,以至于发展成为在全球各地设立生产、科研基地和营销网点,面向全球经营的跨国公司。随着企业的经营范围不断扩展,结构不断更新,买方市场的形成使得竞争日趋激烈,影响和制约企业经营的环境因素更加复杂。每个企业都受到迅速变化的环境所产生的巨大压力,所以企业如何及时地根据环境的变化做出合理的决策是决定成败的关键,即所谓管理的重心在经营,经营的核心在决策。决策比以往任何时候都重要,而且更为复杂。

(2) 技术进步的速度日益加快。战后由于电子技术、原子能、空间技术、生物技术等的发明和应用,人类社会开始了第三次技术革命。科学技术进步使新的科技成果用于工业生产的周期大大缩短,一项新的发明创造,以前需要几十年才可用于生产,现在多则十几年,少则几年甚至几个月便可直接用于生产,因此市场上新产品、新设备、新工艺、新材料不断出现,企业之间在产品开发、产品制造等方面的合作日益广泛,同时企业之间竞争也进一步加剧。

(3) 生产的社会化程度不断提高。由于技术革命使社会分工更加精细,联系更加密切,如美国波音 747 客机需要 450 万个零部件,由 6 个发达国家 11 000 多家大企业和15 000多家中小企业协作生产而成。许多复杂产品的生产和大型工程的建设,需要组织大规模的广泛协作。

(4) 在凯恩斯理论和罗斯福新政的影响下,西方政府对经济活动的干预范围不断扩大,财政、货币、立法等干预手段不断增加。

上述环境的变化,给管理提出了很多新问题、新情况、新要求。这不仅需要从企业内部而且还要从企业外部来统筹考虑管理的问题。而传统的管理理论主要是解决企业内部的生产、组织以及激励等问题,并不能解决企业的经营决策问题,也不能解决企业总体的优化问题。实践呼唤理论,所以企业界和理论界纷纷尝试探索与之相适应的新管理思路、方式和手段。随着对管理的研究日益深入,许多学者从不同角度提出了各自的理论和新学说,形成了各种不同的学派,从而进入管理理论的"丛林"时期。1961年12月,美国著名管理学家哈罗德·孔茨(1908—1984)在美国《管理学杂志》上发表了《管理理论的丛林》的文章,把当时的各种管理理论划分为6个主要学派。1980年孔茨又发表了《再论管理理论的丛林》一文,指出管理理论已经发展到11个学派。下面主要介绍管理过程学派、社会系统学派、决策理论学派、经验主义学派、权变理论学派、系统管理学派这6个主要管理学派的基本内容。

二、现代管理学派的主要内容

(一) 管理过程学派

这一学派的基本理论起源于古典科学管理时期的亨利·法约尔,当代的主要代表是哈罗德·孔茨和奥唐奈。该学派把管理分成各种职能加以研究,通过职能分析构成管理过程研究,力图把用于管理实践的概念、原则、理论和方法糅合到一起,以形成一个管理学科。

该学派认为,管理知识中有一个纯属管理的核心部分,如直线与参谋、部门划分、管理幅度界限、管理职能以及各种管理技术等,有关它们的概念和理论只能在管理工作中找到。此外,该学派在研究计划、组织、领导、控制等职能时也从其他学派有关的论点,如对管理活动、问题和方案的案例研究、系统理论、有关激励和领导方式的调研结果和理论、个人及群体行为理论、数学模型及数学方法的应用等中充分吸取养料,使管理过程理论在一定程度上成为一种兼收并蓄的科学理论。所以当今大多数管理教材都采用过程学派这一理论框架。本教材的内容体系在很大程度上也是根据管理过程的思路来编排的。

(二) 社会系统学派

社会系统学派的创始人是美国的管理学家切斯特·巴纳德(C. I. Barnard,1886—1961),他的代表作是1937年出版的《经理的职能》一书。这一学派以组织理论为研究重点,将组织看做是一种人与人相互之间协作的一个系统,是一个社会系统,要受到社会环境各方面因素的影响。

社会系统学派的主要理论观点是:

(1) 正式组织的存在有3个条件: ① 共同的目标;② 组织中每一个成员都有协作意愿;③ 组织内部有一个能够彼此沟通的信息系统。

(2) 组织继续生存取决于在组织实现目标的过程中能否使成员顺利达到个人的目的,取决于组织对环境适应的程度。

(3) 管理人员的职责有3条: ① 规定组织目标;② 善于使组织成员为实现组织目标作出贡献;③ 建立和维持一个信息联系系统。

(三) 决策理论学派

决策理论是以社会系统论为基础,吸收行为科学和系统论的观点,运用计算机技术和统筹学的方法而发展起来的一种理论。这个学派的主要代表人物是西蒙。

赫伯特·西蒙(Herbert. A. Simon)1916年出生于美国威斯康星州,早年就读于芝加哥大学,1943年获得博士学位。1943—1949年,先后在芝加哥大学、伯克利大学和伊利诺伊工商学院任教;1949年以后一直在卡内基—梅隆大学任教。他在管理学、组织行为学、经济学、政治学、人工智能等方面均有所造诣。他的代表作是1960年出版的《管理决策新科学》。由于在决策理论的研究中做出了杰出贡献,西蒙获得了1979年度的诺贝尔经济学奖。

决策理论的主要观点如下:

(1) 管理就是决策,决策贯穿于整个管理过程。西蒙等人认为,决策是组织及其活动的基础。组织是作为决策者的个人所组成的系统。组织之所以存在,是因为所有组织成员做出了参加组织的决策,这也是任何组织的任何成员的第一个选择(决策)。在这以后,组织成员还要做出其他决策。但由于个人目标已经退居次要地位,从属于组织目标,因而个人决策也往往从属于组织的需要,个人同组织一体化了。

组织的全部活动都是集团活动,对这种活动的管理实质上是制定一系列决策。制订计划的过程是决策,在两个以上的可行方案中选择一个也是决策;组织设计、机构选择、权力责任的分配属于组织决策;实际同计划标准的比较、检测和评价标准的选择属于控制决策;等等。总之,决策贯穿于管理的各个方面和全部过程,管理就是决策。

(2) 决策过程。管理的实质是决策。决策并非是一些不同的、间断的瞬间行动,而是由一系列相互联系的工作构成的一个过程。这个过程包括了4个阶段的工作:

① 情报活动。其任务是搜索和分析反映决策条件的信息,为拟定和选择计划提供依据。

② 设计活动。其任务是在情报活动的基础上设计、制定和分析可能采取的行动方案。

③ 抉择活动。其任务是从可行方案中选择一个适宜的行动方案。

④ 审查活动。其任务是对已做出的抉择进行评估。

(3) 决策的准则。决策的核心是要选择,而要进行正确的选择,就必须利用合理的标准对各种可行方案进行评价。传统的(古典的)决策思想认为,人们在决策时要选择最优的方案,受“最优化”的行为准则所支配。这种理论的前提是人们可以毫无遗漏地掌握全部可供选择的方案,并且各种方案的执行结果是肯定的。这在事物不很复杂,一些简单的决策或者变化比较缓慢的情况下可能可以办到。但随着社会经济的发展,事物变化复杂和迅速,这种准则只能作为一种逻辑推理,实践价值不大。西蒙用“令人满意”的原则来代替“最优化”准则。他认为:在现实生活中,由于所处的环境条件的限制,不可能毫无遗漏地拟出全部方案,不可能对全部有关因素、只能对一些主要因素进行估量,也不可能做出全部精确的估计。同时,由于事物变化很快,不可控因素很多,存在着各种可能发生的情况,因此也无法完全肯定方案的执行结果。在这种情况下,人们只能做出他认为“满意”的选择。“最优”当然也属于“满意”的范畴,不排除选出“最优”方案。

(4) 程序化决策和非程序化决策。西蒙把组织活动分为两类:一类是例行活动,指一些重复出现的工作,如订货,材料的出库、入库等。有关这类活动的决策是经常反复的,而且有一定的结构,因此可以建立一定的决策程序。每当出现这类工作或问题时,就利用既定的程序来解决,而不需重新研究。这类决策叫程序化决策。另一类活动是非例行活动,不重复出现,比如新产品的开发,生产规模的扩大,品种结构的调整,工资制度的改变,等等。处理这类问题没有一成不变的方法和程序。因为这类问题在过去尚未发生过,或因为其确切的性质和结构捉摸不定或极为复杂,或因为其十分重要而需用个别方式加以处理。解决这类问题的决策叫非程序化决策。

在西蒙的决策理论中,对非程序化决策的方法进行了细致的研究。他用心理学的观点和运筹学的手段,提出了一系列指导企业管理人员处理非例行活动、非程序化决策的技术,从而在西方企业界产生了重要影响。

(四) 经验主义学派

该学派是以美国的德鲁克、戴尔等为代表。他们认为,古典管理理论和行为科学都不能完全适应企业发展的需要,有关企业管理科学应该从企业实际出发,以大企业的管理经验为主要研究对象,加以概括和理论化。所以该学派以大企业的管理经验为主要研究对象,通过分析经验(各种实际案例)来研究管理,以向各类企业的经理们提供管理企业的成功经验和科学方法为目标。他们认为学生和管理者通过分析各种成功与失败的管理案例就能理解管理问题,自然也就学会了有效地进行管理。

德鲁克的主要著作有:《管理的实践》(1954)、《有效的管理》(1966)、《管理:任务、责任、实践》(1974)以及《动荡年代的管理》(1980)等。

德鲁克指出,作为企业主要管理者的经理,有两项别人无法替代的任务:

第一项任务是经理必须创造一个“生产的统一体”。这个统一体的生产力要大于其组成部分的生产力之和。为此,经理要注意克服企业中所有的弱点,并使各种资源特别是人力资源得到充分的发挥。为了使企业的各项活动能协调地进行，他必须考虑到作为整体的企业，又要照顾到各个方面的特殊问题，因为这些特殊问题有时可能是决定性的。

第二项任务是经理在制定每个决策或采取每个行动时，都必须把企业的长期利益和目前利益兼顾起来。

根据德鲁克的分析，每个经理，不论他是否意识到，都在执行一些基本的、共同的职能。这些职能包括：

(1) 树立目标并决定为了达到这些目标要做些什么，然后把它传达给与目标的实现有关的人员。

(2) 进行组织工作。将组织活动划分成较小的项目以便进行管理，据此建立组织机构、选拔人员等等。

(3) 进行鼓励和沟通工作。经理要利用表扬、奖金、报酬、提拔等手段来鼓励人们做好工作，并通过沟通信息来协调整个企业的活动。

(4) 确定标准，对企业成果进行分析，对所有人员的工作情况进行评价。

(5) 使职工得到成长和发展。经理的工作将影响到职工的才能能否得到发展。

此外，为了组织职工参与企业管理，充分调动职工的积极性，德鲁克还提出了目标管理的观点和方法。我们将在本书第五章"计划"中专门介绍这种方法。

但是，经验管理学派也有其局限性。因为未来肯定不同于过去。过去的具体经验，未必能沿用于解决未来的问题。对过去经验的研究，如果不是从根本上搞清楚事物的起因，那么就可能是仅停留在经验、技巧、艺术层次上，而难以上升为科学的理论，从而其可靠性和普遍适用性就值得怀疑了。

(五) 权变理论学派

权变理论是一种较新的管理思想，它的代表人物是英国的伍德沃德(Joan Woodward)等人。伍德沃德的代表作是《工业组织：理论和实践》。权变理论认为，组织和组织成员的行为是复杂的，是不断变化的，这是一种固有的性质。而环境的复杂性又给有效的管理带来困难，从而以前各种管理理论所适用的范围就十分有限，例外的情况越来越多。所以说，没有任何一种理论和方法适用于所有情况。因此，管理方式或方法也应该随着情况的不同而改变。为了使问题得到很好的解决，要进行大量的调查和研究，然后把组织的情况进行分类，建立模式，据此选择适当的管理方法。

建立模式时应考虑如下因素：

(1) 组织的规模。组织中人的数量是影响管理的最主要因素，因为随着人数的增多，所需要协调的工作量就加大。当一个组织规模发展了之后，就应发展更加正规的、高级的协调技术。

(2) 工艺技术的模糊性和复杂性。为了达到组织目标，就要采用一些技术，把资源输入转换成顾客满意的产品或服务这种输出。对于流水生产，需要严密的组织。

而对于咨询公司，为顾客解决的都是唯一的问题，每种问题都有些不同，所采用的技术是知识和经验，下级需要的是一种有利于发挥自己才能的环境。

(3) 管理者位置的高低。管理者位置的高低直接影响到他们所应该采用的管理方式。比如，所有的管理者都要制订计划，但高层和低层管理者们所制订的计划种类是不同的。

(4) 管理者的位置权力。所有的管理者都需要位置权力，但不同的管理位置所需要的权力有所差别。生产科长与团委书记就应当有不同的位置权力。

(5) 下级个人之间的差别。人和人是不一样的，由于所受教育、家庭环境、个人态度与性格等方面的不同就造成了人们之间的差别，这些差别直接关系到管理者对他们的影响。

(6) 环境的不确定程度。管理者要受到组织外部因素的影响，由政治、技术、社会、经济等方面变化所引起的不确定性，将对管理者的管理方式有所冲击，在变化的外部环境中最好的管理方法可能不适于具有稳定外部环境的组织中。

总之，该学派主张要在大量调查研究的基础上，对组织的情况进行分类并建立模式，据此选择适当的管理方式和方法。建立模式时，需考虑组织规模、工艺技术的模糊性和复杂性、管理者位置的高低、管理者的位置权力、下级个人之间的差别、环境的不确定程度等多种因素。

(六) 系统管理学派

系统管理学派兴盛于 20 世纪 60 年代前后，其代表人物是美国管理学家卡斯特(F. E. Kast)、罗森茨韦克(J. E. Rosenzweig)等人。他们将系统论和控制论应用于企业管理领域，出版了《系统理论和管理》、《组织与管理：系统与权变的方法》等著作，形成了系统管理理论。

系统管理学派同社会系统学派有着密切的关系，但两者在管理理论研究方面各有不同的侧重点。系统管理理论侧重于对企业的组织结构和模式进行分析，并以系统的观点考察计划、组织、控制等管理职能。该学派认为，从系统的观点来考察和管理企业，有助于提高企业的效率，使各系统和有关部门的相互联系网络更加清楚，最优地实现企业的总目标。该学派的理论要点包括：组织是由人们建立起来的、相互联系并且共同工作着的要素所构成的系统，这一人造的开放系统同外部环境之间存在着动态的相互作用，并具有内部和外部的信息反馈网络，能够不断地自行调节，以适应环境和本身的需要；企业的组织结构是一个完整的系统，同时也是一个管理信息系统。

三、现代管理理论学派形成的原因和特点分析

(一) 现代管理理论学派形成的原因

上述管理理论研究中学派林立的现象，除了技术进步、生产社会化等社会、经济

环境背景因素外，还有以下重要理论、实践以及研究者个体方面等因素：

1. 管理领域复杂性的影响

管理所包含的内容十分广泛，影响管理的因素很多，这就决定了研究管理的方法和途径很多。不同的研究方法或途径，不同的研究内容和重点，都有可能形成不同的学派。

2. 管理学者知识背景不同的影响

研究管理学的人最初是实际管理工作者和管理问题的专家，后来社会学家、心理学家、数学家、生物学家、企业经理等等具有各种知识背景的学者也介入管理研究领域。他们相互间不同的知识背景和经历，决定了他们必然采取不同的研究方法。

3. 管理实践发展的不同时期的影响

理论来源于实践的需要，人类管理实践的发展具有阶段性，如从古代宏观管理到资本主义企业管理和社会主义经济管理。资本主义企业管理也经历了从工场手工业到大工业管理。社会的发展对管理的不同要求，管理所要解决的重点问题也不同，这也导致不同时期管理理论研究的重点不同。

4. 理论发展规律的影响

理论科学的发展，总是由简单统一到复杂分化，然后趋向综合更新的过程。管理学的发展也是如此，比较统一的古典管理理论奠定了管理学的全面基础后，管理学就需要转入分门别类的研究。这种分门别类的研究在深化管理理论的同时，必然形成各种学派。同时，由于管理学是一门年轻的科学，在基本概念、基本原理和基本方法体系等方面还不够规范化，语义上还存在不少混乱，因此也造成了学派的分歧。

（二）现代管理理论的基本特点

纵观管理学各学派，各有所长，各有不同，但也有其共性，其特点可概括如下：

1. 强调系统管理

现代管理理论以系统论为基础，用系统的观点和方法研究组织及其管理问题，认为任何组织都是由复杂的内部因素所构成的，并且处于复杂的外部环境之中。因此，强调从全局出发，而不是从个别部分出发来考虑管理问题。强调不仅从静态的角度，更要从动态的角度，即各个部分之间、系统与环境之间的相互影响和变化中去研究管理问题。要求管理者具有较宽的视野、灵活的思维方式、科学的管理方法和卓越的协调能力，方能进行有效管理，顺利地实现组织目标。

2. 把效率和效益结合起来

作为一个组织，管理工作不仅仅是追求效率即最佳的投入产出之比，更重要的是要从整个组织的角度来考虑组织的整体效益以及对社会的贡献（社会效益），即把目标的实现与经济效益和社会效益紧密结合起来。因此，要把效率和效益有机地结合起来，从而使管理的目的体现在效率和效益之中，也即通常所说的绩效。

3. 突出决策的重要地位

在现代复杂多变竞争激烈的环境中，一切组织都应重视战略研究和决策研究，要注意了解外部环境，及时掌握各种信息，进行科学决策才能实现既定目标，获得生存和发展。

4. 强调不断创新

要积极促变，不断创新。管理就意味着创新，就是在保证“惯性运行”的状态下不满足于现状。利用一切可能的机会进行变革，从而使组织更加适应社会条件的变化。

5. 重视管理方法的定量化和管理手段的自动化在现代管理和决策中的应用

传统的直观判断和单靠经验的做法越来越不适用了。要求广泛采用现代管理科学方法，进行定量分析，找出满意方案，进行科学决策。所以在现代管理中，非常重视系统科学方法、运筹方法、数量统计方法和计算机模拟定量化方法等，越来越重视计算机等先进的技术手段的应用。

第七节　管理思想与管理理论的新发展

社会生产力的飞跃发展使得当今世界处于不断变革之中，以科学技术进步为基础的知识经济的兴起，社会的日益信息化以及全球经济一体化的发展趋势，迅速改变着人类社会的生产结构和关系。

近二三十年来，与其他领域一样，管理学也处于不断发展和变革之中，面向未来的管理思想与理论的形成已成为当前管理创新的主流。其中，最突出的有企业战略管理、组织文化管理、学习型组织、企业再造等管理思想与理论，下面逐一简要介绍。

一、企业战略管理

企业战略是 20 世纪 60 年代在美国出现的，是有关企业长远和企业全局发展的谋划和策略。尤其是在环境多变、市场竞争激烈的情况下，企业为了在竞争中取胜，必须对照竞争者的战略和市场需求，具体制定有关进攻、退守、渗透、成长、扩张的战略，以及相应的市场营销、生产技术、财务成本、研究开发等经营战略。70 年代是企业战略的盛行时期；进入 80 年代，企业战略得到了进一步的完善，企业管理进入了战略管理时期。

战略管理就是根据对企业经营条件和外部环境的分析，确定企业总的经营宗旨和经营目标，并且制定一种或几种有效的战略，使企业达到经营宗旨和经营目标所采取的一系列管理决策和行动。战略管理的核心是对企业现在和未来的整体效益活动实行全局性管理。也就是说，战略管理不仅仅是制定企业战略，还应当具有战略的实施、评价、控制、调整等多种功能。一般来讲，企业战略管理的内容包括从阐明企业战略的任务、目标、方针到战略实施的全过程。该过程一般由战略制定、战略实施和战略评价及控制等组成。

二、组织文化管理

目前,西方企业界和管理界出现了另一个引人注目的重大变化,这就是管理研究的焦点由组织运行的经济因素转向非经济因素,注重对不同文化背景下的管理进行比较研究的"企业文化热"。该浪潮起因于对日本式管理的研究。美国一直是世界上第一经济强国,但进入70年代以后,美国遇到了日本的强大挑战。现实迫使美国人认真研究日本的成功之道,通过实地考察和对比研究,他们发现在日本经营管理最成功的企业里,居第一位的并不是严格的规章制度,更不是计算机或任何一种科学管理技术,而是企业文化。1982年以美国人迪尔和肯尼迪的一本企业文化专著《企业文化——企业生存的世俗与礼仪》作为开端,开始了对企业文化的研究。企业文化包括了企业价值、企业精神、企业风尚、伦理道德、英雄人物、物化环境(厂容、设备、卫生、质量、科技条件等)诸要素,其核心是组织成员的共同价值观。

(一) 组织文化的含义

组织文化是指一个组织在其组织活动中,长期倡导和实践并为全体成员普遍奉行的共同价值观、道德准则、行为规范的总和。其中观念是组织文化中的核心内容。例如,一个企业的价值观念包括以下两个方面:① 创造物质财富所持有的价值观念,如产品创新意识、质量意识、效益意识等。② 处理基本社会关系方面的价值观念,如企业对社会、国家要讲责任观念,企业对用户、消费者要讲服务观念,企业对协作者、竞争者既要有竞争观念,又要有共存共荣的观念,企业内部职工之间要讲团结协作的观念等。

(二) 组织文化的3个层次

组织文化由3个层次的内容组成:一是器物文化,又称为行为文化,是最表层文化,它是组织文化的载体与外在化,是一种外显文化。器物文化主要包括组织特有的环境、建筑风格、形象以及声誉、产品与服务质量、公共关系等一切表征现象。如一个企业的厂容厂貌、厂旗厂歌、产品形象、职工风貌等。二是制度文化,又称规范文化,是中间层文化,它包括组织管理风格、宗旨、目标、礼仪、制度、行为习惯、传统、作风等,它规定着组织每个成员的行为规范。如一个企业的规章制度、管理方式和方法、组织体制等。三是心态文化,是核心层文化,它是组织文化的核心。它包括潜藏在管理者和员工内心深处及组织中的某些思想、意识、信仰、价值观念等。如海尔集团提出的"真诚到永远",无锡小天鹅集团的"全心全意小天鹅",麦当劳提出的"Q、S、C、V"(即质量、服务、清洁、有价值),IBM的"IBM意味着服务"等企业理念。上述组织文化的3个层次是相互渗透、相互影响的,在不断的运动和升华过程中逐渐形成了具有特色的整体组织文化。3个层次的文化中,器物文化与制度文化较易变化,而心态文化则相对稳定。

(三) 组织文化在管理系统中的地位与作用

组织文化是管理中的无形要素,有人将其比喻为“看不见的手”,它可以左右其他诸如人员、技术、制度、组织结构等要素,从而推动管理向前发展。也有人将组织文化视为管理之魂,它启动着管理的各个方面,决定着组织行为的方向,指导着一个组织走向成功之路。具体来说,组织文化在管理者中的作用主要表现在以下 4 个方面:

(1) 组织文化能培育出具有特色的“组织人”。因为组织文化的根本特征是强调人的作用,把调动人的积极性作为管理的中心。所以,通过组织文化建设,能够提高员工的文化素养和道德水平,陶冶情操,树立正确的人生观和价值观,增强凝聚力,从而培养出富有本组织特征的“组织人”。

(2) 组织文化建设能形成巨大的精神动力。经过长期的组织文化建设,能为组织培育出具有自身特色的组织精神,从而为组织发展创新形成精神支柱。一个组织的理念、精神、价值观一旦形成,便会产生强大的吸引力、凝聚力和辐射力,为塑造组织形象提供内在的精神动力。组织文化所产生的吸引力、凝聚力、辐射力的力度越大,组织文化建设在组织形象塑造中所发挥的作用就越大。

(3) 组织文化建设能为组织创造良好的内部文化氛围。组织文化建设是一种“软管理”,是一种无形的管理资源。它强调尊重人、关心人,注重人的思想、情感、价值观念等。组织文化建设能在组织内部形成和谐的人际关系和营造良好的文化氛围,使每个员工能在良好的心态下以最大的热情和干劲去发挥自己的潜能。

(4) 组织文化建设能为组织创造良好的外部环境。组织同外部公众接触、交往的过程,也是组织文化的传播过程,组织通过输出具有本组织文化特点的产品、服务、公关、广告等,就在公众的心目中塑造了组织的形象。良好的组织文化有助于组织形象的塑造,而良好的组织形象又有利于获得社会公众的信任和支持,从而为组织在竞争过程中创造了有利的外部环境。

由上可见,组织文化对管理的作用是巨大的,因此,作为管理的主体,管理者在培育组织文化的过程中,应当吸取本民族传统文化和现代管理思想的精华,认真总结组织管理活动实践的成败得失、经验教训,虚心向周围的同事和群众学习,深思熟虑,反复锤炼,把具有长久生命力和组织特色的价值理念、道德规范、行为准则、团队精神等组织文化的核心内容逐步地提炼升华,发挥组织文化奠基人、缔造者的作用。

三、学习型组织

世界的变化使得在组织管理上再也不能像过去那样被动地去适应,而需要在知识更新愈来愈迅速的环境中,面向未来主动学习,以便将新的知识应用于不断创新的管理实践。根据这一现实,1990 年美国麻省理工学院的彼得·圣吉(Peter M. Senge)出版了他的旷世之作《第五项修炼——学习型组织的艺术与实务》,开始致力于研究学习型组织管理的实践与理论的探索。

圣吉在书中以青蛙受外部热刺激的反应为例，形象地说明了企业面对外部环境的变化要能作出及时反应的必要性。他在书中写道：如果把一只青蛙放进沸水中，它会立刻试图跳出来。但是如果把青蛙放入温水中，不去惊吓它，它将待着不动。如果你将水慢慢加热，当温度从20℃上升到25℃时，青蛙仍显得若无其事，甚至自得其乐。可悲的是，在温度缓慢升高时，青蛙变得越来越虚弱，直到最后无法动弹。虽然没有什么因素限制它脱离困境，但青蛙仍留在那里直到被煮熟。圣吉分析，青蛙之所以会惨遭厄运，是因为青蛙的内部感官只能感应出环境的激烈变化，而对缓慢的环境变化却不能作出反应，以至于最后无力作出反应。圣吉指出，显然，许多企业已经遭受了和青蛙相似的厄运，如1970年名列"500家大企业"排行榜的公司，到20世纪80年代已有1/3销声匿迹。这是因为，这些企业面对环境的缓慢变化无动于衷，以至于不能适应新的环境而被淘汰。为了避免这种情况发生，他认为20世纪末至21世纪的成功企业应是一种"学习型组织"，它能面对环境变化所产生的新问题，从而进行自主学习和修炼，以便能及时察觉管理中的问题，及时作出反应，确立持续发展的机制，在竞争中立于不败之地。①

圣吉在组织的学习研究中，将系统动力学（System Dynamics）理论应用于实际，在他看来，企业是一个完整的有机系统，企业组织就像一个人，其内部结构、总体思维方式和自身的素质直接关系到企业对外在变化的反应，企业组织对外在反应能力的提高与个人的各项技能提高一样，需要学习才能达到目的。同时，企业组织又是一个有机体，必须强调总体能力和企业各部分对整体的有效作用，即通过个体—总体关联反应，达到自我适应的反应目的。

在企业学习和修炼中，圣吉将其内容归纳为5个方面，即5项修炼。

(1) 系统思考（System Thinking）。圣吉认为，系统思考已发展成一套完整的思考模式，已具备完整的知识体系，拥有实用的思考工具，可以帮助我们认清环境与企业变化的整个形态，确定根据形态变化作出反应的方案。他指出，在学习中可以从事业层次、行为变化层次和系统结构层次出发进行系统的修炼，并提出应该注意的问题：观察环状因果的互动关系，而不是线性的简单关系；观察一连串的变化过程，而不是中断的个别事件；不断增强反馈；反复调节行为，求得稳定变化；控制行动和结果之间的时滞。

(2) 自我超越（Personal Mastery）。组织的自我超越旨在实现突破各种现实因素限制的发展目标，它赋予组织中所有成员以新的使命，从追求不断学习为起点，以适应未来的变化和实现组织发展长远目标的需要。对于组织中的个人来说，自我超越的最终目标是如何在生命中产生和延续创造力。实现自我超越的要点是：建立个人愿景（Vision），弄清到底什么对我们最重要，清楚地认识目前的真实情况和今后的发展趋向；明确愿景与现实情况的差距，从现实出发寻求超越自我的发展动力；在努

---

① 彼得·圣吉.第五项修炼——学习型组织的艺术与实务.北京：三联书店，1994：24

力工作的同时，克服不安情绪，不断提高超越自我的能力。

(3) 改善心智模式(Improving Mental Models)。圣吉认为：心智模式是一种思维方法，一种根植于人们内心世界的思维逻辑模式，它影响着人们对社会和事物的认识以及对此所采取的行动。开放(Openness)和实质贡献是改善心智模式的关键，由于人们在日常事务处理中习惯于以过去的经验行事，即以已形成的心理模式去处理事务，而不顾及可能的环境变化和行为的后果，往往使问题的处理失败或使企业失去发展机遇。为了实现心智模式的改善，圣吉提出了通过反思和探询的方法进行实践中的修炼，其最终目的是使组织以共同的愿景为基础，产生亲和力，以提高组织适应环境变化和作出反应的能力。

(4) 建立共同愿景(Building Shared Vision)。圣吉指出，建立共同愿景的主要目的是使组织成员培养积极主动的奉献精神，而不是限于被动式地服从命令，从而有效地将组织目标转化为组织成员的个人奋斗目标。共同愿景体现组织未来发展远景目标和组织长远目标能够被其成员接受的愿望。建立共同愿景的关键是：通过组织内的沟通与交流，逐步形成明晰的组织发展理念和长期奋斗的目标；善于对冲突进行协调，有效地解决不同意见带来的分歧，进行共同愿景的修炼。

(5) 团队学习(Team Learning)。团队学习是在“共同愿景”、“自我超越”基础上的修炼，其目的是利用集体优势，通过开放型的交流，发现问题，互相学习，取长补短，以提高对外界迅速反应、实现组织目标的能力。团队学习的修炼强调从“深度交谈”(Dialogue)开始，它要求组织的所有成员无拘束地将深藏的经验与想法全盘托出，在深度交谈中，人们不仅是对他人意见的评论者，而且是对自己思维的观察者，其目的是修炼出团队特有的集体思维能力。在团队学习中，圣吉强调了学习环境和氛围的重要性，要求采用民主、平等的方式进行，避免高层领导说教式的现象发生。

总之，圣吉提出的5项修炼是一种观念的改变和信念的变革，它通过组织思维的优化，改变过去那种以“管理、组织和控制”为信条的管理思想，代之以“愿景、价值观和心智模式”为理念的新思想。

四、企业再造

组织再造，在目前主要是指企业再造。企业再造(Corporation Re-Engineering)，又称企业业务流程重组(Business Process Re-engineering，简称BPR)，是20世纪末发展起来的新的企业管理理论。

1993年，迈克尔·海默(Micheal Hammer)与杰姆斯·奇皮(James Champy)合作出版了《企业再造工程》(*Re-engineering the Corporation*)一书，他们通过生产流程、组织流程在企业市场竞争中的组织机制分析，针对外界环境和市场的快速变化，提出了管理应变的新方法，其要点是通过对组织运作过程的再设计，最大限度地发挥过程的增值作用，通过组织管理环节与手段的优化，使企业效益得到最大限度的改善。这部著作很快在美国和世界各地引起强烈的反响，在管理界，关于组织再造的课题很快成为企业管理研究中引人注目的领域。

传统的组织管理理论，基于专业化分工的组织结构设计，在确定企业各职能机构职责和作用的同时，也决定了企业的工作流程，决定了它的管理关系，而这一切又是从相对稳定的环境出发的。显然，这种方式忽略了快速多变的社会文化环境、经济环境、科学技术环境、客户环境以及竞争环境给企业带来的影响。面对全球经济的一体化和企业经济的信息化挑战，寻求基于流程重组的管理方式已成为现代企业发展的关键性问题。

企业再造的目的在于提高企业竞争力，从业务流程上保证企业能以最低的成本、高质量的产品和优质的服务在不断加剧的市场竞争中战胜对手，赢得市场和发展的机会。企业再造的要点是，以信息系统（Information System，简称 IS）、信息技术（Information Technology，简称 IT）和全面质量管理（Total Quality Management，简称 TQM）等手段，以客户中长期需求为目标，通过最大限度地减少对产品增值无实质性作用的环节和过程（Nonvalue-Added Content），建立起科学的组织结构和业务流程，使企业的生产、产品质量、技术创新和经营规模都发生质的变化，在获取最佳效益的基础上提高企业在全球经济一体化中的竞争能力。

与企业再造相类似，其他组织也存在流程再造的问题，如国家面对科技创新的科学研究组织的改革、重组，文化组织的重构以及社团活动方式的变革等。与企业再造的区别是，组织活动内容、与社会的关联和价值标准上的差别。因此，在组织再造上，应根据不同组织的需要决定流程再造的方式。目前，有关这方面的研究正逐步深入。

海默指出，企业再造过程涉及两个方面，即对过去流程的再认识和新流程的设计。然而，再造不是简单的流程自动化和消除原有流程的过程，即不是简单地改变原流程，以适应信息技术的应用。事实上，它是企业管理思想和理论的创新，是一种动态化的企业流程管理模式。

本章小结

（1）管理思想是指从长期的管理实践活动中提炼、概括出来的指导人们在管理活动中所遵循的一般性原则、观念和方法。是人们对管理过程中发生的各种关系的认识的总和，它是由一系列观念或观点构成的知识体系。管理思想的正确与否，将直接关系到各项管理活动的效率和效益。一个现代的管理人员要进行有效的管理，就必须了解人类管理思想的发展过程。

（2）从管理思想的应用层面来看，我国古代管理思想主要体现在经营战略、理财、经营管理、组织、选贤用人、系统管理以及管理者素质 7 个方面。

（3）西方近代的管理思想包括：亚当·斯密的劳动分工思想；小詹姆斯·瓦特与马修·鲁滨逊·包尔顿关于科学管理制度与方法的运用；罗伯特·欧文对人事管理的探索；查尔斯·巴贝奇把科学方法应用于管理；亨利·普尔提出科学管理的

原则。

（4）管理理论是由一系列管理原理、管理原则、管理形式、管理方法和管理制度等组成的，它是对管理实践活动的理论概括和反映。最早形成的比较系统的管理理论是19世纪末到20世纪初，随着生产力的高度发展和科学技术的进步，在西方形成并蓬勃发展起来的“古典管理理论”，它包括以泰罗为代表的科学管理理论、以法约尔为代表的一般管理理论和以韦伯为代表的行政组织理论。

（5）行为科学管理理论是指运用心理学、社会学、人类学等理论和科学方法，从人的工作动机、情绪、行为与工作、环境之间的关系，探索影响生产率因素的管理理论，目的在于激发人的积极性。它把重点放在分析影响组织中人的行为的各种因素上，强调管理的重点是理解人的行为。其代表人物有梅奥、马斯洛、麦格雷戈等。行为科学管理理论的特点在于把人看做是宝贵的资源，强调从人的作用、需求、动机、相互关系和社会环境等方面研究其对管理活动及其结果的影响。

（6）管理科学是通过把科学的原理、方法和工具应用于管理的各种活动，制定用于管理，减低结果的不确定性，以便使投入的资源发挥最大的作用，获得最大的经济效果。目前较为成熟的管理科学模型有决策理论模型、盈亏平衡点模型、库存模型、网络模型、排队模型、资源配置模型、对策模型等。

（7）现代管理理论是指第二次世界大战后到现在的西方管理理论，它强调系统管理，把效率和效益结合起来，突出决策的重要地位，强调不断创新等。主要包括管理过程学派、社会系统学派、决策理论学派、经验主义学派、权变理论学派、系统管理学派。

（8）管理理论随着社会经济发展和环境的变化而变化，这是近百年来管理理论和实践发展的一般规律。其中，最突出的有企业战略管理、组织文化管理、学习型组织、企业再造等。

课堂案例讨论

管理理论真能解决实际问题吗

海伦、汗克、乔、萨利4个人都是美国西南金属制品公司的管理人员。海伦和乔负责产品销售，汗克和萨利负责生产。他们刚参加过在大学举办的为期2天的管理培训班学习。在培训班里主要学习了权变理论、社会系统理论和一些有关职工激励方面的内容。他们对所学的理论有不同的看法，现正展开激烈的争论。

乔首先说：“我认为社会系统理论对我们这样的公司是很有用的。例如，如果生产工人偷工减料或做手脚的话，如果原材料价格上涨的话，就会影响到我们的产品销售。系统理论中讲的环境影响与我们公司的情况很相似。我的意思是，在目前这种经济环境中一个公司会受到环境的极大影响。在油价暴涨期间，我们当时还能控制自己的公司，现在呢？我们在销售方面每前进一步，都要经过艰苦的战斗，个中的艰辛你们大概都深有感触吧?"

萨利插话说:"你的意思我已经知道了。我们的确有过艰苦的时期,但是我不认为这与社会系统理论之间有什么必然的内在联系。我们曾在这种经济系统中受到过伤害。当然,你可以认为这与系统理论是一致的。但是我并不认为我们就有采用社会系统理论的必要。我的意思是,如果说每个东西都是一个系统的话,而所有的系统都能对某一个系统产生影响的话,我们又怎么能预见到这些影响所带来的后果呢?所以,我认为权变理论更适用于我们。如果你说事物都是相互依存的话,系统理论又能帮我们什么忙呢?"

海伦对他们这样的讨论表示有不同的看法。她说:"对社会系统理论我还没有很好地考虑。但是,我认为权变理论对我们是很有用的。虽然我们以前亦经常采用权变理论,但是我却没有认识到自己是在运用权变理论。例如,我有一些家庭主妇顾客,听到她们经常讨论关于孩子和如何度过周末之类的问题,从她们的谈话中我就知道她们要采购什么东西了。顾客也不希望我们'逼'他们去买他们不需要的东西。我认为,如果我们花上一两个小时与他们自由交谈的话,那肯定会扩大我们的销售量。但是,我也碰到一些截然不同的顾客,他们一定要我向他们推荐产品,要我替他们在购货中做主。这些人也经常到我这里来走走,但不是闲谈,而是做生意。因此,你可以看到,我每天都在运用权变理论来对付不同的顾客呢。为了适应形势,我经常都在改变销售方式和风格,许多销售人员都是这样做的。"

汗克显得有些激动地插话说:"我不懂这些被大肆宣传的理论是什么东西。但是,关于社会系统理论和权变理论问题,我同意萨利的观点。教授们都把自己的理论吹得天花乱坠,他们的理论听起来很好,但是他们的理论却无助于我们的管理实际。对于培训班上讲的激励要素问题我也不同意。我认为泰罗在很久以前就对激励问题有了正确的论述。要激励工人,就是要根据他们所做的工作付给他们报酬。如果工人什么也没有做,则用不着付任何报酬。你们和我一样清楚,人们只是为钱工作,钱就是最好的激励。"

分析讨论

1. 你同意哪一个人的意见?他们的观点有什么不同?
2. 如果你是海伦,你如何使萨利信服系统理论?
3. 你认为汗克关于激励问题的看法怎样?他的观点属于哪一种管理理论的观点?

本章自测题

一、名词解释

1. 管理思想
2. 管理理论

3. 任务管理
4. 例外管理原理
5. 行为科学
6. 正式组织
7. 非正式组织

二、选择题

1. （　　）是管理理论产生的历史前提。
A. 机器大工业　　B. 工场手工业
C. 分工与协作　　D. 资本积累

2. 最早提出劳动分工理论的人是（　　）。
A. 大卫·李嘉图　　B. 亚当·斯密
C. 马克思　　D. 欧文

3. 近代欧洲最早在人事管理方面进行探索的人是（　　）。
A. 查尔斯·巴贝奇　　B. 罗伯特·欧文
C. 亨利·普尔　　D. 亚当·斯密

4. 古典科学管理理论的主要代表人物是（　　）。
A. 泰罗　　B. 法约尔
C. 孔茨　　D. 西蒙

5. 泰罗的《科学管理原理》是在（　　）年公开出版的，它标志着古典管理理论的诞生。
A. 1921　　B. 1905　　C. 1911　　D. 1900

6. 法约尔认为经营和管理是（　　）。
A. 两个不同的概念　　B. 两个相同的概念
C. 不相关　　D. 以上答案都不对

7. 根据法约尔法则，管理能力的重要性与企业规模的大小（　　）。
A. 相关　　B. 不相关
C. 不一定　　D. 以上答案都不对

8. 法约尔总结了（　　）管理原则，对后来的管理实践和管理思想影响很大。
A. 14 条　　B. 12 条
C. 9 条　　D. 10 条

9. 人际关系学说的创始人是（　　）。
A. 芒斯特伯　　B. 马斯洛
C. 梅奥　　D. 斯金纳

10. 人际关系理论的一个重要观点是认为职工是（　　）。
A. 社会人　　B. 经济人
C. 关系人　　D. 组织人

11. “管理就是决策”是(　　)的观点。

A. 德鲁克　　B. 法约尔

C. 西蒙　　D. 韦伯

12. (　　)需要是最基本需要。

A. 生理需要　　B. 安全需要

C. 社会需要　　D. 尊重需要

三、判断题

1. 管理思想产生于20世纪前后。(　　)
2. 瓦特与包尔顿在19世纪提出科学管理的三原则。(　　)
3. 泰罗的科学管理理论主要体现在作业管理和组织管理两个方面。(　　)
4. 把工人视为机器人是古典组织管理理论的一个缺陷。(　　)
5. 法约尔的管理理论最大特色是对经营职能的原理及构成因素分析。(　　)
6. 管理科学研究管理的假设前提之一是组织成员是社会人。(　　)
7. 古典管理组织理论具有实践论、技术论和管理机构论三方面的特征。(　　)
8. 西蒙认为,决策应以最优为原则。(　　)

四、问答题

1. 管理科学的理论特征是什么?
2. 现代管理理论的基本特点是什么?
3. 试述泰罗科学管理理论的主要内容及局限性。
4. 结合实例说明法约尔的管理原则对组织管理的普遍指导意义。
5. 简述行为科学管理理论的代表人物及其主要观点。

第三章
管理的基本原理及应用

学习目的与要求

本章主要讨论反映管理工作实质和内在规律的基本管理原理，通过本章学习，要求学生理解并掌握以下问题：

(1) 系统的特征。

(2) 系统原理及应用。

(3) 人本管理的含义。

(4) 人本管理的意义。

(5) 人本管理原理的应用。

(6) 控制原理及应用。

(7) 效益原理及应用。

本章框架结构图

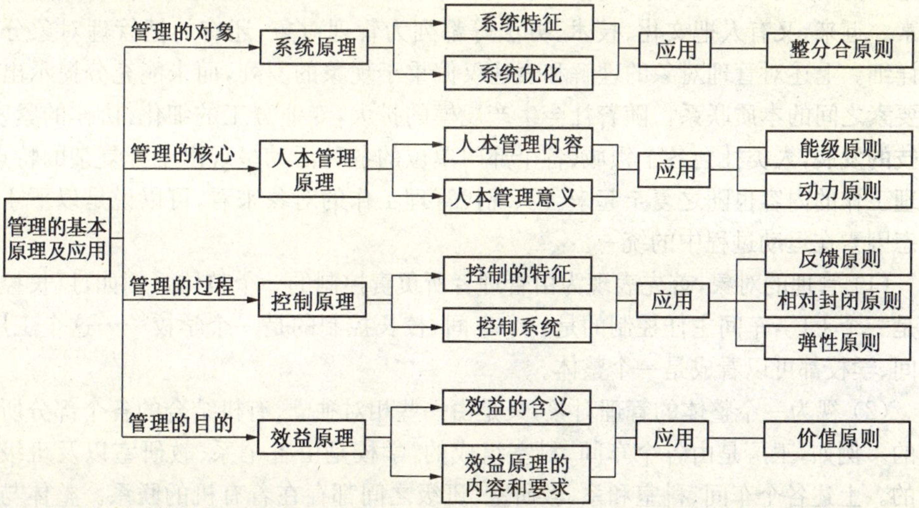

通过前面对管理思想与理论的回顾，不难看出，历史上各个管理学者在对管理进行研究的过程中，往往从某一个侧面，如管理的过程、管理的对象、管理的行为、管理的目的、管理的手段、管理如何适应环境、管理的人性等方面来理解管理的实质。但对现代社会、经济、技术条件下，能反映各个领域管理活动的最一般的原理是什么，原理反映管理实质内容的依据何在，却少有明确阐述。但是，综合古今中外由管理实践升华而形成的各种管理理论，并结合现代社会、经济、技术发展的主要特征，可以发现在任何领域管理活动中都有其共性的本质和基本规律。我们认为，管理的基本原理，应当是对管理活动的实质内容和基本规律的表述。基本原理与实质内容之间应该有着内在的、逻辑的对应关系，所以认真研究和掌握管理基本原理对做好管理工作有着普遍的指导意义。那么，管理的实质究竟是什么呢？我们认为，管理的实质是为了达到某一目标，管理者运用一系列职能对以人为核心的管理对象及其运动过程进行动态的控制。因此，管理的实质内容，表现为管什么（管理对象）、管理的核心是什么、管理的过程是什么、管理的目的是什么这 4 个方面，从对这 4 个方面的认识我们可以得出管理的系统原理、人本管理原理、控制原理、效益原理。本章将从上述 4 个原理的基本内容及其在管理中的应用两个方面展开阐述。

第一节 管理的系统原理

一、认识管理的对象

对于什么是管理的对象，在认识上，有一个逐步深化、完善的过程。较早的管理理论认为，管理对象是人、财、物三大要素，后来有人又加上了信息和时间，成为五大要素。近来，又有人把文化、技术、方法等都列为管理对象，还有的把管理对象分得更详细。上述对管理对象的理解和表达仅偏重于现象的罗列，而未能充分揭示出各个要素之间的本质联系。随着社会生产规模的扩大，专业分工的细化，协作的紧密，科技的发展，人类社会各个领域、各个部门单位的各种活动呈现出十分复杂的特点，管理工作的内容也随之复杂起来。从现代管理工作的对象来看，可以说是以下 4 个动态因素在运动过程中的统一。

(1) 管理的对象，首先表现为由管理者所负责控制的一个整体。例如，厂长控制的是一个工厂，车间主任控制的是一个车间，校长控制的是一个学校……这个工厂、车间、学校都可以看成是一个整体。

(2) 视为一个整体的管理对象，又是由一些相对独立、有机结合的各个部分所构成的。例如，工厂是由各个车间、科室组成的，学校是由各个系、教研室以及班级构成的。上述各个车间、科室和系、教研室、班级之间都存在着有机的联系。整体与各个部分是辩证的统一。如果管理者看不到整体,就不能把握管理的全貌和管理的目标。如果看不到各个部分就看不清整体的结构和格局。

(3) 管理的对象除了有形的看得见的整体和部分,还有看不见的无形的各种关系。例如,整体与外部、整体与部分、部分与部分之间以及部分内各个要素(人、财、物、信息……)之间的关系,尤其是管理对象的核心要素人以及人与人之间的人际关系等等,这些关系不但是管理对象,而且它们有时比有形的对象更为重要。从某种意义上讲,管理就是处理好管理对象的各种关系。

(4) 管理对象上述这些关系,并不是静态、固定不变的,而是处于一种动态变化的状态。例如,随着组织目标的改变,组织内人、财、物、信息、时间等要素之间的关系也会发生变化。就拿企业来说,由于市场变化,企业的目标要做相应的调整,而目标变了,产品的构成也应发生变化,企业内部人、财、物等要素资源也要做相应的调整配置,它们之间的关系当然也要发生变化。

由此看来,管理的对象可以看做整体、部分、相互关系、关系的变化这4个方面的统一体。我们用一个现代的概念来表述上述4个方面,则可把它们称之为系统。所以,管理的对象,可以说是一个特定的系统,而不是某些彼此孤立、分散的要素。由此,我们引申出管理的一个基本原理——系统原理。

管理的系统原理是指从管理的对象是一个系统这一根本性质出发,按照系统特征的要求对管理系统进行优化,从而最佳地实现管理的目标。

系统原理是各管理要素及其组织关系的反映,它包括组织的系统特征、系统性质、系统的优化等内容。系统原理为管理者从事管理活动提供了一种正确的思维逻辑,即如何系统地考虑问题,如何处理经常面临的各种全局与局部的关系,它为管理者建立合理的组织体系提供了理论基础,为管理者正确决策提供了一种优化技术。

二、系统的概念及一般特征

(一) 系统的概念

系统是指由相互作用和相互依赖的若干组成部分(要素)结合而成的具有特定功能的有机整体。

就人们研究问题的特定对象而言,系统的存在是一种普遍现象。大至自然界的宇宙、太阳系、地球,小至一个社区、院落,都可以看成是一个系统。人类社会也是一个系统。大系统中又有小系统,如人类社会就有经济系统、政法系统、文化系统……小系统中还有更小的系统,如企业就可看成为经济系统中的子系统。按照系统观点来考察,现代企业这个子系统可分解为人、财、物、信息等生产要素,这些要素相互结合,构成班组、工段、车间、工厂、公司,形成为社会提供产品和服务的生产经营系统。从生产经营活动过程来看,企业这个子系统是由输入、转换和输出3个基本环节构成的,它与外部环境相互作用,一方面不断从外部环境获得能源、原材料、设备、人员、信息等,另一方面通过内部加工转换,不断地向外部环境输出产品、服务和信息。所以，我们也可以把企业看成是把输入转换成输出的转换系统(或机构)。与企业系统相适应，企业管理在纵向上分为经营决策层、专业管理层和作业管理层等不同层次的管理系统，在横向上按照不同职能和生产经营过程的不同阶段设有研究开发、采购供应、生产制造、市场营销、劳动人事和财务会计等管理子系统，从而形成纵横交错、多功能、多层次的管理系统结构。而相对于国民经济和整个社会这个更大的系统来说，企业及其管理系统又是从属于这个更大系统的子系统。

总之，由于客观事物之间的联系是客观的、普遍的，因而系统也是客观的、普遍的、无所不在的。系统的范围大小完全取决于我们研究或处理问题的特定对象而定。

(二) 系统的特征

既然管理对象是一个系统，那么管理者在研究解决面临的各种管理问题时就应自觉运用系统观点去认识、分析和解决问题。而要运用系统观念，首先必须理解系统的下述特征：

(1) 整体性。指系统是由不同要素所组成的有机整体，这一整体具有各个要素在孤立状态中所没有的新的性质与运动规律，包括新的特性、新的功能、新的行为等，即亚里士多德所说的"整体大于部分之和"。例如，一辆汽车是个系统，它能运载重物，这是汽车的整体功能。这个功能是汽车的各个单独的零部件——发动机、方向盘、轮子等等所不具备的，只有把这些零件组装成整体即汽车，才能具备运载重物的功能。这就是整体大于部分之和的道理。

(2) 相关性。指系统的各组成要素不是彼此隔离、毫无联系的，而是相互依存、相互作用的，它们当中任何一个要素发生变化，其他要素也要相应地调整和改变，这样才能保持系统整体的最佳状态。

系统的相关性特征告诉我们，任何系统都有个结构问题，即系统的各组成要素之间相互联系的形式与数量关系。系统结构的优化，即前面所说的"整体大于部分之和"，就在于系统诸要素相互联系而形成一定的结构，依赖这个结构产生协同作用，形成诸要素各自没有的新的整体功能。

(3) 目的性。即每个人工系统都应有明确的目的，不同的人工系统有不同的目的。系统有自然系统和人工系统之分。自然系统是自然形成的，如生态系统、海洋系统、大气系统等。人工系统是为了达到人类的某种需求目的，由人建立起来的系统。所以，凡是人工系统都具有目的性，即人们建立某一系统所要获得的成果和所要实现的目标。目的不明确，或者混淆了不同的目的，都会导致管理的混乱。

(4) 层次性。任何一个复杂的系统都是有层次的。对于某一个系统来说，它既是由一些组成部分(子系统)结合而成的，同时又要充当一个子系统去作为更大系统的组成部分。例如，某企业是由许多车间、科室结合成的一个系统，但该企业对某集团公司来说又是一个子系统，而某集团公司又可作为某行业或地区经济系统中的一个子系统。所以系统的层次性要求管理者必须看清本系统在全局中的地位，同时还要分清各层次系统的相互关系(责、权、利、沟通等)。

(5) 环境适应性。系统所处的环境指的是存在于系统之外的各种客观事物的总称。任何系统在任何时候都存在于某种环境之中,它必然要与环境进行物质的、能量的和信息的交换,因而系统必须适应所处环境的要求和变化,否则就会衰竭。

系统的环境适应性观点,要求管理者在研究和解决组织管理活动中的重大问题时,不仅要注意组织系统内部各要素之间相互关系的调节,按相关性的要求办事,而且要考虑系统与环境之间的关系,使系统能够经常与外部环境保持最佳适应状态。只有系统内部关系和外部关系相互协调、统一,才能全面发挥出系统的整体功能,保证系统整体向最优化方向发展。

(6) 动态性。由于系统内部各要素之间以及系统与外部环境之间的相互作用,系统的状态是随着时间的推移而变化的。凝固不变的系统,无论在自然界还是在人类社会都是不存在的。例如企业的产品过去畅销,现在可能变成滞销货;某些制度、条例过去曾促进了经济的发展,而今可能成为束缚生产力进一步发展的桎梏,需要加以修订;某人过去在学校默默无闻,今天可能已是出色的技术骨干或管理专家。总之,一切都在发展、变化,所以我们只有按照系统动态的特点去观察和思考问题,才能跟上变化了的形势,搞好管理工作。

三、系统原理在管理中的应用

(一) 把握系统原理的基本思想

根据以上对系统特征的阐述,我们可以总结出以下系统原理的基本思想:

(1) 系统的各个要素之间、各要素与系统之间、系统与外部环境之间保持着有机的联系。系统内部诸要素之间的联系为内部联系,表征这种联系的范畴称为功能。

(2) 各要素在系统中的地位、功能、作用以及相互联系均由系统整体所决定,任何要素都不能摆脱系统整体控制,否则系统整体功能就难以发挥。

(3) 系统整体具有各个要素所没有的性质和功能。系统整体功能不等于系统内各要素简单、机械地相加。系统整体功能的大小,取决于各要素排列、组合的方式。

(4) 若干要素集合在一起,是为了实现一定的目标,没有目标,若干要素的集合就没有意义。目标的优化程度与要素的组织、有序和集成化的程度有直接的关系。

(5) 系统内部各个要素之间的相互作用以及系统与外部环境之间的相互作用是推动系统发展的动力。系统功能发挥的程度取决于系统自身的调节能力和对外部环境的适应能力。

(二) 管理的任务就是要实现系统的整体优化目标

管理活动的任务是为了实现系统的整体优化,创造整体的管理效益。为此,要做到以下5点:

(1) 要确定科学、统一的管理目标。目标科学、明确、统一,管理系统活动效率就高,效果就好。否则,就会导致管理系统活动的无序、低效甚至无效。在实际工作中，应及时地发现和精简管理系统中与实现管理目标无关的机构和人员，消除各种不利于实现目标的因素。

(2) 要建立最佳的系统结构。科学合理的结构，会提高系统的功能。

(3) 要正确处理局部与全局的关系。一方面局部的优化要服从整体优化的要求；另一方面整体优化为局部优化起保证作用。

(4) 要按照优化的程序办事。程序优化，系统各要素的活动就能协调，并促进系统顺利运作；如果程序混乱，系统活动就难以正常进行，就必然过多地消耗人力、物力和财力。

(5) 要不断增强系统自身的应变能力。一个系统特别是人造的管理系统不能自我封闭，而必须是开放的，它只有不停地与外部环境交换物质、能量、信息，才能增强系统自身的生命力。

(三) 贯彻整分合原则

整分合原则是系统原理在管理实践中具体运用的一条准则，其主要含义是：要实现高效率管理，必须在整体规划下明确分工，在分工的基础上再进行有效的整合。

这个原则中的整体观点是一个大前提。所以一个单位中的各个部门或每个人都必须首先对整体目标以及如何实现整体目标所要求的行动有充分细致的了解，否则分工就会盲目而混乱，破坏整体效能。其次，分工是关键。因为整体目标毕竟要通过各种活动去实现，所以，管理中的分工十分重要。只有将组织整体目标、任务科学合理地分解为各个基本要素和各个组成部分，并建立明确的工作规范和责任制，才能确保整体目标、任务的完成。第三，分必须有合，协作要求以分工为前提，分工又要求以协作来综合分工的效果。没有合理的分工，也就无所谓协作。在合理分工的基础上组织严密有效的协作，是现代科学管理的客观要求。大至整个国家、各个部门，小至每个单位、科室、车间或班组都有这个问题。任何组织都必须分工，而分工带来的矛盾和脱节则必须通过综合协调来解决。就像伸出手掌去抓东西，5 个指头要先伸开，再协调一致地抓，才能使东西紧握在手中。

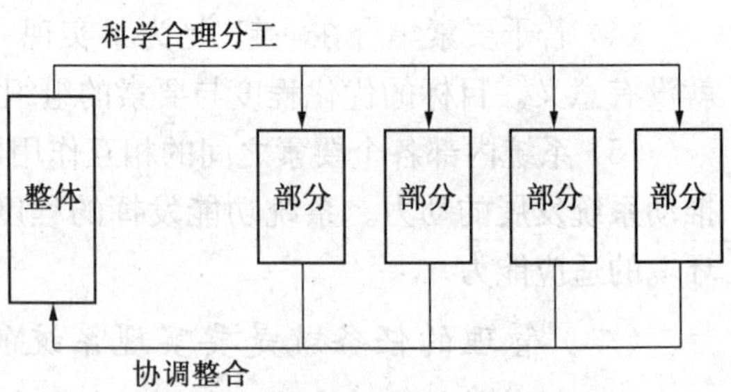

图 3-1 整分合原则示意图

总之，整分合原则要求：把握整体，科学分工，协调整合(见图 3-1)。目标管理就是整分合原则的一个直接体现。例如，企业推行目标管理，由厂长责成计划等职能部门提出初步方案，经职工代表大会讨论通过后，形成企业的整体目标。然后将总目标分解为各科室、各车间、各班组直至个人的分目标和子目标。为了保证目标的统一性，促进目标的实现，必须通过建立内部合同制，以此为纽带，把分散了的目标重新统一协调起来，同时各部门(人员)在目标执行过程中产生的诸如时间、进度、数量、质量、人员等一系列矛盾或困难，由上一层系统按整体目标的要求来协调整合部门（个人）之间的矛盾或摩擦，只有这样才能推动企业提高经济效益，实现整体目标。

第二节　人本管理原理

一、认识管理的核心与动力

历史唯物主义认为，社会的主体是人民，任何社会活动都是由人进行的活动。马克思主义关于生产力三要素中的第一要素也是人，而人是具有生理、心理、物质、精神需要的，所以，要实现管理目标，最重要的是要依赖于人的能动性和创造性，尤其是在依靠知识创新和技术创新的当今社会经济条件下更是如此。同时，管理对象的其他要素和管理过程的不同环节，都要靠人去掌握、去推动。因此，现代管理工作的核心和动力，只能是人的主动性、积极性和创造性。由此，我们可以引申出管理的一个基本原理——人本管理原理。

人本管理原理，就是指一切管理工作都应该以调动人的积极性、做好人的工作为根本。为了使组织活动能取得预定的目标，最关键的应该是这一组织必须具有充足的动力。而动力来自于组织成员的主动性、积极性和创造性。

现代管理思想把人的因素放在管理系统诸要素的首要位置，重视如何处理好人与人之间的关系，充分发挥人的能动性和自我实现精神，这是完全符合马克思主义基本原理的。马克思主义认为，社会发展的本质是人类自身不断完善。一切社会活动都表现为人的一种自我实现过程，所以一切社会活动都必须以人为中心。管理作为一种活动，当然也是人为达到自己的目的而进行的一种自觉活动。所以，人类任何管理活动，都是以人作为一切管理活动的主体，在各种管理活动中，必须把人的因素放在第一位，尽量发挥人的自觉性和自我实现精神。

另一方面，从管理对象来说，管理对象是一个系统，而系统是由不同要素如人、财、物、信息、时间等所组成，其中人是管理对象的首要因素，因为如果没有人去正确、合理地使用其他要素，其他要素就不能起到应有的作用。所以，马克思主义认为人是生产力三要素中最活跃的因素。人的能动性发挥如何，直接关系到生产力水平的提高。事实上，当今组织文化理论的中心课题，也就是要把人当做组织的第一要素来对待，强调共同的信念和价值观，凝聚全体员工来创造性地推动工作，完成组织的目标。

再从管理的过程来看，我们知道管理过程具有不同的环节，如决策、计划、组织、指挥、调节、控制等等。应当强调，这些不同环节职能的发挥，要依赖人对客观环境、对象的了解以及主观的能力，同时上述管理职能的作用对象也首先是人，离开了对人的组织、指挥、调节和控制也就无从实现管理目标。

二、人本管理原理的意义

我们学习人本管理原理，就是应当要求每个管理者必须从思想上明确，要做好整个管理工作，要想管好财、物、技术、时间、信息等，都必须紧紧抓住做好人的工作这个根本，使全体人员明白整体目标、自己的职责、工作的意义以及与整体目标的关系等，并能主动地、积极地、创造性地完成自己的任务。同时，遵循人本原理就是要反对和防止见物不见人、见钱不见人、重技术轻视人，否则，就不能做到科学的管理。

应该强调，我国是劳动人民当家做主的社会主义国家，在管理过程中更应强调劳动者的自觉性和自我实现精神，发挥人的主观能动性，见物又见人，物是由人掌握并为人服务的。社会主义社会一个重要任务就是努力培养有理想、有道德、有文化、有纪律的一代新人，在建设高度物质文明的同时建设高度的精神文明，进行社会主义现代化管理，更有可能和有必要强调"人本原理"。另外，要做到在管理中以人为本，充分发挥人的积极性、创造性，就要花大力气培养人才，开发智力，在现代管理过程中，管理人才和较高素质职工队伍的形成始终是头等重要的、具有决定性意义的事。

三、人本管理原理的应用

（一）遵循能级原则

1. 能级原则的含义

能是做功的量，这个物理学上的概念，在管理过程中也存在。用句通俗的话讲，就是干事的本能大小。机构、制度和人都有一个能量问题。能量有大有小，是可以分级的。所谓级，就是分级，即建立一定的秩序、一定的规范、一定的标准。所以，能级原则就是指根据人干事能力的大小来分层、分级，使管理得以有规律地运动，以便获得最佳的管理效率和效益。管理者的任务，就是建立一个合理的能级，使管理的内容动态地处于相应能级中去。

能级原则实际上就是量才用人、层次用人的原则。能级包括两个方面，组织各层次的岗位能级和各类型的人才专业能级。解决好两者的协调适应问题，对管理的有效性具有重要意义。美国著名的制造原子弹的"曼哈顿工程"，其技术领导人并没有选用像爱因斯坦、康普顿、费米这些获得诺贝尔奖金的第一流物理学家，而是选择了当时只是处于第二流的理论物理学家，年仅 38 岁的奥本海默。因为这个岗位需要的是"知识面广，思维敏捷，能及时抓住要害，当机立断，有组织才能，善于团结人……"总之，需要的是一位懂得管理的技术领导人。而奥本海默恰好具备这一条件，他认为："使科学技术充分发挥威力的是科学的组织管理。"实践证明，选择他是正确的，他的才能正与"曼哈顿工程"技术领导的管理能级相适应。因此他的杰出才能得到了充分发挥，带动了许多一流的物理学家克服了重重困难，及时地制造出了原子弹，被誉为“原子弹之父”。

2. 能级原则的基本要求

根据能级原则，在管理上就是要按人的能力大小科学地将其安排在相应职级的岗位上，做到人尽其才，以获得最佳的管理效果。为此，一要准确、全面地了解、掌握员工的能力结构和特长；二要对各种工作岗位进行科学的职位分析；三要对不同能级的职位明确相应的责任、权力和利益，做到在其位，谋其政，行其权，尽其责，取其值，赋其荣，如果失职，要究其责；四要根据人的能力变化和职级的要求及时调整，实现管理能级的动态对应。

（二）运用动力原则

1. 动力原则的含义

所谓动力原则是指管理是一个活动过程，必须具有强大的动力才能运转，必须正确运用动力才能持续有效地运转。动力不仅是管理的能源，而且是一种制约因素，没有它管理就不能有序运动。动力原则在很大程度上影响着其他管理原理、原则的作用发挥，所以对管理的各个方面都有很大的影响。一般来说，在管理中有3种不同而又相互联系的动力。

2. 管理的3种动力形式

(1) 物质动力。物质动力主要是通过工资制度、物质待遇和奖金、福利等物质鼓励来调动人的积极性，它在管理中是一种基本动力。但运用物质动力时还必须考虑组织的经济效益，也就是把对组织的贡献与从组织中得到的物质利益紧密结合起来，这样才能形成持久的动力，而不能先验地定出什么“大头”、“中头”、“小头”的框框，因为这不符合管理的动力原则要求。

物质动力对满足人们基本需求作用很大，并非是全能的，也不是组织的唯一动力，并且要注意到物质用得不是地方还会有一定的副作用。例如，有的单位过多、过滥地发奖金、发物品，实际上根本没有起到激励的作用，因此还必须用其他类型的动力作为补充。

(2) 精神动力。精神动力指组织及其成员的观念、理想、信仰(如爱国主义、英雄主义等)等精神方面的追求和精神鼓励(奖状、先进称号、思想工作等)所形成的管理动力。人们经常讲“榜样的力量是无穷的”，讲的就是精神动力。精神动力是客观存在的，人以及由人组成的组织是有精神意识、理想观念的，精神意识和理想观念对人及其组织的活动起着巨大的推动作用。精神动力不仅可以补偿物质动力的不足，而且在特定情况下，也可以成为决定性的动力。我们经常看到或听到这样一些事例：一个先进集体为着共同的荣誉，团结战斗；一个劳动模范、先进工作者为了崇高的事业，忘我地工作、劳动；无数的革命先烈，在共产主义信念激励下，不为名，不图利，为了人类的解放和自由，献出自己宝贵的生命；一些科学家为了寻求科学真理，不怕迫害，不慕富贵，发现造福人类的科学定理、定律，为后人崇敬。特别值得强调的是中国知识分子大多具有一些优良的品格，往往在一些基本的需求尚未满足的情况下，执著于追求事业上的成功、实现自我价值。“老当益壮，宁移白首之心，穷且弥坚，不坠青云之志”等就是中国知识分子的真实写照。所以，有些单位只要给知识分子一点精神鼓励，如承认他们的学术观点、发明创造等，对调动他们的积极性往往作用很大。特别应当指出，在当前物质越来越丰富的情况下，用精神动力来调动人的积极性就更具有重要的意义。

(3) 信息动力。信息动力，是指信息的传递所构成的反馈对人及其组织活动发展的推动作用。从管理的角度看，信息作为一种动力，有超越物质和精神的相对独立性，它能对个人和组织活动起到直接的、整体的、全面的促进作用。一个国家、一个组织如果封闭了信息通路，就会坐井观天，缺乏前进的动力。例如，战后日本人意识到自己的国家小，资源不足，如不尽快发展，就可能被抛弃，正是因为这种忧患意识，才使日本人积极进取，与世界各国发展贸易，并大力发展科技教育，振兴产业，终于使日本进入世界强国之列。在管理实践中信息冲击产生的压力会转变成你追我赶的竞争动力。例如，企业能经常把自己的各项指标与本行业的先进企业相比，就能找到差距，形成奋力追赶的动力，企业若能经常了解和反馈市场需求的信息，就能够促使企业开发新产品、满足需求的动力；从个人来说，在事业上经常与比自己强的朋友、同学、同事相比，也能够激发个人奋发向上的动力。

3. 动力原则的正确运用

以上3种动力都有正确运用的问题，否则不仅会使其效能降低，有时甚至会起截然相反的作用。

首先，3种动力要综合协调地运用。对任何管理组织系统而言，3种动力都会同时存在，但又不会绝对平均，必然有所差异。同时，随着时间、地点、内容等条件的变化，3种动力的比重也会随之变化。管理就是要及时洞察和掌握这种差异和变化，使这3种动力有机地组合起来，产生协调推动作用。

其次，要正确认识和处理个体动力与群体动力的辩证关系。没有个体动力就没有群体动力，只有让各个个体在大方向基本一致的前提下充分自由地发展，才能使组织取得最佳效益。但是个体动力具有局限性和狭隘性，个体动力只有与群体动力结合，才能得到支持和强化。同时，一般来讲个体动力较注重眼前，群体动力注重长远，两者必须结合起来。

最后，在运用管理动力时需要重视“刺激量”这个概念。忽视刺激量的把握，就不能有效地运用动力原理。刺激量必须与它承担的使命相适应。刺激量过小，固然难起作用；刺激量过大，也往往适得其反。例如，评比先进分子或发奖金，如果大多数人都能得到，那么刺激量就不足，评比奖励的效能就大为下降；反之，只有极少数人才能得到，也会让人觉得高不可攀而失去信心。只有“跳起来摸得到”，才会有刺激作用。刺激量除了在幅度上要把握好，而且在时间上也要控制，不能经常使用单一刺激因素，否则人们就会习以为常了，也就起不到刺激动力的作用。

(三) 贯彻人的全面发展原则

人的全面发展包括两个内容：人的素质的全面增强和人的解放。无论是人的素质全面增强还是人的解放，只有当人不再受制于自然，不再受制于技术与物质财富，人可以掌握自己的发展时才有可能。应该说，这样一个状况以前并未达到，但可以证明的是社会进步、技术发展、经济增长均朝着这个方向前进，正在创造人的全面的自身的发展条件。作为社会中的一个经济组织，在追求自己的功利目标时，应该为本组织的员工创造全面发展的条件与空间，这不仅是对员工的一种培养、一种提高，也是对社会的一种贡献。

当然，在任何组织的管理中，应当协调好员工的个人发展与组织发展的关系。从社会发展、时代进步的角度看，组织本身的发展应与以人为本的管理方式相适应，即组织体系、架构以及运作功能都要逐步凸显人本主义理念，改变金字塔科层制结构，建立学习机制，从而极大地激发人的潜能并使之成为组织发展的内在动力。总之，组织与个人共同发展的最终目标，是在个人的个性化全面发展的基础上建立一个真正的以人为本的组织，同时，使组织中的每个成员在体魄、智力、思想、品德、心理等方面都得到健康、全面的发展。

第三节 控制原理

一、认识管理的过程

(一) 管理活动是一个动态过程

通过前面对管理过程学派理论的分析，可以知道，管理过程从理论上讲，包括计划、组织、指挥、调节、监督等环节，也有的理论认为管理过程除了上述几个环节外，还包括决策、领导、激励、信息、沟通等环节。其实，在表述方法方面，考虑到概念的内涵、包容问题，并无实质性的区别。所以可以认为，管理过程的实质是上述各个职能或环节所构成的一个周而复始、交错进行、不断变化的动态过程。

具体来说，管理的动态过程可以从 3 个方面来考察。首先，从管理活动的过程看，包括确定目标、制订计划、组织实施、调节控制等过程。如果说，确定目标、制订计划相对偏重于静态职能的话，那么组织实施、调节控制则完全属于一种动态的职能。因为实施调节、控制是围绕着目标、计划来进行的，一旦在目标、计划的具体实施过程中发现偏差，就要找出原因，纠正偏差，以确保管理目标、计划的实现。其次，从管理的对象看，在系统原理中，我们指出了管理的对象是一个系统，根据系统的动态性可以知道系统内部各个部分、各个要素之间的关系是不断发生变化的，同时系统本身与它外部的环境也会发生物质、能量、信息的交换。因此，我们说系统是运动变化的。第三，从管理目标的确定来看，当组织外部环境发生变化时要对目标进行调整，当组织内部环境变化时目标也要进行调整；即使内外环境不变，由于人们对客观事物的认识是一个不断深化的过程，所以当初制定的目标随着人们对主客观条件、环境、认识的不断清晰、深化，也要对目标做出调整。人们常说，“计划赶不上变化”讲的就是管理目标的动态性。

由上可见，管理活动是一个动态的过程(见图 3-2)。

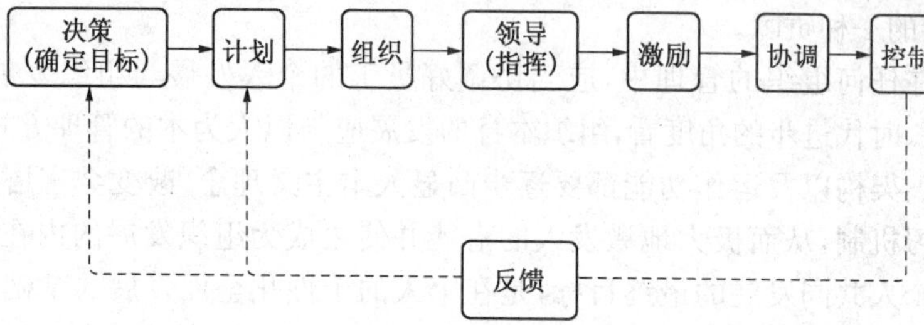

图 3-2 动态控制过程图

(二) 管理的实质是实施动态的控制

由上分析，管理活动是一个动态过程，这就要求管理者从思想认识上明确，管理的对象(系统)、目标都在发展变化，不能一成不变地看待它们，用一个不变的老框子去套，而应当把握管理过程或管理对象的运动、变化，所以在管理工作中要重视搜集信息进行反馈和调节，保持充分的管理弹性，以及时适应客观事物各种可能的变化，这样才能有效地实现管理目标。总之，现代管理的实质，就是确定目标，组织实施，跟踪变化，调节关系，保证整体系统能够始终围绕锁定的目标而运行。所谓控制原理，也就是根据现代管理对象、管理活动过程以及管理目标具有动态性这一特点，运用控制技术与方法，围绕目标对管理过程进行动态的控制。

二、控制的含义及特征

(一) 控制的含义

控制，是指控制者按照给定的条件和预定目标对控制对象(一个过程或一系列事件)施加影响的一种行动，其目的是为了保持事物状态的稳定性或促使事物由一种状态向另一种状态转换。“控制”一词最初运用于技术工程系统中，表示按照给定条件和预定目标使系统处于预先规定的最佳运转状态中。自从控制论问世以来，控制的概念便更加广泛地用于有生命机体、人类社会、经济管理等系统之中。

(二) 控制的特征

(1) 控制必须有明确的目的。控制是一种有目的的主动行为。没有目的，就谈不上控制。所以目的是控制的前提，这体现在管理控制中就是必须首先明确目标，围绕目标来控制。因为管理者只有事先明确自己进行管理的整体目标是什么，要达到什么具体要求，才能有的放矢地进行管理控制工作。否则，如果连管理的组织或企业应完成的任务指标都不清楚，就根本无法调节和控制整体单位的工作。目标与控制的关系是：目标决定控制内容，控制工作是为实现目标服务的。所以控制要时刻以实现目标为中心。

（2）控制行为由控制主体和控制对象两个部分构成。控制主体即实施控制的部分，由它决定控制的目标，并向控制对象提供条件，发出指令。控制对象即被控部分，它是直接实现控制目的的部分。其运行效果反映出控制的效果。按照系统的定义，系统是为了达到一定目的、相互影响、相互作用的诸要素构成的具有特定功能的整体。所以上述两个部分（要素）发生相互作用之后就具有控制功能，因而我们可以把控制行为看成是一个系统，即控制系统，见图 3-3。

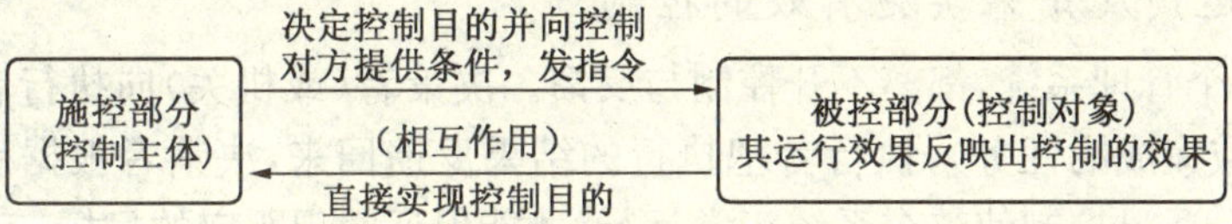

图 3-3　控制系统示意图

这里顺便说明一下，由于管理组织系统是一种链式的等级结构，控制主体和控制对象的区分是相对的，变换一个角度，控制主体可能转化为控制对象，控制对象也可能转化为控制主体。鉴于管理组织系统的主体和对象的相对性，就使管理控制活动的目标是分层逐级展开的，成为宝塔式结构。因而，建立上下关联、左右协调的目标体系，是实施管理控制活动的一大特色。

（3）控制对象的行为必须有状态变化，而且状态变化是可以描述、可以观察到的。这是因为没有状态变化也就不需要控制，状态变化的情况不能描述出或无法观测到，就不可能找到控制对象的行为与控制目标的偏差，从而无法采取纠正偏差的措施，以达到控制的目的。在管理活动中，控制的根本目的在于实现管理系统的目标。所以对各类管理活动的目标做出具体的、可量化的描述并确定检查、考评方法是实施控制的基本要求。

（4）控制必须是目标和手段（或能力）的统一。这是一个主观愿望与客观可能性的关系问题。能否对事物变化状态进行有效控制，不仅要有明确的目标，还必须有相应的手段（能力）。

在管理活动中，由于管理者的控制能力有一定限度，因而使组织系统成为层次结构。这种系统结构决定了管理控制必须按层次去逐级施加控制。因此，在考虑控制目标、内容和时间上不能上下一般粗，要有明显区别，如企业中，厂部一级控制内容要粗，主要是各年度计划、战略方向和控制财务收支、技术方案等计划和执行结果；而科室、车间要控制得较细，对产供销、人财物等具体计划指标的实施和完成结果进行控制。

(5) 控制活动要有组织机构以及规章制度予以保障。因为控制的目的是要对系统的运行过程进行计量,并采取纠正措施以确保计划或系统目标的实现,所以必须知道在实施中发生偏离计划的情况和纠正措施的责任应由哪个单位负责。同时,控制活动是要人来进行的,而且是按照一定的组织层次进行的,如果组织职、责、权、利没有明确的规定,就不可能知道哪个部门或哪个人应承担产生偏差的责任,也不知道应当由谁来采取必要的纠正偏差措施。总之,组织机构以及规章制度是控制工作的组织保证,控制工作是组织机构的中心任务和存在的基础之一,建立一级组织机构,总是为了要承担一定的责任,按责任来完成一定控制工作的。否则,这种组织机构就没有存在的理由。

三、控制原理的应用

(一) 运用反馈来实施有效的控制

任何一个管理系统,都离不开控制与反馈。决策者(或机关)向执行者(或机构)发出指令(或完成的任务),执行者把执行的结果反馈回来,决策者根据反馈的信息再加以控制,通过控制使整个系统正常运行,才能保证实现既定的目标。

所谓反馈,是指施控系统作用于被控系统后把产生的结果返送回来,并对施控系统向被控系统的信息再输入发生影响的过程。反馈的特点是根据过去操作的情况去调整未来的行动。用这种方法控制,一般有两种效果:一是加剧系统正在偏离目标的运动,使系统越发不稳定,这称为正反馈;二是减弱系统正在偏离目标的运动,使系统趋于稳定状态,这称为负反馈。管理活动中的反馈现象到处可见,党和国家了解群众对方针、政策的反应,企业访问用户对产品的意见,日常工作的汇报和统计、会计报表等都属于反馈之列。

一个管理系统就是一个控制反馈系统。通过反馈进行控制可以引起 3 种作用:一是保持系统的稳定性。如果一个社会动荡不稳,那么这个社会就不能发展;一个企业生产经营秩序混乱,这个企业的效益就肯定不好。二是消除偏差。通过反馈和控制,使管理者对管理对象认识得更全面、更准确,便可提高决策、计划的科学性。三是实现最优化。通过不断的反馈,及时地控制和采取切实可行的方法、措施,就为实现预期的目标提供了重要保证。

一个管理系统与外部环境不断地进行物质能量、信息的交换,从这个意义上说,管理系统必须是开放的。但从其内部组织结构上讲,管理方式又应是封闭的。管理系统的决策、执行、监督、反馈等环节应当是首尾相接,形成一个连续封闭的回路(见图 3-4),这样才能进行有效控制,保证管理工作顺利开展下去。

由图 3-4 可见,一个管理系统可以分解为指挥中心、执行机构、监督机构和反馈机构。指挥中心是司令部,由此发出指令从而开始了管理的起点;指令一方面下达到执行机构实施,同时又输向监督机构,由其监督实施情况,指令实施的效果输入反馈机构,反馈机构对信息处理,比较效果与指令的差距后把信息反馈到指挥中心,以

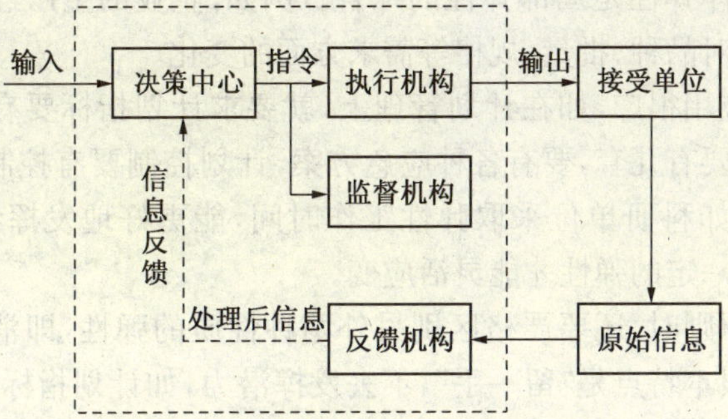

图 3-4　管理系统相对封闭回路

便根据新的情况发出新的指令，这便形成了管理系统的封闭回路。如果管理内部结构不封闭，就可能出现漏洞，如果下达了指令，执行的好坏没有监督、检查，就不能控制，也就难以完成预定的任务。不封闭的管理机构如同没有回路的输电线，就等于数学上没有解的联立方程式。但是，封闭不是绝对的，而是相对的，从空间上说，它与外界有着输入输出的关系。通过这种输入输出，使管理系统更富有活力。

（二）按动态管理要求实施管理弹性原则

管理弹性原则，是指由于客观世界的一切事物都是不断变化发展的，所以管理活动必须保持充分的弹性，以及时适应客观事物各种可能的变化，有效地实现动态管理。

管理弹性原则是管理活动的客观要求，因为管理活动具有如下特点：① 各种具体管理活动涉及的因素非常广泛，如一个城市的管理涉及上万个因素，这是任何人难以完全把握的，因此必须留有余地；② 管理是各种因素的合力，需要综合平衡，但在实践中往往由于人的主观认识能力的有限性和客观环境变化的无限性使管理要素不可能达到最佳平衡，这就需要留有可供调节的余地；③ 管理系统是处于动态变化的，系统内外各种因素都在变化，具有很大的不定性，尤其是系统中的决定性要素——人受经常变动的情绪影响很大，而管理活动毕竟是人的一种有意识的行为活动，行为会产生后果。上述几个方面的分析说明了管理因素多、变化大，所以一个细小的疏忽都可能造成严重的后果，所谓“失之毫厘，谬以千里”，因此对管理必须保持可调节的弹性，以应付主客观条件变化带来的影响。

管理弹性在实际工作中可分为两类：

一是局部弹性。就是任何管理必须在一系列管理环节中保持可以调节的弹性，特别是在重要的关键环节要保持足够的余地。例如，美国阿波罗登月飞行航向，在全部过程中就有 13 次可调节校正的机会，从而保证了一旦遇有故障也可安全到达目的地。再如企业计划管理，也需要在工厂、车间、工段（班组）等一系列层次上保持可调节的余地。

二是整体弹性。每个层次的管理系统都有整体弹性问题，它标志着系统的可塑性或适应能力，整体弹性是局部弹性的综合。例如，企业的生产经营系统就应有可塑性，以对付市场对品种、批量、规格等需求方面的变化。

弹性原则的应用很广，如在计划管理上，就要求计划指标要有区间幅度即上限和下限，计划方案要有几套，要有各种应急方案，计划控制要有控制度。在工作时间管理上，有的组织如科研单位采取弹性工作时间，能更好地发挥组织成员的潜力。总之，管理要具有一定的弹性才能灵活应变。

在应用弹性原则时，还要严格区别另外两种性质的弹性，即消极弹性和积极弹性。消极弹性的根本特点是“留一手”，不去发挥潜力，如计划指标过低，费用预算夸大，人员富余，规章制度松弛，对整个管理系统采取应付态度，墨守成规地维持现状，不善于发挥人、财、物的潜能，等等，这是守摊式的管理，最后必然导致管理混乱，组织生命力衰竭。积极弹性着眼于遇事“多一手”，最大限度地开发管理的潜力，消除管理资源冗余现象，使整个管理系统具有灵活应变的特性。我们应该大力倡导和应用积极的弹性管理。

第四节 效益原理

一、正确认识管理的根本目的

任何管理活动都具有目的性。概括地说，这一目的，就是实现组织的目标，而任何一个目标，都可以体现为某一种效益(经济效益和社会效益)，否则人类社会就不能向前发展。就拿经济活动的目标来说，就是为了提高经济效益。因为只有这样，才能保证“最大限度地满足整个社会经常增长的物质和文化的需要”这一社会主义基本经济规律。由此，我们可以引申出管理的一个基本原理——效益原理。

所谓效益原理，就是指在任何系统的管理中，都必须讲求实效，用尽可能少的资源投入来实现系统的总目标，即经济效益和社会效益的提高。

管理工作确实能够提高劳动和工作效率。而提高劳动和工作效率的结果应当是经济效益和社会效益的提高。也就是说，现代管理的根本目的，在于通过运用科学的方法、手段，协调所管理的系统内各个部分、各个人的工作，以高效率的工作来保证创造出更多更好的经济效益和社会效益。

这里必须区分效率与效益两个不同的概念。所谓效率，是指劳动消耗与劳动成果之间的比较，也就是投入与产出之比：

$$效率=\frac{产出}{投入}$$

同等的投入，产出越高，或者同等的产出，投入越少，效率就越高；而效益是指投入与有效的产出之比：

$$效益=\frac{有效产出}{投入}$$

可见，效益强调的是，投入一定的资源，必须得到尽可能多的、符合社会需要的产出。假如一个企业产出的产品或劳务虽然是质量合格的，但由于不符合社会需要，那么只能积压在仓库，最后甚至变为废弃物资，这样的产出，无论对企业还是对社会都不具有效益，甚至是浪费。所以管理效益，就是用尽可能少的资源投入达到既定的管理目标，即经济效益和社会效益的提高。

这就是说，在考察效益时，必须把经济效益与社会效益统一起来。经济效益指的是既能节约消耗、降低成本、提高产量、增加收益，又能符合市场交换的需要和人民生活消费需要的效益，它一般表现为可以用货币数量表示的盈利额，如利润、上交税金、收入等；而社会效益指的是从长远和全局看，是否符合人民生活、国家建设和社会发展的根本利益，往往是无形的、长期的、难以用货币来计量的，如生态环境、社会文化、精神文明、后代幸福等。一般来说，在社会主义条件下，社会效益和经济效益往往是一致的，但也必须承认，有时经济效益和社会效益也会产生一定的矛盾，这时一个单位的经济效益就必须服从全社会的效益，如多伐林木虽有经济效益，但任意砍伐却破坏生态平衡，这时的经济效益就必须服从社会效益。再如，不少乡镇企业虽然产品旺销，收益较高，但排放“三废”污染空气、河流或高耗费原料、能源，这从全局、长远来看造成环境污染，浪费资源，违背了人民及子孙后代的根本利益，因此对这类有局部、短期效益的企业必须坚决关停并转。总之，在追求效益时，应当把经济效益与社会效益统筹兼顾起来考虑，当二者发生矛盾时，应当强调经济效益服从社会效益。

综上所述，在社会主义市场经济条件下任何单位进行管理的根本目的，就是要把经济效益、社会效益统一起来。

正是因为现代科学管理由于能够创造社会效益和经济效益，所以现代科学管理也是现代社会生产力的重要因素之一。那些不能增加社会效益和经济效益的管理是无效的管理。如果我们每个管理者对这个问题认识不足，是很难做好管理工作的。

二、效益原理在管理中的应用

（一）在任何组织的管理中必须注重管理效益

如前所述，效益原理就是要求管理者在任何系统的管理中都要注意讲求实效，为了实现系统的总目标即社会效益和经济效益，必须管理好系统的各个部分。所以从管理上讲，效益和目标是连在一起的。它和一般所讲的效率有联系又有区别。目标决策正确，效率和效益成正比；目标决策错误，则效率和效益成反比。可用下式表示：

$$管理效益=正确的目标\times效率$$

如果管理者在管理中能把追求管理效益作为根本目的，始终围绕这个目的去计划、组织、控制整个系统，所收到的将是事半功倍的效果。相反，假若管理者没有效益观念，往往会导致“劳民伤财”。如在评价管理工作的好坏时，往往只看管理者是否“辛辛苦苦”、“踏踏实实”，而不看绩效；看一个单位的工作如何，往往也不是看它是否较好地完成了职责任务，创造了多少经济、社会效益，而主要看是否“稳”而不出问题。这种不讲效益的风气，助长了许多人“没有功劳有苦劳”、“不求有功，但求无过”的风气和安于现状、不思进取的惰性，这些已成为当今改革的障碍之一。至于一些干部喜欢做表面文章、好大喜功、形式主义所造成的巨大损失，更是长期违背管理效益原理所带来的恶果。

理解了管理的根本目的，就要求管理者充分发挥管理工作的生产力职能，为社会提供有价值的贡献。假若管理者每天从早忙到晚不停地工作，自认为“没有功劳有苦劳”，甚至用“无愧于心”、“全心全意”来自我安慰和自我表扬，却又不能做出有效益的贡献，那他实际上仍然是一个无效的、失职的管理者。效益原理要求我们不能做一个只讲动机不讲效果的“原则领导者”，也不能做一个忙忙碌碌的事务主义者；要求既反对和防止单纯地只对某个上级负责的任务观点，又反对大手大脚自作主张的败家子作风。违反效益原理的管理，永远不可能是真正的科学管理。

（二）贯彻价值原则

1. 价值原则的含义及理解

效益原理在管理实践具体运用时体现为价值原则。因为效益是由价值体现的，管理者所追求的经济效益和社会效益统一的目标，体现在具体的管理工作中，就是经济价值与社会价值的统一。所以价值原则是指在管理过程的各个环节、各项工作中都要紧紧围绕提高社会效益和经济效益这个中心，科学地、有效地使用自己的财力资源、物力资源、人力资源、智力资源、技术资源和时间资源，以创造最大的经济价值和社会价值。

这里所说的价值，与政治经济学中所研究的商品的价值不同，即它不是指生产商品使用价值时所需的社会必要劳动时间或社会平均劳动量；与近年来在企业管理中流行的“价值工程”中所说的价值也不完全相同，价值工程中的价值概念，其原来意义指的只是经济价值或经济收益，现代管理中的价值原则强调的价值，既不是单纯的商品价值，也不是单纯的经济价值，而是经济价值与社会价值统一的更高意义上的价值概念。对于管理者来说，明确这个区别是十分重要的。如果管理者在管理上只追求商品的价值和利润，或只追求经济价值，而不注意更高意义的社会价值，并努力把两者结合起来，那么，他将会迷失方向，不能很好地履行自己的职责。

1844年恩格斯在给马克思的一封信中明确提出：“价值是生产费用对效用的关系。”这个观点受到了马克思的称赞。后来，在《反杜林论》中，恩格斯又进一步把“生产费用”改为“劳动耗费”，认为价值是劳动耗费对客观效用的关系。如果用一个定性公式表示的话，则是：

$$价值=\frac{效用}{耗费}$$

讲管理工作的效益,必须研究耗费带来了多大的效用,这是现代科学管理中价值原则的集中反映。

企业管理的“价值工程”中也有一个公式:

$$V(价值)=\frac{F(功能)}{C(成本)}$$

它的含义是:价值的大小,决定于功能和成本之比,功能越高,成本越低,价值就越大;功能越低,成本越高,价值就越小。按照这个公式,想取得大的价值,有5种方法:

(1) 功能提高,成本不变。

(2) 成本降低,功能不变。

(3) 成本虽提高,但功能提高的幅度比成本提高的幅度大。

(4) 功能稍有下降,而带来的成本即大幅下降,因而价值仍有提高。

(5) 既提高功能,同时又降低成本。

显然,第五种是最理想的增大价值的办法。如果我们把这种思路和方法运用到各项管理工作中,作为一项原则,就是在管理工作中要把大价值、高效能、低成本作为管理工作的目标,并以此为准则把目标具体落实到每一个人、每一件事上。

还要说明,价值工程中所说的功能,其本来意义指的是商品中部件、零件的功能,以及由此而提高的商品使用价值和市场效应。而管理的价值原则中,其效用或“功能”是指管理工作完成目标和任务的效率,是管理活动的整体效能;价值工程中所说的成本概念,其本来意义只是说花费在商品设计过程、生产过程、流通过程中物化劳动和活劳动的总和,包括研究设计人员的工资,工人和管理人员的工资,推销费用,服务人员的报酬,仪器、设备、厂房、办公室的折旧,广告费、招待费等,这些成本,完全可以折算成货币来表现;而管理价值原则中的价值却不能够完全用货币来表现,其耗费(或成本)不仅包括物力、财力的消费,也包括智力、时间的消费,是一种综合成本概念,是物力资源、智力资源、时间资源等的综合支出。现代管理工作,如果只把成本理解为财力和物力的耗费,不重视、不考虑、不计算智力时间等无形资源的耗费,就不可能正确地运用现代管理工作的价值原则。

2. 贯彻价值原则的要求

价值原则是一个重要的原则。各个管理系统都应在管理工作中,按照价值原则的要求,不断完善自己的组织结构、职责任务,提高管理活动的整体效能,从而以最小的资源投入来获取最大的经济效益和社会效益。我们在运用价值原则的时候,价值工程的工作程序和步骤,其中有关功能分析中的功能定义、功能整理和功能评价方法等都可以借鉴,但是必须根据具体情况有区别地参照运用。有关价值工程的详细内容将在专业管理课程中论述。

本章小结

（1）管理的系统原理是指从管理的对象是一个系统这一根本性质出发，按照系统特征的要求，对管理系统进行优化，从而最佳地实现管理的目标。系统是指由相互作用和相互依赖的若干组成部分（要素）结合而成的、具有特定功能的有机整体。系统也是客观的、普遍的、无所不在的。系统的范围大小完全取决于我们研究或处理问题的特定对象。系统的特征表现为整体性、相关性、目的性、层次性、环境适应性、动态性。整分合原则是系统原理在管理实践中具体运用的一条准则，其主要含义是：要实现高效率管理，必须在整体规划下明确分工，在分工的基础上再进行有效的整合。整分合原则要求：把握整体，科学分工，协调整合。系统原理在管理中应用时要把握系统原理的基本思想，要实现系统的整体优化目标，要贯彻整分合原则。

（2）人本管理原理是指一切管理工作都应该以调动人的积极性，做好人的工作为根本。人本管理原理在应用时要遵循能级原则，运用动力原则，贯彻人的全面发展原则。能级原则是指根据人干事能力的大小来分层、分级，使管理得以有规律地运动，以便获得最佳的管理效率和效益。在运用能级原则时主要从 4 个方面着手。动力原则是指管理是一个活动过程，必须具有强大的动力才能运转，必须正确运用动力才能持续有效地运转。在管理中有 3 种不同而又相互联系的动力：物质动力、精神动力和信息动力。在运用动力原则时可从 3 个方面着手。

（3）管理活动是决策、计划、组织、人事、领导、激励、沟通、调节、监督各个职能或环节所构成的一个周而复始、交错进行、不断变化的动态过程。现代管理的实质，就是运用控制原理确定目标，组织实施，跟踪变化，调节关系，保证整体系统能够始终围绕锁定的目标而运行。所谓控制原理，就是根据现代管理对象、管理活动过程以及管理目标具有动态性这一特点，运用控制技术与方法，围绕目标对管理过程进行动态的控制。管理的实质是实施动态的控制。控制是指控制者按照给定的条件和预定目标对控制对象施加影响的一种行动，其目的是为了保持事物状态的稳定性或促使事物由一种状态向另一种状态转换。控制原理在应用时要运用反馈来实施有效的控制，按动态管理要求实施管理弹性原则。弹性原则是指由于客观世界的一切事物都是不断变化发展的，所以管理活动必须保持充分的弹性，以及时适应客观事物各种可能的变化，有效地实现动态管理。

（4）效益原理是指在任何系统的管理中都必须讲求实效，用尽可能少的资源投入来实现系统的总目标，即经济效益和社会效益的提高。在社会主义市场经济条件下任何单位进行管理的根本目的，就是要把经济效益、社会效益统一起来。效益原理在管理中应用时要从注重管理效益、贯彻价值原则两方面着手。效益原理在管理实践具体运用时体现为价值原则。价值原则是指在管理过程的各个环节、各项工作中都要紧紧围绕提高社会效益和经济效益这个中心，科学地、有效地使用自己的财力资源、物力资源、人力资源、智力资源、技术资源和时间资源，以创造最大的经济价值和社会价值。这里的价值是经济价值与社会价值统一的更高意义上的价值概念。

课堂案例讨论

尤尼莱弗公司的经营战略

尤尼莱弗公司是一家已有57年历史的英荷合资的跨国公司，英方总部设在伦敦，荷方总部设在阿姆斯特丹，以经营食品为主。分公司500余家遍布世界75个国家和地区，职工约30万人，年营业额约180亿英镑。

尤尼莱弗之所以取得显赫业绩，当然是多种因素起作用的结果，但最重要的是它确定了原则性与灵活性相结合的经营战略。

该公司英方前董事长肯尼思·德拉姆是这样总结其经验的。他说，公司在拟定经营战略和远景规划的时候，主要依靠两条：一条是公司对问题所采取的灵活而重实效的态度；一条是公司有着始终不渝的带根本性的指导原则。这些原则归纳起来有下列几点：

① 即使在80年代初经济衰退时期，公司仍坚持管理和发展的长期计划，继续招募和培训将来能够管理公司的第一流人才。

② 公司总是保持财政上的强大优势，能够应付任何不测风云，保证经营活动不致因财政困难而受限制。

③ 公司一直维持高投资水平，并把资源用在最新技术的开发上，同时通过增加投资和收购其他企业，积极扩大经营规模。

④ 无论在生产部门、销售系统，还是在总部，公司坚持不懈地努力提高效率，在总产量未获提高的情况下，劳动生产率却总是得到明显提高。近5年来，平均每年提高了55%。

⑤ 公司一方面大做主题广告；另一方面不断提高现有产品质量和开发新产品，以永保名牌，公司把研究与发展看做未来计划的中枢，在欧洲、美国和印度均设有研究中心，在世界40多个国家设有开发实验室。

⑥ 公司的管理原则建立在“大权集中，小权分散”的基础上。总部集中抓好对整个公司长远战略目标至关重要的事情，以及与评价计划执行情况有关的问题。在人事、财政、研究与发展、市场销售等方面，总部大权在握。总部任命能够独当一面的能人到国外去主管分公司的工作。

在公司总计划范围内，所有分公司都享有高度自主权，可以自由处理分公司的事务。公司最典型的特点之一是各分公司都保持各自特色。有些分公司，比如利华兄弟公司，甚至用自己的字号经营，商品也不贴尤尼莱弗的牌子。

由于分公司最接近当地市场，最了解消费者目前和未来的需要，所以许多商品往往要在分公司所在国利用当地原料和人力,因地制宜地进行生产。这样做既有利于调动分公司的主动性和创造性,也能发挥和提高经理的才能。

分析讨论

试用系统理论来分析尤尼莱弗公司经营战略的成功之处。

广西玉柴"人为本、争第一、零起点"

广西玉柴机器集团公司,是国内最大的内燃机制造基地。它的前身是广西玉林柴油机厂,1984 年,2 000 人的工厂,1 000 台柴油机的产量,年利税 96 万元,是当时玉柴的"历史最高水平"。当时玉柴在国内同行中排名第 173 位。

1985 年,玉柴出炉了玉柴人称之为"灵魂"的玉柴精神:"顽强进取、刻意求实、竭诚服务、致力文明",当年实现了 3 010 台的生产计划,完成了玉柴历史上的一次大跳跃。

当年年底,玉柴"跳"过了"在国内拿第一"的目标,直接提出要"跻身国际内燃机强手之林"。伴随着目标追求,诞生了危机哲学:零起点!1994 年公司在纽约上市,美国的投资银行、律师事务所在撰写募股说明书时,问及玉柴的管理哲学,董事长王建明回答了 9 个字:"人为本、争第一、零起点"。

1985 年玉柴突破 3 000 台大关时,告诫自己"零起点";10 年后,玉柴在中国内燃机行业的主要经济技术指标排名终于跃居第一位时,仍然提"零起点";进入新世纪,2002 年玉柴已经月生产 2 万台发动机,还是告诫自己"零起点"。当视质量为生命的玉柴实现了柴油机可靠性运行目标达到 3 万公里不出故障时,是"零起点";达到 10 万公里不出故障时,是"零起点";达到国际标准 30 万公里不出故障时,还是"零起点"。玉柴称之为"三级跳"。于是,2002 年玉柴正式提出:5 年内,玉柴要打入国际前 4 强,闯进半决赛!要想争第一,就永远是"零起点"!

永远零起点的玉柴需要不寻常的人才发挥。玉柴的育人方针是:为每一个岗位的发展创造机会,为每一个层级的攀登创造条件。玉柴的用人方针是:尊重、爱护、发挥、发展。

尊重员工的主体利益,玉柴的人本思想体现为:"人本方针",侧重的是育人、用人;"人本保障",侧重的是对责任的公正分配。具体落实在:

干部"十字"要求(民主、开朗、顽强、竭诚、约束)和干部的"六项基本功"。

"干部六项基本功":① 要对职工说清楚要求——目标机制;② 要使绝大多数职工愿意达到要求——民主机制;③ 要使每一个岗位的职工懂得如何达到要求——教育机制;④ 使每一个岗位的职工能够达到要求——投入机制;⑤ 使每一个岗位的职工必须达到要求——责任分配机制;⑥ 集思广益、反复检讨、周而复始、完善要求——反馈机制。

今天,玉柴已经成为中国最大的内燃机生产基地,其内燃机生产能力在世界上排行第二位。

分析讨论

1. 在玉柴的管理中体现出管理的哪些原理?
2. 结合案例谈谈你对人本原理和责任原理的理解。

本章自测题

一、名词解释

1. 整分合原则
2. 能级原则
3. 反馈
4. 控制原理
5. 弹性原则
6. 效益原理

二、选择题

1. (　　)指单位时间所取得的劳动成果的数量。

A. 效益　　B. 效果
C. 效率　　D. 效用
E. 价值

2. (　　)是有效产出与投入之间的一种比例关系。

A. 效益　　B. 效果
C. 效率　　D. 效用
E. 价值

3. 管理效益是(　　)与效率之积。

A. 投入　　B. 功能
C. 产出　　D. 价值
E. 正确的目标

4. “三个和尚没水喝”说明的是,人浮于事可能反而不如人少好办事。但是反过来,如果“三个和尚”都很负责,结果也许会造成水满为患。这两种不同的说法表明(　　)。

A. 管理工作的有效性需要考虑内外部环境各部分的整体效应
B. 即使管理无方,人多还是比人少好办事
C. 在不同的心态作用下会产生不同的群体合作结果
D. 纵使管理有方,也不一定是人多好办事
E. 管理效果与人的多少无关

5. 以下属于系统特征的是（　　）。

A. 客观性　　B. 集合性

C. 层次性　　D. 相关性

E. 稳定性

6. 下面不是人本管理观点的是（　　）。

A. 职工是企业的主体

B. 人是“经纪人”，所以只要给予足够的物质激励，就能让他为企业卖力

C. 职工参与是有效管理的关键

D. 服务于人是管理的根本目的

E. 组织中存在非正式组织，对此管理者要给予压制

7. 效益可从（　　）角度去考察。

A. 社会效益　　B. 环保效益

C. 经济效益　　D. 人文效益

E. 发展效益

三、判断题

1. 效益是指单位时间内所取得的效果的数量，反映了劳动时间的利用状况。（　　）
2. 效率和效益一定一致。（　　）
3. 管理的实质是实施动态的控制。（　　）
4. 管理活动中，效益和人本管理往往很难有机地结合在一起。（　　）
5. 任何管理都是对人的管理。（　　）

四、问答题

1. 什么是系统？系统有哪些特征？
2. 什么是系统原理？系统原理对实际有何指导意义？
3. 人本管理的含义是什么？人本管理有何主要观点？
4. 什么是效果、效率和效益？人类一切活动为何要遵循效益原理？
5. 管理有效性的实质是什么？管理者如何追求自身工作的效益？

中篇

管理职能与方法

第四章 决　策

学习目的与要求

本章主要介绍管理工作的核心决策，并阐述管理决策职能的含义、特征、类型，科学决策的原则、程序以及各种定性、定量决策的基本方法。决策不仅是管理工作的前提，也是其他各项管理职能的基础。不论管理者在组织中的地位如何，都需要决策，决策不仅表现在管理过程的开始阶段，而且事实上决策也贯穿于整个管理过程的始终。具体来说，本章的学习目的与要求是：

（1）决策的含义、特征以及类型。

（2）科学决策的原则及基本程序。

（3）确定型决策和不确定型决策的基本方法。

本章框架结构图

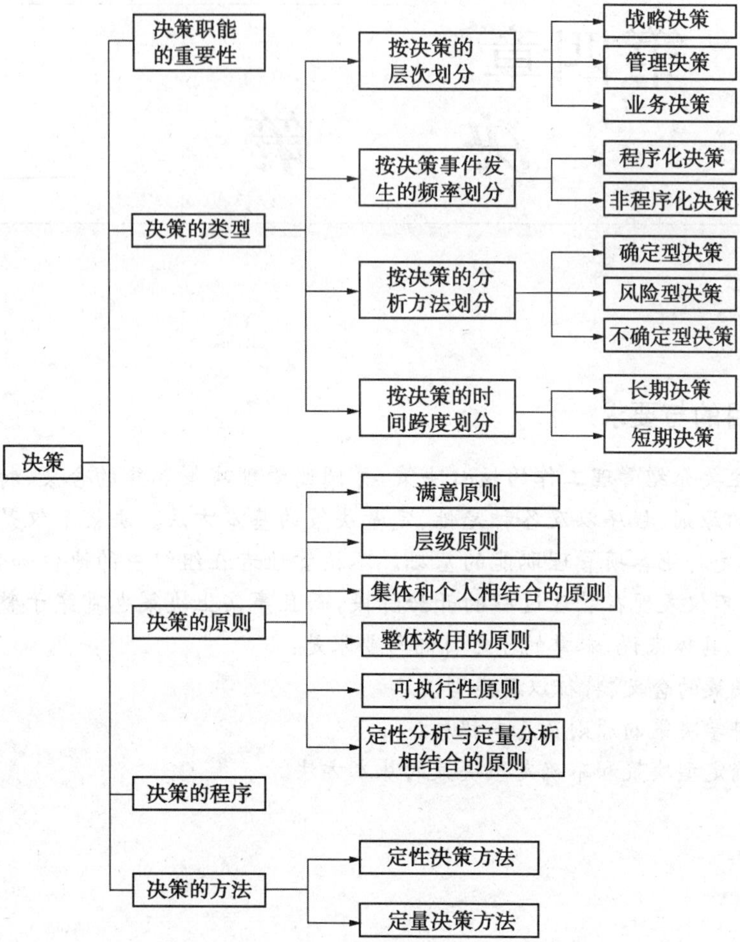

第一节 决策职能的重要性

一、决策的含义与特征

所谓决策，是指为了达到一定的目标，从两个以上的可行方案中选择一个合理方案的分析判断过程。为了把握决策的概念，需要进一步从以下 6 个方面来认识决策的特征：

（1）超前性。任何决策都是针对未来行动的，是为了解决现在面临的、待解决的新问题以及将来会出现的问题，所以决策是行动的基础。这就要求决策者具有超前意识，思想敏锐，目光远大，能够预见事物的发展变化，适时地作出正确的决策。

(2) 目标性。决策目标就是决策所需要解决的问题,只有在存在问题的情况下,并且决策者认为这些问题必须解决的时候才会有决策。决策是通过解决某些问题来实现目标。无目标的决策或目标性不明的决策往往会导致决策无效甚至失误。

(3) 选择性。决策必须具有两个以上的备选方案,通过比较评定来进行选择。如果无法制订方案或只有一个方案,那就失去决策的意义了。

(4) 可行性。决策所做的若干个备选方案应是可行的,这样才能保证决策方案切实可行。“可行”是指: ① 能解决预定问题,实现预定目标;② 方案本身具有可行的条件,比如技术上、经济上都是可行的;③ 方案的影响因素及效果可进行定性和定量的分析。

(5) 过程性。决策既非单纯的“出谋划策”,又非简单的“拍板定案”,而是一个多阶段、多步骤的分析判断过程。决策的重要程度、过程的繁简及所费时间长短固然有别,但都必然具有过程性。

(6) 科学性。科学决策并非易事,它要求决策者能够透过现象看到事物的本质,认识事物发展变化的规律性,作出符合事物发展规律的决策。科学性并非否认决策没有失误和风险,而是要善于从失误中总结经验教训,要尽量减少风险,这是决策科学性的重要内涵。

二、决策在管理中的重要性

著名管理学家赫伯·西蒙在谈到决策在管理中的地位和作用时指出:“决策是管理的心脏;管理是由一系列决策组成的;管理就是决策。”决策之所以如此重要,是基于以下理由:

(1) 决策是决定组织管理工作成败的关键。一个组织管理工作成效的大小,首先取决于决策的正确与否。决策正确,可以提高组织的管理效率和经济效益,使组织兴旺发达;决策失误,则一切工作都会徒劳无功,甚至会给组织带来灾难性的损失。因此,对每个决策者来说,不是是否需要作出决策的问题,而是如何使决策作得更好、更合理、更有效率,这是关系到组织管理工作好坏的关键。

(2) 决策是实施各项管理职能的保证。决策贯穿于组织各个管理职能之中,在组织管理过程中,每个管理职能作用的发挥都离不开决策。无论是计划、组织职能还是领导和控制等职能,其实现过程都是围绕着制定决策、执行决策、实现决策目标这个过程进行的,所以决策是管理的核心,没有正确的决策,管理的各项职能就难以充分发挥作用。

第二节 决策的类型

决策根据其解决问题的性质和内容不同,可分成许多类型。不同类型的决策,需要采用不同的决策方法。为了正确进行决策，必须对决策进行科学分类。

一、按决策的层次划分，可分为战略决策、管理决策和业务决策

(1) 战略决策是事关企业未来发展全局性、长期性的重大决策。如企业方针、目标与计划，新产品开发策略，投资决策，技术改造和引进，组织结构改革等，都属于战略决策。这类决策主要由企业最高层领导制定，又称高层决策。

(2) 管理决策又称战术决策或策略决策，是指为了实现战略目标而作出的带有局部性的具体决策，如企业财务决策、销售计划的制订、产品开发方案的制订等。这类决策主要由企业中层领导作出。

(3) 业务决策又称日常管理决策，属于日常活动中有关提高效率和效益、合理组织生产过程的决策。这类决策主要由企业基层管理者负责进行。

二、按决策事件发生的频率划分，决策可分为程序化决策和非程序化决策

(1) 程序化决策又称为常规决策或重复决策。它是指经常重复发生，能按原已规定的程序、处理方法和标准进行的决策。其决策步骤和方法可以程序化、标准化，重复使用。如任务的日常安排、常用物资的订货与采购、库存决策和设备选择等均属此类。

(2) 非程序化决策又称非常规决策或例外决策。指受大量随机因素的影响，很少重复发生，常常无先例可循的决策。在决策时没有固定的模式和规则可循。这样，决策者及其智囊机构的洞察力、思维、知识及对类似问题决策的经验将起重要作用。这种决策有经营方向、目标决策、新产品开发决策、新市场的开拓决策等。

三、按决策的分析方法划分，可分为确定型决策、风险型决策和不确定型决策 3 种

(1) 确定型决策是指各种可行方案的条件都是已知的，并能较准确地预测它们各自的后果，易于分析、比较和抉择的决策。

(2) 风险型决策是指各种可行方案的条件大部分是已知的，但每个方案的执行都可能出现几种结果，各种结果的出现有一定的概率，决策的结果只有按概率来确定，决策存在着风险。

(3) 不确定型决策与风险型决策类似，每个方案的执行都可能出现不同的结果，但各种结果出现的概率是未知的，完全凭决策者的经验、感觉和估计作出决策。

四、按决策的时间跨度划分，可分为长期决策与短期决策

(1) 长期决策。这种类型的决策，基本上是制定企业长远目标，中、长期计划及有关联合经营、资金投向、市场开发、产品转换、扩大规模等战略性的决策。

(2) 短期决策。这类决策基本是指对一年之内要解决及执行的有关问题的决策。

第三节 科学决策的原则和程序

一、科学决策的原则

(一) 满意原则

满意原则是针对“最优化”原则提出来的。“最优化”的理论假设是把决策者作为完全理性的人,决策是以“绝对的理性”为指导,按最优化准则行事的结果。但是,处于复杂多变环境中的企业和决策者,要对未来作出“绝对理性”的判断是不可能的。因为:决策者不可能对决策相关的一切信息全部掌握;决策者不可能对可供选择的方案及其后果完全知晓;不可能对未来的外部环境及内部条件准确预测;等等。因此,决策者不可能作出“最优化”的决策。

我们所讲的“满意”决策,就是能够满足合理目标要求的决策。具体来讲,包括以下内容:

(1) 决策目标追求的不是使企业及其期望达到理想的完善,而是使它们能够得到切实的改善,实力得到增强。

(2) 决策备选方案不是越多越好、越复杂越好,而是要达到能够满足分析对比和实现决策目标的要求,能够较充分地利用外部环境提供的机会,并能较好地利用内部资源。

(3) 决策方案选择不是避免一切风险,而是对可实现决策目标的方案进行权衡,做到“两利相权取其大”、“两弊相权取其小”。

(二) 层级原则

决策在企业内分级进行,是企业业务活动的客观要求。这是因为:

(1) 组织需要的决策一般都非常广泛、复杂,是高层管理者难以全部胜任的,必须按其难度和重要程度分级决策。

(2) 组织管理的重要原则是责权对等、分权管理。实现分级决策,把部分重复进行的、程序化的决策权下放给下属,有利于分权管理。所以说,分级决策是分权管理的核心。

(3) 组织都建立有领导制度和层级管理机构,而领导制度和层级管理机构要有效运行,必须遵循一定的规则。其中包括确定决策机构的具体形式,明确决策机构同执行机构之间的关系,等等。这些规则的建立和运行也要以决策的层级原则为基础。

当然，无论决策分几级进行，在每一级中只能有一个决策机构，以免政出多门。实行层级决策，既有利于组织高层决策者集中精力抓好战略决策、例外决策，同时又可提高下级单位和领导者的主动性和责任心。

（三）集体和个人相结合的原则

(1) 决策既要充分利用机会，减少风险，又要有人敢于负责，能够抓住机会，当机立断，否则就会错失良机。因此，既不能事事集体决策，大家参与，又不能事事个人决策，一人拍板，要坚持集体决策与个人决策相结合的原则，根据决策事务的轻重缓急，对那些带有战略性、非程序化的非确定型的事关组织全局的决策等，应实行集体决策，对其他的应酌情选择个人决策或集体决策。

(2) 决策作为决策者的意志反映，由少数人进行，意见最易统一；而决策要得到顺利实施，就需要有较多的人参与，反映各方面人士的意见，把不同看法、意见、分歧解决在决策过程之中。因此，组织在建立决策体系时，应注意发挥个人的主动性和集体的积极性，把决策的制定和执行紧密地衔接起来。

（四）整体效用的原则

组织作为独立个体，其内部有许多单元。这些单元同组织之间存在着局部与整体的关系。因此，决策者在作决策时，应正确处理组织内部各个单元之间、组织与社会、组织与其他之间的关系，在充分考虑局部利益的基础上，把提高整体效用放在首位，实现决策方案的整体满意。

（五）可执行性原则

这是指一项决策的实现，在市场、生产技术、资金、人力、物力上应是可行的，具有一定的保证程度，并且在经济上能取得一定的效益。也就是说，任何决策都要经过可行性研究。决策必须可行，这虽然为人们所熟知和公认，但不是每个决策者都能认真执行的。有的在客观上时间紧迫，未及详细分析；有的是主观上急于求成或好大喜功，忽视可行性研究。这些都会引起决策错误。

（六）定性分析与定量分析相结合的原则

定性分析是指根据人们对客观情况和客观规律的认识和经验，运用个人或集体的智慧和判断力，对事物的性质及其发展变化趋向进行逻辑判断，作出决定。定量分析是指对事物的数量方面，运用有关的科学原理和数学方法进行计算和分析，揭示事物间的数量关系，来判断事物的特性及其发展变化的规律性。不论定性分析还是定量分析，都要做好调查研究，搜集有关的信息和数据，掌握信息系统。否则，无论定性或定量的分析都无所依据或依据不足。过去，决策往往是依靠决策者进行定性判断，缺乏量的计算和依据。随着科学技术的进步，特别是管理科学的定量分析方法的发展，数学方法与电子计算机在管理上的应用，为决策的定量分析提供了科学原理和科学手段。因此，现代的决策，都要进行定量的分析研究，用数据说话，提高决策的科学水平。同时必须指出，定性分析在决策中仍然是很重要的，人的经验和才智仍是重要因素。西蒙在他的决策理论中指出，在决策中应用定量方法的同时，必须重视心理因素、人际关系等社会因素的作用。我们知道，不是任何问题都可以进行定量计算，有的只能做定性研究，定量分析只提供有价值的参考数据，不能代替人的经验，而决策最后还是由决策者的才智、胆略进行抉择。当然，仅凭经验，不做定量分析、主观武断是十分错误的。两者必须结合运用，过分强调或忽视任何一面，都不可能作出正确的决策。

二、科学决策的程序

(一) 确定决策目标

确定决策目标是决策的前提。所谓决策目标，是指在一定外部环境和内部环境条件，在市场调查和研究的基础上所预测达到的结果。决策目标是根据所要解决的问题来确定，因此，必须把握住所要解决问题的要害。找到了关键问题后，才能明确决策的目标。只有明确了决策目标，才能避免决策的失误。所以，确定决策目标是决策的首要环节。

根据决策目标在决策中的地位和重要程度，一般将其分为 3 类：必须达到的目标、希望完成的目标和不予重视的目标。必须完成的目标，对组织和决策来讲是绝对重要的，完成它就意味着决策取得了成功；希望完成的目标，对组织和决策来讲是相对重要的，能够全部完成更好，部分完成也算决策的收获，因此，它是一种弹性的要求；不予重视的目标，是对组织和决策重要性不大的，在决策方案中不需专门考虑的目标。

另外，在确定决策目标时还需注意以下几个问题：① 要把目标建立在需要和可能的基础上。② 要使目标明确、具体，并尽可能数量化，以便于衡量决策的实施效果。③ 要明确目标的约束条件。确定目标，不仅要提出目标，而且要对那些与实现目标有联系的各种条件都应加以分析。直接影响目标实现的条件为"目标的约束条件"。④ 要明确主要目标。任何组织的决策目标往往是多元的，它们之间常常存在着这样或那样的矛盾。确定决策目标时，要取消根本没有条件实现的目标，放弃某些相互矛盾的目标以及合并相似的次要目标。然后，分清主次，综合平衡，使次要目标服从主要目标，突出主要目标，保证主要目标的实现。

(二) 拟定备选方案

决策目标确定以后，就应拟定达到目标的各种备选方案。拟定备选方案，第一步是分析和研究目标实现的外部因素和内部条件，积极因素和消极因素，以及决策事物未来的运动趋势和发展状况；第二步是在此基础上，将外部环境各限制因素和有利因素、内部业务活动的有利条件和不利条件等，同决策事物未来趋势和发展状况的各种估计进行排列组合，拟定出适量的实现目标的方案；第三步是将这些方案同目标要求进行粗略的分析对比，权衡利弊，从中选择若干个利多弊少的可行方案，供进一步评估和抉择。由于所拟定的方案都是为了实现相同的目标，因此它们相互之间必然存在着一定程度的互补性，存在着有利于或不利于目标实现的因素。因此，在决策过程中，往往是对众多方案进行取长补短的重新组合，形成两个以上新的备选方案。

（三）评价备选方案

备选方案拟定以后，随之便是对备选方案进行评价，评价标准是看哪一个方案最有利于达到决策目标。评价的方法通常有3种：经验判断法、数学分析法和试验法。

经验判断法是一种依靠决策者的实践经验和判断能力来选择方案的一种方法。对于比较复杂的方案，可用起码的满意程度或关键评价标准淘汰一些方案。

数学分析法是一种用数学模型进行科学计算后进行选择方案的一种方法。

试验法是指当选择重大方案时，既缺乏实践经验，又无法采用数学模型时，可选择少数几个典型环境为试点单位，以取得经验和数据，作为选择方案依据的方法。

评价方案的步骤一般分3步：

第一步是看备选方案是否满足必须达到的目标要求。如果有的方案满足这方面的要求就予以保留，反之就淘汰。

第二步是按希望完成的目标要求，对保留下来的方案进行评估。因为希望完成目标是有弹性的，所以在评估时，应根据它们满足希望完成目标的程度进行评价，以区分方案在希望完成目标上的优劣程度。

第三步是按方案在必须完成的目标和希望完成的目标评估中的满意程度对各方案进行全面权衡，从中选择出最满意的方案。

（四）选择方案

选择方案是对各种备选方案进行总体权衡后，由组织决策者挑选一个最好的方案。方案的选择方式，依决策事物的重要性程度不同而有所不同。重要的决策方案，首先要将方案印发给有关人员，准备意见；其次是召开会议，由专家小组报告方案评估过程和结论；最后是决策者集体进行充分的讨论，选择出满意的方案。在现实决策中，方案的选择通常是以一种方案为主，将其他方案中的合理成分吸收进来。

对重大决策，有条件的组织还应吸收高级顾问、咨询人员参加，以避免某些方面考虑不周，给组织带来不良后果；对一般性的、程序性的决策可不考虑智囊人员参加，可由决策者个人进行，以降低决策成本，提高工作效率。

第四节 决策方法

一、定性决策方法

定性决策方法是决策者根据所掌握的信息，通过对事物运动规律的分析，在把握事物内在本质联系基础上进行决策的方法。定性决策方法主要有下述几种：

（一）头脑风暴法

头脑风暴法也叫思维共振法，即通过有关专家之间的信息交流，引起思维共振，产生组合效应，从而导致创造性思维。用该法进行决策或预测必须遵守以下原则：

（1）严格限制预测对象范围，明确具体要求。

（2）不能对别人意见提出怀疑和批评，要认真研究任何一种设想，而不管其表面看来多么不可行。

（3）鼓励专家对已提出的方案进行补充、修正或综合。

（4）解除与会者顾虑，创造自由发表意见而不受约束的气氛。

（5）提倡简短精练的发言，尽量减少详述。

（6）与会专家不能宣读事先准备好的发言稿。

（7）与会专家人数一般为10～25人，会议时间一般为20～60分钟。

从过程看，头脑风暴法一般分为3个阶段：第一阶段是对已提出的每一种设想进行质疑，并在质疑中产生新设想，同时着重研究有碍于实现设想的问题。第二阶段是对每一种设想编制一个评价意见一览表，同时编制一个可行性设想一览表。第三阶段是对质疑过程中所提意见进行总结，以便形成一组对解决所论及问题的最终设想。实践证明，头脑风暴法可以排除折中方案，对所决策的问题通过客观分析可找到一组切实可行的方案。

（二）特尔菲法

特尔菲法是由美国著名的兰德公司首创并用于预测和决策的方法，该法是以匿名方式通过几轮函询征求专家的意见，组织预测小组对每一轮的意见进行汇总整理后作为参考再发给各位专家，供他们分析判断以提出新的论证。几轮反复后，专家意见渐趋一致，最后供决策者进行决策。

特尔菲法是一种广为适用的预测决策方法，其基本步骤如下：

（1）确定预测题目。预测题目即预测所要解决的问题。预测题目要具体明确，适合实际需要。

（2）选择专家。选择专家是特尔菲法的重要环节，因为预测结果的可靠性取决于所选专家对预测主题了解的深度和广度。选择专家需解决 4 个问题：① 什么是专家。特尔菲法所选专家是指在预测主题领域从事 10 年以上的技术人员或管理者。② 怎样选专家。怎样选专家要由预测或决策任务而定。如果预测或决策主题较多地涉及组织内部情况或组织机密，则最好从内部选取专家。如果预测和决策主题仅关系某一具体技术的发展，则最好从组织外部挑选甚至从国外挑选。③ 选择什么样的专家。所选专家不仅要精通技术，有一定的名望和代表性，而且还应具备一定的边缘科学知识。④ 专家人数。专家人数要视所预测或决策问题的复杂性而定。人数太少会限制学科的代表性和权威性；人数太多则难以组织。一般以 10～15 人为宜，对重大问题的预测或决策专家人数可相应增加。

(3) 制订调查表。即把预测或决策问题项目有次序地排列成表格形式，调查表项目应少而精。为使专家对特尔菲法有所了解，调查表中前言部分应对特尔菲法进行介绍。

(4) 预测过程。特尔菲法预测一般要分 4 轮进行。第一轮把调查表发给每个专家，调查表只提出预测主题，让各位专家提出应预测的事件。第二轮由决策者把第一轮调查表进行综合整理，归并同类事件，排除次要事件，做出第二轮调查表再返给每个专家，由每个专家对第二轮调查表所列事件作出评价，阐明自己的意见。第三轮，对第二轮的结果进行统计整理后再次反馈给每个专家，以便其重新考虑自己的意见并充分陈述理由，尤其是要求持异端意见的专家要充分阐明理由，因为他们的依据经常是其他专家所忽略的或未曾研究的一些问题，而这些依据又会对其他成员的重新判断产生影响。第四轮是在第三轮基础上专家们再进行预测，最后由决策者在统计分析基础上作出结论。

(5) 作出预测结论。经过多次反馈后，一般是意见渐趋一致或对立的意见已十分明显，此时便可把资料整理出来，作出预测结论。

特菲尔法有下述特点：

(1) 匿名性。为克服专家之间因名望、权力尊重等心理影响，特菲尔法采用匿名函询征求意见，以保证各成员能独立地作出自己的判断。

(2) 多轮反馈。通过多轮反馈可使各成员充分借鉴其他成员的意见并对自己的意见不断修正。

(3) 统计性。特菲尔法属定性决策，但对专家成员的意见采用统计方法予以定量处理。

(三) 哥顿法

哥顿法是美国人哥顿于 1964 年提出的决策方法。该法与头脑风暴法类似，由会议主持人先把决策问题向会议成员作笼统的介绍，然后由会议成员(即专家成员)海阔天空地讨论解决方案；当会议进行到适当时机，决策者将决策的具体问题展示给小组成员，使小组成员的讨论进一步深化，最后由决策者吸收讨论结果进行决策。

(四) 其他定性决策方法

除了上述3种定性决策外,另有下述几种决策方法也属定性决策。

(1) 淘汰法。即先根据一定条件和标准,对全部备选方案筛选一遍,淘汰达不到要求的方案,以达到缩小选择范围的目的。淘汰的方法有: ① 规定最低满意度,达不到满意度的方案予以淘汰。如规定投资回收期为3年,超过3年的方案就予以先行淘汰。② 规定约束条件,凡备选方案中不符合约束条件的予以剔除。如现可获得的资金来源为1 000万元,凡超过1 000万元的投资予以淘汰。③ 根据目标主次筛选方案。在多目标决策情况下,并非所有目标都同等重要,决策者可根据目标的重要程度,将那些与主要目标关系不大的方案淘汰掉。

(2) 环比法(0—1评分法)。即在所有方案中两两比较,优者得1分,劣者得0分,然后以各方案得分多少为标准选择方案。假如有4种方案,两两对比后各方案得分见表4-1。

表4-1

被比较方案 / 比较方案	甲	乙	丙	丁	总分
甲		1	1	1	3
乙	0		0	1	1
丙	0	1		1	2
丁	0	0	0		0

由表4-1可知,甲方案的得分最多,应选甲。

(3) 归类法。指先将类似方案归类,然后再进行选择。归类后简化方案选择的方法有两类:一是先从各类方案内部选择一个或两个最优者,然后再把各类方案中的最优方案进行比较;二是先选类,再从所选类中挑选最优方案。

二、定量决策方法

定量决策方法是利用数学模型进行优选决策方案的决策方法。根据数学模型涉及的决策问题的性质(或者说根据所选方案结果的可靠性),定量决策方法一般分为确定型决策、风险型决策和不确定型决策3类,下面分别予以介绍。

(一) 确定型决策方法

确定型决策方法的特点是只要满足数学模型的前提条件,决策方案就肯定会出现模型给出的特定的结果。属于确定型决策方法的模型很多,本书主要介绍常用的两种模型: 盈亏平衡分析模型和经济批量模型。

1. 盈亏平衡点法

(1) 盈亏平衡点法基本原理。盈亏平衡点法是进行产量决策常用的方法。该方法的基本特点是把成本分为固定成本和可变量或某一盈利水平的产量。其中可变成本与总收益为产量的函数，当可变成本、总收益与产量为线性关系时，总收益、总成本和产量的关系如图 4-1 所示。

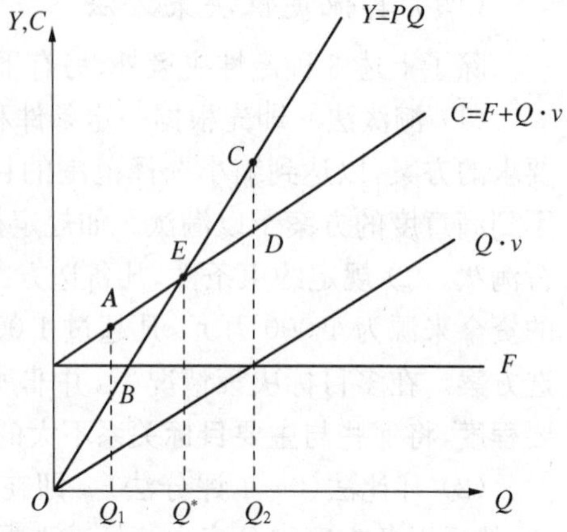

图 4-1

图 4-1 中，Q 表示业务量，F 表示固定成本，v 表示单位产品的可变成本，C 表示总成本，Y 表示总收益，P 表示单位产品价格。

图 4-1 中，Q 表示业务量，F 表示固定成本，v 表示单位产品的可变成本，C 表示总成本，Y 表示总收益，P 表示单位产品价格。

图 4-1 中纵坐标表示总收益(Y)、总成本(C)、固定成本(F)及可变总成本($Q\cdot v$)。横坐标表示业务量(产量或销量，用 Q 表示，该模型假定产销量一致)。总收益 Y 是单位销售价格 P 与产量 Q 的乘积；总成本 C 等于固定成本 F 加上可变成本 $Q\cdot v$。总收益曲线 Y 与总成本曲线 C 的交点 E 对应的产量 Q^* 就是总收益等于总成本(即盈亏平衡)时的产量，E 点就是盈亏平衡点。在 E 的左边，即 $Q_1<Q^*$，总成本曲线位于总收益曲线之上，即亏损区域，其中 C 与 Y 之间的纵坐标距离就是相应业务量下的亏损额，如 Q_1 处的亏损额为 AB。在 E 点的右边，即 $Q_2>Q^*$，总收益线位于总成本之上，即盈利区域，Y 与 C 之间的垂直距离就是相应产量下的盈利额。如 Q_2 对应的盈利额为 CD。

用盈亏平衡点法进行产量决策时应以 Q^* 为最低点，因为低于该产量就会产生亏损。对新方案的选择是如此，对于现有的生产能力是否在 $Q<Q^*$ 时就一定要停产呢？由图 4-1 可知，停产时的亏损额为 F，即固定成本支出，而在 OQ^* 区间内的任一点的亏损额($C-Y$)都低于 F。所以企业生产能力形成后，即使受市场销量的约束使产量进入亏损区也不应作出停产决策，即“两害相权取其轻”。

图 4-1 所示盈亏平衡点基本原理也可用公式来表示。由于在 Q^* 点有 $Y=C$，即：$PQ^*=F+Q^*\cdot v$，故盈亏平衡点产量：

$$Q^*=\frac{F}{P-v} \quad ①$$

公式①中有四个变量，给定任何 3 个便可求出另外一个变量的值。例如：某公司生产某产品的固定成本为 50 万元，单位可变成本为 10 元，产品单位售价为 15 元，其盈亏平衡点的产量为：

$$Q^*=\frac{F}{P-v}=\frac{500\,000}{15-10}=10(\text{万件})$$

再如，某公司生产某产品固定成本为 50 万元，产品单位售价为 80 元，本年度产品订单为 1 万件，问单位可变成本降至什么水平才不至于亏损？据题意有：

$$10\,000=\frac{500\,000}{80-v}$$

解之得：$v=30$(元/件)

该模型除了用于盈亏平衡点的产量、成本决策外，再增加一利润变量便扩展为任意产量决策的模型。设利润为 π，根据定义有：$Z=PQ-(F+v\cdot Q)$ 即：

$$Q=\frac{F+Z}{P-v} \quad ②$$

公式②中共5个变量，给定任意4个便可求出另外一个变量的值。例如：某企业生产某产品的固定成本为50万元，单位售价为80元，单位可变成本40元，若企业目标利润为30万元，问企业应完成多少经销量？由公式②可得：

$$Q=\frac{F+Z}{P-v}=\frac{500\,000+300\,000}{80-40}=2(\text{万件})$$

再如，上例中固定成本、单位可变成本、产品销价不变，若本年预计销量为5万件，求利润额(亏损额)是多少？依题意有：

$$Z=PQ-(F+Q\cdot v)=80\times 50\,000-(500\,000+50\,000\times 40)=150\ (\text{万元})$$

(2) 盈亏平衡点法的其他应用。下面结合实例，系统地介绍多品种经营条件下的量本利分析方法。

例：某企业从事A、B、C、D、E、F多种产品的生产。已知该企业的固定费用为12 000元。现给出该企业各产品的销售量、售价、单位产品边际贡献。试计算该企业盈亏平衡时的销售额。

表4-2　某企业产品生产资料表

产品	销售量(件)	价格(元)	单位产品边际贡献(元)
A	100	50	30
B	100	60	30
C	100	80	44
D	100	60	24
E	100	40	10
F	100	60	27

解：计算各产品的销售额：

$S_A=5\,000\quad S_B=6\,000\quad S_C=8\,000\quad S_D=6\,000\quad S_E=4\,000\quad S_F=6\,000$

计算各产品的边际贡献率：

$u_A=60\%\quad u_B=50\%\quad u_C=55\%\quad u_D=40\%\quad u_E=25\%\quad u_F=45\%$

按边际贡献率的高低，依次排列并计算有关参数：

表 4-3

单位:元

产品	$\sum S$	边际贡献	$\sum m$	$\sum m-f$
A	5 000	3 000	3 000	−9 000
C	13 000	4 400	7 400	−4 600
B	19 000	3 000	10 400	−1 600
F	25 000	2 700	13 100	1 100
D	31 000	2 400	15 500	3 500
E	35 000	1 000	16 500	4 500

分析:企业盈亏平衡时,企业的边际贡献总额等于固定费用。如果企业只经营A、C、B三产品时,企业亏损。如果企业经营A、C、B和其他任何产品,企业就会盈利。很显然,企业的盈亏平衡销售规模在19 000元和25 000元之间。

解决问题的方法有两个。一是在19 000元的基础上,加上三产品亏损的1 600元对应的销售额,亏损部分从F产品中补充;二是在25 000元的基础上,减少F产品带来的1 100元盈利部分,从而求出企业盈亏平衡时的销售额。

总结:根据以上例题的分析,可以归纳以下几点:

① 边际贡献率是计算的一个重要指标。在计算过程中,必须按边际贡献率的高低,优先安排边际贡献率高的产品的生产与经营。

② 在列表计算中,在$\sum m-f>0$与$\sum m-f<0$之间,存在一条分水岭,计算中所使用的数据均在该分水岭的两侧。

③ 根据以上计算过程,可以推算出计算公式:$S_0=\sum_{i=1}^{n}S_i+\frac{\left|\sum_{i=1}^{n}m_i-f\right|}{u_{n+1}}$

④ 多品种的量、本、利公式还可以用于计算最佳规模、固定费用等。

使用盈亏平衡点法决策应注意的问题:

首先,应考虑产量适用区间。按上述假定,成本中的固定成本与产量无关,显然,该假定只能在一定的产量区间内有效,当产量超过了现有生产能力并导致规模扩张时,原来的固定成本假定不再成立。

其次,总收益与可变成本及产量之间的线性关系假设。只有在线性假设下,各变量之间才有上述式①和式②关系。当出现产量的非线性收益或成本时(如因市场约束和价格折扣而产生的价格随销量的增加而下降,因扩大规模产生的单位可变成本随产量增加而下降等),仍可由"总收益=总成本"求解盈亏平衡点产量,也可由"利润=总收益-总成本"求解利润量或目标利润下的产量,但不能直接套用上述式①和式②。

2. 经济批量模型

企业在生产经营中不可避免地要存储一定量的物资，如原材料的存储，产成品、在制品的存储等。但存储量为多少最合适是一个很难确定的问题。存储太少，会造成停工待料，影响生产的正常进行，或错过销售时机造成损失；存储太多，又会造成物资积压，流动资金占用过多，影响资金周转速度，甚至会引起物资损坏变质或过时销售不出去。因此，通过定量方法来确定物资的最经济、最合理的存储数量和订购时间是比较科学的，这种方法就是存储论。以下介绍存储论中最常用的经济批量模型。

经济批量是指物资的订购费用和存储费用之和最小时所对应的订货批量。这里提出了两种费用：订购费和存储费。一般而言，为了节约订购费，应减少订购次数，提高每次订购数量，加大库存量。但为了节约存储费，又应增加订购次数，减少每次订购数量，压缩库存量，这是相矛盾的两种费用（见图 4－2）。

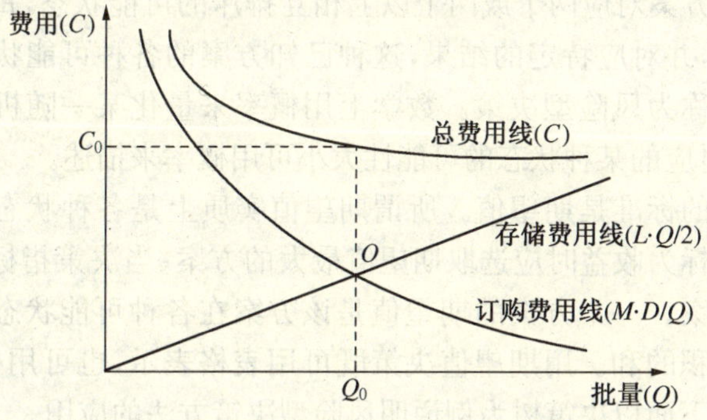

图 4－2

从 4－2 图中可以看出，存储费与订购费随批量增加分别向相反方向增减，但总会相交于 O 点；总费用是这两项费用之和，其最低点必定在 O 点的正上方，说明总费用为最低时，存储费与订购费正好相等，所对应的横坐标 Q_0 就是经济批量。由此引出经济批量存储模型。

$$Q_0 = \sqrt{\frac{2DM}{L}};C_0 = \sqrt{2DLM};n_0 = \sqrt{\frac{DL}{2M}};t_0 = \sqrt{\frac{2M}{DL}}$$

式中，Q_0——经济批量；

C_0——最小费用；

n_0——最佳订购次数；

t_0——最佳订购间隔期；

D——物资全年需要量；

M——每次订购费用；

L——单位物资年存储费用。

例：某工厂每年物资需要量为 4 500 件，缺货后马上可得到补充，每件物资的年存储费用为2元，每次订购费用为20元，为使存储费用和订购费用之和最小，要求：① 每次订购批量是多少？② 最小费用是多少；③ 分几次订购？④ 订购间隔期多长？

解：已知 $D=4\,500$ 件，$L=2$ 元，$M=20$ 元，则

$$Q_0=\sqrt{\frac{2DM}{L}}=\sqrt{\frac{2\times 4\,500\times 20}{2}}=300(\text{件 / 批})$$

$$C_0=\sqrt{2DLM}=\sqrt{2\times 4\,500\times 2\times 20}=600(\text{元 / 批})$$

$$n_0=\sqrt{\frac{DL}{2M}}=\sqrt{\frac{4\,500\times 2}{2\times 20}}=15(\text{次 / 年})$$

$$t_0=\sqrt{\frac{2M}{DL}}=\sqrt{\frac{2\times 20}{4\,500\times 2}}=0.067(\text{年})=24(\text{天})$$

（二）风险型决策方法

当一个决策方案对应两个或两个以上相互排斥的可能状态，每一种状态都以一定的可能性出现，并对应特定的结果，这种已知方案的各种可能状态及其发生的可能性大小的决策称为风险型决策。数学上用概率来量化某一随机事件发生的可能性，即决策方案对应的某种状态的可能性大小可用概率来描述。

风险型决策的标准是期望值。所谓期望值实质上是各种状态下加权性质的平均值。当决策指标为收益时应选取期望值最大的方案；当决策指标为成本时应选取期望值最小的方案。一个方案的期望值是该方案在各种可能状态下的损益值与其对应的概率的乘积的和。用期望值决策既可用表格表示，也可用树状图表示，后者称为决策树法。下面以决策树为例说明风险型决策方法的应用。

决策树是由决策结点、方案枝、状态结点和概率枝4个要素组成的树状图，如图4-3。它以决策结点为出发点，引出若干方案枝；每个方案枝的末端是一个状态结点，状态结点后引出若干概率枝；每一概率枝代表一种状态。这样自左而右层层展开便得到形如树状的决策树。

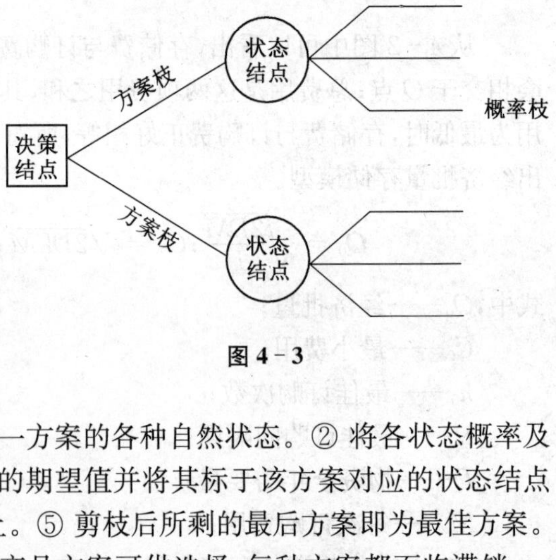

图 4-3

决策树法的决策程序如下：① 绘制树形图。图形自左至右层层展开，根据已知条件排列出各方案和每一方案的各种自然状态。② 将各状态概率及损益值标于概率枝上。③ 计算各方案的期望值并将其标于该方案对应的状态结点上。④ 进行剪枝，用"\\"标于方案枝上。⑤ 剪枝后所剩的最后方案即为最佳方案。

例如某企业在下年度有甲、乙两种产品方案可供选择，每种方案都面临滞销、一般和畅销3种市场状态，各种状态的概率和损益值如表4-4所示。

表 4-4 各方案损益值表 单位:万元

损益值 市场状态 / 概率 / 方案	滞销	一般	畅销
概率	0.2	0.3	0.5
甲	20	60	100
乙	0	80	150

根据所给条件绘制决策树并将表 4-4 所给数据填入决策树中,经计算和剪枝便得到如图 4-4 所示的决策树。

(三)不确定型决策方法

在风险型决策中,概率是计算期望值的必要条件,因而也是按期望值标准进行方案选择的必要条件。但在现实经济活动中经常很难知道某种状态发生的客观概率,因此也就无法根据期望值标准进行方案选择。这时如何进行方案选择主要依赖于决策者对待风险的态度。

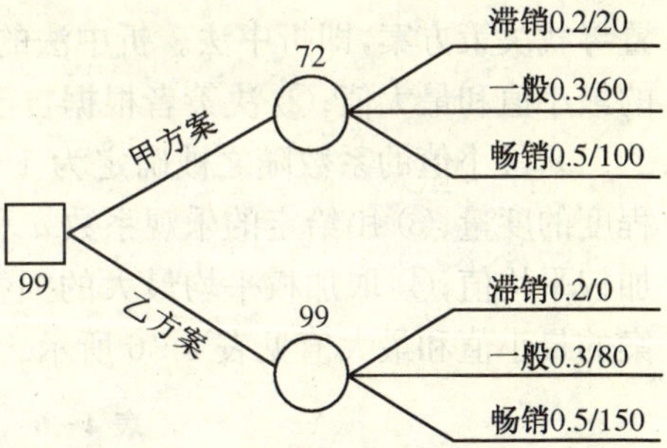

图 4-4

1. 乐观法(大中取大法)

乐观法指愿承担风险的决策者在方案取舍时以各方案在各种状态下的最大损益值为标准(即假定各方案最有利的状态发生),在各方案的最大损益值中取最大者对应的方案。如果企业拟开发新产品,有 3 种设计方案可供选择。因不同的设计方案的制造成本、产品性能各不相同,在不同的市场状态下的损益值也各异。有关资料如表 4-5 所示(损益值数据只为说明问题,不考虑单位)。

表 4-5 各方案损益值表 单位:万元

损益值 市场状态 / 设计方案	畅销	一般	滞销	最大值
Ⅰ	50	40	10	50
Ⅱ	80	50	0	80
Ⅲ	100	35	−20	100

在不知道各种状态的概率时,用乐观法选择方案过程如下:

① 在各方案的损益中找出最大者;② 在所有方案的最大损益值找最大者,max{50 80 100}=100,它所对应的方案Ⅲ就是用该法选出的方案。

2. 悲观法(小中取大法)

与乐观法相反,悲观法的决策者在进行方案取舍时以每个方案在各种状态下的最小值为标准(即假定每个方案最不利的状态发生),再从各方案的最小值中取最大者对应的方案。仍以表 4-5 的资料为例,用悲观法决策时先找出各方案在各种状态下的最小值,即{10,0,−20},然后再从中选取最大值:max{10,0,−20}=10,对应的方案Ⅰ即为用悲观法选取的决策方案。该方案能保证在最坏情况下获得不低于 10 单位的收益,而其他方案则无此保证。

3. 折中法

悲观法和乐观法都是以各方案不同状态下的最大或最小极端值为标准。但多数场合下决策者既非完全的保守者,亦非极端冒险者,而是介于两个极端的某一位置寻找决策方案,即折中法。折中法的决策步骤如下:① 找出各方案在所有状态中的最小值和最大值;② 决策者根据自己的风险偏好程度给定最大值一个系数 α($0<\alpha<1$),最小值的系数随之被确定为 $1-\alpha$,α 也叫乐观系数,是决策者冒险(或保守)程度的度量;③ 用给定的乐观系数 α 和对应的各方案最大最小损益值计算各方案的加权平均值;④ 取加权平均最大的损益值对应的方案为所选方案。仍以上例,各方案的最小值和最大值见表 4-6 所示。

表 4-6 平均收益值比较表

方案	max	min	加权平均值(α=0.75)
Ⅰ	50	10	40
Ⅱ	80	0	60
Ⅲ	100	−20	70

设决策者给定最大值系数 $\alpha=0.75$,最小值系数即为 0.25,各方案的加权平均值如下:

Ⅰ:$10\times0.25+50\times0.75=40$

Ⅱ:$0\times0.25+80\times0.75=60$

Ⅲ:$(-20)\times0.25+100\times0.75=70$

取加权平均值最大者:max{40,60,70}=70,对应的方案Ⅲ即为最大值系数 $\alpha=0.75$ 时的折中法方案。

用折中法选择方案的结果取决于反映决策者风险偏好程度的乐观系数的确定。上例中如 α 取 0.2,$1-\alpha=0.8$,方案的选择结果是Ⅰ而非Ⅲ。当 $\alpha=0$ 时,结果与悲观法相同;当 $\alpha=1$ 时,结果与乐观法相同。这样,悲观法与乐观法便成为折中法的两个特例。

4. 后悔值法

后悔值法是用后悔值标准选择方案的方法。所谓后悔值是指在某种状态下因选择某方案而未选择该状态下的最佳方案而少得的收益值。如在某种状态下某方案的损益值为100,而该状态下诸方案中最大损益值为150,则因选择该方案要比最佳方案少收益50,即后悔值为50。用后悔值法进行方案选择的步骤如下:① 计算损益值的后悔值矩阵。方法是用各状态下的最大损益值分别减去该状态下所有方案的损益值,从而得到对应的后悔值。② 从各方案中选取最大后悔值。③ 在已选出的最大后悔值中选取最小者,对应的方案即为用最小后悔值法选取的方案。仍以上例资料,其后悔值矩阵如表4-7所示。

表4-7 最大后悔值比较表

市场状态 / 后悔值 / 方案	畅销	一般	滞销	最大值
Ⅰ	50	10	0	50
Ⅱ	20	0	10	20
Ⅲ	0	15	30	30

各方案的最大后悔值为{50,20,30},取其最小值min{50,20,30}=20,对应的方案Ⅱ即为用最小后悔原则选取的方案。

5. 莱普勒斯法

当无法确定某种自然状态发生的可能性大小且无法确定其顺序时,可以假定每一自然状态具有相等的概率,并以此计算各方案的期望值,并以此为标准进行方案选择,这种方法就是莱普勒斯法。由于假定各种状态的概率相等,莱普勒斯法实质上是简单算术平均法。以上例,各方案有3种状态,因此每种状态的概率为1/3,各方案的平均值为:

Ⅰ: $50\times\frac{1}{3}+40\times\frac{1}{3}+10\times\frac{1}{3}=\frac{100}{3}$

Ⅱ: $80\times\frac{1}{3}+50\times\frac{1}{3}+0\times\frac{1}{3}=\frac{130}{3}$

Ⅲ: $100\times\frac{1}{3}+35\times\frac{1}{3}+(-20)\times\frac{1}{3}=\frac{115}{3}$

$\max\left\{\frac{110}{3},\frac{130}{3},\frac{115}{3}\right\}=\frac{130}{3}$

故应选Ⅱ。

本章小结

本章主要阐述管理决策职能的含义、特征、类型、科学决策的原则、程序以及各种定性、定量决策的基本方法。

决策,是指为了达到一定的目标,从两个以上的可行方案中选择一个合理方案的分析判断过程。决策具有超前性、目标性、选择性、可行性、过程性、科学性的特征。决策根据其解决问题的性质和内容不同,可分成许多类型:按决策的层次划分,可分为战略决策、管理决策和业务决策;按决策事件发生的频率划分,可分为程序化决策和非程序化决策;按决策的分析方法划分,可分为确定型、风险型和不确定型 3 种;按决策的时间跨度划分,可分为长期决策与短期决策。

科学决策的原则包括:① 满意原则;② 层级原则;③ 集体和个人相结合的原则;④ 整体效用的原则;⑤ 可执行性原则;⑥ 定性分析与定量分析相结合的原则。

科学决策的程序是:① 确定决策目标;② 拟订备选方案;③ 评价备选方案;④ 选择方案。

定性决策方法是决策者根据所掌握的信息,通过对事物运动规律的分析,在把握事物内在本质联系基础上进行决策的方法。定性决策方法主要有下述几种:头脑风暴法、特尔菲法、哥顿法。定量决策方法是利用数学模型进行优选决策方案的决策方法,定量决策方法主要有确定型决策、风险型决策和不确定型决策 3 种方法。

课堂案例讨论

铱星的悲剧

2000 年 3 月 18 日,两年前曾耗资 50 多亿美元建造 66 颗低轨卫星系统的美国铱星公司,背负着 40 多亿美元的债务宣告破产。铱星所创造的科技神话及其在移动通信领域的里程碑意义,使我们在惜别铱星的时刻猛然警醒:电信产业的巨额投资往往使某种技术成为赌注,技术的前沿性固然非常重要,但决定赌注胜负的关键却是市场。

铱星的悲剧告诉我们,技术不能代替市场,决策失误导致铱星陨落。

铱星代表未来通信发展的方向,但仅凭技术优势并不能保证市场的胜利。"他们在错误的时间,错误的市场,投入了错误的产品。"这是业界权威对铱星陨落的评价。

第一,技术选择失误。铱星系统技术上的先进性在目前的卫星通信系统中处于领先地位。但这一系统风险大,成本过高,维护成本相当高。

第二,市场定位错误。谁也不能否认铱星的高科技含量,但用 66 颗高技术卫星编织起来的世纪末科技神话在商用之初却把自己的位置定在了"喷族科技"上。铱星手机价格每部高达 3 000 美元,加上高昂的通话费用,使得通信公司运营最基础的前提——用户发展数目远低于其预想。在开业的前两个季度,铱星在全球只发展了 1 万个用户,而根据铱星方面的预计,初期仅在中国市场就要达到 10 万个用户,这使得铱星公司前两个季度的亏损即达 10 亿美元。尽管铱星手机后来降低了收费,但仍未能扭转颓势。

第三,决策失误。有专家认为,铱星系统在 1998 年 11 月投入商业服务的决定是"毁灭性的"。受投资方及签订的合约所限,在系统本身不完善的情况下,铱星系统迫于时间表的压力而匆匆投入商用,差劲的服务给用户留下的第一印象对于铱星公司来说是灾难性的。因此,到铱星公司宣布破产保护时为止,铱星公司的客户还只有2万多个,而该公司要实现盈利至少需要65万个用户,每年光维护费就要几亿美元。

第四,销售渠道不畅。铱星系统投入商业运营时未能向零售商们供应铱星电话机;有需求而不能及时得到满足,这也损失了不少用户。

第五,作为一个全球性的个人卫星通信系统,理论上它应该是在全球通信市场开放的情况下,由一个经营者在全球统一负责经营,而事实上这是根本不现实的。

由于以上这些原因造成了铱星的债务累累,入不敷出。

分析讨论

结合铱星公司破产的案例,谈谈你对企业决策重要性的认识和体会。

国外某石油公司的决策

国外某石油公司,为了从能源危机中获取巨额利润,对试图从油母叶岩中提取石油制品这一事件进行决策。从目前国际形势看,石油价格可能有4种变动状态:① 价格下降,低于现价(低价);② 价格上涨,高于现价(高价);③ 现价不变;④ 出现"禁运",价格猛涨(禁运)。根据上述情况分析,公司提出在未来10年时间内开发油母叶岩的3种策略:① 研究:集中力量研究该油的炼油过程,以降低成本;② 边研究,边开发:两者结合,但开发仍按现有工艺进行,会有亏损;③ 应急开发计划:按现有工艺尽快开发,风险更大。各方案的损益值见表4-8。

表4-8 损益表　　单位:100万元

方案 / 损益值 / 状态	研究	边研究,边开发	应急开发计划
低价	−50	−150	−500
现价	0	−50	−200
高价	50	100	0
禁运	55	150	500

分析讨论

1. 请分别按不确定型决策的5种准则作出方案选择。
2. 以你自己的个人价值观来进行决策,你会选取哪一方案?为什么?
3. 你如何看待决策中的风险性问题?

✍本章自测题

一、名词解释

1. 决策
2. 决策目标
3. 程序化决策
4. 非程序化决策
5. 决策的定性分析
6. 决策的定量分析
7. 特尔菲法

二、选择题

1. 决策的特征是(　　)。

A. 超前性　B. 目标性
C. 选择性　D. 可行性
E. 过程性　F. 科学性

2. 按决策分析方法划分,可分为(　　)决策。

A. 战略　B. 确定型
C. 风险型　D. 不确定型
E. 管理

3. 科学决策的原则有(　　)。

A. 满意原则　B. 层级原则
C. 集体和个人相结合的原则　D. 整体效用和可执行性原则
E. 定性分析与定量分析相结合的原则

4. 定性决策方法有(　　)。

A. 头脑风暴法　B. 盈亏平衡点法
C. 特尔菲法　D. 哥顿法
E. 经济批量模型

5. 不确定型决策方法有(　　)。

A. 乐观法　B. 悲观法
C. 折中法　D. 后悔值法
E. 莱普勒斯法

三、问答题

1. 试述决策的特征及其在管理中的重要性。
2. 决策方法有多少种?
3. 决策应遵循哪些基本原则?
4. 决策程序包括哪些步骤?

5. 试述“制订决策是主管人员的首要工作”。

6. 为什么说决策必须遵循一定的科学程序?

四、计算题

1. 某公司生产某产品的固定成本为100万元,单位产品可变成本为1 200元,单位产品售价为1 600元。试用盈亏平衡点法确定其产量。

2. 某市常住居民55万户,抽选100户进行食糖需求量调查,得知样本平均每户需求量为6 000 g,样本标准差为4。根据上述资料,要求:

(1) 用单纯随机抽样方式的重复抽样公式计算抽样误差。

(2) 若置信度为95%,试估计样本置信区间,并推断全市食糖需求量的置信区间。

3. 某县城常住居民12万户,抽选2 400户进行洗衣机预期购买调查,得知样本下年度打算购买洗衣机为120台,要求:

(1) 用单纯随机抽样方式的重复抽样公式,计算下年度每百户预期购买率的抽样误差。

(2) 若置信度为95%,试估计样本每百户预期购买率的置信区间,并推断全县城预期新增购买量置信区间。

4. 某商场电视机销售量历史资料如下:

年份	2003	2004	2005	2006
销售量(台)	1 310	1 464	1 610	1 767

试用最小平方法拟合直线方程,预测该商场2007年电视机的销售量。(要求列出参数计算表)

5. 某商场销售额历史资料如下:

年份	2000	2001	2002	2003	2004	2005	2006
销售额(万元)	4 923	5 811	7 171	8 248	8 902	9 860	10 800

试用最小平方法拟合直线方程,预测该商场2007年销售额。(要求列出参数计算表)

第五章 计 划

学习目的与要求

本章主要介绍计划职能的含义及重要性、计划的主要类型、常用计划编制方法以及目标管理。

本章学习要求：

(1) 掌握计划职能的含义，理解其重要性。

(2) 了解计划的不同类型。

(3) 了解编制计划的方法。

(4) 理解目标管理的含义和基本方法。

本章框架结构图

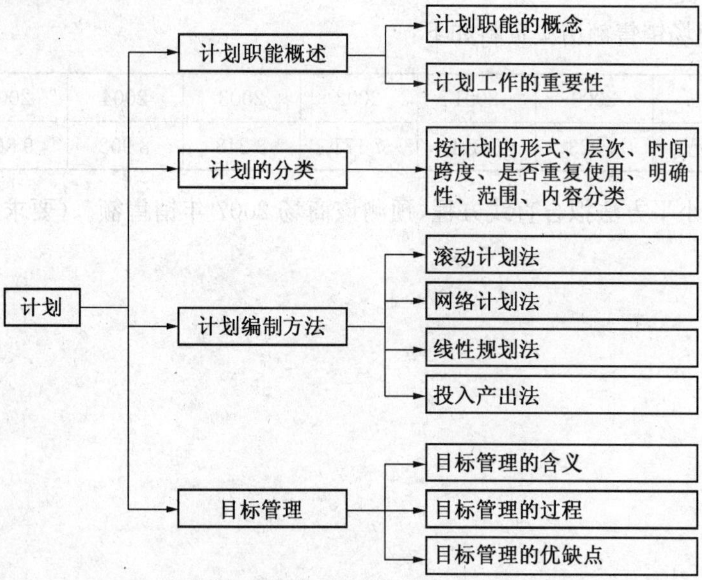

第一节　计划职能的重要性

一、计划职能概念

从广义上讲，计划职能包括决策职能。本书将决策从计划职能中分离出来作为管理的首要职能，在第四章单独做了论述。本章所讨论的计划职能是从狭义来讲的。

计划职能是指制订计划，即根据组织内外部的实际情况，权衡客观的需要和主观的可能，通过科学的预测，提出在未来一定时期内组织所需达到的具体目标以及实现目标的方法。

计划职能内容可用“5W1H”来表示，即：① 决定应该做什么（What to do）？即明确组织未来活动的内容及要求。② 讨论为什么要做（Why to do it）？即明确制订计划的原因及目的。③ 决定何时做（When to do it）？即规定各项工作的开始和完成时间。④ 决定何地做（Where to do it）？即规定组织活动实施地点。⑤ 决定谁去做（Who to do it）？即规定由哪些部门和人员负责实施计划。⑥ 决定如何做（How to do it）？即制订实现计划的手段和措施。

同时，计划还应包括控制标准和考核指标的制订等。

二、计划工作的重要性

计划工作的重要性可以概括为以下 4 个方面：

（一）目的性

所有组织活动都应该有助于实现组织的目标。计划工作就是确立组织的目标，从而使今后的组织行动集中于目标，并预测和确定哪些行动有利于达到目标，哪些行动不利于达到目标，从而指导未来的组织活动朝着实现其目标的方向前进。没有计划的行动是盲目的行动。

（二）主导性

由于计划、组织、人事、领导和控制等方面的活动都是为了支持实现组织的目标，因此，计划职能在管理职能中居于首要地位。管理者必须首先制订计划，明确组织的目标，然后他们才能知道需要什么样的组织结构和人员，按照什么方法去领导下属，以及采用什么方法进行控制。因此，要使所有的其他管理职能发挥效用，理所应当必须制订计划。图 5－1 表明了计划工作为何在管理职能中居于首要地位。

（三）普遍性

虽然各级管理人员的职责和权限各有不同，但是他们工作中始终包含计划工作，也就是说，计划工作在各级管理人员的工作中是普遍存在的。区别在于，高层管

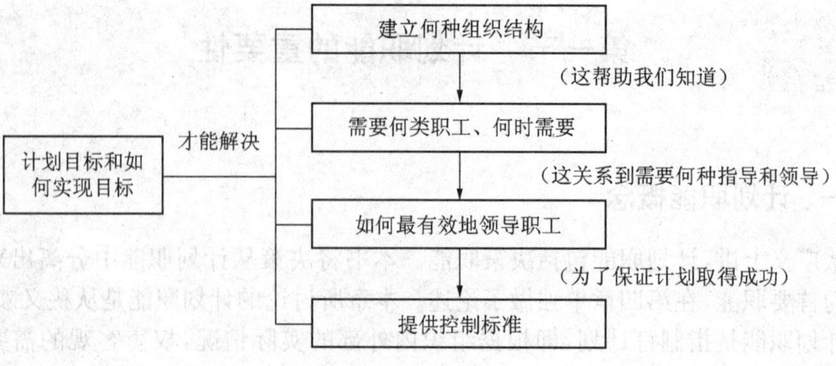

图 5－1

理人员负责制订战略性计划，中低层管理人员负责制订战术性计划或作业计划。授予下级某些制订计划的权力，有助于调动下级的积极性，这对于顺利完成计划、实现组织目标是大有益处的。

（四）效率性

我们衡量一个计划的效率是看这个计划对实现组织目的和目标所做的贡献。这里的贡献是指扣除制订和执行计划所需要的费用和其他代价后的总额。如果一个计划能够达到目标，但在计划的实现过程中付出了太高代价或不必要的代价，那么这个计划的效率就是很低的。如果某项计划以合理的代价实现了目标，这样的计划就是有效率的。在衡量代价时，不仅用时间、金钱或者生产来衡量，而且还要考虑个人和集体的满意度。

许多主管人员制订了费用大于所能获得收入的计划。例如，一家航空公司可能以费用超过收入的代价购买某种飞机。如果计划让一个组织内很多人不满，计划甚至不可能实现目标。例如，一家亏损公司的新任总经理企图通过成批裁减重要员工，达到改组公司和迅速削减成本的目标。结果导致员工的担忧、怨恨和失去人心，生产率大大降低。最后，这位新任总经理扭亏为盈的目标反而以失败告终。

第二节　计划的分类

一、按计划的形式分类

（一）宗旨

宗旨表明了社会赋予组织的基本职能和基本使命，它说明组织是干什么的，应该干什么。所以,不同性质的组织有不同的宗旨。

(二) 目标

目标是宗旨的具体化,是活动所要达到的结果。它不仅是计划的终点,也是组织、人员配备、领导和指导以及控制等活动所要达到的结果。目标常常是由一系列的指标所组成的,并形成相互关联的目标网络,这构成了计划的核心内容。所以说,目标是计划的重要表现形式。

(三) 策略

策略确定一个组织基本的长远目标,以及为实现这些目标所必须采用的行动过程和资源分配方案。它为实现宗旨和目标服务,同时又为政策和规划的确定提供一些基本原则。

(四) 政策

政策是表现在计划之中的文字说明或协商一致的意见,用于指导或沟通决策过程中的思想或行动。它是组织制订的在管理中处理各种具体问题的一般规定,政策的制订和执行保证了对同类问题处理的一致性,有助于提高解决问题的程序性,有助于在控制全局的同时下放权力。

(五) 程序

程序是组织制订的未来活动的例行方法或行动步骤,其作用不是指导如何考虑问题,而是指导如何行动;它详细规定了完成某项活动的准确方式,其实质就是对所要进行的行动规定时间顺序。程序的设置是保证组织活动协调一致和有效控制组织的重要条件,是提高管理规范水平的重要方法。

(六) 规则

规则是组织规定的指导成员行动的是非标准,它要求根据各种具体情况采取或不采取某个特殊的或特定的行动,它与指导行动的程序有关,但不规定时间顺序。

(七) 规划

规划是由宗旨、目标、策略、政策、程序、规则以及任务分配、行动步骤、资源配置等构成的复合体,是计划的综合反映。规划包括了组织的各种计划,构成了相互协调、整体一致的计划网络,是计划的主要表现形式。

(八) 预算

预算是用数字来表示预期结果的一种报告书,它以数字形式来表现计划中投入与产出的数量、时间、方向等。简单地说,预算就是数字化的计划。同时,预算也是检查计划、实行控制的重要手段。因而,通过预算可以考核管理工作的成效及对目标的偏离程度,从而实现有效的控制。

二、按计划的层次分类

(一) 战略计划

战略计划是为整个组织设立总体目标、明确组织定位的计划。它由高层管理者负责制订,体现了组织在未来一段时间内总的战略构想和总的发展目标及其实施途径。战略计划具有长远性、全局性、指导性,它决定了在相当长的时间内组织资源的运用方向,涉及组织的各个方面,并在较长时间内发挥其指导作用。

(二) 行动计划

行动计划是在战略计划所规定的方向、方针、政策框架内,确保战略目标的落实和实现、确保资源的取得和有效运用的具体计划。它主要描述如何实现组织的整体目标,是战略计划的具体化或战略计划的实施计划。

三、按计划的时间跨度分类

按计划的时间跨度,可以把计划分为长期计划、中期计划和短期计划。

(一) 长期计划

长期计划的一个时间跨度至少在 5 年以上,通常在 10～20 年。有些组织规模很大,面临的问题比较复杂,其长期计划的时间跨度就更大。长期计划从属于组织战略,是长期战略计划的组成部分。战略计划在于从总的方面去阐述一个组织应如何去完成自己的目标;而长期计划则是这些长远的重大战略决策的具体化,并通过长期计划的执行和检查来保证其实现。对一个企业而言,长期计划的内容一般包括:① 企业的产品发展方向;② 企业生产经营业务的发展规模;③ 技术的发展趋势和水平;④ 主要经济技术指标的发展水平;⑤ 研究和开发计划;⑥ 职工教育培训计划;⑦ 员工工薪收入和福利计划;⑧ 针对其他重要问题的专项计划。

(二) 中期计划

中期计划的时间跨度一般在 1～5 年。中期计划通常是长期计划的组成部分,与组织的中层和基层管理人员的工作有更多的直接关系,一般比较稳定,实施过程中变化较小。策略计划大多属于中期计划。由于长期计划的时间跨度长,容易受环境因素变化的影响,因而许多公司往往把制订计划的重点放在中期计划方面。

(三) 短期计划

短期计划的时间跨度通常在一年及一年以下,包括季度和月度计划。短期计划依据中、长期计划的目标和要求,结合计划期内的实际情况而制定,是中、长期计划的具体化。与中、长期计划相比,短期计划对管理人员的日常工作有更大的影响,特别是在外部环境发生动荡和快速变化的形势下,人们往往会把更大的注意力集中在短期计划上。对一个企业而言,短期计划一般包括经营计划和适应性计划。经营计划是指导企业日常运行的计划，是为长期的生产经营计划服务的。适应性计划是为了应付未预料到的环境因素的变化而做出的计划。环境因素的变化可能对企业有利，也可能产生不利影响。适应性计划要根据变化了的情况提出相应的对策。

四、按计划是否重复使用分类：常用计划和一次性计划

常用计划是为重复性行为制订的计划，是在一段时期内可以重复多次地使用的计划，其内容包括政策、标准操作程序、规章制度等。一次性计划是为完成某一特殊目的而制订的计划，是从事某项任务的具体计划，其内容有方案、设想、项目计划等。

五、按计划的明确性分类

（一）具体计划

具体计划明确规定了指标，没有模棱两可、容易引起误解的地方。比如，某公司利润增长的具体计划可表示为：在未来的一年里，成本要降低 5%，销售额要增加 6%。这说明具体计划规定了为实现目标而进行的各项活动及活动的进度安排。

（二）指导性计划

指导性计划只规定一般的方针，指出重点，但不为管理者限定具体的目标或特定的行动方案。比如，某公司利润增长的指导性计划可表示为：在未来的一年里，利润增加 5%～8%。这表明指导性计划具有内在的灵活性。

六、按计划的范围分类

（一）专题计划

专题计划又叫专项计划，是指为完成某一特定任务而拟定的计划。例如，基本建设计划、新产品开发计划等。

（二）综合计划

综合计划是指对组织活动所做出的整体安排。它与专项计划之间是整体与局部的关系，专项计划是综合计划中某些重要项目的特殊安排。

七、按计划的内容分类

（一）业务计划

业务计划是组织的主要计划。因为组织是通过一定业务活动立身于社会的。其中：长期业务计划主要涉及业务方向的调整或业务规模的发展；短期业务计划则主要涉及业务活动的具体安排。

（二）人事计划

人事计划是围绕业务计划而展开的。主要是分析如何为业务规模的维持或扩

展提供人力资源保证。其中：长期人事计划主要是研究如何保证组织的发展，提高员工的素质，储备必要的人力资源；短期人事计划则主要研究如何将不同素质和特点的组织成员安排在不同的岗位上。

（三）财务计划

财务计划也是围绕业务计划而展开的。它研究如何从资金的提供和利用上促进业务活动的有效进行。其中：长期财务计划主要是为了满足业务规模发展和资本增大的需要，如何建立新的融资渠道或选择不同的融资方式；短期财务计划则要研究如何保证资金的供应或如何监督这些资金的利用效果。

第三节 编制计划的方法

计划工作的效率高低和质量好坏，很大程度上取决于编制计划的方法。传统的计划方法是综合平衡法，现在已难以适应组织所面对的复杂多变的外部环境。现代计划方法大量采用数学、计算机科学的成果，如线性规划、非线性规划、概率论和数理统计、网络计划法等，不仅大大提高了计划工作的质量，而且大大加快了计划工作的进度。下面主要介绍几种基本的计划编制方法。

一、滚动计划法

滚动计划法是一种定期修订未来计划的方法。这种计划是根据计划的执行情况和环境变化情况定期修订计划，并逐期向前推移，使短期计划、中期计划和长期计划有机地结合起来。由于这种方法在每次编制和修订时，都要根据前期计划执行情况和客观条件的变化，将计划向前延伸一段时间，使计划不断滚动、延伸，所以称为滚动计划。例如，五年计划规定每年编制一次，每次向前滚动一年；年度计划规定每季(或半年)编制一次，每次向前滚动一季。五年计划滚动编制的程序示意图如图5-2。

二、网络计划法

网络计划即计划评审技术，又叫关键路线法，在我国也称统筹法。它是利用网络理论制订计划，并对计划进行评价、审定的技术方法。

这种技术起源于美国，后来在世界各国得到广泛应用。我国在20世纪60年代初开始使用网络计划技术。应用这种方法可以对生产过程和工程项目进行组织、计划和控制，合理安排和有效利用资源，以最少的时间和资源消耗实现预期目标的科学管理方法。

这种方法的基本原理是利用网络图表示计划任务中各项工作之间的相互关系

及时间进度，然后通过网络时间的计算确定关键路线，并利用时差进行网络图的优化，以不断改善计划，最终求得工期、成本与资源的最优化方案。网络计划技术适用于一次性的大规模工程项目，如建筑工程、船舶制造、宇航工程等以及新产品试制、机器设备大修理方面，对生产周期较长的单件小批生产类型也能取得良好的效果。

对于一个生产或工程项目的管理者而言，掌握和控制关键路线是网络计划技术的精华，找到了关键路线就抓住了任务的重点和主要矛盾，只要设法缩短关键路线的时间，或将非关键路线上各工序富余的人力、物力、财力、时间抽出来支援关键路线，就能使整个工期时间缩短，提前完成任务。

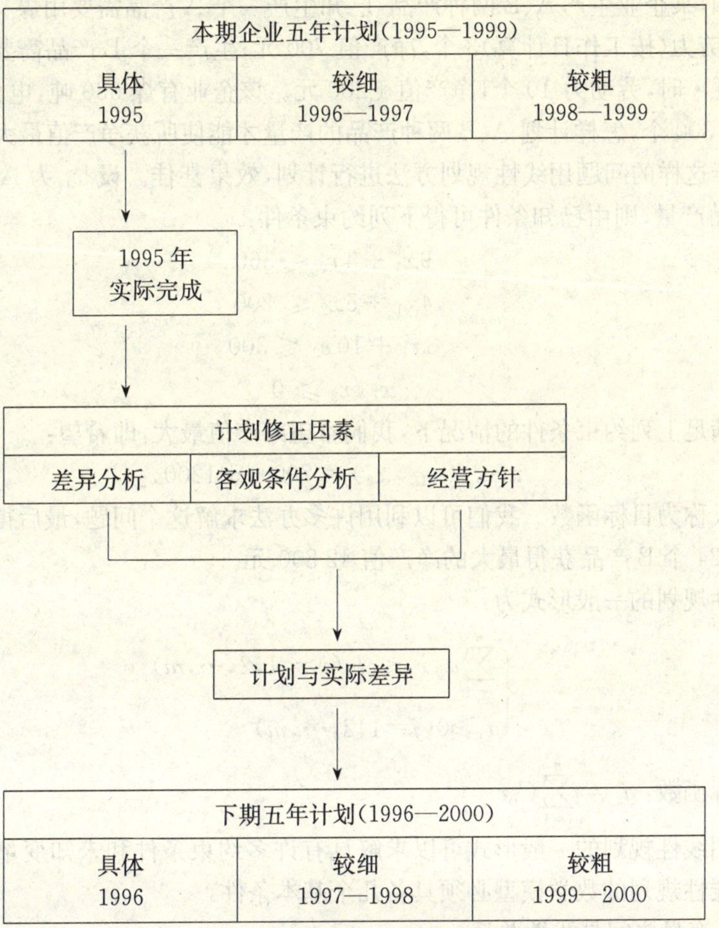

图 5-2 五年计划滚动编制程序图

三、线性规划法

为了不断提高企业的经济效益，企业在编制经营计划时必须解决两个问题：一是当计划任务已经确定，如何统筹安排，尽量做到以最少的资源去完成任务；二是在资源有一定限制时，如何合理使用与分配资源，使得完成的计划任务最多。这就需要运用线性规划方法。

线性规划是一种较新的计划方法。1939 年，前苏联经济数学家康脱诺维奇首先提出用线性规划的方法进行经济计划工作，后来经许多科学家的继续研究，目前它已经成为一种相当成熟的计划方法。线性规划主要解决两类问题：一类是最大化问题，即在有限的资源条件下，如何使效果最好或完成的工作最多；另一类是最小化问题，即在工作任务确定的情况下，怎样使各种消耗减至最小。简而言之，所谓线性规划是解决某个问题的整体效益最优的问题。

例如，某企业生产 A、B 两种产品，已知生产一个 A 产品需要用煤 9 吨，电力 4 千瓦·时，劳力(按工作日计算)3 个，净产值 700 元；生产一个 B 产品需要用煤 4 吨，电力 5 千瓦·时，劳动力 10 个，净产值 1 200 元。该企业有煤 360 吨，电力 200 千瓦·时，劳力 300 个，怎样计划 A、B 两种产品的产量才能使所获净产值最大？

对于这样的问题用线性规划方法进行计划，效果甚佳。设 x_1 为 A 产品产量，x_2 为 B 产品产量，则由已知条件可得下列约束条件：

$$9x_1 + 4x_2 \leqslant 360$$
$$4x_1 + 5x_2 \leqslant 200$$
$$3x_1 + 10x_2 \leqslant 300$$
$$x_1, x_2 \geqslant 0$$

在满足上列约束条件的情况下，我们希望净产值最大，即希望：

$$\max f(x_1 \quad x_2) = 700x_1 + 1200x_2$$

上式称为目标函数。我们可以利用许多办法求解这个问题，最后得到生产 20 个 A 产品、24 个 B 产品获得最大的净产值 42 800 元。

线性规划的一般形式为：

$$\begin{cases} \sum_{j=1}^{n} a_{ij} x_j \leqslant b_i (i = 1, 2, \cdots, m) \\ x_j \geqslant 0 (j = 1, 2, \cdots, m) \end{cases}$$

目标函数：$f = \sum_{j=1}^{n} C_j x_j$

利用线性规划的一般形式可以求解具有许多约束条件和未知变量的优化问题。但建立线性规划的数学模型必须具备几个基本条件：

(1) 变量之间是线性关系。

(2) 问题的目标可以用数字来表达。

(3) 问题中应存在着能够达到目标的多种方案。

(4) 达到目标是在一定的约束条件下实现的，并且这些条件能用不等式加以描述。

具备上述条件的情况到处存在，从科学研究到工业、农业、商业、交通以及军事计划等方面，都有大量的问题可以利用线性规划方法使之最优化。

四、投入产出法

投入产出法是由美籍俄国经济学家沃西里·里昂惕夫在 1936 年首先提出来的，后来他又在这方面做了大量工作。由于他的突出贡献，1973 年他荣获了诺贝尔经济学奖。目前已有一百多个国家采用投入产出法进行经济方面的研究。我国从 1973 年以后正式引用投入产出法编制各种计划。

投入产出法是利用高等数学的方法对物质生产部门之间或产品与产品之间的数量依存关系进行科学分析，并对再生产进行综合平衡的一种现代的科学方法。它以最终产品为经济活动的目标，从整个经济系统出发确定达到平衡的条件。它的基本原理是，任何系统的经济活动都包括投入和产出两大部分，投入是指在生产活动中的消耗，产出是指生产活动的结果。在生产活动中投入和产出之间具有一定的数量关系，投入产出法就是利用这种数量关系建立投入产出表，根据投入产出表对投入与产出的关系进行科学分析，再用分析的结果来编制计划并进行综合平衡。对投入产出表进行分析，可以确定整个国民经济或部门、企业经济发展中的各种比例关系，并且能够为制订合理的价格服务。此外，这种分析可以预测某项政策实施后所产生的效果；能够从整个系统的角度编制长期或中期计划，而且易于搞好综合平衡，还可以用此种办法计算出某个在建项目对整个系统的影响。总之，投入产出法是一种实用的科学的计划方法，该方法将在国民经济核算这门课中详细介绍。

第四节 目 标 管 理

目标管理又称成果管理。它由美国著名管理学家德鲁克在 1954 年发表的《管理实践》一书中首先提出。美国通用电气公司最先采用，并且取得了比较明显的效果。其后，在美国、日本、西欧等国家和地区得到迅速推广，被公认为是加强计划管理的一种先进的科学管理方法。

一、目标管理的含义和特征

所谓目标管理是指由某一组织自上而下确定一定时期的管理目标和任务，并自下而上地保证目标实现所进行的一系列组织管理工作的总称。目标管理具有以下特点：第一，始终以计划目标为中心；第二，目标的执行者就是目标的制定者；第三，强调自我管理、自我控制、自我测定、自我评价。

二、目标管理的基本过程

目标管理实际上就是动员全体员工参加目标的制定并保证目标的实现。其过程大体分为以下几个步骤：

（一）建立一套完整的目标体系

目标的确定是目标管理的关键。它一般采取自上而下和自下而上相结合的方式。首先，由组织的最高管理层确定组织在未来一定时期内要达到的总目标。这是目标管理的中心内容。因为任何一项管理活动都是由一个总体目标联系起来的整体，这个总体目标体现了一个组织在一定时期内各项工作的努力方向和管理目的。然后，经过上下协商，制定出与总体目标相一致的下属各部门及个人的分目标。总体目标指导分目标，分目标保证总体目标，组织内部上下左右都有自己的具体目标，从而形成一个完整的目标体系。

（二）组织实施

总体目标和分目标确定之后，主管人员应授权给下级成员，靠执行者的自主管理去实现目标，而主管人员则重点抓总括性管理。目标体系中各分目标的确定是建立在充分考虑每个人的能力的基础上的。所以，在目标管理过程中，上级管理者应对每项目标和每个人的能力持信任的态度，并对下属的工作进行指导、协助、提出问题、提供信息、创造良好的工作环境；而下属部门或人员应独立地进行工作，自行决定完成目标的方法和手段，在目标规定的范围内自主地开展业务。因此，在目标的贯彻实施过程中，应注意做到以下几点：① 根据目标体系的要求，明确各级各部门的协调任务和控制要求；② 明确目标管理的组织系统，加强对各个环节的指导和领导；③ 合理调配和利用所需要的各种资源，为目标管理活动的正常开展创造条件；④ 建立信息反馈系统，完善必不可少的统计工作；⑤ 完善必要的规章制度。

（三）检查结果

在目标实施过程中，应定期检查各项任务的进展情况，以便及时发现问题，采取相应的补救措施。在达到预定期限后，上级管理者必须和有关的下级或人员逐个地全面考核目标的完成情况，将其成果与原定目标进行比较，据此给予奖惩。在这一过程中，应注意做到以下几点：

1. 自检

员工本人对自己所完成的工作进行自检是非常重要的一件事情。因为通过自我测定和评价，可以总结经验教训，具体地找到今后提高自己工作能力、弥补自己不足的关键问题。

2. 商谈

面对员工本人的自检结果，上级管理者必须采取某种形式——商谈，使其找出制定下一步更高目标的依据。

3. 评价

在进行成果评价时，要根据目标的完成程度、目标的复杂程度，以及工作的努力程度，将结果分为A、B、C、D四个等级：达到预期目标以上的为A级；正好完成预期目标的为B级；没有达到预期目标的为C级；结果与目标相反的为D级。

总之，对按期完成目标，成果显著的单位和个人应该予以表彰和奖励，以便鼓舞士气，为搞好下一期目标管理而努力；对没有按期完成目标的单位和个人，给予必要的惩罚。

（四）新的循环

根据对目标实施结果的考核情况，制定下一阶段新的目标体系，开始新的循环。一个目标管理过程的结束，也是另一个目标管理过程的开始。目标管理就是这样一个循环往复的过程，如图5-3所示。

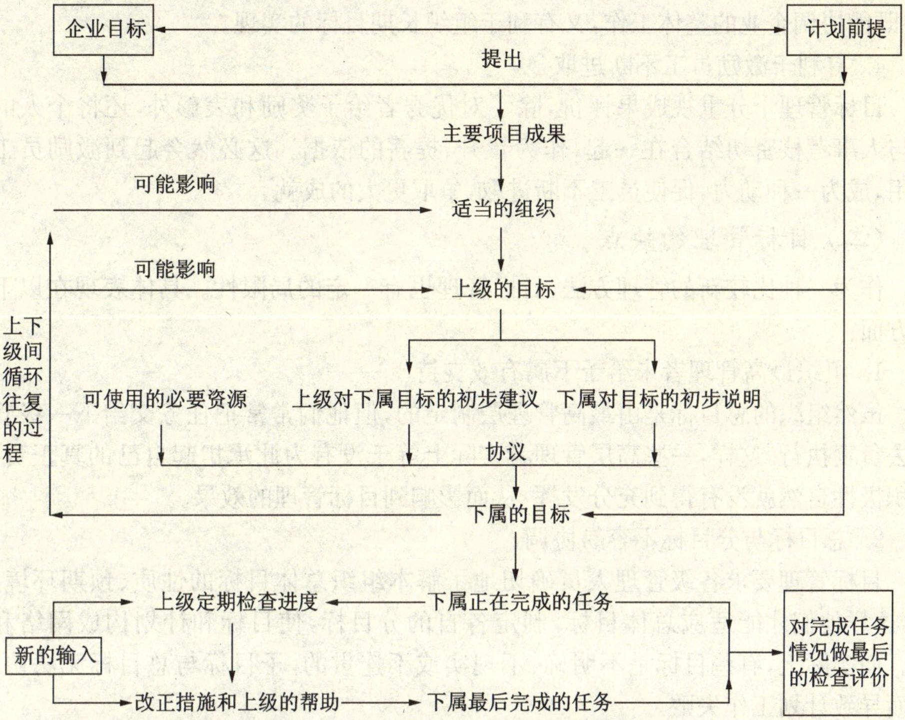

图5-3 目标管理和评价的工作系统图

三、目标管理的优缺点

（一）目标管理的优点

目标管理是一种科学的管理方法。它对激发员工的积极性，协调企业的全部活动有着重要的作用。具体来说，其优点表现在以下几个方面：

1. 有利于充分调动广大员工的积极性

由于在目标管理的过程中能较好地听取大家的意见，并吸收员工参加管理，员工不再只是等待、执行决策，而是有比较明确的职责，再加上较合理的报酬奖励制度，这就形成了一个调动大家积极性的良好环境。

2. 有利于促进组织中上下级之间的沟通和交流

目标管理明确了各类人员的角色，十分重视上下级之间的协商和意见交流，无论是目标的制定、实施，还是实施结果的评价，都不是只靠上级的严格管理和监督，而主要是靠员工独立自主地工作，从而使达到目标的措施有可靠的基础。

3. 有利于各级管理者对下属进行管理

通过目标管理，组织利用其目标体系将全体成员从上到下地严密组织在一起，使每个人的工作都直接或间接地与企业的总体目标联系起来。在目标实施过程中，大家进行自我管理、自我控制，并进行定期检查，及时发现问题，及时进行调整。这样，既能协调企业的整体工作，又有利于组织长期目标的实现。

4. 有利于激励员工不断进取

目标管理十分重视成果评价，除了对优秀者给予奖励和表彰外，还将个人的成果与人事考核密切结合在一起，作为晋升、提薪的依据。这必然会起到激励员工的作用，成为一种动力，促使员工不断进取，争取更大的成就。

（二）目标管理的缺点

作为一种比较新的管理方法，目标管理也有一定的局限性。具体表现在以下几个方面：

1. 组织最高管理者未给予下属有效支持

虽然组织的总目标是由最高管理层制定的，但他们常常把任务交给下一级管理者去负责执行，这样，一些高层管理者实际上等于没有为此承担起自己的真正责任，其积极性自然就没有得到充分发挥，从而影响到目标管理的效果。

2. 总目标与分目标不容易协调

目标管理要求各级管理人员确切地了解本组织总体目标的性质、预期环境、政策，这样他们才能适应总体目标，制定各自的分目标，使目标和计划构成网络和连锁。而实际上，有些目标是不明确、不现实或不连贯的，子目标与总目标无法协调，从而导致计划工作失败。

3. 对员工创造性的影响

为了追求目标的可考核性，目标管理有时会过分地追求数量目标，从而降低了目标的意义，影响员工的创造性。

4. 过于灵活与僵化的倾向

未来存在着许多不确定因素，因此，组织原有目标要随着情况的变化而适当调整。但是如果原定目标经常改变，说明制定者没有经过周密考虑，没有真正把握未来变化的趋势，这样的目标就没有意义，同时会给目标管理带来困难。相反，当预期环境或政策已经发生重大变化，要求放弃既定目标时，如果员工仍追求原有目标，也会给组织带来不利影响。

总之，目标管理是一种有效的管理方法，如果管理者能扬长避短，则能获得较好效果。

本章小结

计划职能指制订计划，即根据组织内外部的实际情况，权衡客观的需要和主观的可能，通过科学的预测，提出在未来一定时期内组织所需达到的具体目标以及实现目标的方法。

计划工作的重要性体现在其目的性、主导性、普遍性、效率性。

按计划的形式可分为宗旨、目标、策略、政策、程序、规则、规划、预算；按计划的层次可分为战略计划、行动计划；按计划的时间跨度可分为长期计划、中期计划和短期计划。

编制计划的主要方法有滚动计划法、网络计划法、线性规划法和投入产出法。

滚动计划法是一种编制并定期修订计划的方法。这种方法根据计划执行情况和环境变化情况定期修订计划，并逐期向前推移，使短期计划、中期计划和长期计划有机地结合起来。

网络计划法是利用网络理论制定计划，并对计划进行评价、审定的技术方法。

线性规划法利用线性规划技术解决最优化问题，主要包括两类问题：一类是最大化问题，即在有限的资源约束条件下，如何使产出最大化；另一类是最小化问题，即在工作任务确定的情况下，怎样使成本最小化。

投入产出法是利用数学方法对物质生产部门之间或产品与产品之间的数量依存关系进行科学分析，并对再生产进行综合平衡的一种现代的科学方法。

目标管理是指由某一组织自上而下确定一定时期的管理目标和任务，并自下而上地保证目标实现所进行的一系列组织管理工作的总称。目标管理具有以下特点：① 始终以计划目标为中心；② 目标的执行者就是目标的制定者；③ 重点强调自我管理、自我控制、自我测定、自我评价。

目标管理的主要步骤包括：① 建立一套完整的目标体系；② 组织实施；③ 检查结果；④ 新的循环。

目标管理的优点：① 有利于充分调动广大员工的积极性；② 有利于促进组织中上下级之间的沟通和交流；③ 有利于各级管理者对下属进行管理；④ 有利于激励员工不断进取。目标管理的缺点：① 组织最高管理者可能未给予下属有效支持；② 总目标与分目标不容易协调；③ 影响员工的创造性；④ 过分灵活与不灵活。

课堂案例讨论

拟订可考核目标

中兴集团公司是一家拥有20家子公司和分公司的大型集团企业，参与6个行业的经营。集团公司对分公司的管理方式是独立经营，集中核算。

一位分公司的总经理最近听了关于目标管理的讲座，很受启发和鼓舞，坚定了他关于目标管理确实有效的想法。他最后决定，在下一次职能部门会议上介绍这个概念并且看看能做些什么。在会议上，他详细叙述了目标管理方法的理论发展情况，列举了在这个分公司使用这种方法的好处，并且要求下属人员考虑他的建议。

事情并不像人们想象的那样简单。在下一次会议上，中层经理们就总经理的提议提出了好几个问题。财务主任要求知道，"你是否有集团公司总裁分配给你的明年分公司的目标？"

分公司总经理回答说："我没有。但我一直在等待总裁办公室告诉我，他们期望我们做什么。可他们好像与此事无关一样。"

"那么分公司要做什么呢？"生产经理其实什么都不想做。

"我打算列出我对分公司的期望，"这位分公司的总经理说，"关于目标没有什么神秘的，我打算明年的销售额达到5 000万元，税后利润率达到8%，投资收益率为15%，一项正在进行的项目6月30日能投产。我以后还会列出一些明确的指标，如选拔我们分公司未来的主管人员，今年年底前完成我们的新产品开发工作，以及保持员工流动率在15%以下等等。"总经理越说越兴奋。

中层经理们对自己的领导人经过考虑提出的这些可考核的目标，以及如此明确和自信的陈述感到惊讶，一时不知怎么说好。

"下个月，我要求你们每个人把这些目标转换成你们自己部门可考核的目标。不用说，这些目标对财务、营销、生产、工程和人事将是不同的。但是，我希望你们都能用数字来表达，我希望把你们的数字加起来就实现了公司的目标。"

✐ 分析讨论

1. 在没有得到集团公司总裁下达目标的条件下，分公司总经理能够拟订可考核的目标吗？怎样制定目标？这些目标会得到下属的认可吗？

2. 对于分公司来说，要制定可行的目标，需要集团公司提供什么信息和帮助？

3. 这位分公司总经理设置目标的方法是否是最佳方法？如果你是他，会怎么做？

✍ 本章自测题

一、名词解释

1. 计划职能
2. 目标
3. 政策
4. 预算
5. 目标管理

二、选择题(1～4 题为单项选择题,6～10 题为多项选择题)

1. 预算就是( )化的计划。

A. 文字 B. 数字 C. 图表 D. 现代

2. 目标是( )的具体化,是组织活动所要达到的结果。

A. 政策 B. 策略 C. 规划 D. 宗旨

3. 目标管理是由( )首先提出的一种管理方法。

A. 孔茨 B. 法约尔 C. 德鲁克 D. 泰罗

4. ( )的确定是目标管理的关键。

A. 宗旨 B. 目标 C. 政策 D. 程序

5. 计划按所涉及的时间可以分为( )。

A. 长期计划 B. 中期计划

C. 短期计划 D. 战略计划

6. 计划工作的重要性表现在( )。

A. 长期性 B. 目的性

C. 主导性 D. 普遍性

E. 效率性 F. 综合性

7. 计划按内容可以分为生产计划、财务计划和( )。

A. 供应计划 B. 劳资计划

C. 安全计划 D. 人员培训计划

E. 新产品开发计划 F. 专项计划

8. 一个完整的计划内容包括目的和使命、目标和( )等内容。

A. 战略 B. 政策

C. 规划 D. 程序

E. 预算 F. 控制

9. 目标管理的主要步骤包括( )。

A. 建立一套完整的目标体系 B. 组织实施

C. 检查结果 D. 新的循环

E. 自检 F. 评价

10. 常用的计划编制方法包括( )。

A. 滚动计划法 B. 年度计划

C. 网络计划法 D. 线性规划法

E. 预算 F. 投入产出法

三、判断题

1. 计划职能在管理诸职能中居于首要地位。 ( )

2. 策略决定一个企业基本的中期目标。 ( )

3. 高层管理人员负责制定战术性计划。 ( )

4. 规则规定组织成员行动的程序。 （ ）

5. 政策保证对同类问题处理的一致性。 （ ）

6. 综合计划是专项计划中某些重要项目的特殊安排。 （ ）

7. 目标管理中计划的执行者并不是目标的制定者。 （ ）

8. 目标管理中总目标与分目标易于协调。 （ ）

四、简答题

1. 计划工作的重要性体现在哪些方面？

2. 什么是滚动计划法？

3. 目标管理过程包括哪些步骤？

4. 目标管理有哪些优缺点？

第六章 组　织

学习目的与要求

本章主要讨论管理的组织职能的任务，组织设计的原则和方法，常见的组织结构形式及其特点，组织变革的理论和方法。通过本章学习，要求学生：

(1) 了解组织职能的概念、作用。

(2) 掌握组织设计的任务、步骤、依据、基本原则。

(3) 掌握管理幅度与管理层次，直线与参谋，集权与分权的相互关系及应用。

(4) 掌握常见的组织结构形式及其优缺点和应用。

(5) 了解组织变革的原因、动力和阻力。

(6) 掌握勒温组织变革模型。

(7) 了解组织变革的趋势。

本章框架结构图

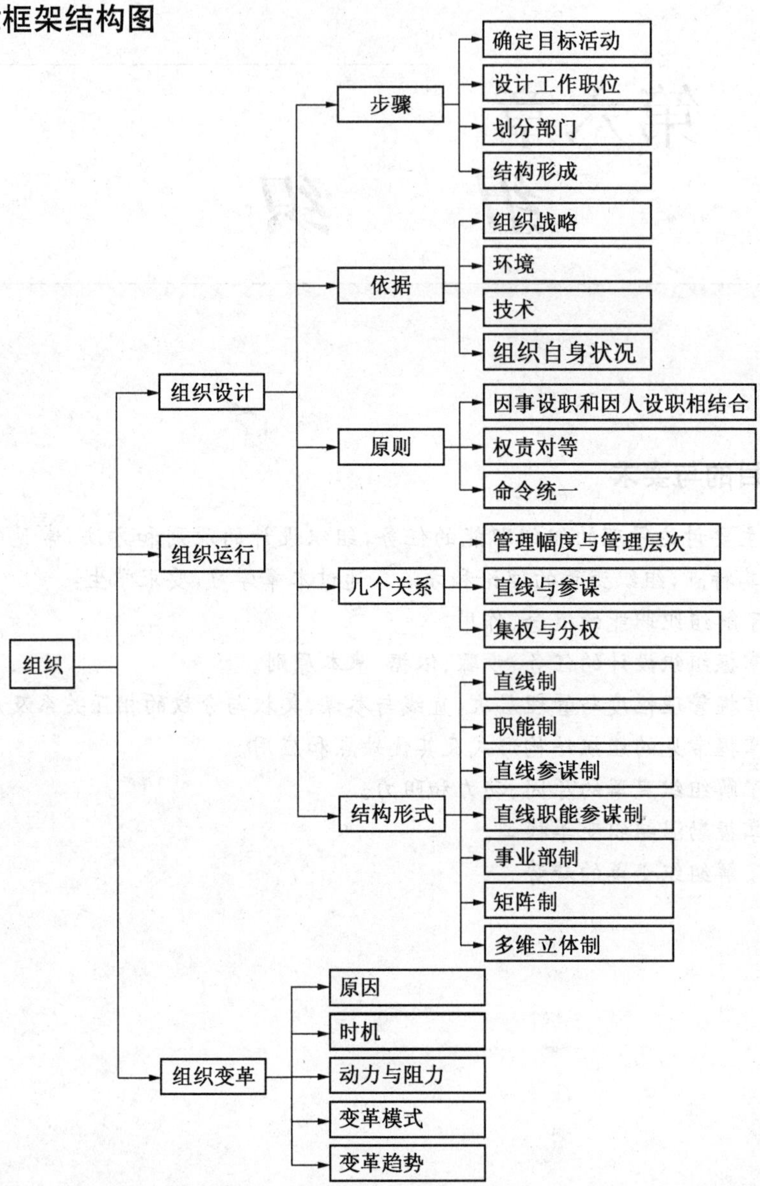

第一节 组织概念

一、组织的含义

“组织”一词有两种词性：一种是名词；另一种是动词。

作为名词的组织又有两种含义:一是指组织机构,即各种执行特定使命的人与物构成的有形的实体,如工厂、学校、商店、医院、政府机关等都可以称作组织。这时组织的含义等同于机构、单位或团体。二是指组织结构,即反映组织的各个组成部分之间的相互联系和相互作用的体制框架。这是一种无形的组织体。正如石墨与钻石虽都是由碳原子构成,但由于内部原子结构不同,二者就在性能与价值上产生了天壤之别一样。组织的内部结构不同,其效能也会大大的不同,这时组织的含义相当于组织体系。它是组织工作取得的成果在某一时点上的静态反映。

作为动词的组织是指管理的重要职能之一——组织职能或组织工作,即为了实现计划活动所确定的组织的共同目标,而对组织的活动进行合理的分工和协作,从而建立起合理的组织结构并使之运转的过程。本章所要讨论的正是动词意义上的组织职能。当然,我们单独使用“组织”一词时更多的是取其名词含义(等同“单位”一词)。

二、组织的作用

(1) 组织是高效地实现系统目标的保证。决策与计划确定了组织的目标和具体的实施方案后,如何保证方案得以顺利实施,目标得以如期实现呢?这有赖于组织中全体成员的共同努力(若一个人就可以完成全部目标活动,则该组织就没有存在的必要了),而要使这种共同努力能产生“1+1>2”的效果,就必然要求管理者解决好下列问题:对目标活动进行合理的分解,将适当的人安排到适当的岗位上,协调好每个成员之间的关系等。这些正是组织职能的任务。简单地讲组织职能就是要整合每个成员的努力,从而使组织能实现任何单个成员所无法实现的目标。无论是古代的中国万里长城、埃及金字塔,还是现代人类登月计划,都无不证明了组织的威力。所以说组织职能是实现组织目标的保证手段。

(2) 组织是其他管理职能发挥作用的基本条件。从管理的各项职能的相关关系看,组织要服务于决策目标和计划,同时,反过来组织又是(新的)决策和计划得以实现的保障,领导、控制等管理的其他职能也均需要借助于组织职能方可得以实现,因为管理的其他职能的实现都必须建立在对管理系统各要素资源的合理整合、放大以及明确系统上下隶属关系和横向分工协作关系的组织基础之上。

正因为组织有如此重要的地位和作用,组织一直是管理学的重要理论问题,得到了管理学家和实际管理者不断深入的研究和探索。

三、组织职能的基本内容

组织职能与其他管理职能一样,是一个动态的活动过程,它应包括以下几个基本内容:

(1) 组织设计。包括组织内部横向的部门划分和纵向层次划分;任务、职责、权力的确定;各部门、职位之间的相互关系的确定等。组织设计合理与否将在很大程度上决定着其运作效率的高低。

(2) 组织的运作。组织设计得再好,如果不加以运转,仍然不能发挥其应有的效能。组织运作就是要使设计好的组织运转起来，其中最重要的是为各个岗位选配合适的人员，此外还需要上级人员对下级人员进行适当的授权，有效地进行上下左右的信息沟通联系，制定并落实各种规章制度，以实现组织运转的正常化、规范化。

(3) 组织的变革。组织的变革就是对原有组织的调整、革新和再设计。组织是实现目标的手段，并受到所处的外部环境和内部条件等因素的影响，所以当组织目标发生修正或改变时，当环境和内部条件等因素发生变化时，原先设计的组织可能已不能满足需要了，这时就必须对原有组织形式进行修改、调整甚至重新设计，以提高组织的效能，适应新的形势。

关于组织运作也就是人员配备的问题将安排在下一章专门讨论，所以下面主要对组织设计与组织变革中的主要内容进行介绍。

第二节　组织设计

一、组织设计的任务与步骤

设计组织的结构是执行组织职能的基础工作。组织设计的最终任务是提供组织结构系统图和编制职位说明书。

组织结构系统图的基本模式如图 6－1 所示。

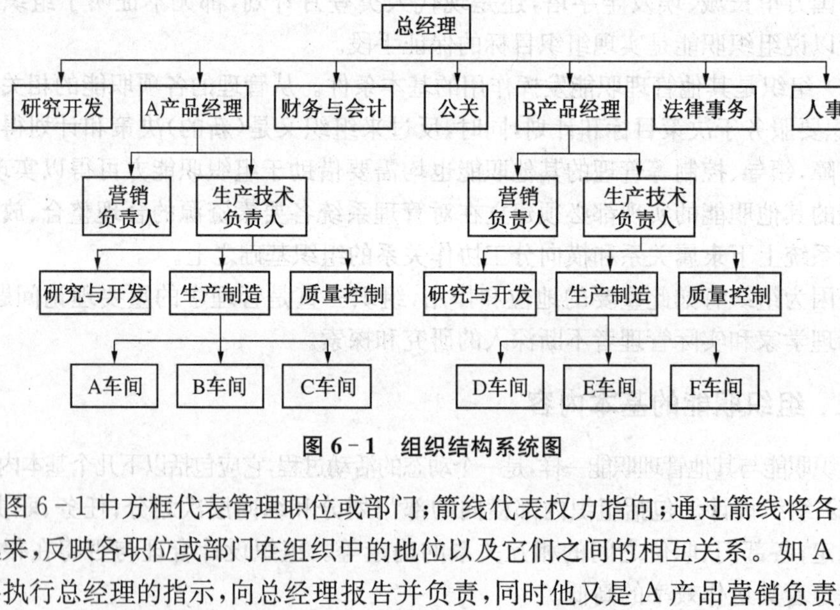

图 6－1　组织结构系统图

图 6－1 中方框代表管理职位或部门；箭线代表权力指向；通过箭线将各方框连接起来，反映各职位或部门在组织中的地位以及它们之间的相互关系。如 A 产品经理要执行总经理的指示，向总经理报告并负责，同时他又是 A 产品营销负责人和生产技术负责人的直接上司，可对他们发出指示。

职位说明书要对各管理职位(部门)做出明确规定,包括该职位(部门)的工作内容、职责与权力,与组织中其他职位(部门)的关系,职位任职者所必须拥有的基本素质、技术知识、工作经验、处理问题的能力等任职条件。

组织设计要取得上述两项最终成果,需要按照下列步骤开展工作:

(1) 确定目标活动。组织设计工作从分析实现组织目标所必需的活动(简称目标活动)开始。首先分析为了实现组织的目标必须在什么领域有出色成绩,什么领域的不良表现会影响组织的绩效,甚至影响组织的生存?通过寻找这些问题的答案可以使我们分析确定那些对目标贡献最大的关键性活动。对于这些关系组织生存与发展的关键性活动,设计组织时应给予最大的关注,配置以最优的充分资源。其他的次要活动都应围绕关键性活动来展开,要服从、服务和配合于关键性活动,以保证组织目标的实现。例如,在我国计划经济时代,由于商品短缺,企业的关键性活动是生产,因此,在组织设计上就突出了生产部门的地位,将资金、人才等资源优先配置给生产部门,其他部门都要配合生产部门来开展工作。改革开放以后,我国逐步向社会主义市场经济转轨,商品经济得到极大的发展,市场已从卖方市场转为买方市场,市场竞争日趋激烈。这时谁能在新产品开发上占先、在营销策略上高人一筹,谁就能取得竞争的主动权。也就是说产品开发和市场营销已逐步成为企业这种组织实现共同目标的关键性活动。因此,现在企业组织中产品开发和市场营销两个部门越来越受到重视并不断得到加强。

(2) 设计工作职位。确定组织的目标活动以后,需要将其进一步细分为各项工作,然后按一定的原则将若干工作项目组合在一起形成各种工作职位。工作内容的差异和任务组合方式的不同,就决定了不同工作职位的特征和要求。有的职位的工作是常规性的、经常重复的,有些则是非常规性的;有的职位要求广泛多样的知识和技能,另一些则只要求范围狭窄的技能;有的职位规定了非常严格的工作程序,另一些则对员工如何进行工作给予了充分的自由;有的职位以一组员工按团队的方式进行工作效果比较好,另一些职位则由员工单独承担更好。设计职位时的这种不同的任务组合方式反映了管理思想的发展和变化。从历史上来看,职位设计经历了如下一些变迁和发展。

① 职位专业化。20 世纪以前职位专业化与劳动分工、工作专业化意义相同。组织设计者尽可能地将组织的活动划分成简单、易做的工作项目,并以此来设计职位。亚当·斯密曾描述过制针业的劳动分工的情况,将整个制针过程划分为 5 个工序,一个人抽钢丝,一个人拉直,第三个人切割,第四个人磨针尖,最后一个人打针孔。这种专业化的操作使得劳动生产率比以前传统操作(即每个人从头到尾负责整个针的制作)提高了 200 多倍。专业化的好处有很多,如可以提高人员的工作熟练程度,有利于减少因工作变换而浪费的时间;有利于使用专用工具和设备;有利于减少员工培训时间;因工作简单而可以扩大招工对象范围等。归结到最后,专业化可以大大提高效率、降低成本。正是由于专业化有如此多的好处,直至今日专业化原则

仍是组织职位设计时的重要原则。但过分的专业化也会带来一些负面的影响，如，工作人员时间一长就会感到工作单调、枯燥、乏味，从而对工作失去兴趣，进而感到厌烦和不满，导致积极性、创造性受到极大限制；职位之间横向协调增多且变得困难，影响整体的工作效率和质量。

② 职位扩大化。这是为了克服过分专业化带来的弊端而提出的一种职位设计思想。职位扩大化就是将已经划分过细的若干活动合并为一项工作设置一个职位，从而扩大每个职位工作的范围和广度。如将门卫与收发、考勤合并，推销与市场调查、用户服务合并，秘书和司机合并等。与此有相似效果的另一种做法是职位轮换，即让职工定期或不定期地从一个职位换到另一个职位。如出纳与会计，产品开发与市场营销等职位的互换。职位扩大化可以在一定程度上减少工作的单调、枯燥感，激发工作热情和创造潜力。职位轮换还能增强职工的全局观念，减少协调阻力，有利于培养更高一级的管理人员。

③ 职位丰富化。职位扩大化是从横向(同一级别)扩展工作内容，而职位丰富化则是从纵向上充实和丰富工作内容，即增强工作本身内在的意义、挑战性和成就感，以增强员工对工作的自主性和责任感。具体做法是将本来属于上级的部分管理权限下放给下级人员，使下一级人员在完成工作任务时不再仅仅是俯首听命，而是有一定的参与决策的权力，这样可以使员工在工作中获得更高的满足感。这种职位设计原则是分权思想的反映。

④ 工作团队化。前述几种职位设计是按个人来进行的。如果按若干人组成的团队为单位来进行职位设计，就形成了工作团队。工作团队是近期才逐渐被认识的，目前已是相当盛行的职位设计方案。

工作团队有多种类型(如综合工作小组、自治工作小组、流程工作小组、委员会等)，它们在具体设计和运作方式上有很大的差异，但它们共同的特征是作为一个集团来承办某项事务或解决某一问题。工作团队的成员通常被授予完成任务的充分权力，相应的他们也被要求有高度的自我约束，每个人都是在做团队的事而不是在做自己的事，每个人都要对整个团队的工作及其成绩负责。共同的目标，相互的沟通联系，以及对团队成功的个人责任感，是将团队成员联结成一个紧密的整体的纽带。以医院危重病人治疗小组为例，主治医师的医嘱通常在医院中被视为是“法规”。但对因某个病人需要而组成的医疗小组来说，当小组中的理疗技师按照主治医师的医嘱要求病人做功能性体操时，如果这时发现病人有发烧现象，实习技师可以(也应该)立即停止这一体操而通知护士测量病人的体温。理疗技师的自主行为及团体其他成员的互相合作与依赖关系，使得该类医疗小组成为一种既有弹性又有约束的有机式组织。这种组织虽没有一个严密的指挥系统，但都有一根无形的“指挥棒”，那就是团队的任务。它引导每一个人始终对团队的产出和成果负责，而不是只对自己的工作负责，这样就使得工作团队成为一种以整体的力量发挥作用的特殊的工作单位(职位)。

工作团队这种职位设计方案特别适用于高层管理和那些有较高创新要求的工作任务，如公司董事会及其所属的财务委员会、执行委员会(决策机构)、广告创意小组、产品开发小组等。即使是基础管理工作和重复性的工作，工作团队也是职位设计时可以考虑的重要的补充或替代方案。

(3) 划分部门。划分部门也叫部门化，即根据各个职位所从事的工作内容的性质及其相互之间的关系，依照一定的原则，将各个职位组合成易于管理的统称为“部门”的组织单位，如处、科、室、组等。由于各组织活动的特点、所处环境和条件的不同，划分部门所依据的标准也不一样。即使是同一组织，在不同时期也可能采用不同的标准。常用的部门划分标准有如下几类：

① 人数、时间、地点。这是最古老、最简单的部门划分标准。它仅仅是为了管理上的方便而将完成相同任务的人员划分为几个部分，由不同的管理者领导，并不体现专业化的思想。如军队按士兵人数划分为班、排、连；医院、炼钢厂等需连续工作的组织常采用轮班制，将人员划分为早、中、晚班；卫生清扫工作通常按工作地点划分人员。这种划分标准只考虑工作的人数、时间、地点，而不考虑工作的内容和工作方式。在现代社会中，组织活动越来越复杂，越来越需要更加专业化的知识和技能，单纯按工作的人数、时间、地点划分的方式在多数情况下已不能满足需要。

② 设备、工艺阶段或工作技能。这是体现专业化思想的部门划分标准。如机械加工企业按生产手段、设备的不同可以划分为车、铣、刨、磨班组；纺织厂可以按工艺阶段划分为纺纱、织布和印染车间；很多企业均按开展业务活动所需的专门知识、技能的不同划分为采购、生产管理、质量控制、产品研发、市场营销、人事管理、财务会计、公共关系、法律事务等职能部门。按这类标准划分部门，可以充分发挥专业化分工的优势，取得规模经济与高效率。但这种部门化方式也有局限性，其表现有：容易使成员过度局限于自己所在的职能部门而忽视组织整体目标，部门间的协调比较困难；由于只有最高主管才能对最终成果负责，因而对各部门的绩效和责任难以进行准确评价；不利于培养综合全面的高层管理人才；组织适应环境变化的能力也比较差。

③ 产品、地区、顾客和营销渠道。这是为了克服职能部门化的缺点而发展起来的按工作结果来划分部门的一种方式。有的企业组织按其产品品牌和产品类别设立不同的产品事业部门，像通用汽车公司的别克事业部、雪佛莱事业部等。有的企业(特别是跨国公司)将它的业务划分为几大地理区域，以更好地针对各地区劳动者和消费者的行为特点来组织生产和经营活动。也有许多组织按照自己所服务的最终顾客的需求来划分部门，以更好地满足不同顾客群体的需要，如学校设立日校部、夜校部，商场设儿童用品部、妇女用品部、中老年用品部等。还有的企业侧重于将产品分配给顾客所要经过的中间商通道，将销售渠道部门化，如设立批发部、零售部等。按这类标准划分部门的优点是有利于产品或服务的改进和发展；易于明确利润责任，便于最高主管把握各种产品(或地区、顾客群、渠道)对总利润的贡献，从而为

结构调整提供依据;有利于锻炼和培养独当一面的总经理型的高级人才。这类标准的缺陷是各部门独立性较强而组织整体性较弱;机构重叠使得管理人员和费用增加;要求有足够的具有全面管理能力的部门领导者。

需要指出的是,任何一种划分部门的标准都有其优缺点和适用的情形,因而谈不上哪类标准最好。必要时(如组织规模较大时)可以在组织内同时采用两种或两种以上的标准划分部门,以集合几种标准的长处。

(4) 结构形成。职位设计和部门划分是根据工作要求来进行的。在此基础上,还要根据组织内外能够获得的人力资源情况,对初步设计的部门和职位进行调整,并平衡各部门、各职位的工作量,防止苦乐不均。最后的任务就是根据各自工作的性质和内容,规定各部门、各职位之间的职责、权限和义务关系,使之形成一个严密高效的网络系统,能够协调一致地达成组织的总体目标。

二、组织设计的依据

组织是社会的细胞。任何组织的活动都是在一定的环境中利用一定的技术条件,并在总体组织战略指导下进行的,而组织设计就是要将组织的活动分派给不同的部门和职位,因此,组织设计时必然要考虑组织总体战略、环境、技术及组织自身条件等因素对组织结构的影响。

(一) 组织战略

组织的总体战略是对组织的发展目标,实现目标的各种行动方案、方针和方向进行选择的总称。为实现组织的目标,组织可在多种战略中进行选择。以企业为例,企业经营范围方面可采用单一化(专业化)战略、多角化战略或一体化战略;为了使企业自己的因素与环境相适应可分别采用防守型战略、进攻型战略和调整撤退型战略;为了应对同行业竞争,企业可以采用成本领先战略、特色经营战略和重点市场战略等等。由于经营能力和生产条件的不同,企业的经营战略是千变万化的。各个企业必须对经营中各类战略进行识别,以便从中选择正确的经营战略(或战略组合)。

组织结构与战略是相互影响的关系。一方面战略的制定要考虑现行的组织结构,并随组织的发展进程而改变;另一方面战略一经选定,组织结构就必须服从所选择的战略的需要,进行调整或重新设计。

战略选择的不同将在两个层次上影响组织设计:不同的战略要求进行不同的业务活动,从而影响职位的设计;战略重点的改变会引起工作重点的变化,进而导致各部门与职位在组织中的重要程度发生改变。因此,在组织设计时要对职位和部门之间的关系做出相应的调整。

(二) 环境

这里所说的环境泛指那些存在于组织外部影响到组织行为的因素,如市场结构、政治气候、经济条件等等。

环境对组织设计的影响体现在3个层次上：

一是对职位和部门设计产生影响。组织与外部环境之间也存在社会分工的问题。分工方式的不同就决定了组织内部活动内容，从而所需设立职位与部门不一样。如在高度计划经济时期，我国的国有企业生产所需原材料由国家统一拨给，人员由政府统一招收、统一分配，产品由国家统购包销。这时企业内部的活动就是组织生产，因而企业内部的组织设计就围绕生产过程进行。而在实行社会主义市场经济的今天，企业已经被全面地推向市场，其内部活动内容就不再仅仅限于生产，而是包括人、财、物等全部要素的筹措和供、产、销、服等全部生产经营过程在内。这时企业组织设计就必须增设或强化采购、人力资源和销售等职位和部门。

二是对各部门之间关系产生影响。环境不同，组织中各项工作完成的难易程度以及对组织目标实现的贡献程度亦不相同。同样是市场经济，当市场是卖方市场（供小于求）时，企业最关心的是扩大生产规模，增加产量从而获取更多利润。这时生产职能从而生产部门就显得尤为重要，而销售部门则会受到冷落。相反，当市场进入买方市场（供大于求）时，企业最关心的是开发新产品及将产品销售出去，扩大市场占有率。这时，产品开发和营销部门就会受到格外的重视，成为组织的核心部门。

三是对组织结构总体特征的影响。在一个一成不变（或变化很小）的组织环境下，一个组织能够准确地预测其未来，因而也就能够容易地通过规范化来达到协调的目的，从而设计出被称为“机械式管理系统”的稳固结构。在这种组织结构中，各部门和职位的职责界限分明，工作内容和工作程序有详细的规定，各部门之间的关系固定，等级结构严密。但在一个动荡不安的环境中，如政局不稳、产品需求多变、劳动力成本不定等，组织就很难通过规范化来实现协调，这时就要求采用灵活的被称为“有机型”的组织结构。在这种结构中，各部门的权责关系和工作内容需经常做适应性的调整，等级关系不甚严密。

另外，环境越复杂越要求组织进行分权；而市场竞争加剧、环境恶化时，组织就应集中权力，以快速协调全部力量渡过难关。

（三）技术

任何组织都要利用一定的技术和技术设备来开展活动。技术和技术设备的水平与特点不仅影响组织的活动效率和效果，而且对组织活动内容的划分、组合，从而对职位的设计和部门的设置以及工作人员的素质要求都产生很大（甚至是决定性的）影响。如采用会计电算化技术以后，会计核算业务流程就发生了很大变化，从而会计职位设计亦大不相同。再如采用数控加工中心等先进设备以后，就要改变原来的车、铣、刨、磨的传统分工方式和相应的组织机构。还有采用连续生产技术的企业（如石油化工企业）与采用非连续生产技术的企业在组织结构上往往有很大差别。

（四）组织自身状况

主要是指组织的规模与所处的发展阶段。大型组织与小型组织在组织结构上必然存在明显的区别。很难想象一个地区性小公司的组织结构能适用于一个跨国型大公司。组织规模往往与组织的发展阶段相联系(虽然并不必然相关)。伴随组织的发展,其活动内容会日趋复杂,人数会逐渐增加,活动规模会越来越大,组织结构也要相应的随之调整、变革,以适应变化了的情况。据有关学者研究,在组织发展过程中,其组织结构往往会经历从不正规到正规、从集权到分权再到集权与分权有机结合的形态变化。

三、组织设计的原则

如上所述,每个组织所处的环境不同,采用的技术、自身的规模、选择的战略也各异,因而反映在组织结构上也是千差万别。但管理学家和实际管理工作者在对组织做了长期研究和探索后,逐步总结出了一些在组织设计(及变革)时应遵循的共通的基本原则。

(一) 因事设职与因人设职相结合的原则

组织结构是实现组织目标的手段,因此在组织设计时要将实现组织目标的任务分解落实到各个部门和职位,做到"事事有人做",也就是说要因事设职,因职用人。只有坚持这一点才能保证组织精干高效。但这并不是说在组织设计时可以忽视人的因素。现实中往往要将因事设职与因人设职结合起来综合考虑,特别是对少数关键人才、核心人才,为了留住他们,发挥他们的作用,需要对他们采取因人设职的办法,这也是管理科学与管理艺术相结合的具体体现。总之,组织中人是最积极、最活跃从而也是最为关键的要素。组织设计必须有利于组织中每个人的潜力的发挥,为组织成员提供提高能力、展现才华、实现自我价值的机会,这样才能使组织成员个人目标与组织目标尽可能地统一起来,提高组织的凝聚力。另外,虽然现在人力资源已逐步市场化,人才流动较频繁,但一个组织也并不是总能选聘到每个职位所需的理想人员。因此,正如一件产品的设计不能不受到所能运用的材料的质地、性能的限制一样,组织设计也必然要考虑到组织内外现有人力资源的状况。总之,组织设计时既要根据任务设置职位,选用人员,也要根据人员的特点和能力分派任务,设计职位。二者要结合起来,求得人与事的平衡。

(二) 权责对等的原则

如上所述,每个部门和职位都要完成规定的工作任务,这是其职责所在。而要完成一定的任务,必然需要利用一定的人力、物力或财力等资源。因此,组织设计时,在明确各部门、各职位的职责的同时,必须赋予其相应的取得和使用必要的人、财、物及信息等工作条件的权力,有多大的责任就应有多大的权力。有责无权或责大权小,会导致职责无法履行,任务不能完成;有权无责或权大于责,可能会导致权力的不负责任的滥用、瞎指挥。现实中还有一种情况是权责错位,即该有的权(履行职责必需的权)没有,不该有的权(不是履行职责必需的权)倒有。不管出现哪种权责不对等的情形,都会对组织的效能带来很大损害,甚至使整个组织系统无法运行。

(三) 命令统一的原则

命令统一原则又称指挥统一的原则。是指组织中的成员在同一时期只能接受一个上司的命令。因为如果一个下属同时接受两个或更多的上司的领导,而这些上司对他下的指示又不一致的话,那么这个下属就会感到无所适从,他的工作就会出现混乱,影响其职责的履行,从而对组织目标实现造成损害。因此,命令统一是组织的一条重要原则。组织分工越细,越需要统一步调,该原则也就越显重要。

然而现实中,“多头领导”、“政出多门”等破坏命令统一原则的现象仍然屡见不鲜,常见的表现形式有两种。以图6-2所示组织为例,一是某部门主管甲绕过另一部门的主管乙,直接对乙的下属C下指令,而C可能会考虑到甲与自己主管乙平级的地位等因素而执行了这一指令,从而出现双头领导现象。二是越级指挥,如甲的上司丙直接向甲的下属A下达指令。这时A一般不敢不执行。越级指挥在特殊情况下(如紧急情况,甲不在等)偶尔为之尚无大碍(甚至是必要的)。但如经常出现则会对组织带来极大危害。越级指挥不仅会破坏下级管理人员的工作步骤,还会使下级管理人员产生依赖思想,丧失积极性、创造性,削弱责任感,甚至导致下级管理人员撒手不问。

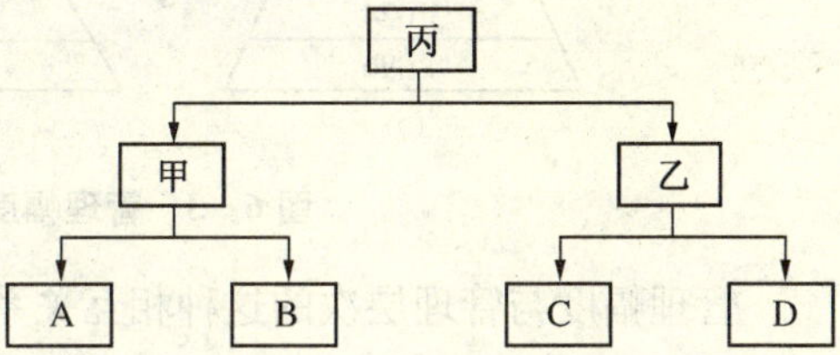

图6-2 某直线组织结构图

四、组织设计时应处理好的几个关系

(一) 管理幅度与管理层次

所谓管理幅度也叫管理跨度或管理宽度,是指一个管理人员能够直接有效地指挥和监督的下属人员数。

由于一个人的精力、时间是有限的,所以每一个管理者所能直接有效管理的下属人员数量总是有限的,当超过这个限度以后,管理效率就会下降。所以当组织发展到一定规模后,管理工作量超出了一个人所能承担的范围时,为了保证组织的正常运转,管理者必须委托他人分担自己的一部分管理工作。具体做法就是将全部工作人员划分成若干个部门,设置部门主管分担原管理者的部分工作,而原管理者则只需直接管理这些部门主管就行了。当部门规模进一步发展,也超过了部门主管的管理幅度时,部门主管就需要再委托他人来分担自己的管理工作。依次类推,就形成了多个管理层次。

一个组织的管理层次的多少取决于组织的规模和管理幅度,在管理幅度固定的情况下,管理层次与组织规模成正比;在组织规模固定时,管理层次与管理幅度成反比。如假设某组织有 4 096 名作业人员，若分别按管理幅度为 4、8 和 16(并假设各管理层次的管理幅度相同)进行组织设计，则相应的管理层次是 6、4 和 3，所需的管理人员总数分别为 1 365 名、585 名和 273 名，如图 6－3 所示。

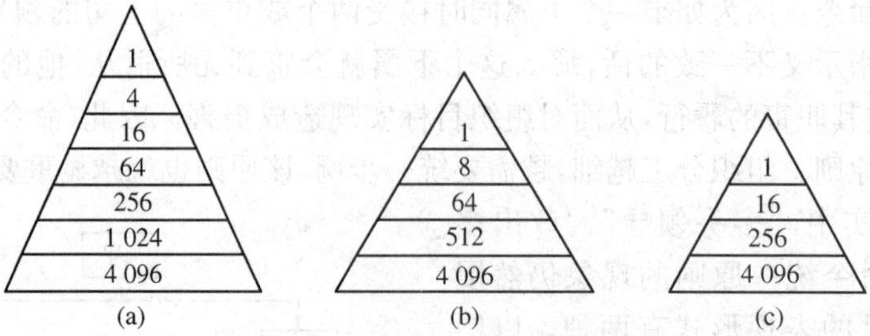

图 6－3 管理幅度与管理层次关系图

管理幅度与管理层次的这种相互关系对组织结构形态和组织活动有显著影响。管理幅度越小，管理层次就越多，组织结构呈瘦高型，如图 6－3(a)；管理幅度越大，管理层次就越少，组织结构呈扁平型，如图 6－3(c)。

瘦高型与扁平型两种组织结构各有利弊。瘦高型组织结构的优点是：管理严密、分工明确，上下级之间易于协调。缺点是：管理人员大幅增加[如图 6－3(a)所示，管理层次增加一倍，管理人员则增加了 5 倍]，管理费用较高；由于管理层次多、人员增多使信息联系更为困难，从最高层到最基层，经过的层次多，容易造成信息传递的比较严重的滞后与失真现象；层层严密管理，会使各层(特别是中下层)管理者感到压抑，觉得自己在组织中的地位相对渺小，从而影响各下级人员的主动性和创造性的发挥。

扁平型组织结构的优缺点与瘦高型正好相反。其优点是：由于中间层次少，上下信息传递容易且迅速而准确，从而能够对环境变化作出较快的反应；所需管理人员少，管理费用低；中下层管理者具有较大的管理幅度和权限，有利于其主动性和创造性的发挥。缺点是：加大了同级管理人员之间相互沟通联络的分量和协调难度；不便于上级对下级进行有效的监督和控制；每个主管从过多的下属那里取得信息，众多的信息可能淹没了其中最重要、最有价值者，从而可能影响信息的及时利用等等。

比较而言，扁平型结构可以使官僚主义减少，能较快地对外界环境的变化作出反应和相应决策，较适合于当代高速管理的需要。因此近十几年来，出现了明显的趋向扁平型组织结构的走向。

要采用扁平型组织结构，其关键是扩大管理幅度。然而，管理幅度又不能随意扩大。因而，就有必要研究哪些因素可以影响管理幅度的大小。一般认为以下因素可以影响管理幅度的大小：

1. 主管人员及下属的能力

主管人员的综合能力、理解能力、表达能力强，可以迅速地把握住关键问题，就下属的请示提出恰当的指导建议，并使下属清楚地理解，这样就可以缩短与每一位下属沟通协调时所占用的时间。同样，若下属具备较高的能力，则可以在很多问题上根据自己的符合组织要求的主见去解决，而不必事事都向上级请示，从而减少占用上级时间的次数。这样一来，管理幅度就可以宽一些。

2. 工作内容和性质

(1) 主管人员所处的管理层次。主管的工作主要是决策和用人。处于管理组织系统中不同的层次，这两种工作的比重不相同。一般越是高层主管，决策的职能越重要，能用于指导协调下属的时间就越少，因而其管理幅度就应越小。

(2) 下属人员工作的相似性。下属人员从事的工作的性质和内容相似，主管对每个下属工作的指导和建议也就大体相同，在工作中需要主管协调的次数就越少，从而每个主管指挥、监督更多的下属也就不会有多大的问题和困难，即管理幅度可适当大些。

(3) 计划的完善程度。如果计划很详尽周到，对目的和任务要求十分清楚，下属人员只需单纯地执行计划，这时主管对下属进行指导和纠正偏差所用时间就少，管理幅度可大些。反之，计划不完善，下属不仅要执行，还要将计划进一步分解，则对下属人员指导、解释的工作量就会增加，有效管理幅度就要小一些。

(4) 非管理事务的多少。主管人员作为组织各层次的代表，往往需要花费一些时间处理一些非管理性事务。处理这些非管理性事务所需时间越多，其有效管理幅度就越小。

3. 工作条件

(1) 助手的配备情况。如果给主管人员配备一定的助手，让其与下属人员进行一般的联络，处理一些明显次要的问题，而主管人员只集中精力处理一些重大问题，这样就可以增加其管理幅度。

(2) 信息手段的配备情况。掌握有关信息是进行管理的基础。运用先进的技术进行信息的收集、传输、处理，可以使主管人员迅速、准确、全面地掌握有关情况，及时对下属提出指导性建议，下属也可以及时了解更多的与自己工作有关的信息，从而更自如、自主地处理分内的事务。这些均有利于扩大主管的管理幅度。

(3) 工作地点的集中程度。如主管人员与下属及下属之间工作地点比较集中，则管理幅度可以大些；如很分散，则主管人员与下属及下属之间沟通比较困难，管理幅度宜小些。

4. 工作环境

组织环境是否稳定，将影响到组织活动内容和政策的调整频率和幅度。环境变化越快，变化程度越大，组织中遇到的新问题就越多，下属向上级的请示就越有必要、越加频繁。而同时，上级能用于指导下属的时间和精力却越少，因为他必须花更多的时间去关注环境的变化，思索对应的良策。因此，环境越不稳定，各层主管的有效管理幅度就越受到限制。

以上列举的并不是影响管理幅度的全部因素。组织应根据自己的具体情况来确定适当地扩大管理幅度以减少管理层次的途径。

(二) 直线与参谋

在组织结构中,拥有直接对下属进行命令、指挥和监督权力的管理人员被称为直线主管,相应地,其所拥有的这些权力称为直线职权。一个组织从最高主管到最基层主管之间就形成了一种直线的命令和服从关系,即一条从上而下的权力线,这条线称为指挥链。指挥链的建立及保持畅通是组织设计及组织运行的一项重要任务,只有这样才能保证整个组织的统一指挥。

随着组织环境的日益复杂多变,组织规模的扩大以及先进的科学技术、现代化设备和手段在组织中的应用,组织活动内容越来越复杂,管理工作也变得越来越艰巨和困难。管理人员特别是高层管理人员越来越感到某些专门知识的缺乏,仅靠个人能力进行决策已力不从心。在这种情况下,主管人员不得不依靠那些在各个领域(经济、政治、技术、社会、法律等)掌握专门知识的专业人员或专家来出主意、想办法、提供咨询建议。这些专业人员或专家便是组织中的参谋,直线主管人员与参谋人员之间的这种建议和咨询的关系便是参谋职权关系。显然,直线职权是一种决策的权力或者说是指挥和命令的权力,而参谋职权仅是提供咨询和建议。

然而,随着组织规模的进一步扩大,参谋人员的数量会不断增加,形成各种参谋机构并逐步规范化。为了充分发挥这些参谋机构的作用,方便他们开展工作,减少不必要环节以增强时效性,直线主管人员可以将自己认为不必亲自处理的某些专门领域的事务,授权给相应的参谋机构和参谋人员去直接向下属直线部门发布指示。这样,参谋部门和参谋人员便有了在这些特定领域中行使部分直线职权的权力,这就产生了所谓的职能职权。

需要说明的是,任何管理职位都可能同时拥有直线职权、参谋职权和职能职权,只不过各种职权所占比重有所不同而已。如企业的公关部经理,对企业主要的生产经营活动而言,他一般只能提出建议,行使参谋职权。但对于企业的某项公关活动的开展,他可以对公关部门的下属人员直接下达指示,行使直线职权。另外,企业总经理可以授权给公关部门经理在处理企业遇到的突发性危机事件时,可以直接对有关部门及人员(如销售和客户服务等)进行指示,这样,他又具有了职能职权。

从理论上讲,设置作为直线主管的助手的参谋职务,不仅可以保证直线主管的统一指挥,而且能够适应管理复杂的组织活动需要多种专业知识的要求。然而在实践中,直线主管与参谋往往会产生一些矛盾,这种矛盾激化到一定程度时甚至成为组织缺乏效率的主要原因之一。直线主管与参谋之间之所以会产生矛盾,主要是没有认清双方工作的性质,没有明确相互的职权关系,没有摆正自己的位置。那些矛盾激化的组织中往往存在两种倾向:一是参谋的作用没有得到充分发挥,积极性受到打击;二是参谋作用发挥失当,干涉了直线主管的工作,破坏了统一指挥的原则。

要解决直线主管与参谋的矛盾,应从下面几个方面着手:

首先,直线主管人员必须充分认识到,设置参谋职务、利用参谋人员的专业知识是管理现代组织的复杂活动所必需的,因而在工作中应自觉地发挥参谋人员的作用,利用参谋的知识,认真对待参谋的建议,充分吸取其中合理的内容,并勇于对这种吸收以及据此采取的行动的结果负责,而不是在行动中出现了问题后去责怪参谋人员。同时,直线主管还要为参谋人员开展工作提供必要的信息条件。

其次,参谋人员应明确自己工作的特点,认识到参谋存在的价值在于协助和改善直线主管的工作,而不是去削弱他们的职权。这样才能在工作中不去越权、争权,而是努力地提供好的建议,推荐自己的主张,宣传自己的观点,以说服直线主管乐于接受自己的方案。并在方案实施取得成绩后不居功自傲,而是认识到没有直线主管的接受,再好的方案也只能是纸上谈兵,而直线主管采纳何种方案、采取何种行动是要担负一定的风险的,因此,成绩应首先归功于直线主管人员。

最后,应谨慎地授予参谋部门或参谋人员职能职权。因为虽然为了确保参谋人员发挥作用,授予他们一定的权力是必要的,但这也有带来多头领导、破坏命令统一性的危险。谨慎使用职能职权,包括以下几方面的含义:一是要认真地分析授予职能职权的必要性,只在必要的领域中使用,以避免削弱直线主管的地位。二是要明确职能职权的性质,限制职能职权的应用范围,也就是说通常是在主管人员已作出决定"做什么"、"在哪儿做"、"谁来做"等前提下,职能部门解决"如何做"、"何时做"等方面的问题。三是要限制职能职权使用的级别,即只能适用于组织结构中关系最接近的那一级,以便保证直线主管的职权不被架空。如总公司的财务部长行使职能职权时只能针对分公司(或事业部)经理,而不能越过分公司(或事业部)直接针对再下一级的工厂厂长。四是为了避免命令不统一,直线主管要注意,在授出某些职能职权后,就要让相应的参谋人员放手去开展工作,而不能仍然频繁地使用已经授出的权力。

(三) 集权与分权

在组织中进行责权分配时必然会遇到集权还是分权的问题。这里的权力是指赋予管理系统中某一职位的权力,即制度权。其实质是决策的权力,包括决定干什么的权力,决定如何干的权力,以及决定何时干的权力。

所谓集权是指决策权在组织系统中较高管理层次的一定程度的集中,而所谓分权则是指决策权在组织系统中较低管理层次的一定程度的分散。集权与分权均是相对的概念,绝对的集权意味着组织中的全部决策权均集中在最高层主管手中,这样最高主管不堪重负,而其他中下层管理职位难以发挥作用;绝对的分权意味着组织中的全部决策权都分散到各个管理部门甚至执行者、操作者手中,没有任何集中的权力,因此,主管职位显然是多余的,一个统一的组织实际已不复存在。

所以现实中绝对集权和绝对分权是不多见的。绝大多数组织都是既有一定程度的集权,又有一定程度的分权,只不过有的集权成分多一点(称为集权制),有的分权成分多一点(称为分权制),如图 6-4 所示。

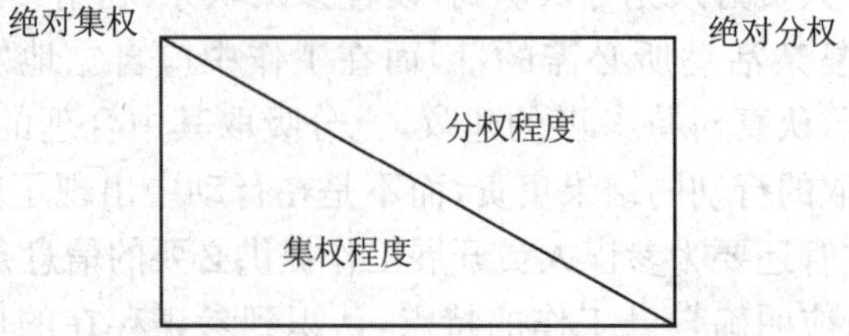

图 6-4 组织中集权与分权的程度

因此，我们所要讨论的不是应该集权还是应该分权，而是哪些权力宜于集中，哪些权力宜于分散，在什么情况下集权成分应该多一些，在什么情况下又需要较多的分权。

1. 组织中的集权化倾向

集权与分权虽然同样是必不可少的，但组织中几乎普遍地存在着一种集权的倾向。这主要是由于存在下列原因：

(1) 组织形成的历史习惯。如果一个组织是从较小规模逐步发展起来，发展过程中又无其他组织加入的话，这个组织的集权倾向就会比较明显。因为一个组织规模较小时，大部分决策是由最高主管直接制定和组织实施的，这在漫长的组织发展过程中可能已经形成了习惯，一旦失去这些权力，就会有失控的感觉。因而，即使组织规模不断扩大，最高主管仍然愿意保留按理不应集中的大部分权力。

(2) 领导的个性。权力是地位的象征。管理者拥有并运用权力可以证实、保证并提高其在组织中的地位。若组织中高层主管个性较强、充满自信，往往喜欢所领导的部门完全按照自己的意志来运行，而要做到这一点就必须集权。同时，他认为集中权力，统一使用和协调本部门各种力量，可以创造较好的工作成绩，从而可以提高自己在组织中的地位，增加升迁机会，掌握更大的权力。

(3) 追求政策统一和行政效率。有的组织实行集权是为了发挥它的优点。集权至少有两方面的好处：一是可以保证组织总体政策的统一性，做到整个组织统一认识，统一行动，防止各自为政、政出多门、互相矛盾；二是可以保证决策执行的速度。尽管集权制下，决策的制定可能比较缓慢，但一旦作出决策，就可以借助高度集中的行政指挥体系，使各层次“闻风而动”，迅速组织实施。

2. 过分集权的危害

当一个组织规模较小时，为了整合组织有限的力量，求得生存和发展，高度集权可能是必需的。同时，管理层次少，最高管理层离基层不远，能清楚地了解环境及其变化和组织的活动情况，因而集权能充分发挥其优越性。但当组织规模发展到较大程度时，如仍将过多决策权集中在较高管理层，则可能会产生如下种种弊端：

(1) 降低决策质量。随着规模扩大，管理层次越来越多，最高主管高高在上，远离基层，基层发生的问题经过层层汇报才能反映到最高主管那里，信息失真严重影响决策的正确性，同时，也导致决策迟缓，贻误时机，小问题可能已酿成大祸。

(2) 降低组织适应能力。组织都处在一定的社会环境之中，与环境发生着各种各样的互动关系。而环境在不断的日益激烈的发展和变化。为此，组织必须根据环境的变化及时的进行调整。这种调整既可能是全局性的，也可能是(而且往往是)局部的。过度集权的组织，使各个部门失去自我调整、自我适应的能力，从而降低了组织的应变能力。

(3) 伤害了组织成员的工作热情。高度集权使得基层管理人员和操作人员只能被动地、机械地执行命令，不能参与制定与自己有关的决策。长此以往，他们的积极性、创造性就会被逐步磨灭，丧失工作热情，降低工作效率，同时也不利于培养高层主管的后备人才。

上述任何一种情形发展到一定程度都会给组织带来致命的危害，更何况这几种情形往往是相伴而生的。又由于集权对多数组织而言是一种方便的、不自觉的趋势，所以一个组织要时刻提醒自己应适当地分权，防止过度集权。

3. 影响集权或分权程度的因素

一个组织在什么情况下应该采用集权制，在什么情况下应该采用分权制，组织中哪些权力应该集中，哪些权力应该下放呢？一般认为有如下影响因素：

(1) 组织规模。组织规模小，可以采用集权制。而当组织规模较大时，则应采用分权制。

(2) 地理分布。组织的各个组成部分相距甚远，就会产生分权倾向，而总部也难以解决各地的分部所面对的现实问题，因而应该采用分权制。反之，组织地域分布集中则可以适当集权。

(3) 决策性质。对于组织有重大影响、耗费较多、有一致性要求的决策权，宜集中在组织高层。因为通常认为，高层主管人员的决策能力和获取的信息量要大于下层。且这些决策正确与否往往责任重大，因而不适宜授权。而非事关重大、耗费不多和无一致性要求的决策宜于下放。

(4) 主管人员的数量和能力。实行分权制需要有足够的素质高、经验多、能力强的主管人员。若没有，只能将决策权上移，趋向集权制。

(5) 环境特征。组织处于复杂多变的动态环境中运作时，需要组织结构具有足够的柔性，采用分权制是合适的。而当组织环境相对稳定且可以预测时，集权制是可行的，因为这时决策慢些或考虑得更仔细一些也无妨。但当组织面临环境突然巨变，事关生死存亡时，组织多选择集权。

(6) 组织发展阶段。组织创设期多采用集权制，而在发展较快时，领导面临繁忙的事务，必须将一部分日常工作中的决策权交给下属，让他们伺机而行。但当组织不景气需要收缩时，往往要采用集权制。

(7) 信息技术的发展。电子计算机的应用和网络、通信技术的迅速发展，大大地改善了组织的信息工作，这对组织领导体制产生了双向的影响。一方面，高层主管利用先进的信息技术可以及时全面地了解基层情况，也可以迅速将决策传达到基层，这有利于实行集权制。另一方面，组织基层主管也可以利用网络等手段掌握与高层主管同样的信息，消除了下层主管在掌握信息上的劣势，从而为实行分权制创造了条件。另外，信息技术发展也有利于高层主管实施对下属的有效控制，从而鼓励其放心地向下授权。

4. 分权的途径

权力分散可以通过两种途径进行：一是在组织设计中将权力在不同层次之间进行分配(可称为制度分权)；二是主管人员在工作中进行授权。

制度分权是在组织设计时，考虑到组织规模和组织活动的特征，在工作分析，进而对职位和部门进行设计的基础上，根据各管理职位工作任务的要求，规定必要的权限。而授权则是主管人员在实际工作中，为充分利用专门人才的知识和技能，或在出现新的业务的情况下，将部分解决问题、处理新业务的权力委托给某位(或某些)下属。两者含义不同，有如下区别：

(1) 制度分权是在详细的分析、论证基础上进行的，有一定的必然性；而授权则是主管人员根据具体情况决定的，具有很大的随机性。

(2) 制度分权是根据整个组织结构的需要而授予某个职位的，不会因为谁在这个职位而变化；而授权则既要考虑工作要求，又要考虑下属的能力，是将权力授予某位(某些)下属人员的。下属人员变动后，主管可能会收回权力，而不是继续将之授予继任的下属人员。

(3) 分配给某职位的权力如要调整，会影响与其他职位的关系，因此，除非进行整个组织结构的重新设计，一般情况下是比较稳定的，不存在收回的问题。但授权是主管将本属于自己职位的权力委托给自己的下属，这种委托可以是暂时的，也可能是长期的，但委托者随时都有可能收回权力。

(4) 制度分权主要是组织工作的原则以及在此原则指导下组织设计中的纵向分工；而授权则主要是领导者在管理工作中的一种领导艺术，一种调动下属积极性、充分发挥下属作用的激励方法。

作为分权的两种途径，制度分权与授权是相互补充的。组织设计再详细也难以规定每项职权的运用，难以预料每个管理职位工作人员的能力，难以预料可能出现的新问题，因而需要各层主管人员在实际工作中灵活运用授权加以补充。

第三节 各种组织结构形式及特点

如前所述，组织工作的主要任务是要建立合理的组织结构，而合理的组织结构受到很多内外因素的影响，从而表现出千差万别。将众多的组织结构进行归纳，有如下几种典型形式。

一、直线制

直线制也叫单线制，是组织发展初期的简单的组织结构模式。其典型的组织结构图如图 6-5 所示。

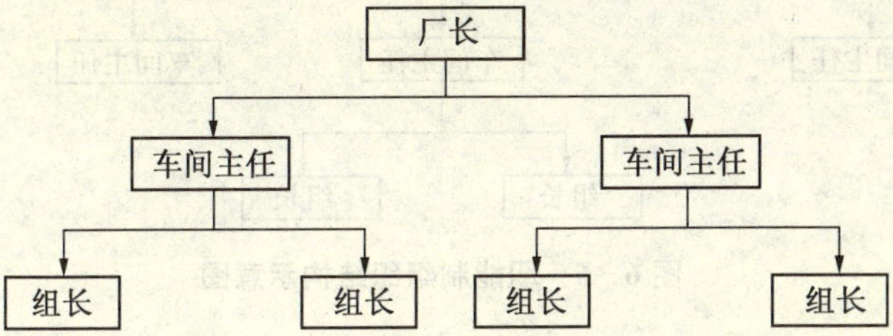

图 6-5 直线制组织结构示意图

直线制的特点是：组织的高层、中层、基层各管理职位均按垂直系统直线排列，各级行政主管对其下属拥有和行使全部的管理职权（以图 6-5 为例），要亲自处理各层次的生产、销售、技术、开发、财务、人事等各项业务工作，没有专设的职能机构和参谋人员来协助。它是高度的一元化领导组织结构。

直线制的主要优点是：结构简单；权责明确；指挥统一；联系简捷；决策迅速；管理费用低。主要缺点是：容易产生专制，妨碍下属发挥主动性和创造性；主管容易陷入日常行政事务之中，无暇研究与思考组织生存与发展中的重大问题；没有专业化分工，不利于管理水平的提高；当组织活动涉及专业领域较多时，全能型主管会力不从心，影响组织进一步发展。

因此，直线制只适用于技术较为简单、业务单纯、人员数量少、规模较小的组织，也可适用于中型组织现场作业管理。

二、职能制

职能制也叫多线制，是“科学管理之父”泰罗首先提出来的。其特点是：在直线制基础上，再按专业分工设置职能管理部门，且各部门有权在其业务分工范围内向下级颁布命令，下属既要服从上级直线主管的指挥，又要服从上级各职能部门的指挥。其典型组织结构如图 6-6 所示。

职能制组织结构形式的主要优点是：按专业设置职能部门，可以吸收各方面专家参与管理，可以提高管理水平和效率，同时使直线主管腾出精力致力于组织重大问题的研究。其缺点是：多头领导，政出多门，破坏了命令统一原则，易造成管理混乱，使下属无所适从；直线主管与职能部门的职责权限难以划分清楚，双方易产生分歧，互相争权夺利，争功诿过；职能部门之间协调困难；管理人员和费用增加。

职能制适用于规模不大但任务较复杂，需要专业化职能管理的组织。

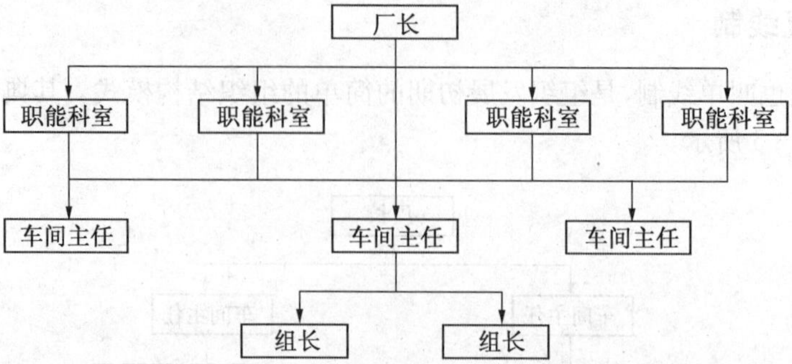

图 6-6 职能制组织结构示意图

三、直线参谋制

直线参谋制也叫直线职能制，是受到军队参谋部门作用的启发，为了发挥直线制和职能制的优点克服两者的缺点而提出的一种组织结构形式。其主要特点是：在组织中设置两套管理系统，一是按命令统一原则建立的直线指挥系统，二是按专业分工原则建立的职能管理系统。组织活动由直线主管统一领导和指挥，并负全面的责任。职能部门则设置在各级直线主管之下，分别从事专业管理，是各级直线主管的参谋部门。职能部门所拟定的计划、方案以及有关建议均应由直线主管批准后下达执行，职能部门对下级主管和下级职能部门无权下达命令、进行指挥，他们只起提供建议、咨询以及业务指导的作用。其典型组织结构如图 6-7 所示。

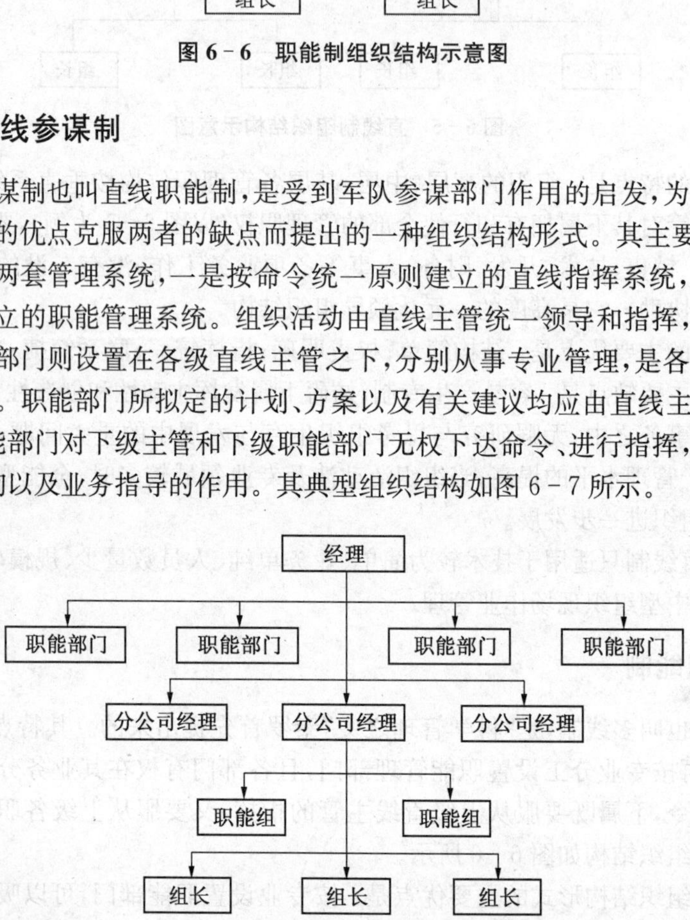

图 6-7 直线参谋制组织结构示意图

直线参谋制的主要优点是：既保持了直线制统一指挥的优点，又避免了直线制管理粗放的弊端，使管理水平大幅提高。主要缺点是：权力高度集中，体制较僵化，下级积极性和创造性受到压抑；各职能部门之间联系较弱，很难从全局考虑问题；职能部门和人员没有明确的要求和责权，其作用发挥因人而异，其意见常常得不到应有的重视；随着组织规模的扩大，直线主管（特别是高层）仍有可能陷入日常事务而疏于考虑组织长远的发展战略;另外,管理人员较多,管理费用上升。

直线参谋制适用于业务种类比较单一、环境比较稳定的中小型组织。

四、直线职能参谋制

直线职能参谋制是为了进一步发挥参谋人员的作用而在直线参谋制的基础上,又吸收职能制的长处而发展起来的一种组织结构形式。其特点是:在坚持直线统一指挥的前提下,为了充分发挥职能部门的作用,直线主管授予某些职能部门一定程度的决策、控制、协调及指挥权等,使他们能在授权范围内直接指挥下属直线部门的工作。其典型组织结构形式如图 6-8 所示。

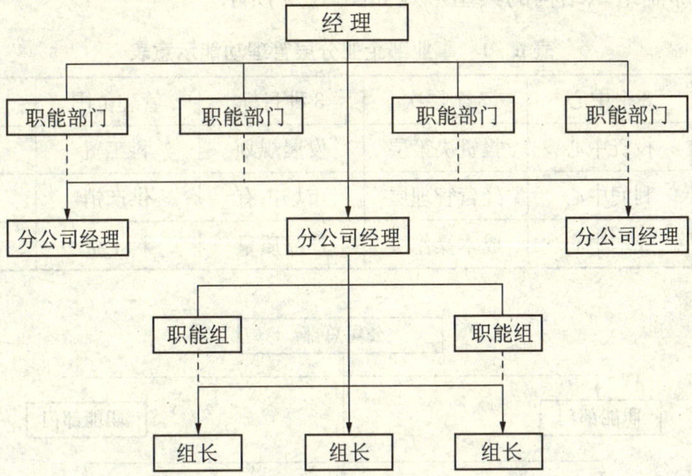

图 6-8　直线职能参谋制组织结构示意图

图中虚线表示某职能部门拥有部分直线权力。这里关键要明确职能部门拥有的只是部分而不是全部指挥权,如“做不做”由上级直线主管决定,而“怎么做”由职能部门决定。另外,也并非每个职能部门都有直线权力。

直线职能参谋制组织结构形式的主要优点是:在保持了直线主管的统一领导、集中控制的前提下,又进一步发挥了职能部门和职能专家的作用,进一步加强了专业管理,进一步减轻了中高层直线主管的日常工作负担。主要缺点是:职能人员可能会与下级直线人员之间产生冲突;另外,与前一种一样,仍然存在高度集权、灵活性差的问题;职能部门之间仍缺乏联系。

直线职能参谋制组织结构形式,目前在我国应用比较广泛。

五、事业部制

事业部制又叫分权制,也称为 M 型组织结构(相应的直线参谋制、直线职能制称为 U 型组织结构)。这种结构形式是美国管理学家斯隆(当时担任美国通用汽车公司副总裁)在 20 世纪 20 年代针对企业实行多样化经营所带来的复杂管理问题而提出来的，目前已为欧、美、日等国大型企业广泛采用。它是在企业总部下面按产品或地区等划分许多事业部，各事业部实行相对的自主经营、独立核算。它的主要特点是：企业总部与中间管理层之间进行分权，不同的管理层承担不同的企业功能，为实现企业目标而协调工作，如表6-1所示。每个事业部作为利润中心，拥有自己广泛的经营自主权，统一进行产品的设计、采购、生产和销售，就像一个小企业一样自主经营。在各事业部之上的总部负责企业长远发展有关的战略问题、事业部的经理人选以及事业部经营的监督和控制。有些各事业部有共性的功能或资源，可由总部设职能部门负责，各事业部共享。如产品开发、各事业部共性的技术由总部技术中心负责；各事业部共同需要的原材料可由总部原材料采购部门负责，从而降低采购成本等。事业部制组织结构的典型形式如图6-9所示。

表6-1 事业部企业分层管理功能示意表

	3个中心	3个层次	3种目标	管理范围	考核指标
总　部	投资中心	投资决策层	发展规划	科工贸	投资回报
事业部	利润中心	经营管理层	市场占有	供产销	利　润
工　厂	成本中心	成本操作层	产品质量	料工费	成　本

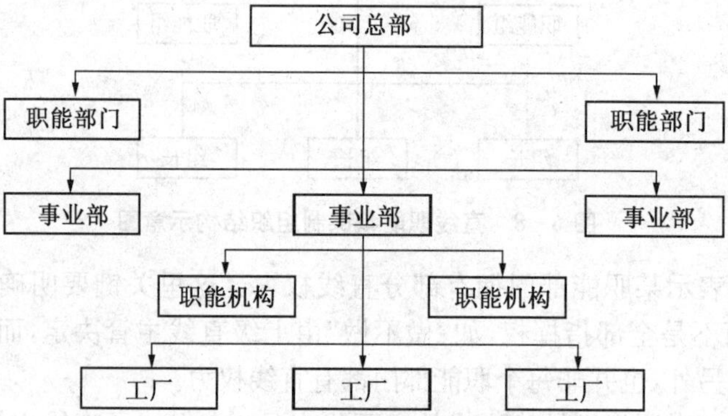

图6-9 事业部制组织结构示意图

事业部制的主要优点是：企业能把统一管理、多种经营和专业分工很好地结合起来，总部与事业部的责、权、利关系明确；权力高度下放，使最高管理层从日常行政事务中彻底解脱出来，而专注于企业的整体发展和长远发展，从而既加宽了高层主管所驾驭的范围，又增强了重大决策的科学性和预见性；事业部实行相对的自主经营、独立核算有利于对各事业部的绩效进行考评，也能更好地发挥中下层的积极性和创造性，因为事业部有了自我发展的动力、压力和能力；每个事业部的运作相当于一个小的独立企业，这有利于培养、锻炼高级管理人才。主要缺点是：总部、事业部、工厂各层均设职能机构，容易造成机构重叠、管理人员膨胀、管理费用较高；各事业部独立性较强，考虑问题往往只顾本部的利益而忽视整体利益；事业部之间竞争也使相互协调变得困难，等等。

事业部制组织结构主要适用于实行多角化经营的大型企业，以及面临环境比较复杂多样、地理分布分散的大型企业。

六、矩阵制

矩阵制组织结构由美国航天航空工业部门的一些大公司（洛克希德飞机公司、休斯公司等）于20世纪50年代创立。它是由按照职能部门化建立的结构和按照产品（或项目）部门化建立的结构重合而成的一个双重结构。其特点是：组织中的每一个成员既隶属于纵向的职能部门，又同时隶属于一个或几个横向的产品单位或项目单位。也就是说矩阵中的成员要接受双重领导：一方面接受项目主管领导，另一方面接受原属职能部门主管的领导。职能部门是固定的组织，而项目小组一般是临时性组织，项目任务完成后，各成员仍回原属职能部门，直到再参加下一个项目小组。其典型的组织结构形式如图6-10所示。

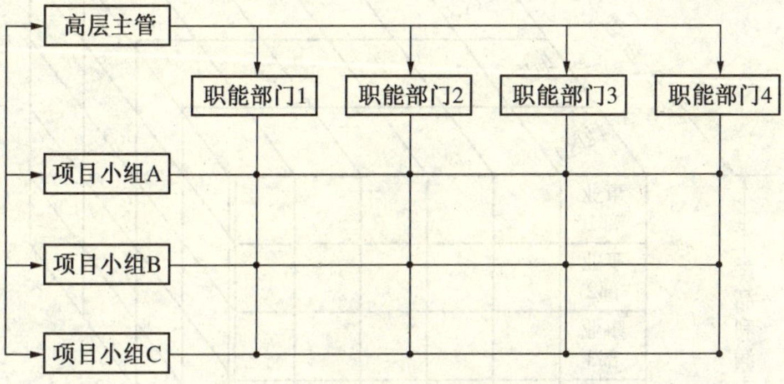

图6-10 矩阵制组织结构示意图

矩阵制的主要优点是：灵活应变能力强，这是因为横向的项目小组可以根据需要随时设立、调整或撤销；小组成员来自各职能部门，在项目小组工作中作为某方面专家参与决策的程度较高，从而有利于提高积极性，同时他们有机会学习新知识和新技能；有利于人力资源的充分利用；有利于加强部门间的横向联系；有利于最高主管实施分权管理，并将注意力集中于重大的战略性问题。主要缺点是：由于实行纵向和横向双重领导，故一旦处理不当，极易引发项目主管和职能部门主管之间的权力争夺，产生互相推诿、互相扯皮、下属人员左右为难的现象；项目小组是临时性的组织，易使成员产生短期行为。

矩阵制的特点决定了这种形式主要适用于某些业务中存在需要集中各方面人员参加的项目的组织。像航天大企业，为了生存和发展，一方面必须大力发展新技术、新材料，开发新的产品；另一方面又要千方百计争取用户，拿到项目。矩阵制就可以将二者较好地结合起来。此外，工程建设企业、大学等组织也可以采用这种组织形式。

七、多维立体制

多维立体制，又称多维立体矩阵制，由美国道—科宁化学工业公司于1967年首创。它是矩阵制与事业部制结合形成的一种组织结构形式，是系统论在组织结构中的具体应用。它的特点是：有3类主要的管理组织机构或3个中心：一是按产品(或服务、项目等)划分的事业部，是产品利润中心；二是按职能等划分的专业参谋机构，是专业成本中心；三是按地区划分的管理机构，是地区利润中心。在这种体制下，产品事业部与专业参谋机构、地区管理机构共同组成产品指导机构(产品事业委员会)对各类产品的产销活动进行指导。其典型的组织结构如图6-11所示。

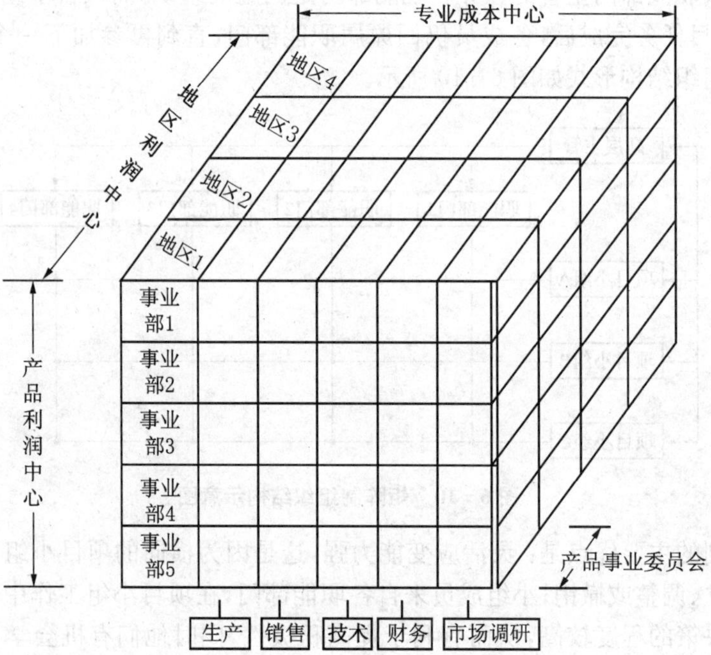

图6-11 多维立体制组织结构示意图

多维立体制组织结构形式的主要优点是：产品事业部、地区事业部与专业参谋部门任何一方都不能单独作出决定，而必须通过共同的协调才能采取统一行动，这有利于形成集思广益、信息共享、共同决策的协作关系，有利于提高经营管理效率。主要缺点是：结构形式复杂，对各机构的职责权限划分要求更严格，如果没有较高的管理水平和组织水平则难以取得实效。

多维立体制组织结构形式适合于规模巨大的跨国公司或跨地区公司。

以上介绍的是几种典型的组织结构形式，是对现实中存在的千姿百态的组织形态所做的抽象概括。现实中的组织一般很少一成不变地按上述典型形式构造组织结构，而是在一种典型结构形式的基础上，根据自身条件、战略和环境特点进行改造，形成自己“独特”的组织结构。另外，并没有哪种组织结构是最好的、普遍适用的，组织结构的形式也在不断地创新、发展着。组织工作的任务是要设计出最适合自己的结构形式，而不能赶时髦、图新鲜。

第四节　组织变革理论及方法

一、组织变革的含义

组织设计出来并运转以后需要一个稳定期，不必要的频繁变动将使组织秩序混乱，人心惶惶，组织的管理目标也就无从实现。但这并不意味着组织设计是一劳永逸的。组织需要随着内外部环境的变化以及自身的发展适时地进行变革。一成不变的组织是无法长期生存的，特别是在目前经济全球化越来越明显，科技发展越来越迅猛，市场竞争越来越激烈的形势下，组织变革必将成为经常性的管理工作，也是当前组织理论研究的热点问题之一。

组织变革是指组织为了适应内外部环境的变化，有目的、有计划地对组织结构、组织关系、职权层次、指挥和信息系统等进行调整和改变，以期更有效地实现组织目标的过程。

一般来说，组织变革可以分为5类：组织结构变革、技术变革、组织管理制度变革、人员变革及组织物理环境变革。结构变革涉及对权力关系、协调机制及其他类似的结构变量的改变。技术变革包括对工作流程、方法以及所用设备的调整。人员变革涉及员工态度、技能、期望、观念和行为的改变。组织管理制度变革包括组织的管理理念与管理方法的改变。组织物理环境变革包括对工作场所的位置和布局安排的改变。其中核心的是组织结构的变革、人员的变革。当然，这5类变革不是孤立的，而是相互联系的。

二、组织变革的原因

引发组织进行变革的原因同时存在于组织的外部和内部。

（一）影响组织变革的外部环境因素

组织的外部环境的变化不受组织管理者的控制。如市场需求的变化会迫使企业开发新的产品、高校设立新的专业；竞争者推出了新的营销策略迫使组织调整自己的竞争策略。资源（包括原材料、能源、资金、人力资源）供应的价格、数量、质量的变化，技术上新工艺、新材料、新技术、新设备的出现，这些因素的变化往往也是引发组织变革的导火索。

除了最重要的市场、资源、技术外，环境因素还包括政治形势、经济形势，投资、贸易、税收、产业政策，社会文化以及自然环境等都或多或少地会对组织变革提出要求。

（二）组织变革的内部因素

（1）组织目标的变化。组织目标是组织设计的基础。然而，组织目标的确立是建立在一定的价值观之上的，价值观的变化会使人们对目标的价值、目标的选择、目标的可行性等重新评估和权衡，进而引起目标的变化。组织目标一旦变化，组织的任务、结构、活动等都会随之发生变化，组织的变革也就不可避免。

（2）人员的变动。在任何一个组织中，人都是最宝贵的资源和动力。因而，当组织中的人员发生变动的时候，往往也会引发组织的变革。如组织的最高领导人发生更迭时，由于新领导人的理念、风格、能力、思维方式等与前任可能有很大的不同，从而对组织结构、权力分配进行一定的调整。组织中有新成员加入或原有人员离职、退休，以及组织中员工队伍的年龄、知识、性别、能力等构成发生变化，也会引起组织中主流价值评判标准和工作作风由渐变到质变，组织变革也就顺理成章了。

（3）管理模式和技术的现代化。例如，ERP（企业资源计划）的实施必然涉及组织的变革。因为 ERP 不仅仅是一套计算机软件系统，它还包含着现代管理理念，伴随着业务流程的再造和优化，以及机构与职权的调整、制度的完善与严格执行、行为方式的改变等。也就是说 ERP 的实施意味着组织要经历一场全面的变革。

（4）组织的成长。任何组织诞生以后，都不可避免地运行于自身的生命周期之中。这一周期可以分为创业期、成长期、成熟期、衰退期等阶段。在组织的创业期，一般规模小，人心容易齐，组织内关系简单，没有正式的组织结构，一切由创业者决策指挥。因而组织能否生存并发展，完全取决于创业者的素质与创造力。但随着组织的发展壮大，管理日趋复杂，创业者逐渐无法靠经验有效地运转他的组织了，必须寻找一位强有力的经理，建立集权的组织结构。而当组织进入成熟期时，组织的规模更大，进一步的发展也日益艰难，面临的竞争也空前激烈，这时就需要打破僵化的集权管理体制，实行更具灵活性也更能调动更多人积极性的分权制组织结构。总之，在组织的不同生命周期阶段，需要采用不同的管理方式，必须适时地进行组织变革，才能消除组织的危机，促进组织的发展，延长组织的寿命。

三、组织变革的时机

是维护组织的稳定还是进行组织的变革，管理者可能会感到无所适从。因为管理者如果极力维护组织的稳定就有可能导致组织的僵化，最终因不能适应环境的变化而被淘汰。但如果盲目地推进组织的变革，又有可能造成组织不稳定和人心涣散，甚至会使组织消亡得更快。这就要求管理者在推动组织变革时要非常谨慎，必须把握好恰当的时机。

一般来说，组织变革大都不是突发性的，而是有先兆可循的。如果组织的管理中发生如下一些情况，就有必要开始考虑组织的变革问题了。

(一) 决策迟缓，错误不断

表面看来，决策迟缓和失误是由各种原因造成的，而实际上根源却是组织问题。比如，可能会发生由于信息不灵而造成决策迟缓甚至失误，信息不灵可能是由于组织自身的原因，也可能是环境原因。但是，既然某一信息对管理决策有着重大意义，那么环境的障碍还能够成为托词吗？所以，归根到底还是组织自身的问题。再如，决策失误可能是由于主管人员的主观原因造成的，但组织不应该在结构上、体制上对决策的正确性给予保证吗？事实上组织结构的不合理、职权委任不合适、职责含糊、命令链混乱等都会造成信息不畅通、决策迟缓且失误连连。当然，如果仅仅是偶然的决策失误就不足以成为变革组织的理由。

(二) 组织内部沟通不灵，协调困难

组织作为一个有机体，是依赖于成员间的沟通的。有效的沟通可以使成员间的分工与协作都处在高效的状态，使纵向的上下级关系和横向的同级关系都处在高度协调的状态。但是，组织成员间的沟通是取决于组织的状况的。如果命令链或信息链混乱，或者所采用的传递信息手段不合适，就会造成沟通不灵；管理宽度过大，主管人员与下属之间就不可能存在有效的沟通，而管理层次过多，就增加了命令和信息失真的可能性；权力和利益分配的不合理，可能会造成相互的猜忌和心理失衡。这样一来，就不能形成成员间主动的协调和配合，反而会产生一些不必要的冲突、摩擦和误会。

(三) 管理业绩长期不理想

结构合理、职责分明、行动有序、信息通畅的组织必然意味着较好的管理效益。如果一个管理系统中长期存在着士气不高、经营不善、业绩不理想，以至于管理目标总不能得到实现，那么就必须考虑对组织进行变革了。组织业绩不理想的问题在企业管理中是最容易发现的，比如，一个企业生产部门的进度太慢、成本过高、质量不符合要求，销售部门的顾客减少或销售增长未能如期实现，财务部门的资金周转不灵，等等。这些问题只要有一个存在，而且比较严重，就有理由对组织进行变革前的全面审查。

(四) 因循守旧，缺乏创新

即使一个管理系统目前尚处在正常的运营状况下，如果长期没有创新，也需要进行变革。比如一个企业虽然尚未遇到严重的困难，但在产品的品种、质量和数量方面却长期保持在一个水平上，那就表明这个企业很快就会面临困境。因为，任何一个管理系统都不是孤立的，都处在与环境的互动关系中，环境是一个不断变化着的因素，如果在变动的环境面前保持不动，很快就会僵化、萎缩和丧失生命力，因而不得不进行变革。

也许上述几种情况都已经很严重了，但人们却还没有意识到变革的必要性。不过，人们往往对于组织中存在的一些不良氛围会很敏感。组织内部官僚主义盛行、组织纪律涣散、组织成员情绪低落、缺乏工作热情、工作效率低、人浮于事严重、奖惩不明或奖惩得不到执行、职能部门频频出现问题（如人事部门任人唯亲、财务部门违反财经纪律、生产部门总是出现产品质量问题）等等现象，就是最明确的变革先兆。一旦存在着这些变革的先兆，也就意味着组织变革的时机已经来临。

四、组织变革的动力与阻力

任何变革都面临着动力和阻力问题，这是对待变革表现出来的两种不同的态度及方向相反的作用力量。这两种力量的强弱对比决定着变革的进程、代价甚至成败。

所谓变革的动力是指赞成和支持变革并努力去实施变革的驱动力。变革的动力总体上来说来源于人们对变革的必要性、紧迫性以及变革所能带来的好处的认识。不管是组织的管理者还是非管理者，在意识到组织面临着现实或潜在的内外危机而变革是唯一出路的时候，在相信变革会给自己带来权力和利益关系的有利变化的时候，就会引发变革的动机，形成变革的推动力量。

所谓变革的阻力则是人们反对变革、阻挠变革甚至对抗变革的制约力。变革的阻力可能来自于个人，也可能来自于组织；可能来自于内部，也可能来自于外部。

个人反对变革，可能是出于长期形成的习惯被打破产生的不适感，或者对变革带来的不确定性的焦虑，以及对就业安全、权力、地位、收入、福利等方面的担心，还可能源于对变革的认知偏差（如认为变革不是为了组织的目的和最佳利益，变革方案将给组织带来更大危害等）。

来自组织的阻力，可能是组织结构的牵制，特别是当变革只限于某个子系统时往往会受到其他子系统的抵制。也可能是由于组织运行的惯性。任何组织都拥有一套内在的运行机制，以保持组织运转的稳定性和连续性。但是当组织实施变革时，这套原有的运行机制仍然会在一定的时间内惯性地发挥作用，从而充当了变革的阻力。还可能是组织资源的限制。变革必然涉及组织资源结构的变化，原有的资源可能会闲置造成浪费，变革所需的新资源可能会短缺，这些都可能导致组织不得不推迟或放弃一些变革。其实，组织变革的最大阻力是组织文化，原有的组织文化越是优秀就越是如此。因为组织文化的核心是精神理念层面的东西，比运行机制等制度层面的东西具有更大的惯性，更难以在短期内改变，从而可能成为组织变革的长期阻力。

此外，外部环境的一些束缚也会成为组织变革的阻力，如企业兼并、重组、裁员等可能会受到来自法律、政府、工会等方面的限制和反对。

降低组织变革阻力的措施主要有教育与沟通、参与、帮助与支持、谈判、强制与威胁、人事调整等。

五、组织变革的理论模式

在确定组织必须进行变革以后，下一个关键问题就是如何进行变革。组织的变革是一个复杂的、动态的过程，需要有正确理论的指导，有计划、有步骤地进行。只有这样才能使组织的变革获得成功，才能使组织得到生存和发展，反之则会使组织倒退或消亡(国外的研究表明，组织变革成功的胜算只有三成)。

许多学者对组织变革的过程和程序做了大量的研究，提出了不同的组织变革的理论模型，这里介绍几种有代表性的模型。

(一) 勒温(Lewin)变革模型

组织变革模型中最具影响的也许是勒温变革模型。勒温(1951)提出一个包含解冻、变革、再冻结 3 个步骤的有计划的组织变革模型，用以解释和指导如何发动、管理和稳定变革过程。

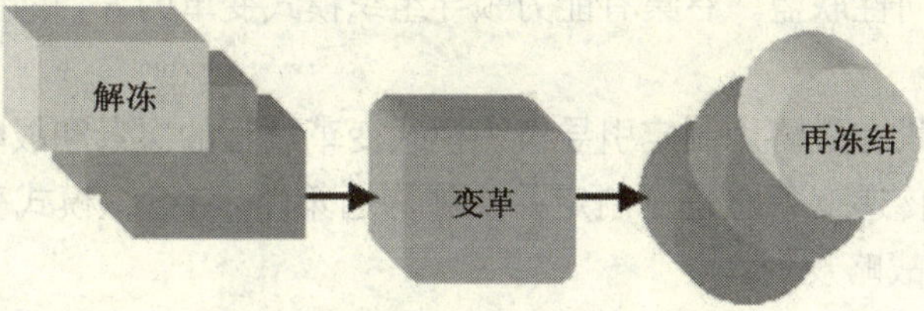

图 6-12 组织变革过程

(1) 解冻。这一步骤的任务是创造变革的动力。鼓励员工改变原有的行为模式和工作态度，采取新的适应组织战略发展的行为与态度。为了做到这一点，一方面，需要对旧的行为与态度加以明确否定；另一方面，要使干部员工认识到变革的紧迫性。为此，管理人员要与职工一起收集现状不能令人满意的证据；与其他组织进行横向比较，发现自身的差距；聘请外部专家帮助论证变革的必要性；指出必须进行变革的形势和压力。此外，应注意创造一种开放的氛围和心理上的安全感，减少变革的心理障碍，提高变革成功的信心。总之，解冻的方法一是增强变更的驱动力，二是减少变革的遏制力，或者两者并用从而打破现在已有的平衡状态，推动组织向期望的状态转变。

(2) 变革。变革就是由现在的状态向期望的状态过渡。变革是一个学习过程，需要给干部员工提供新信息、新行为模式和新的视角，指明变革方向，实施变革，进而形成新的行为和态度。这一步骤中，应该注意为新的工作态度和行为树立榜样，可以采用角色模范、导师指导、专家演讲、群体培训等多种途径。

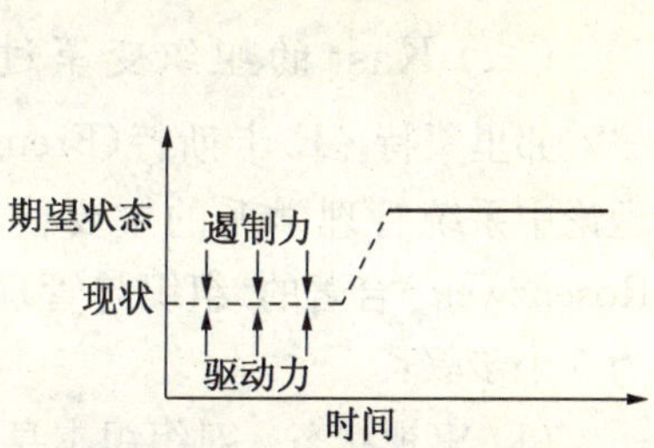

图 6-13 变革中解冻的方法

(3) 再冻结。在再冻结阶段，利用必要的强化手段使新的态度与行为固定下来，使组织变革处于新的稳定状态，防止出现倒退。为了确保组织变革的稳定性，需要注意使干部员工有机会尝试和检验新的态度与行为，并及时给予正面的强化；应系统地收集变革获得成功的客观证据，并把这些信息经常提供给变革的参与者，进而提高他们对变革的信心。

(二) Kotter 组织变革模型

变革管理专家约翰·科特(John Kotter)在研究了组织变革失败的原因后指出，成功的组织变革 70%～90%取决于领导，只有 10%～30%取决于管理。因此，他认为高层管理者应该集中于领导变革而不是管理变革。为了成功引领新型组织模式的变革，需要遵循以下步骤：

(1) 树立紧迫感。用令人信服的理由来说明企业需要组织模式变革的原因，以此来解冻组织。

(2) 建立导向性联盟。召集有能力领导组织模式变革的人，并建立跨职能、跨层级的团队。

(3) 确定愿景和战略。制定引导组织模式变革过程的愿景和战略规划。

(4) 沟通和传递变革愿景。制定并实施沟通策略，与组织模式变革相关的人员沟通新的愿景和战略规划。

(5) 强化具有广泛基础的行动。消除组织模式变革障碍，并采用变革目标因素来改变组织。鼓励冒风险和寻求解决问题的方案。

(6) 努力获得短期成功。计划并获得短期成功或改进。对获得成功或改进作出贡献的人员进行肯定或奖励。

(7) 巩固成果并深化变革。导向性联盟利用短期成功所赢得的信任来深化变革。当变革深入整个组织中时，更多的人会投入变革过程中，从而推进变革的进程。

(8) 把组织模式变革融入组织文化。组织模式的变革带来新的行为、程序、制度和结构，强调这些新的变化与组织成功之间的密切联系来巩固和强化变革，使之渗透于组织文化中。同时，不断开发领导力，继续引领企业在多变的环境中及时进行必需而有效的组织变革。

(三) Kast 的组织变革过程模型

弗里蒙特·E. 卡斯特(Fremont E. Kast)是美国华盛顿大学的教授，也是管理理论中系统管理学派的主要代表人物。他与詹姆斯·E. 罗森茨韦克(James E. Rosenzweig)合著的《组织与管理——系统方法与权变方法》一书中，把组织变革分为 6 个步骤：

(1) 审视状态。对组织本身、组织取得的成就和缺陷进行回顾、反省和检查，分析研究组织所处的内外部环境，为组织变革做准备。

(2) 觉察问题。识别组织中存在的问题，确定组织变革需要。

(3) 辨明差距。拿组织的现状与所期望的状态比较，进一步探明问题，发现差距，明确变革的方向。

(4) 设计方法。提出和评定多种备选方法，经过讨论和绩效测量，作出选择。

(5) 实行变革。根据所选方法及行动方案，实施变革行动。

(6) 反馈效果。检查变革的成果，找出今后改进的途径，进而使变革过程又回到第一步。如此循环，以便使组织不断得到完善。

(四) 唐纳利组织变革模式

唐纳利组织变革模式是由美国管理学家小詹姆斯·唐纳利于 1978 年在《管理学原理》一书中提出的一种组织变革的模式。唐纳利组织变革模式把变革过程分为 8 个步骤：

(1) 确定变革力量(主要包括外部力量和内部力量)。

(2) 认识进行变革的需要。

(3) 判断分析问题。

(4) 找出组织发展的方法和战略。

(5) 认识限制条件。

(6) 选择方法和战略。

(7) 实施计划。

(8) 评价计划。

管理者在实施改革计划时都会或明或暗地考虑到这些步骤，当管理者能够清楚地采取每一个相互连接的步骤时，改革成功的机会就会增大。

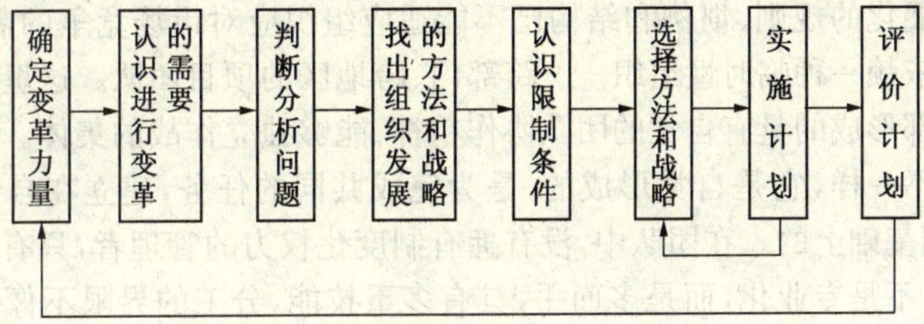

图 6-14 唐纳利组织变革模式

六、组织变革的新趋势

随着经济的全球化和知识经济时代的到来，企业的组织结构也在发生深刻的变化。20 世纪末以来，在发达的市场经济国家，企业的组织结构正在发生一些明显的变化。这些变化的趋势是：

(一) 重心两极化

随着买方市场的形成和竞争加剧，企业的重点部门由过去的生产转向研究开发和市场营销，从企业经营的过程来看，企业的结构特征正在形象地由“橄榄形”转变为“哑铃形”。

企业的组织结构发生这种转变最主要的原因是市场环境的变化。买方市场的形成，技术进步的加快，使得企业解决生存发展问题的关键不再是企业的生产问题，而是企业产品的更新换代的快慢以及如何打开市场的问题。所以企业的研究开发和市场营销成为当今企业的中心问题，也是资源配置的重点，企业的结构基本上就是由研究开发和市场营销部门组成，生产部门很小甚至没有。如美国的耐克公司就是典型的例子。作为全球高档运动鞋的霸主，耐克公司自己却几乎不生产，97%的耐克鞋都是在发展中国家以合同外包的形式制造完成的，耐克公司的主要精力则花在技术和产品研发与品牌营销上。

（二）外形扁平化

随着电子计算机和互联网络在企业生产经营中的应用，企业的信息收集、整理、传递和经营控制手段的现代化，金字塔式的传统层级结构正在向少层次、扁平式的组织结构演进。在当今的企业组织结构的变革中，减少中间层次，加快信息传递的速度，直接控制是一个基本趋势。据报道，联邦运通公司从董事长到最低一级职员总共只有 5 个层次，SUN 公司的层级结构更是不可思议的只有总裁—副总裁兼事业部长—工程师 3 个层次。组织扁平化大大提高了管理的效率，降低了管理费用。根据这个趋势，有人甚至悲观地预言，未来的时代是不需要中层管理人员的时代。

（三）团队组织

市场竞争的深入，需要组织在面对顾客多元化、个性化需求时能即时作出响应。以往组织中僵化的规则、惯例和结构已不能适应组织应对市场竞争的需要。为此，需要更多地依赖一种临时性组织——跨部门、跨地区的项目团队。这里的团队指的是在企业内部形成的具有自觉的团队协作精神、能够独立作战的集体。团队组织与传统的部门不一样，它是自觉形成的，是为完成共同的任务，建立在自觉的信息共享、横向协调基础上的。在团队中，没有拥有制度化权力的管理者，只有组织者。在团队中，人员不是专业化，而是多面手，具有多重技能，分工的界限不像传统的分工那么明确，相互协作是最重要的特征。组织成员必须具备与他人合作的能力，必须掌握团队解决问题的方法。事实表明，团队建设加大了组织的灵活性，增强了对外部环境的适应能力。

（四）虚拟组织

虚拟企业是在经济全球化、信息化、知识化的形势下演变而来的一种动态网络联盟企业。如果说团队组织是为了提高对市场变化的反应速度而对组织内部资源进行的动态优化组合的话，那么虚拟企业就是为了同样目的而对组织外部资源进行的一种动态优化组合。虚拟企业最大的优势是具有灵活性。因为它不是一个结构固定的组织，而是一个在一定的利益条件下结合成的一个松散组织。具体来说，虚拟企业是一个外部化的网络组织。核心企业是这个网络的中心，在满足市场的需求方面它与网络中的其他企业紧密合作，因为它自身仅仅只保留了满足市场需求的部分关键功能。

虚拟企业是在市场变化快、技术进步快、产品研制开发难度加大的形势下的企业生存发展模式。因为，它可以用市场的资源和协作的效率，最快地满足市场的需要。与虚拟企业相关的一个新的概念是战略联盟。有人认为，战略联盟与虚拟企业是同一种企业创新现象的两种不同的描述，我们基本赞同。如果说它们有什么区别的话，我们认为，虚拟企业的成员一般属于互补型，并且有一个核心；而战略联盟却可以是强强联合，并不一定有核心。

（五）学习型组织

当今社会处于急剧变革、激烈竞争、优胜劣汰的时代，置身于这个时代，要有效应对变革，取得竞争优势，那就需要不断学习，快速学习。创建学习型组织是知识经济时代发展的必然趋势。

所谓学习型组织就是能通过不断学习来改革组织本身的组织。学习在个人、团队、组织或者组织相互作用的共同体中产生。学习是持续性的并可以战略性地加以运用的过程，而且可以统一到工作中或者与工作同时进行。学习不仅导致知识、信念、行动的变化，还增强了组织的革新能力和成长能力。学习型组织，是把学习共享系统组合起来的组织。学习型组织具有下面几个特征：

(1) 组织成员拥有一个共同的愿景

组织的共同愿景来源于员工个人的愿景而又高于个人的愿景。它能使不同个性的人凝聚在一起，朝着组织共同的目标前进。

(2) 组织由多个创造性个体组成

企业的发展是创造性的工作，没有创造的企业就会被淘汰。

(3) 善于不断学习

这是学习型组织的本质特征。所谓“善于不断学习”，主要有4点含义：一是强调“终身学习”；二是强调“全员学习”；三是强调“全过程学习”；四是强调“团体学习”。

(4)“地方为主”的扁平式结构

传统的企业组织通常是金字塔式的，学习型组织的组织结构则是扁平式的，它尽最大可能将决策权向组织结构的下层移动，让最下层单位拥有充分的自决权，并对产生的结果负责，从而形成以“地方为主”的扁平化组织结构。例如，美国通用电器公司目前的管理层次已由9层减少为4层。只有这样的体制，才能保证上下级的不断沟通，下层才能直接体会到上层的决策思想和智慧光辉，上层也能亲自了解到下层的动态，吸取第一线的营养。

(5) 自主管理

学习型组织理论认为，“自主管理”是使组织成员能边工作边学习并使工作和学习紧密结合的方法。通过自主管理，可由组织成员自己发现工作中的问题、选择伙伴组成团队、选定改革进取的目标、进行现状调查、分析原因、制定对策、组织实施、检查效果和评定总结。

(6) 组织的边界将被重新界定

学习型组织的边界的界定，建立在组织要素与外部环境要素互动关系的基础上，超越了传统的根据职能或部门划分的“法定”边界。例如，把销售商的反馈信息作为市场营销决策的固定组成部分，而不是像以前那样只是作为参考。

(7) 员工家庭与事业的平衡

学习型组织努力使员工丰富的家庭生活与充实的工作生活相得益彰。学习型组织对员工承诺支持每位员工充分的自我发展，而员工也以承诺对组织的发展尽心尽力作为回报。这样，个人与组织的界限将变得模糊，工作与家庭之间的界限也将逐渐消失，两者之间的冲突也必将大为减少，从而提高员工家庭生活的质量(满意的家庭关系、良好的子女教育和健全的天伦之乐)，达到家庭与事业之间的平衡。

(8) 领导者的新角色

在学习型组织中，领导者是设计师、仆人和教师，领导者的设计工作是一个对组织要素进行整合的过程，他不只是设计组织的结构和组织政策、策略，更重要的是设计组织发展的基本理念。

学习型组织有着它不同凡响的作用和意义。它的真谛在于：学习一方面是为了保证企业的生存，使企业组织具备不断改进的能力，提高企业组织的竞争力；另一方面学习更是为了实现个人与工作的真正融合，使人们在工作中活出生命的意义。

尽管学习型组织的前景十分迷人，但如果把它视为一贴万灵药则是危险的。事实上，学习型组织的缔造不应是最终目的，重要的是通过迈向学习型组织的种种努力，引导出一种不断创新、不断进步的新观念，从而使组织日新月异，不断创造未来。

本章小结

组织是管理的重要职能之一，即为了实现计划活动所确定的组织的共同目标而对组织的活动进行合理的分工和协作，从而建立起合理的组织结构并使之运转的过程。组织不仅是高效地实现系统目标的保证，也是其他管理职能发挥作用的基本条件。

组织职能与其他管理职能一样，是一个动态的活动过程，包括组织的设计、组织的运作和组织的变革。本章主要介绍组织设计和组织变革。

组织设计的最终任务是提供组织结构系统图和编制职位说明书，为此需要按照下列步骤开展工作：确定实现组织目标所必须开展的活动，并进行分解和重新组合，按照职位专业化、职位扩大化、职位丰富化、工作团队化等思想设计工作职位，按照人数、工作技能、地区等标准划分部门，最后确定各部分相互之间的权责、协作关系。在进行组织设计时应考虑组织总体战略、环境、技术及组织自身条件等因素对组织结构的影响，遵循因事设职与因人设职相结合的原则、权责对等的原则、命令统一的原则，并妥善处理好管理幅度与管理层次、直线与参谋、集权与分权的关系。

典型的组织结构形式有直线制、职能制、直线参谋制、直线职能参谋制、事业部制、矩阵制和多维立体制。每种结构形式都各有自己的特点和优缺点，也各有其适用的情形，并不存在最好的、普遍适用的结构形式。

随着市场、资源、技术等环境的变化和组织自身的发展，现有的组织可能已经无法适应这些发展变化带来的危机和挑战，当出现了组织决策迟缓、失误不断，沟通失灵、协调困难，业绩长期不良、保守主义横行、缺乏创新，或者员工情绪低落、人浮于事、效率低下、问题频发等迹象时，就表示到了该下决心进行组织变革的时候了。要推进组织变革，就要通过宣传教育让员工都了解组织目前面临的困境和变革的必要性，消除对变革的顾虑，使变革的推动力大于抵制力，也就是对现状进行解冻。然后采用角色模范、导师指导、专家演讲、群体培训等多种途径为新的工作态度和行为树立榜样，指明变革方向，实施变革。为了使组织变革处于新的稳定状态，防止出现倒退，需对变革后的新状态进行再冻结，也就是利用必要的强化手段使新的态度与行为固定下来。

当今社会处于急剧变化、激烈竞争、优胜劣汰的时代，组织变革已成为经常性的管理工作。虽然各个组织面临的环境特点和自身情况各有不同，但组织变革的总体趋势是结构重心两极化、结构形态扁平化、工作团队化，以及虚拟企业和学习型组织的兴起。

课堂案例讨论

陆振华的“斑马”牌蚊香

陆振华是一位继承了祖传绝招——巧制一种人称“无敌先锋”的蚊香的农民企业家，他的乡镇蚊香厂，生产“斑马”牌简装和精装等系列蚊香产品。由于质量好、灭蚊有奇效，牌子打得很响，产品供不应求。奇怪的是，陆厂长只注意经管这家450人的蚊香厂和分布很广的蚊香销售网，似乎并未注意利用目前的大好形势去扩大纵深。外省的市场没有打开，本省的市场也未占全；陆振华没有继续扩大生产规模，而是强调质量是生命，决不允许危及产品质量。陆振华的工厂主要设有质量检验科、生产科、销售科和设备维修科，还有财会科和一个小小的开发科。其实他的产品很少改变，品种不多；他坚持生产“陆家一绝”这种传统产品，服务对象也是“老”主顾们。不久前，曾在深圳闯过天下并发了财的表哥鲍发来访陆厂长，对蚊香厂的发展称赞一番，还想投资入伙。但他说陆振华太保守，不敢开拓。他认为牌子已创出，不必僵守原有标准，应当大力扩充品种与产量，向省外甚至海外扩展。他觉得该厂目前的组织结构太僵化，只适于常规生产，不适应变化与发展；各职能部门局限于本领域；看不到整体和长远，彼此间沟通与协调不畅。他希望陆振华彻底改组该厂结构，按不同产品系列来划分部门，才能适应大发展的新形势，千万别坐失良机。但陆振华听不进去，反生反感，两人话不投机，争执激烈，互相讥讽，终于使他的表哥拂袖而去，不欢而散。

分析讨论

1. 本案例中陆家蚊香厂采用的是什么类型的结构？有何优缺点？适合于什么样的环境？

2. 鲍发建议的产品型结构是怎样的？有何优缺点？

某银行的一次失败的变革

某银行是一家等级森严的大银行。在它遍布全国的营业网点中，经理和柜台出纳员有着严格的分工。出纳员负责办理客户的存款和取款手续，其他任何事情都由分理处经理来处理。最近有资料表明，他们的客户和市场份额正在被投资机构夺走。为了扭转这种局面，从投资机构那边把客户夺回来，高层领导认为有必要让每天同客户打交道的出纳员也加入这场争夺战。于是，高层领导决定扩大出纳员的工作权限，让他们由单纯的出纳员变成出纳兼金融产品的销售员。为了实现这一战略设想，高层还决定在各个支行安装一种新的计算机系统，让各个营业处出纳员都能够接触到为客户服务所需要的重要信息，使得他们能够在不请示分理处经理的情况下可以处理金融产品销售过程中的几乎所有问题。在安装新的系统之前，银行事先对全体出纳员进行了培训，使他们掌握了新的计算机系统的使用。此外，他们还制定了新的工薪制度，把出纳员的收入同他们实现的销售额挂钩。在经过这样一番准备之后，银行利用一个周末，在所有分理处装上新的计算机系统。从接下来的那个星期一开始，所有出纳员都使用新的系统、按照新的要求进行工作，即在处理存取款业务的同时，同客户沟通，向他们推销金融产品。但是，时间过了一周又一周，出纳员仍旧按照他们多年以来形成的习惯进行工作(他们大多都在银行工作了10年以上)，没有向客户推销银行的金融产品。各个分理处经理为了促使出纳员完成他们的销售任务，按照新的工资和奖金办法计算他们的工资和奖金。经理们的这种做法引起了出纳员的不满，使得他们之间的关系变得紧张起来。一年半以后，这家银行不仅失去了市场份额，而且失去了顶级的员工，包括出纳员和分理处经理。

分析讨论

该银行这次变革的失误在哪里？你有什么建议？

本章自测题

一、名词解释

1. 组织职能
2. 指挥链
3. 授权
4. 管理幅度

5. 组织变革

二、选择题

1. 组织职能的基本内容包括(　　)。

A. 组织设计　　B. 组织运作
C. 组织变革　　D. 市场分析
E. 资源配置　　F. 竞争战略

2. 职位设计的原则或方式主要有(　　)。

A. 职位专业化　　B. 职位扩大化
C. 职位轮换　　D. 职位丰富化
E. 工作弹性化　　F. 工作团队化

3. 容易破坏命令统一原则的组织结构形式有(　　)。

A. 直线制　　B. 职能制
C. 直线参谋制　　D. 直线职能参谋制
E. 矩阵制　　F. 事业部制

4. 影响组织集权或分权程度的因素有(　　)。

A. 组织规模　　B. 地理分布
C. 决策性质　　D. 主管人员的数量和能力
E. 环境特征　　F. 组织发展阶段

5. 影响管理幅度大小的因素有(　　)。

A. 主管人员及下属的能力　　B. 主管人员所处的管理层次
C. 下属人员工作的相似程度　　D. 主管是否配备助手
E. 工作地点的集中程度　　F. 组织环境是否稳定

6. 组织过分集权的危害有(　　)。

A. 破坏组织政策的统一性　　B. 降低决策质量
C. 降低组织适应能力　　D. 伤害了组织成员的工作热情
E. 降低决策执行的速度　　F. 不利于培养高层主管后备人才

7. 勒温变革模型将变革分为哪几个阶段?(　　)

A. 解冻　　B. 审视状态
C. 变革　　D. 再冻结
E. 反馈效果　　F. 设计方法

8. 组织变革的新趋势主要有(　　)。

A. 重心两极化　　B. 外形扁平化
C. 团队组织　　D. 虚拟组织
E. 学习型组织　　F. 非正式组织

三、问答题

1. 组织设计的基本原则是什么?

2. 职位设计的原则或方式主要有哪些？
3. 简析按专业化设计职位的优点以及过度专业化带来的弊端。
4. 简述管理幅度与管理层次的关系及其对组织结构形态的影响。
5. 为什么现代组织结构形态有扁平化的趋势？
6. 组织变革的阻力来自哪里？如何克服？

第七章 人员配备

学习目的与要求

本章主要介绍人员配备的任务、程序和原则，并介绍人员选聘、培训、考评的程序方法，目的是为了让读者了解人员配备各个环节的内容。

具体来说，本章的学习要求是：

(1) 了解人员配备的任务、程序和原则。

(2) 掌握人员选聘的标准与方法。

(3) 掌握人员考评系统的基本内容、考评的主要方法程序；熟悉如何克服对人员考评中存在的误差。

(4) 掌握人员培训的意义及基本方法。

本章框架结构图

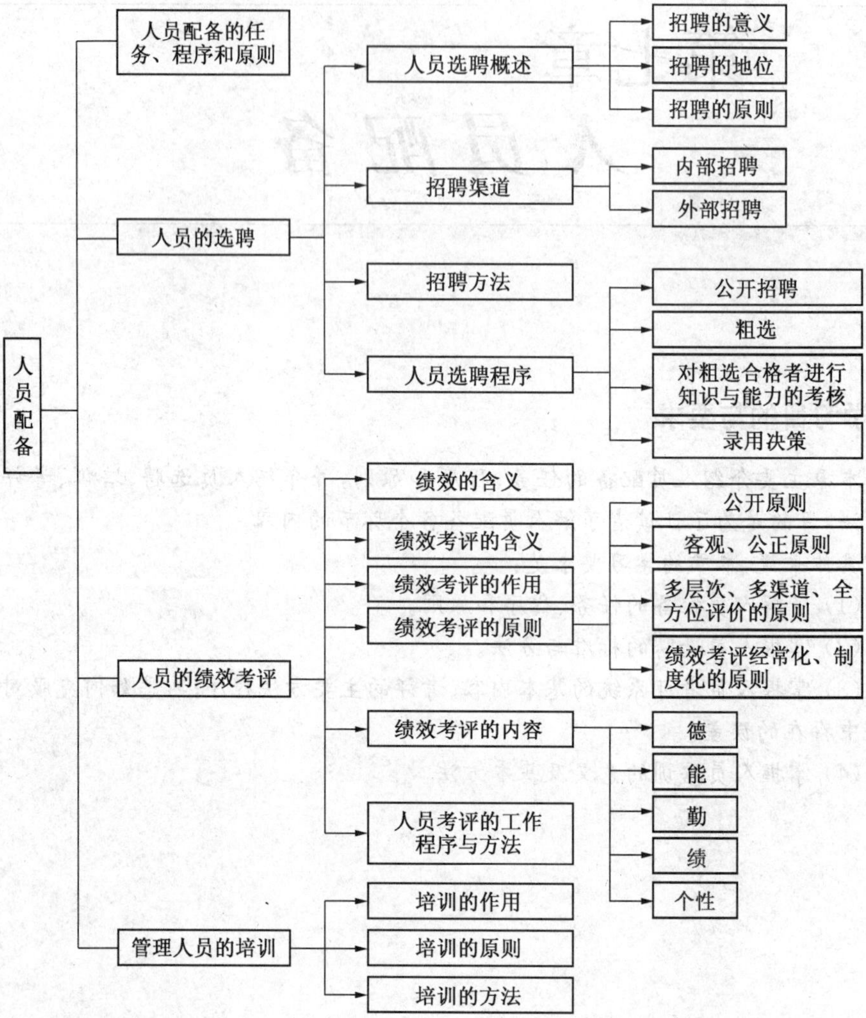

第一节 人员配备的任务、程序和原则

一、人员配备的任务

人员配备是为每个岗位配备适当的人。首先满足组织的需要；同时，人员配备也是为每个人安排适当的工作，因此也要考虑满足组织成员个人的特点、爱好和需要。

(一) 从组织需要的角度去考察

1. 要通过人员配备使组织系统开动运转——人员配备的基本任务

设计合理的组织系统要能有效地运转,必须使机构中每个工作岗位都有适当的人去占据,使实现组织目标所必需进行的每项活动都有合格的人去完成。

2. 为组织发展准备管理人员力量

组织的目标、活动内容需要经常根据环境变化适当地调整,由目标和活动决定的组织机构也随之发生相应的变化。

组织的适应调整过程往往也是发展壮大过程。组织的机构和岗位不仅会发生质的改变,而且在数量上会不断增加。所以,我们在为组织目前的机构配备人员时,还需要考虑机构可能发生的变化,为将来的组织准备和提供工作人员,特别是管理人员。

3. 维持成员对组织的忠诚

人才流动对组织来说,虽有可能给组织带来"输入新鲜血液"的好处,但其破坏性可能更严重,人员不稳定、职工离职率高,特别是优秀人才外流,往往使组织几年的培训费用付之东流,而且可能破坏组织的人事发展计划,甚至影响组织在发展过程中的管理人员需要。因此,要通过人员配备,稳住人心,留住人才,维持成员对组织的忠诚。

(二) 从组织成员配备的角度去考察

1. 通过人员配备,使每个人的知识和能力得到公正的评价、承认和运用

工作的要求与自身的能力是否相符,是否感到"大材小用"和"怀才不遇",工作的目标是否富有挑战性,这些因素与人们在工作中的积极、主动、热情程度有着极大的关系。

2. 通过人员配备,使每个人的知识和能力不断发展,素质不断提高

知识与技能的提高,不仅可以满足人们的心理需要("自我实现的需要"已变得越来越现实,特别是对于有一定文化素质的组织成员来说),而且往往是通向职业生涯中职务晋升的阶梯。

二、人员配备的工作内容和程序

(一) 确定人员需要量

人员配备是在组织设计的基础上进行的。主要以设计出的职务数量和类型为依据来确定人员需要量,职务数量指每种类型的职务需要多少人,职务类型则指出了需要什么样的人。

如果是为一个新建的组织选配人员,那么只需利用上述职务设计的分类数量表直接在社会上公开招用、选聘。然而,我们遇到的往往是现有组织的机构与人员配

备重新调整的问题，所以在通常情况下，在进行了组织的重新设计后，还需检查和对照组织内部现有的人力资源情况，两相对比，找出差额，确定需要从外部选聘的人员类别与数量。

（二）选配人员

职务设计和分析指出了组织中需要具备哪些素质的人。为了保证担任职务的人员具备职务要求的知识和技能，必须对组织内外的候选人进行筛选，做出最恰当的选择。这些待聘人员可能来自组织内部，也可能来自外部社会。

（三）制定和实施人员培训计划

组织成员在明天的工作中表现出的技术和能力需要在今天培训；组织发展所需的干部要求现在就开始准备。维持成员对组织忠诚的一个重要方面是使他们看到自己在组织中的发展前途。人员特别是管理人员的培训无疑是人员配备中的一项重要工作。培训，既是为了适应组织技术变革、规模扩大的需要，也是为了实现成员个人的充分发展。

三、人员配备的原则

（一）因事择人的原则

选人的目的在于使其担当一定的职务，要求其从事与该职务相应的工作。要使工作卓有成效地完成，首先要求工作者具备相应的知识和能力。

（二）因才使用的原则

不同的工作要求不同的人去进行，而不同的人也具有不同的能力和素质，能够从事不同的工作。从人的角度来考虑，只有根据人的特点来安排工作，才能使人的潜能得到最充分的发挥，使人的工作热情得到最大限度的激发。

（三）人事动态平衡的原则

处在动态环境中的组织是在不断发展的，工作中的人的能力和知识是在不断提高和丰富的，同时，组织对其成员的素质认识也是不断全面和完善的。因此，人与事的配合需要进行不断的调整，使能力发展并得到充分证实的人去从事更高层次的负更多责任的工作，使能力平平、不符合职务需要的人有机会进行力所能及的活动，以求得每一个人都能得到最合理的使用，实现人与工作的动态平衡。

第二节 人员的选聘

人是组织活动的关键资源。组织中的其他资源需要通过人的积极组合和利用才能发挥效用。人在组织中的地位决定了人员配备在管理工作中的重要性。由于每一个具体的组织成员都是在一定的管理人员的领导和指挥下展开工作的，因此管理人员的选拔、培养和考评当为组织人事管理的核心；人力资源决策当居组织各种决策之首。

一、人员选聘概述

（一）招聘的意义

所谓招聘是指组织采取一些科学的方法寻找、吸引具备资格的个人到本组织来任职，并从中选出适宜人员予以聘用的过程。

在市场经济下的今天，人们越来越认识到，没有什么比招聘到最合适的人更为重要的了。因此，组织一定要对招聘给予高度的重视。它的意义表现在：

（1）招聘工作的成功与否是组织成败的关键。

（2）有效招聘可以减少不必要的人员流失。

（3）有效招聘可以节约一定的培训费与开发费。

总之，能不能聘到合格的，特别是优秀的人才，不仅对组织今后的发展有很大的影响，也是衡量人力资源部门成绩的主要依据之一。

（二）招聘的地位

人力资源活动的各主要方面：计划和控制、工作分析和设计、培训开发、考评与激励、薪酬与福利等，都与人力资源的招聘或多或少地存在着联系。

（三）招聘的原则

招聘工作是保证员工队伍素质的重要一环，是提高员工劳动效率的前提，因此，要遵守以下原则：公开原则、竞争原则、平等原则、全面原则、择优原则、能级原则。

二、招聘渠道

（一）内部招聘

内部招聘选拔是员工招聘的一种特殊形式。严格来说，内部选拔不属于人力资源吸收的范畴，而应该属于人力资源开发的范畴。但实际上，组织中绝大多数工作岗位的空缺是由公司的现有员工填充的，因此公司内部是最大的招聘来源。在20世纪50年代，美国有50％的管理职位由公司内部人员填补，目前这一比率已经上升到90％以上。

1．内部招聘的优点

（1）得到升迁的员工会认为自己的才干得到了组织的承认，因此他的积极性和绩效都会提高。

（2）内部员工比较了解组织的情况，为胜任新的工作岗位所需要的指导和训练会比较少，离职的可能性也比较小。

(3) 提拔内部员工可以提高所有员工对组织的忠诚度,使他们在制定管理决策时能做比较长远的考虑。

(4) 上级对内部员工的能力比较了解,因此,提拔内部员工比较保险。

2. 内部招聘的缺点

(1) 那些没有得到提拔的应征者会不满,因此需要做解释和鼓励的工作。

(2) 当新主管从同级的员工中产生时,工作集体可能会不满,这使新主管不容易建立领导声望。

(3) 很多公司的老板都要求经理人张贴工作告示,并面试所有的内部应征者。然而,经理人往往早有中意人选,这就使得面试徒具形式,浪费了很多时间。

(4) 如果组织已经有了内部补充的惯例,当组织出现创新需要而急需从外部招聘人才时,就可能会遇到现有员工的抵制,损害员工工作的积极性。

长期以来,尽管人们很想知道哪一种员工来源最可能创造好的工作绩效,但是现有的研究还无法精确地回答到底哪种工作应该采用哪种招聘方法。不过一般而言,内部来源的员工比外部来源的员工离职率要低,长期服务的可能性要大一些。在内部补充机制不能满足组织对人力的需求时,就需要考虑在外部劳动力市场进行招聘。

(二) 外部招聘

外部招聘是根据一定的标准和程序,从组织外部的众多候选人中选拔符合空缺职位工作要求的管理人员。

外部招聘人员具有以下优点:

(1) 被聘人员具有"外来优势"。所谓"外来优势"主要是指被聘者没有"历史包袱",组织内部成员(部下)只知其目前的工作能力和实绩,而对其历史特别是职业生涯中的失败记录知之甚少。因此,如果他确有工作能力,那么便可迅速地打开局面。

(2) 有利于平息和缓和内部竞争者之间的紧张关系。组织内部可能有好几个竞争者希望得到空缺的管理职位,都希望自己有晋升的机会。从外部选聘有可能使这些竞争者得到某种心理上的平衡,从而利于缓和他们之间的紧张关系。

(3) 能够为组织带来新鲜空气。外部候选人可以为组织带来新的管理方法与经验。他们没有太多的框框程序束缚,工作起来可以放开手脚,从而给组织带来较多的创新机会。

外部招聘也有许多局限性,主要表现在:

(1) 外聘人员不熟悉组织内部情况,同时也缺乏一定的人事基础,需要一段时期的适应才能进行有效的工作。

(2) 组织对应聘者的情况不能深入了解。

(3) 外聘管理人员的最大局限性莫过于对内部员工的打击。大多数员工都希望在组织中有不断发展的机会,都希望能够担任越来越重要的工作。如果组织经常从外部招聘管理人员,且形成制度和习惯,就会堵死内部员工的升迁之路,从而会挫伤他们的工作积极性，影响他们的士气。同时，有才华、有发展潜力的外部人才在了解到这种情况后也不敢应聘，因为一旦应聘，虽然在组织中工作的起点很高，但今后提升的希望却很小。

由于这些局限性，许多成功的组织强调不应轻易地外聘管理人员，而主张采用内部培养和提升的方法。

三、招聘方法

（一）广告招聘

招聘广告是补充各种工作岗位都可以使用的吸引方法，因此应用最为普遍。阅读这些广告的不仅有工作申请人，还有潜在的工作申请人，以及客户和一般大众，所以公司的招聘广告代表着公司的形象，需要认真实施。组织使用广告作为吸引工具有很多优点。首先，工作空缺的信息发布迅速，能够在一两天之内就传达给外界。其次，同许多其他吸引方式相比，广告渠道的成本比较低。第三，在广告中可以同时发布多种类别工作岗位的招聘信息。最后，广告发布方式可以给组织保留许多操作上的优势，这体现在组织可以要求申请人在特定的时间段内亲自来组织、打电话或者向组织的人力资源部门邮寄自己的简历和工资要求等方面。

发布招聘广告要注意媒介的选择，当前可供选择的广告媒介很多，其中常用的有广播、电视、报纸、杂志、互联网络等等。

招聘广告是应征者了解招聘信息的重要渠道，它直接影响着求职者的兴趣，关系到招聘效果。因此，精心设计招聘广告是十分必要的。

一般来说，招聘广告内容应包括以下方面：

(1) 职位信息。包括职位名称、所属部门、工作内容、相关专业、工作地点和时间等。

(2) 组织招聘的基本条件。包括所学专业、学历、学位、有无相关工作经验、有无本地户口以及个性和能力要求等。

(3) 职位的大致收入和基本待遇。这一项内容还包括整个组织的平均收入情况、薪酬涨幅和频率、一般的福利待遇、带薪假期和教育培训制度等。

(4) 组织基本情况介绍。虽然它并不直接关系到招聘职位，但却是职位存在的背景。即使空缺职位的待遇并不诱人，但一个声誉良好、发展稳健的组织往往能吸引数量众多的人才。

(5) 应聘方法。应聘方法是给有意应聘者的行动指导，告诉他们必须准备哪些资料，应聘期限多长，如何与组织联系等。明确规定适合组织招聘安排的应聘方法可以避免求职者盲目地来人来电问询，使招聘工作能按计划有条不紊地进行。

（二）通过中介机构招聘

人才中介机构是指那些为用人单位寻找合适的职位候选人，也为求职者寻找工作机会的服务性机构。

人才中介机构的具体形式有以下几种：

(1) 各级劳务市场、职业介绍所。这些机构提供的一般是非技术性或技术性不强的劳动力服务，所涉及的职业如保姆、钟点工、营业员和服务员等。还可以为组织提供临时雇用的员工。

(2) 各级各类人才市场。随着现代人才需求量和人才数量的增加，各种人才市场越来越成为供职者和求职者满足各自需要不可缺少的帮助。就我国目前情况来看，人才和劳动力市场一般是由政府人事、劳动部门主办的事业性服务机构。人才市场还定期或不定期地举办招聘会，或举办专门人才专场。

(3) 其他人才服务公司。人才服务公司作为对人才市场的补充也活跃在人才服务的舞台。

(4) 猎头公司(Head Hunter)。猎头公司是时下国际国内都很流行的一种人才服务公司，它们以那些业绩良好的高层管理人才为目标，想方设法收集关于他们的各方面信息，然后根据客户的要求搜索合适的人选。找到合适的人选以后就开始用各种方式与目标接近和沟通，并根据了解到的其个人情况，投其所好地许诺为他们提供优厚的待遇或宽松的发展环境等等，最终达到使他们离开原来的公司到客户的公司工作的目的。猎头公司是顺应高级人才的流动需求产生的，他们往往主动送职上门，使高级人才的流动有了较固定的渠道。另一方面，猎头公司可以提供准确有效的人才服务，可以满足组织对资深管理人才和技术人才的需求。

(三) 校园招聘

大学校园是专业人员与技术人员的重要来源。组织在设计校园招聘活动时，需要考虑学校的选择和工作申请人的吸引两个问题。在选择学校时，组织需要根据自己的财务约束和所需要的员工类型来进行决策。如果财务约束比较紧张，组织可能只在当地的学校选择；而实力雄厚的组织通常在全国范围内进行选择。美国的一家公司在选择学校时主要考虑以下标准：

(1) 在本公司关键技术领域的学术水平。

(2) 符合本公司技术要求专业的毕业生人数。

(3) 该校以前毕业生在本公司的业绩和服务年限。

(4) 在本公司关键技术领域的师资水平。

(5) 该校毕业生过去录用数量与实际报到数量的比率。

(6) 学生的质量。

(7) 学校的地理位置。

在大学校园招聘中，一个经验是最著名的学校并不总是最理想的招聘来源，其原因是这些学校的毕业生自视很高，不愿意承担具体而繁琐的工作，这在很大程度上妨碍了他们对经营的理解和管理能力的进步。像百事可乐公司就很注意从二流学校中挖掘人才。

（四）网上招聘

在互联网上发布招聘信息不仅不受篇幅限制，还可以尽情地采用电脑动画、三维模拟等先进的电脑技术，将招聘广告装饰得有声有色，吸引众多网友浏览，达到广为传播的目的。并且，计算机还可以自动统计曾浏览过招聘信息网址的人数，有利于组织估计招聘效果。但是，互联网络地域传播很广，不利于组织将招聘限定在特定的区域。其次，由于互联网络上信息量太大，一则小小的招聘信息也许根本就引不起人们的注意，容易被人们忽略。还有一点是，由于目前我国很多组织没有上网条件，并且很多应聘者也无法上网，所以网上招聘目前仅限于有上网条件的大型组织、外资和合资组织、高新技术组织和计算机、通讯领域人才、中高级人才等。

四、人员选聘程序

无论是外聘还是内部提升，为了保证新任管理人员符合工作的要求，往往需要把竞争机制引入人员配备工作。通过竞争，可以使组织筛选出最合适的管理人员。

（一）公开招聘

组织中出现需要填补的管理职位时，根据职位所在的管理层次，建立相应的选聘工作委员会或小组。选聘工作机构要以相应的方式，通过适当的媒介，公布待聘职务的数量、性质以及对候选人的要求等信息，向组织内外公开招聘，鼓励那些符合条件的候选人参加。

（二）粗选

应聘者的数量可能很多。选聘小组不可能对每一个人进行详细的研究和认识，否则所花费用过高，需要进行初步筛选。内部候选人的初选可以比较容易的根据组织以往的人事考评来进行。对外部应聘者则需通过简短的初步会面、谈话，尽可能多地了解每个申请人的情况，观察他们的兴趣、观点、见解、独创性等，淘汰达不到基本要求者。

（三）对粗选合格者进行知识与能力的考核

1. 智力与知识测验

测验是要通过考试的方法测评候选人的基本素质，包括智力测验和知识测验两种基本形式，从中筛选掉明显不符合要求的人选。

智力测验是目前流行的一种评估个人潜能的基本方法，这种方法通过候选人对某些问题的回答，来测试他的思维能力、记忆能力、思想的灵敏度和观察复杂事物的能力等。显然，管理人员必须具备中等水平以上的智力。

知识测验是要了解候选人是否掌握了与待聘职务有关的基本的技术知识和管理知识。如果缺乏这些知识，候选人将无法进行管理工作。

2. 面试

面试是知识与智力测验的补充。测验可能不足以完全反映一个人的基本素质，更不能表明一个人运用知识和智力的能力。主要采用行为性的面试问题对候选人的胜任力水平进行判断，同时也使用开放性、假设性、探索性等各种问题配合进行面试。在面试中也会对候选人的专业知识技能进行考察。由候选人介绍自己任职后的计划和打算，并就选聘有关的提问进行答辩，充分展示候选人的才华。面试由用人部门和人力资源部门共同组成的面试小组实施。

3. 评价中心对候选人实际能力考核

在面试以后，还需对每个候选人的实际操作能力进行分析测试。测试和评估候选人分析问题和解决问题的能力，可借助"情景模拟"的方法。这种方法是将候选人置于一个模拟的工作情景中，运用多种评价技术来观测考察他的工作能力和应变能力，以判断他是否符合某项工作的要求。

情景模拟的具体方法很多，这里主要介绍处理公文测验与无领导小组讨论两种方法。

处理公文测验

(1) 向候选人提供"一揽子"公文，包括电话记录、下级请示报告、上级批件、公司内部报告、外部函件等。其中既有重要事项，也有琐碎的小事。

(2) 要求候选人在规定时间内把这些公文处理完毕。

(3) 观察候选人在一大堆公文压力下的心理与行为，是分清轻重缓急、有条不紊或授权下属呢还是杂乱无章、"眉毛胡子一把抓"？

(4) 询问候选人处理某些公文的依据是什么？有什么设想？为什么这样做而不那样做？

(5) 根据观测结果，选聘工作小组对候选人的管理能力作出集体评价。

无领导小组讨论

无领导小组讨论的方法主要用于评价候选人的领导能力、合作能力、应变能力等。

(1) 将候选对象编成若干小组。

(2) 规定身份，明确任务。向候选人提供相同的"公司"或"市场"材料，要求就公司在未来时期内增加盈利或提高市场份额制定对策。讨论时各自的指定身份是相同的，不存在领导与被领导的关系。

(3) 每个候选人根据提供的材料，开动脑筋，提出自己的看法和设想，进行讨论。

(4) 考核应变能力。讨论中每隔一定时间通报一次市场行情和组织生产情况的变化。有时，某个问题刚刚讨论完毕，解决问题的方案刚刚制定，便立即告诉候选人情况发生了变化。这时，要注意每个候选人的表现，在突然变化面前是焦躁不安、不知所措，还是沉着冷静、应付自如。

(5) 最后对参加讨论的每个人的领导能力、合作能力和应变能力进行评价，建议符合每个人特点的工作性质。

（四）录用决策

对参加了全部选拔评价程序的候选人通常要做综合的定量与定性评价，对其胜任程度进行判断。于是，分别对每个进入到最后一道选拔程序的候选人做一个综合评价报告。对候选人的评价不仅对作出招聘录用决策有作用，而且在员工被录用之后对其管理和培训也会有所帮助。

最后对决定录用的候选人进行背景调查，了解其过去有无不良记录，并且教育、工作背景均属实，避免录用风险。被录用的人员还必须接受身体检查，身体检查合格的人员可以正式办理入职手续。

第三节 人员的绩效考评

一、绩效的含义

对于绩效有多种理解。有人认为，绩效应当着眼于工作结果，是个体或群体劳动的最终成绩或贡献；也有人认为，绩效既应当考虑员工的工作业绩，又应当考虑员工的工作过程和行为方式，即绩效是员工与客观环境之间有效互动的结果。一种被普遍接受的观点则认为，绩效是个体或群体工作表现、直接成绩和最终效益的统一体。

绩效受多种因素影响，是员工个人素质和工作环境共同作用的结果。这些因素包括技能、激励、环境和机会。

二、绩效考评的含义

员工绩效考评是指对员工现任职务职责的履行程度，以及担任更高一级职务的潜力，进行有组织的并且是尽可能客观的考核和评价的过程，简称考评。

员工的绩效考评本身不是目的，而是一种手段。它的内涵和外延随经营管理的需要而变化。从内涵上来说，员工绩效考评有两层含义：一是考核员工在现任职位上的业绩；二是考核员工的素质和能力，即员工在组织中的相对价值或贡献程度。从外延上说，就是有目的、有组织地对日常工作中的人员进行观察、记录、分析，作为以事实为基础的客观评价的依据。

员工的绩效考评有正式和非正式两种。正式考评有明确的目的和周密的计划，有一套完整的体系和程序;非正式考评则事先无系统计划,只是上级对员工的口头式的赞扬与鼓励。作为人力资源开发与管理重要组成部分的员工绩效考评,是指正式的绩效考评。

三、绩效考评的作用

绩效考评可以使管理者了解和掌握员工的工作情况,有助于对组织人力资源进行有效的控制和使用。而且,绩效考评的结果往往与员工的报酬多少、晋升与否挂钩,因而会直接影响员工的工作态度和工作方式,对调动员工积极性、提高员工工作效率具有特别明显的作用。客观、公正、合理的绩效考评,对于一个组织是十分关键的。

具体地说,绩效考评的作用主要表现在以下几个方面:

(一) 为确定员工的薪酬提供依据

现代组织管理要求薪酬分配遵守公平与效率两大原则。工作报酬必须与工作者的能力和贡献结合起来。因而,必然要对每一个员工的劳动成果进行评定和计量,按劳付酬。绩效考评的结果是决定员工薪酬的重要依据。进行薪酬分配和薪酬调整时,应当根据员工的绩效表现进行。合理的薪酬不仅是对员工劳动成果的公正认可,而且可以产生激励作用,在组织内部形成进取与公平的氛围。

(二) 为员工岗位调整提供依据

每一项职务都要求特定的知识和技能,每一个员工又都有自己的优点和不足,用人要扬长避短。对于职务的客观要求,可以通过工作分析来衡量。对于人的特点,则有两种测量方法:一是人员测评,侧重于对员工的素质和能力进行考察;二是绩效考评,侧重于对员工的工作成果及工作过程进行考察。通过绩效考评,可以提供有关员工的工作信息,如工作成就、工作态度、知识和技能的运用程度等。根据这些信息,可以进行人员的晋升、降职、轮换、调动等人力资源管理工作。初期配备的人员并不一定与工作要求完全相符。比如一个员工在工作过程中素质和能力不断得到提高,表现出强烈的担负更重要工作的欲望,并试图努力证明自己是有能力负起更大责任的。绩效优秀,而且大有潜力,则可以给予晋升,既发挥其才能,又增强组织竞争力;一个员工绩效不良,可能是因为他的素质和能力同现在的职务不匹配,为了扬长避短,可以进行合理的调动和轮换。

(三) 服务于员工的培训工作

在组织竞争与发展中努力使人力资源增值,从长远来说是一项战略任务。培训是人力资源投资的重要方式。培训必须有的放矢,才能收到事半功倍的效果。人员的社会阶层、文化背景、过去经历以及受教育程度等因素决定了他们在具备一定优秀素质的同时,也存在着某些方面的素质缺陷。这些素质缺陷影响了他们管理技能的提高,对他们现在的工作效率或未来的提升机会构成了不同程度的障碍。在这方面，绩效考评可以查出员工在知识、技能、素质等方面的不足，可以帮助组织了解每个管理人员的优势、局限、内在潜力，指导组织针对管理队伍的状况和特点来制定培训和发展规划，使培训工作有针对性地进行。同时，通过持续的绩效管理，还可以促进培训工作的深入。

（四）促使组织与员工进行有效沟通来建立目标

考评工作，要求上下级之间对考评标准、考评方式以及考评结果进行充分沟通，因此，绩效考评有助于组织员工之间信息的传递和感情的融合。通过沟通，可以促进员工相互之间的了解和协作，可以使下级更加明确上级或组织对自己的工作和能力要求，从而了解努力的方向；可以使上级更加关心下属的工作和问题，从而更关注他们的成长；可以使上下级经常对某些问题加以讨论，从而促进理解的一致性，有助于使员工对组织目标与任务的理解，使个人目标同组织目标尽可能达成一致，建立共同远景，增强组织竞争力。

四、绩效考评的原则

国内外组织管理实践的经验表明，在绩效考评中应注意把握以下原则：

（一）公开原则

公开原则包括三方面的要求：

(1) 公开考评目标、标准和方法。人力资源部门在绩效考评之初就要把这些信息公开地毫无保留地传递给每一位考评对象。

(2) 考评的过程要公开，即在绩效考评的每一环节上都应接受人力资源部门以外人员的参与和监督，防止出现暗箱操作。

(3) 考评结果要公开，即在绩效考评结束之后，人力资源部门应把考评的结果通报给每一位考评对象，使他们了解自己和其他人的业绩信息。

（二）客观、公正原则

在制定绩效考评标准时应从客观、公正的原则出发，坚持定量与定性相结合的方法，建立科学适用的绩效指标评价体系。这就要求制定绩效考评标准时多采用可以量化的客观尺度，尽量减少个人主观意愿的影响，要用事实说话，切忌主观武断或长官意志。

（三）多层次、多渠道、全方位评价的原则

要做到科学评价员工绩效是很困难的，因为员工在不同时间、不同场合往往有不同的行为表现。为此，人力资源部门在进行绩效考评时，应多方收集信息，建立起多层次、多渠道、全方位的考评体系。这一考评体系应包括上级考核、同级评定、下级评议、专家鉴定、员工自评等几个方面。

（四）绩效考评经常化、制度化的原则

由于组织的生产经营活动是连续的过程，员工的工作也是持续不断的行为，因此，组织绩效考评工作也必须作为一项长期化、制度化的工作来抓，这样才能最大限度地发挥出绩效考评的各项功能。此外，经常化、制度化的考评工作有利于调动、保持员工工作的积极性，有利于激发起员工改进工作、提高质量的强烈愿望。

五、绩效考评的内容

员工因为工作性质不同，所以绩效考评的内容也不完全相同。在组织中，对工人的技术考评，以组织或有关主管部门颁发的《工人技术等级标准》为依据，主要内容包括应知考试和实际操作考试。

应知考试，即采用笔试或口试的办法，考评工人完成某等级工作所应具备的理论知识水平。

实际操作考试，即根据“应知”、“应会”的要求，对本工种某等级工人应该会做的典型工作项目在工作现场进行的操作考评，主要是检查工人的技术能力和操作水平。

组织对管理人员、工程技术人员和主要行政领导的考评，一般包括德、能、勤、绩及个性的考评。

(1) 德，包括思想政治、工作作风、社会道德及职业道德水平等方面。思想政治主要指员工的政治倾向、理想志向、价值取向，思想政治是起统率作用的；工作作风是员工办事时的风格，如是否雷厉风行、是否尊重别人、是否实行民主、是否尊重科学以及知错必改等；社会道德是指员工在处理个人与社会关系方面的倾向，如是否遵纪守法、维护社会公共利益等；职业道德是指员工在履行职务方面表现出来的道德倾向，如对待客户的态度、是否保守商业秘密和是否公正对待下属等。

古今中外，德的考评始终是首要因素，尤其对执掌权力的各级领导，更应重视对德的考评。

(2) 能，是指员工从事工作的能力，包括体能、学识和智能、技能等内容。体能取决于年龄、性别和健康状况等因素；学识包括文化水平、专业知识水平、工作经验等项目；智能包括记忆、分析、综合、判断、创新等能力；技能包括操作、表达、组织、协调、指挥、控制等能力。体能、学识、智能和技能是4个相互联系而又有区别的能力因素。体能和学识是基础，一个人若没有足够的精力和体力，就难以承担重任；人的学识为智能和技能的运用奠定坚实的基础，智能和技能则是把体能、学识转化为现实生产力的关键。能力是绩效考评的重点和难点。

(3) 勤，是指员工的积极性和在工作中的表现，包括出勤、纪律性、干劲、责任心、主动性等，积极性决定着人的能力发挥程度。只有将积极性和能力结合起来考评，才能发挥员工的潜力。

(4) 绩，是指员工的工作效率及结果，包括员工完成工作的数量、质量、成本费用，以及为组织作出的其他贡献，如改善了组织的形象等。业绩是组织和员工的最终期望，当然也是考评的基本内容。

(5) 个性，是指员工的性格、兴趣、嗜好等。为合理配置人力资源，有时必须考虑员工的性格、兴趣、习惯和嗜好对其从事的工作是否有利。一个人的个性虽不能决定一个人能干什么,不能干什么,但它能决定一个人干什么比较容易胜任,干什么难以胜任。个体在心理特征上所表现出来的差异性,往往会导致不同的工作效果。因此,个性也是绩效考评的一个必不可少的内容。

六、人员考评的工作程序与方法

贡献与能力考评,不仅对组织的人事工作,而且对管理者本身也是非常重要的。考评工作可以从两个方面影响管理人员的积极性:一方面,考评结论直接反映了组织、上级、部属、同行对自己的评价,从而反映了组织对自己努力的承认程度;另一方面,组织根据考评结论而进行的分配或晋升方面的决策,会影响自己在组织中的地位和发展前景。

由于这两个原因,每个管理人员都会重视组织的考评,都会把组织对自己的考评与别人进行比较,以判断组织对自己是否公正公平。考评要求依据一定的程序,确定合理的考评内容,选择适当的考评者,测试考评的误差,向被考评对象传达考评的结论,使其有申辩的机会,以真正起到促进改善的效果。

(一) 考评准备

1. 确定考评内容

(1) 确定考评内容的原则。考评内容主要是以职位的工作职责为基础来确定的,但要注意遵循下述 3 个原则:

① 与组织文化和管理理念相一致原则。在考评内容中必须明确:组织鼓励什么,反对什么,给员工以正确的指引。

② 侧重原则。考评内容应该选择职位工作的主要内容进行考评,不要面面俱到。

③ 不考评无关内容原则。一定要切记,绩效考评是对员工的工作考评,对不影响工作的其他任何事情都不要进行考评。

(2) 对考评内容进行分类。为了使绩效考评更具有可靠性和可操作性,应该在对职位的工作内容分析的基础上,根据组织的管理特点和实际情况,对考评内容进行分类。如将考评内容划分为重要任务考评、日常工作考评和工作态度考评 3 个方面。

2. 制定考评标准

考评标准是对员工绩效进行考评的标准和尺度。对员工进行绩效考评,需要依据一定标准对每一指标进行衡量,因此需要绩效考评标准。考评标准对于一定时期员工的努力方向和积极性有重要影响,应慎重对待。在编制考评标准时应遵循以下几项原则:

(1) 定量要准确。标准能用数量表示时应尽可能使用数量。同时,标准的定量必须准确。

(2) 内容要先进合理。所谓先进是指考评标准要反映组织的科学技术水平、管理水平，不至于使员工的每项指标都达到满分；所谓合理是指考评标准不能太严，使员工的考评分数都较低。一般情况下，应以多数员工都能达到的水平为考评的及格分。

(3) 考评标准要针对不同的职位及承担该职位被考评者的特点而制定。

(4) 文字应简洁、通俗。

3. 选择考评方法

对于不同的员工，考评内容是不同的，考评方法也是不同的，可采用多种形式进行考评。这可以从多方面来衡量评价一个人，可以有效减少考评误差，提高考评的准确度。

组织应根据员工的自身状况来选取考评方法，最终应达到完整评价员工，使其能在职位上发挥出最大作用的目的。

4. 选择考评者

绩效考评者可选择与被考评对象在业务上发生联系的有关部门的工作人员，包括五类人，即直接上级、同级同事、被考评者自身、所管理的下级以及外界的人事考评专家或顾问。

合格的绩效考评者应当满足的理想条件是：了解被考评职务的性质、工作内容、要求及考绩标准与公司有关政策；熟悉被考评者本人的工作表现，尤其是本考评周期内的，最好有直接的近距离密切观察其工作的机会；当然，此人应当公正客观，不具偏见。

(二) 实施考评，分析考评结果，辨识误差

1. 绩效考评的实施程序

绩效考评的程序一般分为两种，即横向程序和纵向程序。

横向程序是指按绩效考评工作先后顺序形成的过程进行。

纵向程序是指按组织层级逐级进行绩效考评的程序。绩效考评一般是先对基层进行绩效考评，再对中层进行绩效考评，最后对高层进行绩效考评，形成由下而上的过程。

2. 绩效考评的信度与效度

考评要求准确而全面，这就提出对其信度与效度的要求。

所谓信度是指考评的一致性(不因所用考评方法及考评者的改变而导致不同结果)和稳定性(不长的时间内重复考评所得结果应相同)。为了提高可信度，应在考评中对同一维度采用多种方法与角度，或请一个以上的考评者进行多次测评，并应使考评程序与格式尽量标准化。对考评者进行统一的培训也有助于信度的改善。

效度是指考评所获信息与待测评的真正工作绩效间的相关程度。效度差便是所测量的不是所拟测的，无关信息被纳入，有关信息却被忽略了，出现文不对题与答非所问的弊端。例如考评设计工程师的工作绩效时，测定他在每月内完成各类图纸的数量多少，就比检查他借阅资料室文献按期归还状况效度高。为了保证考评的高

效度，便应选用和设计适当的考评方法，并着重考评具体的、可量化测定的指标，不流于泛泛的一般性评价。培训考评者也很重要。

3. 绩效考评结果分析

绩效考评结果的分析就是通过对考评实施所获得的数据进行汇总、分类，利用概率论、数理统计等方法进行加工、整理，以得出考评结果的过程。

考评结果的表示方法通常有以下几种：

(1) 数字表示法。数字表示法是结果表示的最基本形式。它是直接利用考评结果的分值对被考评者的绩效情况进行描述的方式。

(2) 文字表达法。文字表达法是建立在数字描述基础上的，有较强的直观性，重点突出，内容集中，具有适当的分析，充分体现了定性与定量相结合的特点。

(3) 图线表示法。这种方式具有简便、直观、形象、对比性强的特点，适用于人与人之间、个人与群体之间、群体与群体之间、个人或群体与评定标准之间的对比分析。

4. 传达考评结果，建立组织的人才档案

考评结果应及时反馈给有关当事人。反馈的形式可以是上级主管与被考评对象的直接单独面谈，也可以用书面形式通知。有效的方法应把这两种结合起来使用：主管与被考评对象会晤之前，已让后者了解考评的结论，知道组织对自己能力的评价和贡献的承认程度，以及组织所认为的自己的缺陷，从而要求改进的方向，以使得被考评者有时间认真考虑这些结论。如果认为考评不公正或不全面，则可认真准备后在会面时有充分申辩或补充的机会。

（三）绩效考评面谈

只做考评而不将结果反馈给被考评的下级，考评便失去其极重要的激励、奖惩与培训的功能。反馈的方式主要是考评面谈。

一般这种面谈都由做过考评并发现被考评的下级有些绩效上的缺陷而主动约见的。因为谈话具有批评性，又与随后的奖惩措施有联系，所以颇为敏感，但却又是必不可少的。因此掌握好此种谈话便需要某种技巧乃至艺术。从一些经验之谈中归纳出下列几点诀窍：

(1) 对事不对人，焦点置于以硬数据为基础的绩效结果上。先不要责怪和追究当事者个人的责任与过错，尽量不带威胁性。

(2) 谈具体，避一般，不要作泛泛的、抽象的一般性评价。要拿具体结果出来支持结论，援引数据，列举实例。要用事例说明主管想看到的改进结果，引导下级看到差距在哪里。

(3) 不仅找出缺陷，更要诊断出原因。

(4) 要保持双向沟通。要共同解决问题，必须是个双向过程，不能主管单方面说了算，主宰一切，教训下级。这样只会造就傀儡，不能造就人才；只会激起抵制心理而不是对克服缺点的热情。

(5) 落实行动计划。绩效面谈只有导致改进的实效才算成功。

第四节 管理人员的培训

人的成长需要一个相对漫长的渐进过程,明天担任管理职务的干部要求今天就开始培训。因此,组织要在通过人事考评了解人力资本状况和特点的基础上重视展开员工培训特别是管理人员的培训工作。

一、培训的作用

培训是人力资源开发与管理的重要组成部分,是维持整个组织有效运转的必要手段。及时地、持续地、有计划地培训开发人力资源,是保持和增进组织活力的可行、有效的途径。

(一) 补偿作用

培训有支持经营机能的补偿作用。组织内"文化"培育的目的是为了实现组织经营发展战略。由于不断追求更高的经济增长率,只有恰当地利用人力资源,才能取得更高的劳动生产率,而技能培训对人力发展是极为重要的。因此,员工的培训应与组织的经营发展战略密切配合。

(二) 增强组织竞争力

高素质的员工队伍是组织最重要的竞争因素。通过培训,可以提高员工的知识水平,提高员工的首创精神和创新能力。同时,也可以提高员工的工作热情和合作精神,建立良好的工作环境和工作气氛,提高员工的工作满意度和成就感,从而提高员工队伍的整体素质,增强组织的竞争力。

(三) 提高生产力

员工通过有效的培训,在生产商品或提供服务时,能减少所需工作时间,从而降低人力及推销成本;减少材料的浪费和不良产品的产生,从而降低了供应成本;改进由组织将产品或服务输送到用户手中的方法,因而降低了服务成本。可见,生产的数量、品质与效率与员工的知识、技术、能力有绝对的相关性。而通过培训可增加其知识、判断力和解决困难的能力,这些均可使组织提高生产力。

由于培训的作用已被组织界所肯定,所以任何一个注重现代管理的组织无不对员工进行培训,投入巨大的人力与财力,以求工作效率的提高,生产成本的降低。以美国为例,组织界对员工的培训与人才的培育所作的投资仅次于教育机构与军事机构,居第三位。由此可见培训在管理中的重要地位。

二、培训的原则

要使培训能达到预期的目的,就要遵循一定的原则来进行培训。

（一）激励原则

培训的对象既然是组织的员工，就要求把培训也看做是某种激励的手段。如果为员工提供的培训可以给他们的发展带来益处，他们当然会乐于参加和支持组织的培训计划。可以说，在现代组织中，培训已作为一种激励的手段。一些组织在招聘员工的广告中明确告之：员工将享受到培训待遇，以此来增加本组织的魅力。通常，员工对那些重视培训的组织情有独钟。因为员工接受培训的同时，将感受到组织对他们的重视，这样有利于提高他们对自我价值的认识，也有利于增加他们职业发展的机会。

（二）个体差异原则

组织从普通员工到最高决策者，所从事的工作不同，创造的绩效不同，能力和应当达到的工作标准也不相同。所以，员工培训工作应充分考虑他们各自的特点，做到因材施教。也就是说，要针对员工的不同文化水平、不同职务、不同要求以及其他差异，区别对待。

（三）实践原则

在培训中，应千方百计创造实践的条件。培训的最终目的就是要把工作干得更好。所以，不能仅仅依靠简单的课堂教学，更要为接受培训的员工提供实践或操作的机会，使他们通过实践，体会要领，真正地掌握所学内容，在无压力的情况下达到操作的技能标准，较快地提高工作能力。

（四）效果反馈和结果强化原则

在培训过程中，要注意对培训效果的反馈和结果的强化。反馈的作用在于巩固学习技能、及时纠正错误和偏差，反馈的信息越及时、准确，培训的效果就越好。强化是结合反馈对接受培训人员的奖励或惩罚。这种对培训效果的强化不仅应在培训结束后马上进行，还应在培训之后的上岗工作中继续进行。一般来说，受人贬斥而发奋总不如受人赞扬更能自强自信，更能燃起奋发向上的热情。所以，人力资源主管应该明白，如果值得，对员工就该多表扬。如果员工在工作中是按照所教的那样去实行，就应该对其成绩给予赞扬。即使需要批评时，也要利用这个道理：没有全是缺点的人。如果能明白这一点，那就较容易看到员工的优点。

（五）明确培训目标原则

为接受培训的人员设置明确且具有一定难度的培训目标，可以增强培训效果。培训目标设置得太难或太容易都会失去培训的价值。所以，培训的目标设置要合理、适度，同时与每个人的具体工作联系，使接受培训的人员感受到培训的目标来自于工作，高于工作，是自我提高和发展的高层延续。

（六）有利于个人发展原则

员工在培训中所学习和掌握的知识、能力和技能应有利于个人职业的发展。作为一项培训的基本原则，它同时也是调动员工参加培训积极性的有效法宝。

（七）效果延续性原则

培训的效果一定要延续到今后的工作中去。这一原则尤其要强调，组织对于那些已经接受培训的员工如何使用，以及如何发挥他们已经掌握的技能，其中最有效的办法是给他们更多的工作机会、更理想的工作条件。而对其中确有工作能力、真正优秀的员工应委以重任，直至为他们提供晋升的机会。

三、培训的方法

（一）课堂讲授法

课堂讲授法是最通常的学习方法，也是最容易准备和实施的。课堂讲授法中最重要的因素是教师、学生、授课内容和授课环境。

在进行培训时，一般可以首先考虑这种方法。

（二）管理案例法

管理案例法是指通过对某一特定管理情景的客观书面描述或介绍来开展培训的方法。在组织培训中用管理案例对学员进行培训很见成效，这种方法最早为美国哈佛商学院于 20 世纪 20 年代所首创和倡导。

尽管管理案例的类型多种多样，但是培训的一般程序是一致的，这些程序包括以下几个步骤：

(1) 首先把学员分成小组，先由个人仔细阅读案例，找出问题的要点，在此基础上，小组展开讨论。

(2) 小组讨论时每个人都要把自己发现的问题提出，侧重在问题的事实方面，用发生了什么，什么时间、地点、人物等作为线索分析事件，一个人不可能把所有的线索都收集全，所以要用集体的方式互相补充，最好用图表的方式把这些线索间的假设关系标识出来。

(3) 每个人都写出对问题的分析，然后把这些个人的答案汇集起来按观点进行分类，具有相同观点的人组成一个小组，这个小组要论证本组观点的有效性，并准备做小组发言。

(4) 各组的代表发言，进行比较、讨论，评价各组的观点和意见，并提出各自的分析结果。

在实际的培训过程中，可以增加不同的内容，例如案例评析时可以辅助以声像媒介，进行角色扮演等。

（三）角色扮演法

角色扮演在许多大公司的培训中被广泛地使用，并被证明是一种非常有效的培训方法，它为学员体验各种行为并借此为这些行为进行评价提供了一种有效的工具。它能用来教会学员如何在课堂上交换自己的研究心得，并能增进人们之间的感情和合作精神。它还能用来研究困难情境中不同行为的可能结果,并由此为个人发展和增加对自己和他人感情的感受力提供了潜在的机会。

简单地说,角色扮演就是提供给一组学员某种情境,要求成员担任各个角色并出场表演,其余学员观看表演,注意与培训目标有关的行为。

表演结束后,培训师要引导学员总结。表演的学员可以谈谈自己对所扮演的角色的认识,表演时的感受和体验,以及对其他角色的看法;旁观者可以谈谈对整场表演或对某个细节的观感,以及自己从中领悟和学习到的东西。培训师要善于启发学员将表演与现实联系起来,鼓励学员将所学的知识应用到实践中去。

(四) 工作轮换法

工作轮换法,是组织有计划地按照大体确定的期限,让员工轮换担任若干种不同工作的方法,从而达到考察员工的适应性和培训开发员工多种能力的双重目的。

工作轮换主要适用于以下几种情况:

(1) 新职工巡回实习。

(2) 培养"多面手"员工。

(3) 培养经营管理者。

工作轮换,作为培养管理技能的一种重要方法,不仅可以使受训人丰富技术知识和管理能力,掌握公司业务与管理的全貌,而且可以培养他们的协作精神和系统观念,使他们明确系统的各部分在整体运行和发展中的作用,从而在解决具体问题时能自觉地从系统的角度出发,处理好局部与整体的关系。为了有效地实现工作轮换的目的,要对受轮换训练的管理人员提出明确的要求,并据此对他们在各部门工作期间的表现严格考核。

工作轮换法培训的出发点是组织的长远利益和发展前途,在实施中会和当前利益产生一些冲突。但是它对组织的长远发展会起到积极的作用,组织在培训中适当采用这种方法不无裨益。

(五) 设置助理职务

在一些较高的管理层次设立助理职务,不仅可以减轻主要负责人的负担,使之从繁忙的日常管理事务中脱出身来,专心致力于重要问题的考虑和处理,而且具有培训待提拔管理人员的好处。比如,可以使助理开始接触较高层次的管理实务,并通过处理这些实务,积累高层管理的经验,熟悉高层管理工作的内容与要求;可以使助理很好地观察主管的工作,学习主管处理问题的方法,吸收其优秀的管理经验,从而促进助理的成长;此外,还可使培训组织者更好地了解受训人(助理)的管理能力,通过让其单独主持某项重要工作来观察他的组织能力和领导能力,从而决定是否有必要继续培养或是否有可能予以提升。

(六) 计算机辅助培训

在科学技术飞速发展的今天,计算机培训和网络培训已成为重要的培训方式,由于这些培训方法具有许多优点，其发展前景不可估量。

开展计算机辅助培训的具体应用，可以通过以下几种模式加以说明：

(1) 练习和训练模式。这个模式是供学员在掌握了某些概念、规则以及定理之后使用的，为学员练习所学知识、训练基本技能提供学习资源。在该模式中，强化起着十分重要的作用。计算机通过一定的程序，向学员提出一系列问题以及某些实例，要求学员回答，并给学员及时强化(必要时可以向学员解释问题)。计算机可以不断地强化所有正确的反应，直到学员达到学习目的为止。

练习和训练模式最适用于计算技能的基本训练、语言教学中词汇的掌握、专业知识基本概念的建立等。

(2) 模拟模式。为了帮助学员理解抽象概念、提高学习的积极性而设计的模拟模式可以为学员提供大量的感性经验，模拟真实的生活情景。同时，还能够保证学员在以下3种情况下进行近似真实的练习：

① 一些不可能亲身体验的教学内容。

② 真实练习的费用过于昂贵，并且具有一定危险性的教学内容。

③ 一些很难做出的教学实验。

模拟模式给予学员在受控制的环境中检验各种假设的机会，这样在操作中既不承担“现实世界”的后果影响，也不浪费资源。

(3) 考核模式。考核模式把经过反复验证、可用于考试的问题输入计算机，建立试题库。考试前，计算机根据考试的要求，在试题库中抽取试题打印成试卷，由学员填答。最后，计算机对答案进行分析评定，为确定下一步培训的重点、难点及时采取相应的措施，提供科学依据。

表7-1 计算机辅助培训的优势和劣势

计算机辅助培训的优势	计算机辅助培训的劣势
① 能使学习者在自己选定的时间学习； ② 能使学习者在自己选定的空间学习； ③ 能提供有直接反馈的高级相互反应； ④ 为学习者提供检验自己理解的机会； ⑤ 当用到屏幕显示信息时，它是多种多样的； ⑥ 能自动保存学生的记录； ⑦ 节省成本，依情况而定。	① 相对不灵活； ② 由于没有培训人员或同级小组在场以确保参加，培训者应能高度自我约束； ③ 由于个人单独学习，会造成孤立感； ④ 它不允许直接的个人强化，因此弱化了培训的动机影响； ⑤ 当需要昂贵的硬件时，成本就变得太高。

(七) 网上教育培训

网上教育和在线培训是正在飞速发展的新领域。互联网和教育的结合，使得虚拟学校成为现实，人们不用离开工作岗位就能接受教育和培训，这将带来培训资源的共享和成本的降低，无疑会成为培训教育中重要的一个分支。

但网上教育培训也有局限性，因为老师和学员不能面对面的接触，会产生沟通与交流的困惑，同时因为学员要独立完成学习，或多或少会感到一些孤独。

作为最新的培训方法，网上教育培训对于国际化浪潮中的组织来说是极有吸引力的。作为组织的主管，应该了解网上教育培训的特点：

(1) 便于树立全球观念。要想树立全球观念，最好的办法就是创造条件让不同文化背景的经理人或主管聚在一起，由不同国籍的教师在不同地点授课。可以说，信息高速公路正是实现这一目标的最佳手段。

(2) 方便快捷。网上教育培训使更多的在职经理有机会进修。只要有时间，随时随地都可以通过个人电脑上网做作业，复习课堂上用过的幻灯片并进行案例评析。

(3) 能广泛接触来自不同文化和专业背景的教师和同学在电子教室里，每位学员都得参与活动，有的学院要求组成“网络小组”进行交流，甚至有的课程要求组内所有成员全都相互交流之后才能完成布置的作业。

(4) 缺乏面对面的交流。网上教育培训模式缺乏教与学的互动，无法享受面对面的交流。在传统的课堂里，学员在听课时可以感受到迎面扑来的热乎乎的气息，而在网络上，学员却无法感受到这些。

(5) 所付学费较为昂贵。例如，一家美国公司的学员参加网上教育培训，两年下来每人要交 5 万～7 万美元的学费，其中包括一台笔记本电脑、相关软件和教材，还有参加海外面授时的食宿费用。而传统的相关培训，全部学费两年平均为 4 万美元左右。但有的网上学员分析说：“可以肯定这笔费用不算少，但实际一点考虑，还是很划算的。如果没有这一课程，我得暂停公司业务，减少两年的收入。有了它，我就不用担心了。”

目前国内能提供网上教育和培训的机构还不多，不过在某些大组织内部可自主开发这种网上教育培训的模式，只不过学习的形式由老师上课改为软件和 E-mail 的使用。

本章小结

本章基本内容：① 人员配备的任务、程序和原则；② 管理人员选聘；③ 管理人员考评；④ 管理人员培训。

本章教学基本要求：掌握主管人员选聘的标准与方法；领会主管人员考评系统的基本内容、考评的主要方法与工具；熟悉如何克服对主管人员考评中存在的误差；掌握主管人员培训的意义及基本方法。

本章教学重点难点：管理人员选聘标准与方法；管理人员考评方法与工具；管理人员培训的基本方法。

课堂案例讨论

“内部跳槽”与“竞争上岗”

日本索尼公司每周出版的内部小报，经常刊登各部门的“求人广告”，职员们可以自由而且秘密地前去应聘，他们的上司无权阻止。另外，公司原则上每隔两年便让职员调换一次工作，特别是对于精力旺盛、干劲十足的职员，不是让他们被动地等待工作变动，而是主动地给他们施展才华的机会。

索尼公司内部跳槽制度就是这样，有能力的职员大都能找到自己比较中意的岗位，那些没有能力参与各种招聘的员工才会成为人事部门关注的对象，而且人事部门还可以从中发现一些部下频频“外流”的上司们所存在的问题，以便及时采取对策进行补救。

如果一个普通职员对正在从事的工作并不满意，认为本单位或本部门的另一项工作更加适合自己，改变一下并不容易。许多人只有干得非常出色以致感动得上司认为必须给他换个岗位时才能如愿，而这样的事普通人一辈子也难得碰上几次。当职员们对自己的愿望常常感到失望时，他们的工作积极性便会受到明显的抑制，这对用人单位和职员本身都是一大损失。

分析讨论

1. 索尼公司的“内部跳槽”式的人才流动有哪些益处？在实施中会带来哪些问题？

2. 索尼公司的“内部跳槽”式的人才流动与我国正在推行的公务人员竞争上岗制度有哪些异同？

核心员工跳槽引发的经营危机

某知名饭店集团非常重视员工培训，并成立了员工培训中心，新招来的员工一到饭店就被送到培训中心接受长达一年的业务培训，全部费用由饭店承担。至2004年，该培训中心已先后培训了五届员工。然而，由饭店花大本钱培训的员工，特别是核心员工在近两年先后跳槽。在第一届参加培训的40人中只有10人留在饭店时，并没有引起饭店管理者的关注，他们认为这是偶然现象，以至于第二届、第三届也只剩下7人。在问及离职原因时，离职的员工大都认为：自身价值得不到体现，缺乏晋升机会，绩效与薪酬不挂钩，工资和福利待遇差，致使员工在工作中常常心不在焉，工作绩效下降，服务态度差等。面对大量的人才流失，饭店现在已无心培训员工，害怕培训后的员工翅膀硬了，饭店留不住，白白为他人作嫁衣，于是取消了员工培训中心，员工服务水平与技能每况愈下，饭店口碑大不如前，致使人才流失更为严重，饭店经营陷入危机。

分析讨论

1. 通过阅读案例资料，你认为该企业应如何留住核心员工？

2. 你认为企业应怎样解决“员工翅膀硬了就走人”的问题？

主管人员的绩效考评

某酒店集团后勤部新上任的李经理，针对集团后勤工作管理不善、员工热情不高、大家对整个后勤部意见大等问题进行了充分的调查研究，制定了“严格管理，促进后勤工作转变”的工作方针，并将主管人员绩效考评作为整个方针落实的第一步。李经理的意见一在部办公会议上表露便引来各种意见。

负责业务的副经理老王认为：后勤工作千头万绪，关键要稳住顶在第一线的主管们。考评工作是很重要，但在全集团尚未全面实行管理人员考评之前我们自搞一套，主管们压力一定很大，一旦影响了情绪，工作会更糟的。

负责行政人事的副经理老肖则认为：后勤工作繁重琐碎，能维持现状已属不易，再折腾，搞乱了管理人员的思想，局面更难。

李经理再次强调管理人员考评的意义，他认为只有做到奖惩分明，打破“大锅饭”，并把管理人员的奖金、提拔和晋升工资与工作好坏挂起钩来，后勤工作才可能根本改观。在李经理的坚持下，部办公会议同意了对主管进行考评的意见，并让肖副经理拿出具体考评细则交全体主管会议讨论。

经过几次部办公会议的争论，李经理也听取了老王、老肖的意见，意识到主管能否理解考评的意义将成为整个考评工作成败的关键。因此在几天后的主管会议上，李经理把解决主管的认识问题列为会议的重点。主管会议开得不错，在李经理阐明考评工作意义之后，不少主管纷纷发言表态，支持领导决定，气氛相当热烈。李经理看到原先的担忧基本解除了，便发给每位主管一份《考评细则》，并当众宣布下一季度试行，第一个月的奖金将按考评后的实际得分发放。

一个月的考评工作顺利进行着，主管们比过去忙多了，后勤工作多少有些起色了。每当全体主管会议时，到场的人多了，平时不记录的主管也带上了小本本，各部门挂起了行踪留言黑板。各科应上报的一个月工作计划和工作汇报都早早收到了。后勤部办公室也整整忙了一个月，记录着各种反馈信息。

第二个月的5日，李经理收到了主管们送上的自评表，出乎意料，主管们几乎都给自己打上满分；员工评议表和其他科的打分又带有很浓的个人成见。如物资科主管工作负责、原则性很强，得罪了一些人，被其他科打了个最低分；只有部领导的评分才恰如其分，可以公布。

在第二天的主管会议上，李经理公布了部领导对主管的考评结果，宣布奖金获得数。6位得分少的主管当场要求部领导说明原因和理由，会议难以进行下去。当天下午他们还联合起来到集团办公室和人事部告状。由于6位主管接连几天没有主持工作，闹得不可开交，直接影响了整个后勤部的正常工作秩序。

一周之后，经集团领导调解，后勤部10位主管的奖金仍按最高等级发放。面对这一切，李经理陷入了苦闷的深思。

附：《考评细则》

1. 有强烈的事业心；不计较个人得失；不以权谋私；工作任劳任怨。（以上 4 点满分为 20 分）

2. 参加部召集的会议活动；迟到或早退一次扣 1 分；缺席一次扣 2 分。（满分 10 分）

3. 外出情况：一个月中无交代外出，查到一次扣 2 分。（满分 10 分）

4. 精通岗位业务知识；不断改进业务工作。（满分 10 分）

5. 善于发动群众；善于识人用人。（满分 10 分）

6. 每月按时上交工作计划，全科人员职责明确；工作有条不紊；有考核标准和要求。（满分 20 分）

7. 按期按质完成部交办的任务；工作成效明显或群众反映良好。（满分 20 分）

本考评细则由个人自评，本科员工、其他科及部领导分别测评，相加数平均后得出总分。

分析讨论

1. 导致这次考评失败的主要原因是什么？
2. 应如何解决此次的考评问题？

本章自测题

一、名词解释

1. 人员配备
2. 招聘
3. 内部招聘
4. 绩效考评
5. 培训

二、选择题

1. “以那些业绩良好的高层管理人才为目标，想方设法收集关于他们的各方面信息，然后根据客户的要求搜索合适人选。”这是（　　）的做法。

A. 劳务市场　　B. 职业介绍所

C. 人才市场　　D. 猎头公司

2. 对候选人进行背景调查是人员选聘活动中（　　）环节必须做的工作。

A. 情景模拟　　B. 粗选

C. 能力的考核　　D. 录用

3. 影响员工绩效的主观方面因素有（　　）。

A. 技能　　B. 激励

C. 环境　　D. 机会

4. 影响员工绩效的客观方面因素有（　　）。

A. 技能　　B. 激励

C. 环境　　D. 机会

5. 绩效考评的原则包括(　　)。

A. 公开原则　　B. 动态平衡的原则

C. 因事评人的原则　　D. 客观、公正原则

6. 以职位的空缺和实际工作的需要为出发点，以职位对人员的实际要求为标准，选拔、录用各类人员。这就是人员配备的(　　)原则。

A. 因事择人　　B. 因人择事

C. 因才使用　　D. 经济效益

7. 在管理人员选聘的测试办法中，考查人员事先不拟订谈话形式和内容的框架，而是以漫谈形式让备选人员自由发挥的方法是(　　)。

A. 即席发言　　B. 无领导小组讨论

C. 结构式面谈　　D. 处理公文测验

8. 员工不能只满足于掌握单项专长，必须是多面手、“全能工”。培养“多面手”员工的方法是(　　)。

A. 工作轮换　　B. 岗位学习

C. 临时职务　　D. 角色扮演

9. 考评员工的协作精神主要通过向(　　)获取信息。

A. 直接上级　　B. 同级同事

C. 所管理的下级　　D. 外界的人事考评专家

10. 用于人与人之间、个人与群体之间、群体之间、个人或群体与评定标准之间的对比分析的考评结果表示方法是(　　)。

A. 数字表示法　　B. 文字表达法

C. 图线表示法　　D. 书面表示法

三、问答题

1. 人员配备的工作内容有哪些？在进行人员配备工作中应遵循哪些原则？

2. 一个组织管理人员的需要量是根据什么确定的？

3. 内部招聘和外部招聘各有何优点和不足？你认为在实践中应如何克服其不足？

4. 如何使人员的稳定与流动合理地组合，从而在帮助每个管理人员找到最恰当的工作岗位，使人才得到最充分、最合理地使用的同时，保持组织的稳定性？

5. 怎样评估现有人员的能力和素质？如何从组织外部招聘合适的管理人员？

6. 为什么要对管理人员进行培训？培训的方法有哪些？试比较它们的优缺点。

7. 为什么不仅要考评管理人员的贡献，还要考评其能力？你认为一个人的能力和贡献有何关系？管理人员考评的目的和作用是什么？

第八章 领导

学习目的与要求

作为一种职能活动，领导可以定义为激励和引导团队成员实现组织目标的过程。本章主要从领导的概念、领导理论、领导方法和领导艺术4个方面来讨论领导的职能。通过本章学习，要求学生了解并掌握以下内容：

(1) 理解领导的含义，掌握领导者权力的来源，了解领导者与管理者之间的差异。

(2) 了解领导特质理论的基本观点。

(3) 理解管理方格理论，掌握在实践中怎样选择合适的领导方式。

(4) 了解领导权变理论的基本观点。

(5) 理解领导权变理论的实质，懂得如何灵活运用权变理论。

(6) 了解领导方法的内容，理解领导方法与领导艺术的关系。

(7) 掌握领导艺术的主要内容。

本章框架结构图

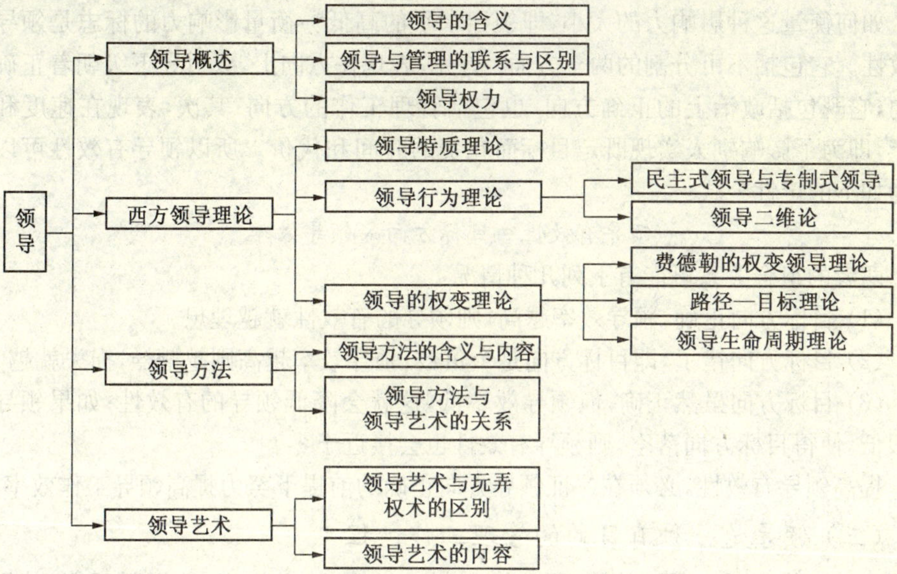

第一节 领导概述

一、领导的含义

作为一种职能活动，领导可以定义为激励和引导成员实现组织目标的过程。领导的这一概念揭示了领导的3层含义：

（一）领导必须有领导者和被领导者

领导一定得有领导者和被领导者，否则就不成其为领导者，领导者行使领导职能通过被领导者实现组织的目标。在这里，领导和领导者是两个不同的概念。领导者是实施领导的人，或者说是利用影响力带领人们实现组织目标的人；而领导则是一种影响力，是对人们施加影响的艺术过程，也是一种人与人之间的交往过程，通过该过程来影响、激励和引导人们执行某项任务，以达到特定目标的一种行为。

（二）领导的本质是发挥影响力

领导，就是要发挥影响力，引导和推动下级去实现既定的目标。所以，领导的作用不是在于领导者自己直接动手去实现目标，而是在于影响和推动下级和下级组织去实现目标。在实际工作中，有一些刚走上领导岗位的人，当遇到工作中推不动或下级工作不如己意时，心中着急，往往就亲自动手。这种做法，如果是为了给下级起个示范和引导的作用，那是可以的；但如果是撇开下级，包办代替，那就不是在起领导作用，而是把自己降低到下级执行者的位置上去了。

如何衡量这种影响力的大小，即领导水平的高低？衡量影响力的标志是领导的有效性。它包括不可分割的两个方面：首先，表现在方向上，要引导下级朝着正确的方向，它既包括政治上的正确方向，也包括管理工作的方向；其次，表现在速度和效率上，即为了影响别人实现既定目标而花费的时间和代价。所以领导有效性可以概括为如下的定性公式：

领导有效性＝目标方向×领导效率

两者的组合关系可能有下列几种情况：

(1) 目标方向正确，领导效率越高，则领导的有效性就越理想。

(2) 目标方向错了，即目标方向是个负数，领导效率越高则越糟糕，损失就越大。

(3) 目标方向虽然正确，但领导效率低，这就会降低领导的有效性；如果领导效率很低，使得目标方向落空，则领导有效性也会接近于零。

提高领导有效性，必须在保证领导方向正确的前提下努力提高领导工作效率。

(三) 领导是一种有目的的管理工作过程

这种工作包括一系列的管理行动，如制定决策、建立组织、选用干部等，其目的是为了实现组织的一定目标和任务。

二、领导与管理的联系与区别

管理工作的独立是社会分工的结果，领导从管理工作中独立出来，也同样是社会分工的结果。管理和领导这两个概念既有联系又有区别。

(一) 领导与管理的联系

领导与管理的联系具体体现在以下几个方面：

(1) 具体职能。两者都是社会组织活动中的一种行为、关系、职责和过程；都有组织、指挥、协调、控制等具体职能。

(2) 共同目标。两者都是为适应社会组织活动的客观需要产生并发展的，其目的都是为了提高社会组织活动的有效性。

(3) 实施过程。两者活动的实施条件相同，都需要行为主体(领导者、管理者)拥有一定的职务、职权等必要的素质，而其实现都需要客体(被领导者、被管理者)的某种服从。两者的实施环境也基本相同，都有主体、客体、目标、中介、环境等基本相同的构成要素和活动原则、秩序，两者之间是相互包含、相互渗透并且在一定条件下可以相互转化的。

(二) 领导与管理的区别

领导并不等同于管理，两者的区别主要表现在以下几个方面：

(1) 对象不同。管理的对象可以是人、财、物、时间、信息等组织资源；而领导是管理活动的进一步抽象，其对象只能是人（包括个体和集体），它是处理人与人之间、人与事之间关系的艺术。

(2) 职能的侧重点不同。管理职能偏重于实践；领导职能侧重于运筹。

(3) 在组织内发挥作用的层次和角度不同。管理具有执行性，主要是落实已经提出的战术性的方针、途径、措施，而领导具有统率性，要为组织的前进指明战略性的方向、目标、路线；管理从微观角度考虑问题，注重维持正常、稳定、有效的内部秩序，而领导更多地从宏观角度考虑问题，强调原则性，注重获取良好的外部环境，追求组织和环境之间的平衡和谐。

(4) 中心不同。虽然两者的共同目标都是为了提高社会组织活动的有效性，但管理的中心是解决效率、效益及效果，强调每项工作的规范有序；而领导的中心是解决组织方向、目标、路线问题，强调集中统一，注重组织、团体及全社会的宏观效益。

（三）领导者与管理者的区别

(1) 领导者与管理者的主要区别在于两者作用基础不同。管理者一般来说是依据法定职权规定下属的工作方向和工作方式，并对其工作过程进行计划、组织、协调和控制，而领导者则更多的是运用权力和影响力引导下属。因此，在组织中，当一个人仅仅利用职权的合法性采用强制的手段命令下属工作时，他最多只是管理者，而不是领导者。只有当他在行使法定职权的同时，更多地依靠自身的权力和影响力指挥并引导下属时，才可能集管理者和领导者于一身。因此，管理者未必就是领导者。

(2) 并不是所有的领导者都必然具备完成其他管理职能的潜能，一个人能够影响别人这一事实并不表明他同样也能够计划、组织和控制。因此，事实上并不是所有的领导者都处于管理岗位上，领导者未必都是管理者。

卓越的领导能力是成为有效的管理者的重要条件，在理想情况下，所有的管理者都应该是领导者。

三、领导权力

（一）领导者权力的来源

权力是影响他人行为的一种潜在能力，是领导的基础和核心。管理学中所说的权力是与个人及组织的职位特性相关的，美国管理学者弗兰奇和雷文认为领导者的影响力（或权力）基础可分为 5 种：

1. 法定权

法定权力指由组织以法定程序授予的组织内各领导职位所固有的合法的、正式的权力。法定权力一般以工作职务为表征，是权力的最重要的基础。这种权力通常是通过书面文字形式的委任状，召开会议宣布任命，并报请有关部门备案等形式获得承认。法定权力不一定通过领导者个人来实施，往往可以通过组织内的政策和制度来实施。

2. 奖赏权

奖赏权使下属认识到完成预定的任务会带来一定的奖励，这种奖励往往是人们所看重的东西，包括物质方面的，也包括精神方面的。如提供奖金、提薪、升职、赞扬、理想的工作安排和其他任何令人愉悦的东西的权力。

3. 强制权

强制权是与奖赏权相对应的，它是一种对下属精神上和物质上进行威胁强迫性的权力，是一种惩罚性的权力。如给予扣发工资奖金、降职、批评、分配较差的工作甚至开除等惩罚性措施的权力。领导拥有这项权力是必要的，但决不能滥用这种权力。

4. 专家权

专家权指由于领导者具有某种专业知识和特殊技能而产生的权力，并因此而赢得同事和下级的尊敬和服从。

5. 归属权

这种权力是领导者个人的品质、魅力、经历、背景等相关的权力，是一个人在组织中所具有的人格感召力。这种权力是因为领导者的人格力量而受到下级和同事的称赞和敬佩，是建立在他人出自内心的认可基础之上的。

由此可见，一个领导者获得影响力的途径是多样的。我们将主要依靠法定权力、奖赏权力和强制权力而形成的影响力统称为职位权力。所谓职位权力，就是处在领导岗位的人，组织和上级授予他一定的法定权力(或称行政权力)。职位权力主要与组织的职位特性相关，它来源于个人在组织中的地位。任何人，只要他有了一定的领导职位，就同时拥有了这些权力。将与个人因素相关的专家权、归属权统称为个人权力。个人权力是与个人的特性相关的，它来源于个人的品质和才能。领导者有没有个人权力，以及拥有个人权力的大小，要由社会实践来判断。有领导职务的人未必有个人权力，没有领导职务的人却可能有个人权力并对他人产生深远的影响。

(二)“权力授予论”与“权力接受论”

长期以来，人们认为职权是有效领导的关键因素。这种职权使得领导者能够支配下级的行为、处境、得失，甚至其前途和命运。所以领导者手中的职权越大，他的影响力就越大。这种认识概括为公式，就是：

领导＝权力

我国历史上经历了长期的封建社会，所以这种封建家长制的领导观念至今对领导工作仍然有不小的影响。奉行这种领导观念也给领导工作带来许多不良后果：

(1) 单纯依靠行政命令。既然手中有了职权，下级就得听我的，在工作中就容易忽视对下级和职工的教育和说服工作，对下级靠“压服”，从而引起下级的不满。

(2) 一切按“长官”意志办事，靠上级指示和命令过日子，忽视下级和群众的意见、要求。既然有了权力就能实现领导，权力从何而来？上级任命时授予。所以当好领导必须听从上级的指示命令完全照办，而对下级和群众的呼声则漠然处之，因为权力不是群众授予的。

(3) 忽视本人品德修养和能力的提高。既然行政命令就能解决问题,就没有必要通过提高领导者的品德与能力,没有必要在下级和群众中树立起威信。

(4) 造就了一些不学无术、低能的"阿斗"式干部,不但影响了事业发展,更挫伤了广大群众的积极性和创造性。

因此,这种落后的领导观念不能适应现代管理的要求。著名的管理学家巴纳德把这种认为有权就能领导、权力来自上级的观点,称为"权力授予论"。他认为"权力授予论"是不正确的。因为职权是一种强制性的影响力,使用这种方法进行领导,下级和职工可能并不接受。例如,下级可能采取阳奉阴违的办法或消极怠工的办法来抵制;或者即使勉强接受,但由于职工缺乏积极性、主动性和创造性,使领导的指示和命令不能有效地执行;甚至在一定条件下,遭到下级和职工的公开反对。因此,奉行"权力授予论"的领导,其影响力可能不存在或大打折扣。

巴纳德提出,正确的应当是"权力接受论"。这一理论认为,领导依靠职权所下达的命令,只有当下级和职工理解了它的内容,相信它既符合企业目标又符合个人利益,而且又是在可以办得到的情况下,才能为下级和职工所接受,只有在这种条件下才能发挥其影响力。

后来,有的学者又进一步发挥了巴纳德的这一理论观点,指出正式组织中有效的领导者应该兼具职位权力和个人权力。诚然,领导者要有效地发挥其影响力,必要的职权是需要的,但更为重要的是要在下级和职工中树立起威信。理想的情况是法定权力和奖赏权力备而不用,通过个人权力来实施领导的影响力,这对提高权力的有效性来说是很重要的。

第二节 西方领导理论

领导理论是研究领导有效性的理论,它研究影响领导有效性的因素,以及为了提高领导有效性应采取的措施。对于领导问题,西方管理学界已有广泛的研究,并建立了许多理论。这些理论大致可以分为 3 类:第一类是特质理论,主要研究有效的领导者应具备的个人特性;第二类是作风或行为理论,主要研究领导者的工作作风或领导行为对领导有效性的影响;第三类是权变理论,主要研究在不同的情景下何种领导行为效果最佳。

一、领导特质理论

领导特质理论,认为领导行为的有效性主要取决于领导者个人特性。这是早期研究领导行为的理论。

领导个性论的说法也很多，概括起来，其基本观点主要是两种：一是先天论；二是后天论。两者的共同点，都是企图研究出领导人与一般人到底有哪些不同，什么样的人才能成为一个优秀的领导人。

先天论认为，某些人天生就是当领导的“料”，天生就有当领导的素质。后天的培养与训练，也只是对这些“天生”者才有帮助，才起作用。因此，他们试图找出一套办法来辨别和衡量这种“天生”的特性，包括生理、人格、智力和人际关系等方面与一般人的区别。

例如，吉普的研究认为，天才的领导者应该具有：① 善言；② 外表英俊潇洒；③ 智力过人；④ 具有自信心；⑤ 心理健康；⑥ 有支配他人的趋向；⑦ 外向而敏感。

然而，经过多年的调查研究，研究者们对成功领导者的性格、品质特征难以取得统一的意见。其原因有：用来表述性格、心理特征的一些概念，其内涵不清，有时在语义上相互交叉和矛盾。例如，成熟程度、主动性、自信心等概念就难以定义，彼此之间区分不清。更主要的是根据这些特征，现实中还是难以挑选领导人，甚至还难以区分领导者和被领导者。彼得·德鲁克说：“有效的管理者，他们之间的差别，就像医师、教员和音乐家一样各有不同类型。至于缺少有效性的管理者，也同样的各有各的不同类型。因此，有效的管理者与无效的管理者之间，在类型方面、性格方面及才智方面，是很难加以区别开来的。”

后天论的观点认为，一个人的领导能力和领导素质不是天生的，而是后天的，因而人人都有可能当领导。这种后天，主要是通过学习、实践、培养、训练等形成。能否把当领导的可能性变为现实性，除了机遇以外，这些后天的因素都可以帮助你。但是，“先生引进门，修行在个人”，能否成为一名优秀的领导人，能否成为一位有效的领导者，关键要看自己有没有“悟性”，能不能“得道”。“悟性”有高低，“道行”有深浅，因而领导者也有优劣。

已有的领导理论告诉我们，领导行为的有效性不仅取决于领导者自身，而且还取决于被领导者(即领导对象)、领导情境、领导方式，是这些因素综合性的结果。但这并不是否认特质对领导行为的作用，我们认为领导特质影响了领导行为特点，行为特点又作用于领导风格，进而影响了领导的效能。正是基于这种认识，我们不仅不否定领导个性论，而且认为要十分重视领导者自身素质在领导行为有效性中的作用。

二、领导行为理论

领导行为理论着重于分析领导者领导方式和领导风格对领导效能的影响，进而指出能导致领导有效性提高的领导行为。领导方式和风格并不是天生的，而是通过学习、锻炼、经验总结逐步形成的，这就为提高领导者的领导水平和领导效能提供了可靠的依据。

（一）关于民主式领导与专制式领导的比较

1. 勒温理论

最早从事这方面研究的是社会心理学家勒温。他以权力定位为基本变量，把领导者在领导过程中表现出来的极端工作作风分为3种类型。一是专制作风——权力定位于领导者个人手中；二是民主作风——权力定位于集体；三是放任自流作风——权力定位于每个职工手中。

勒温认为在实际工作中，上述3种极端作风并不常见，大多数领导人采用的工作作风往往是介于这3种基本类型之间。勒温通过实验表明：成员喜欢民主方式的领导，不喜欢专制方式的领导；实行专制式和放任式领导，在成员中造成的内部矛盾较实行民主方式的多；民主方式的领导效率较另外两种方式要高；放任自流作风的领导效率最低，专制作风的领导，虽然通过严格的管理，使群体达到了工作目标，但成员的消极态度和对抗情绪也不断增长。

2. 连续统一体理论

民主与专制是相对独立的，但又不能截然分开。大多数领导实际上是处于这两个极端之间。1958年，美国的坦南鲍姆和施密特在《怎样选择领导模式》一文中提出了连续统一体的领导理论。他们把专制和民主这两种对立的领导方式作为两个极端，在这两个极端之间，领导行为存在着多种不同的专制和民主水平，从而形成一个领导行为的连续统一体。连续统一体理论认为领导者不能机械地从专制和民主两种方式中作出选择，而应该在两者之间许多过渡性的方式中，根据具体情况，适当地选择某种领导行为，这样才能实行有效的领导。

3. 利克特理论

利克特是美国的一位心理学家和行为科学家，从20世纪40年代就开始了对领导问题的研究。通过对许多领导者及其下属人员的访问调查，1961年利克特提出了4种领导风格，即极端专制的独裁型、仁慈的专制型、民主协商型和民主参与型。

(1) 极端专制的独裁型。在这种领导工作中，权力高度集中，领导者非常专制，对下级没有信心，不信任；下级根本没有同上级讨论工作的自由，不能过问决策的程序。下级的工作意识靠恐吓、威胁、惩罚以及偶尔奖赏激发。

(2) 仁慈的专制型。领导者仍然是专制的，但采取了家长制的恩赐式领导方式。领导者保持严格的控制，对下级就像主人对待仆人那样，可以以恩赐的态度给予信任和信赖。权力仍然高度集中，由领导者作出决策，允许下级提出一些看法和意见，但已作出的决策不会因此而受到动摇。

(3) 民主协商型。领导者对下级有较大但并不充分的信任，能在决策方面和大家进行协商，大家可以提出各种意见和建议，并会得到相当程度的重视和采用，但他们仍然保持对最后决定权的控制。

(4) 民主参与型。被利克特认为是最好的领导风格的是民主参与型，领导者采用民主的形式，在所决定的事情上，完全相信和信任下属，他们只给下属指出一些方向，实行全面的集体参与，并按照一致的意见或多数人的意见做出决定。

利克特的调查结果表明，工作效率高的组织多数是实行第三、第四种领导方式的。利克特认为如果领导者以职工为中心，不仅注意职工的工作，也关心他们的需要和愿望，那么，这个组织的效率就高；以职工为导向的领导要比以工作为导向的领导的效果更好。

（二）领导二维论

1. 领导行为四分图理论

美国俄亥俄州立大学人事研究委员会以亨普希尔为首的一批学者，从1945年开始研究领导行为，并提出了领导行为四分图。他们经过调查列出1 790种刻画领导行为的因素，通过逐步概括，最后归纳为两大类。一类为“抓组织”，这种行为类型主要以工作为中心，领导者主要抓组织设计，明确各部门职责和关系，通过制定任务，确定工作目标和工作程序来引导和控制下属的行为表现。另一类为“关心人”，这种行为类型主要以人际关系为中心，关心和强调下属个人的需要，尊重下属的意见，注意建立同事之间、上下级之间的相互信任气氛。

他们认为领导是两种行为的具体组合。他们用四分图的形式将这一概念加以表示，根据调查结果在图上评定领导者的类型。这是以二维空间表示领导行为的首次尝试，为以后领导行为的研究开辟了一条新的途径。

从图8－1中可以看出，一位领导人的领导行为，如果属于低关系、高工作象限的领导者，其最关心的是任务完成情况的工作面问题；如果属于高关系、低工作象限的领导者，其最关心的则是他与下属保持友好、信任、合作气氛的人性面问题；如果属于高关系、高工作象限的领导人，显然对工作面和人性面的问题均很关心；如果是属于低关系、低工作象限的领导人，则对工作面和人性面的问题均不大关心。到底哪一种领导行为方式最好，日本九洲大学曾专门对企业进行调查，其结果见表8－1。

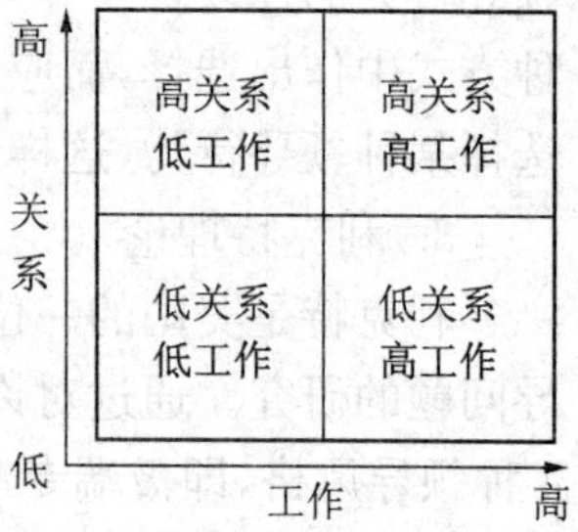

图8－1　领导行为四分图

表8－1　不同领导方式的效果调查

领导方式	产量	对公司和工会的信赖度	团结力
高工作、高关系	最高	最　高	最　高
高工作、低关系	中间	第二位	第三位
低工作、高关系	中间	第三位	第二位
低工作、低关系	最低	最　低	最　低

2. 领导行为方格理论

美国得克萨斯大学的罗伯特·布莱克和简·莫顿发展了领导风格的二维理论，

他们在1946年出版的《管理方格》一书中就企业中的领导方式提出了所谓的管理方格理论。

这种管理方格论，是把纵坐标作为对员工的关心度，并分成9格，作为对员工关心度的标尺；再把横坐标作为对任务的关心度，也分成9格，作为对任务关心度的标尺。这样就构成了一个81个方格图，每个方格也就代表一种管理行为，可以把它借用来说明领导行为。领导人利用这种管理方格理论就可以清楚地知道自己处在什么样的领导行为模式上，从而为自己改进领导行为提供了改进的方向。由于81个方格太多、太复杂，为简便起见，一般选择其中5个方格作为有代表性的领导行为模式，如图8-2。

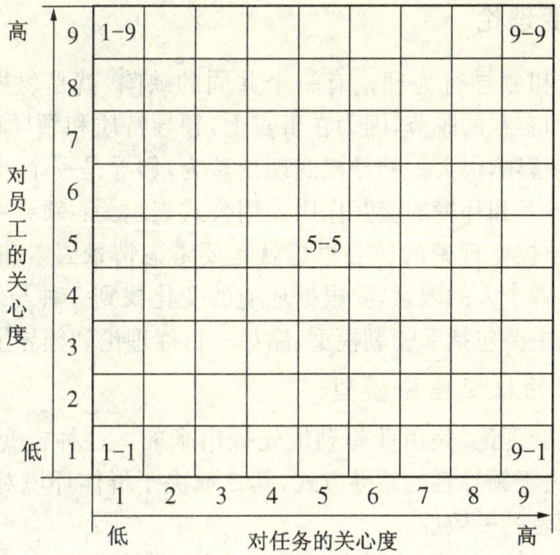

图8-2 领导行为方格模式

图8-2的5种代表性领导行为，显然对任务、对员工的关心度各不相同，因而领导效果也不一样。

1-1型，被称为放任式的管理：

领导者既不关心生产，也不关心人，只求维持生产的起码水平。这样的领导自然是不称职的。

9-1型，被称为任务式的管理：

领导者只注意工作效率，有效地组织和安排生产，并将工作环境安排好，从而使个人需求的成分对工作的影响降低到最低限度。

1-9型，被称为乡村俱乐部式的管理：

领导者只强调人的因素，强调满足人的需要，搞好人际关系，建立和谐的组织气氛，但对生产不关心，对指挥监督、规章制度等重视不够。

5-5型，被称为中庸之道式管理：

这是一种一般水平的管理。这种方式既不偏重人的因素，也不偏重生产的因素，保持组织需要和员工需要之间的平衡。

9-9型，被称为团队(或战斗集体)式的管理：

领导者对生产的关心和对人的关心都达到了最高水平。这种管理方式能使组织的目标和个人的需求最有效地结合起来。

管理方格图的意义在于为追求有效的领导方式提供了目标和方向。布莱克和莫顿认为，企业的领导者应努力地把自己的领导方式改造成9-9型的方式，以求企业的最高效率。但是值得指出的是，9-9型并不是在什么时候都是最佳的领导方式，实践也说明同一模式在不同情况下领导效果也不一样。

三、领导权变理论

领导个性理论和领导行为理论有一个共同的缺陷，就是忽视了环境因素的影响，从而造成理论和实践的脱节，因为在事实上，领导特质和领导行为能否促进领导有效性，受环境因素影响很大。领导权变理论认为，领导是一个过程，这个过程要考虑到领导者、被领导者和环境的交互作用。用公式表示为：领导$=f($领导者$\times$被领导者$\times$情景$)$。领导权变理论的核心思想就是要考虑情景因素和被领导者的影响，而不只是考虑领导者个人的因素，要根据环境的变化找到一种与之相适应的领导模式。领导权变理论主要包括菲德勒模型、路径—目标理论和领导生命周期理论。

(一) 菲德勒的权变理论模型

有效领导的权变理论，是由菲德勒最先提出来的。这种权变理论认为，有效的领导模式，其一取决于领导者的领导方式，其二取决于群体环境对领导的有利程度，其三取决于上述两者的一致性。

菲德勒认为主要的环境影响因素表现在以下3个方面：

第一，上下级关系。这是最重要的因素，也是决定领导者在群体中的控制力和影响力的主要因素。可用上对下的信任度和下对上的忠诚度来表示。我们可以取两端的情况，以关系良好和关系恶劣的程度来表示，其中间则是这种关系的“连续带”。毫无疑问，受下属信任的领导者，影响力也大。

第二，任务结构。它是指下属工作任务的清晰明确和规范化程度。这种任务结构化程度，我们也可以取两端的高与低来表示，其他当然都在这种高与低构成的“连续带”上。一般而言，任务明确、制度健全，领导者的影响力也大。

第三，领导者自身的权力地位。它包括对下属奖惩的权力是否充分，上级和外界对他的支持程度，自身的能力与知识情况如何等。这种权力地位的巩固度，我们也可以取两个端点称作强与弱，其他则均处在这种强与弱之间。领导者所处职位赋予他的权力大，影响力也大。

如果把上述3个变量因素均取两个端点的情况，显然就可以组合成8种有效的领导行为方式。其中，最有利的情境是上下级关系良好，任务结构化程度高，领导权力地位坚强；反之，最不利的情境则是上下级关系恶劣，任务结构化程度低，领导权力地位软弱。随着上述领导情境的变化，其有效的领导行为方式自然也就不同，见图8-3。

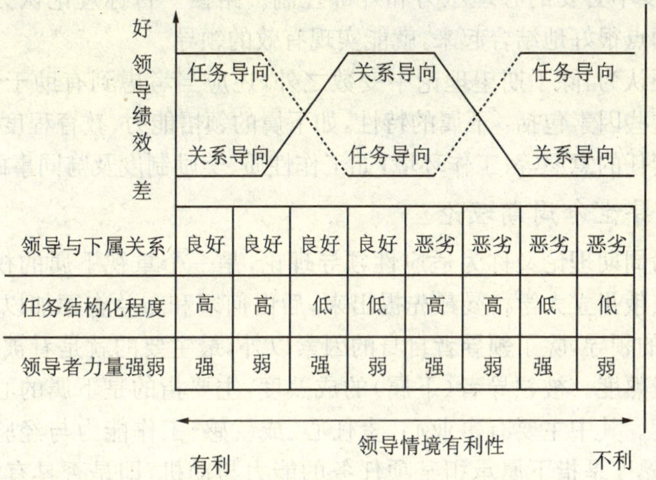

图8-3 菲德勒领导权变理论模型示意图

菲德勒把上述8种有效领导行为方式与2种行为导向（即任务导向和关系导向）结合起来研究，发现2种行为导向与领导情境关系的最佳领导行为方式：一是任务导向的领导者，在最有利和最不利的情境下，其领导行为方式最佳，即领导绩效最好；二是关系导向的领导者，在一般中间情境状态下，其领导行为方式最佳，即领导绩效最好。

根据菲德勒权变理论可以得出以下结论：

(1) 不存在一种绝对最好的领导行为方式，只能说某种领导方式在这样的环境中效果好，另一种领导方式在那样的环境中效果好。

(2) 要根据情境不同选配不同行为导向的领导者。如情境最好和最坏时，应选配任务导向型的领导者；反之，则应选配关系导向型的领导者。前者，可以称之为是以工作为中心的事本领导者；后者，则可以叫做以员工为中心的人本领导者。

(3) 要提高领导绩效，可通过两种途径：一是改变领导者的领导方式以适应特定的环境；二是改变领导环境，以适应领导者个人的领导方式。

（二）路径—目标理论

加拿大多伦多大学教授埃文斯在20世纪60年代提出了路径—目标理论，并由豪斯进一步扩展。该理论认为，领导者的效率是以他能激励下属达到组织目标，并使其在工作中得到满足的能力来衡量的。领导者的基本职能在于制定合理的、人们所期望得到的报酬，并为下属实现目标扫清道路。

换一句话说，领导者的工作包含两个方面：其一，努力把组织目标和成员个人目标结合起来，通过明确任务要求，奖励标准和期望，提高成员对组织目标的认同感，从而激励他们以努力实现目标而获得满足感；其二，支持组织成员为实现目标而作出的种种努力，为其完成任务扫清障碍，加强团结和协作，增加员工在工作中获得满足的机会，减少不必要的心理压力和外部控制。路径－目标理论认为，如果领导者们能把上述两点很好地结合起来，就能实现有效的领导。

该理论还认为，除了期望理论中变数之外，还应当考虑到有助于领导有效性的其他因素。这些因素包括：下属的特性，如下属的领悟能力、教育程度、成就需要、独立性和承担责任的意愿等；工作环境，如工作性质、奖励制度及与同事的关系等。

（三）领导生命周期理论

领导生命周期理论又称为适应性领导理论，是一个重视下属的权变理论，该理论由美国俄亥俄州立大学科曼最先提出来，后由何塞和布兰查德加以发展。这种理论认为，有效的领导，除了领导者自身的因素以外，最主要的就是看被领导者的成熟程度和任务成熟度。被领导者（下属）的成熟度，主要指的是下属的心理成熟度，而非生理成熟度。其中主要有事业心、责任心、成就感、工作能力与经验、受教育程度等；任务的成熟度是指下属承担某项任务的能力与动机，即是否具有承担此项任务的知识、技能和经验，是否具有承担此项任务的信心与热忱。

科曼在分析领导行为四分图时加入了第三个因素——被领导者的成熟度。他认为：高工作、高关系的领导并不是经常有效，低工作、低关系的领导也不一定完全无效，这都要根据下级的成熟度而定。随着下属由不成熟走向成熟，领导行为应该按照下列程序逐步推移：高工作与低关系—高工作与高关系—低工作与高关系—低工作与低关系。

图 8－4 按工作任务导向和职工关系导向，构成 4 个象限，其领导生命周期理论就是经过由第①象限到第④象限的曲线。显然，有效的领导行为方式与下属的成熟程度是一种非线性关系。随着职工成熟度的不断提高，其领导行为方式可分别采取从第①象限到第②象限，再到第③象限，最后到第④象限。

第①象限，由于职工的成熟度低，领导行为方式应采取高任务、低关系，即领导主要精力应放在详细具体地指导下属如何完成工作任务上，单向下达指示、命令较多而双方沟通较少，即所谓命令式领导，对不成熟的下属（如新进厂的和自觉性差的员工）这是最适当有效的领导方式。

第②象限，领导行为方式除了继续高任务行为导向外，因职工的成熟度已相应提高，便应逐渐采取高关系行为导向，这样，第②象限便是一种说服式的领导行为方式。对初步成熟的下属（如新提拔的班组长、车间副主任、副科长等）尤为适用。

第③象限，相应的采取低任务、高关系的领导行为方式，因职工的成熟程度进一步提高，对完成工作任务的把握性、自觉性也相应提高，因此最适宜的领导方式是参与式领导，对比较成熟的下属（如副职、资深的下属等）比较适合于用该种方式。

第④象限，下属已经很成熟，工作任务很熟悉，这时领导也就省心、省力多了，因而就可以采取低任务、低关系的授权式领导行为方式。如对老工人、科研人员较多的地方或对分厂厂长、高级技术人员、管理人员就应采取这种领导行为方式。领导只要把任务目标明确，考核标准明确，其余"怎么干"的问题就可以完全放心、放手让下属去干。

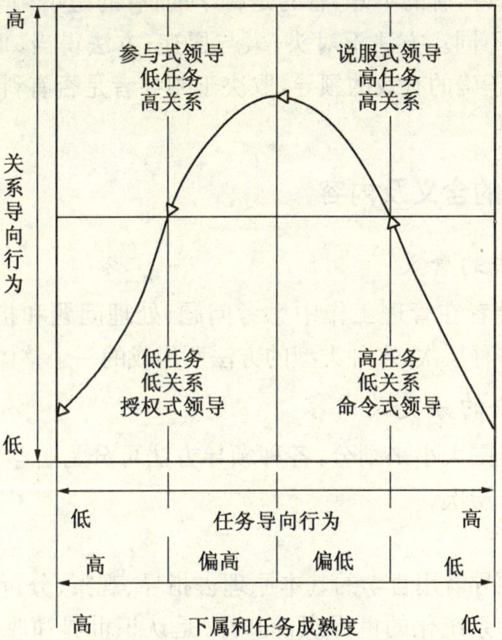

图 8-4　领导生命周期曲线

总之，领导生命周期理论认为，有效的领导方式应把任务导向行为、关系导向行为和下属的成熟度结合起来考虑。

(1) 对于不同成熟度的下属，应采用不同的领导方式。

(2) 对于同一名下属，不同的成熟度时期应采用不同的领导方式。

(3) 对于同一名下属，同一个时期，不同的成熟度时期应采用不同的领导方式。例如对较成熟的技术人员在技术工作上可采取授权式领导方式；而对成本、时效等问题可采取说服式或命令式领导方式。

第三节　领导方法

毛泽东同志曾经形象地把任务和方法的关系比作过河与桥(或船)的关系。他说："我们不但要提出任务，而且要解决完成任务的方法问题。我们的任务是过河，但没有桥或没有船就不能过。不解决桥或船的问题，过河就是一句空话。不解决方法问题，任务也只是瞎说一顿。"在社会主义建设时期，邓小平同志指出："注意工作方法，克服官僚主义，这也是摆在我们面前的一个迫切问题。”无数实践证明，凡属正确领导，总是同运用正确的工作方法相联系的。

在领导工作中，领导者无不自觉或不自觉地运用这样那样的方法去解决问题，只不过有的领导方法好，有的不好，有的是科学的，有的是不科学的罢了。领导方法不同，其工作效果就不同。方法不对头，事与愿违；方法得当，事半功倍。从一定意义上讲，能不能实现正确的有效的领导，取决于领导者是否有科学的领导方法，这对工作的好坏至关重要。

一、领导方法的含义及内容

（一）领导方法的含义

领导方法是领导者在管理工作中思考问题、处理问题和指导工作的方式和方法。领导方法是由多种层次、多种类型的方法所构成的一个整体。

（二）领导方法的分类及内容

从方法的适用范围大小来划分，各种领导方法可分为哲学方法、基本领导方法和特殊领导方法 3 个层次。

1. 哲学方法

哲学方法是指领导者用哲学的基本原理去指导、观察、分析和处理问题的方法。由于哲学是理论化和系统化的世界观，同时又是认识世界和改造世界的方法论，所以运用哲学原理研究和处理问题的领导方法，其性质属于方法论，基本特点是抽象的、理论性的，不同于那些处理具体问题的工作方法。马克思主义唯物辩证法和唯物史观作为理论化和系统化的世界观，反映了人们对整个世界的普遍本质与规律的认识。它在整个领导方法体系中必然处于最高层次。对于管理工作者来说，应自觉地以马克思主义哲学作为最根本的领导方法。例如，运用对立统一规律、否定之否定规律、量变质变规律来分析问题，指导管理工作。再如抓主要矛盾的办法即“牵牛要牵牛鼻子”，以重点工作来推动一般工作等等都是哲学方法在管理实践中的运用。

2. 基本领导方法

基本领导方法是适用于领导者完成各个方面、各个领域工作任务的领导方法，同抽象的、原则性的哲学方法相比较，基本领导方法是具体的可以操作的方法。具体来说，它包括调查研究的方法、群众路线的方法、科学分析的方法。

(1) 调查研究的方法。就是领导者通过深入实际，对客观事物进行观察了解，详细占有各种材料，并对这些材料进行科学的加工处理，从而认识和掌握客观事物的本质及其发展变化的规律，为作出正确决策提供科学依据的方法。

(2) 群众路线的方法。群众路线的领导方法，就是实行领导者与群众相结合，从群众中来，到群众中去的方法。毛泽东指出：“在我党的一切实际工作中，凡属正确的领导，必须是从群众中来，到群众中去。”“从群众中集中起来又到群众中坚持下去,以形成正确的领导意见,这是基本的领导方法。”

马克思主义的唯物史观和认识论告诉我们,人民群众是历史的创造者,他们既是社会实践的主体,也是认识的主体,有丰富的实践经验和极大的创造力。对企业来说,全体职工的积极性和创造性是企业活力的源泉,因此,企业领导者只有走群众路线,虚心地向包括工程技术人员、经营管理人员、生产作业工人、各类专家和智囊团等在内的全体职工学习,充分依靠全体职工的智慧、经验和力量,充分发挥全体职工的积极性、主动性和创造性,才能形成正确的领导,才能带领全体职工顺利完成企业的各项任务,实现企业目标。再进一步讲,群众路线的方法,不仅是正确处理领导者和被领导者关系所必需的,而且也是解决领导者与环境之间的矛盾,使领导者的决策、计划等符合客观实际,保证组织在特定环境中顺利发展所必须坚持的基本领导方法。

群众路线方法的具体运用,可以分为3个阶段:首先,领导者要把群众分散化的意见化为系统意见,做出决策;其次,向群众宣传解释,把领导决策化为群众行动;最后,在群众行动过程中,检验、补充和发展领导决策。只有经过这3个阶段,才能在群众实践的基础上完成对客观事物的认识过程,领导者的思想与决策才会一次比一次正确。在实际领导工作中,群众路线方法具体体现为说服教育、典型示范、抓两头带中间、关心群众多做实事、领导专家职工三结合等具体方法。

(3) 科学分析的方法。所谓科学分析的方法,就是泛指领导者的认识在由感性认识上升到理性认识的抽象思维过程中,对于从实践中获得的感性材料进行加工制作的科学方法,既包括定性分析的方法,也包括定量分析的方法。

科学分析的方法主要由以下3个部分组成:

一是唯物辩证的思维方法,它包括一系列既相互区别又密切联系的方法,其中主要有归纳法、演绎法、分析法、综合法、由具体到抽象的方法和由抽象到具体的方法、历史的方法和逻辑的方法等。这些思维方法都是唯物辩证法在思维领域中的体现,它们对领导者研究分析技术、经济、管理、文化等各个方面的问题具有最普遍的适用性,是科学分析方法的核心部分。

二是现代科学的一般方法论,主要是系统论、信息论、控制论等,人们简称之为“三论”。“三论”是在20世纪40年代产生的、原属于自然科学的一般方法论,是现代自然科学蓬勃发展的成果。六七十年代,西方学者又提出“协同论”、“耗散结构理论”、“突变论”等新的理论,被称为“新三论”。其实,“新三论”仍然是以系统为研究对象,揭示了系统运动过程中不同阶段和不同状态下发展变化的规律性,从方法论上说,是“老三论”的继续与发展。数十年来,新老“三论”的理论与方法被广泛运用于自然科学和社会科学研究以及社会实践的各个领域,取得了极为丰富的成果。它在理论上将马克思主义唯物辩证法关于客观世界的普遍联系和运动发展的原理具体化了,同时又提供了一系列具体的分析方法和手段,因而是科学分析方法不可缺少的重要组成部分。

三是现代定量分析方法和手段。由于客观事物的运动和变化以及它们之间的相互关系反映为种种数量特征与数量关系，例如企业的产品定价策略和顾客的购买欲望之间、广告宣传投入及其在消费者中产生的影响之间等等客观存在一定的数量联系，所以，需要运用定量分析的方法，较为精确地研究事物的内部结构和事物之间相互联系的复杂关系，给人们提供认识客观事物的可靠数据，做到心中有“数”。在现代市场经济条件下，由于社会生活和经济活动比以往时代更加发达、更加复杂，简单的统计计量已不能满足实际需要，所以，许多新的精确化和非精确化定量分析方法不断出现，例如线性规划、动态规划、多目标规划、对策论、排队论、网络方法、决策模型、模拟决策方法、概率统计、抽样理论与抽样调查方法等等。此外，电子计算机及其网络的产生与发展又为应用定量分析方法提供了强大的技术手段。运用这些现代定量分析方法与手段，把我们需要研究的客观事物的内部结构及相互关系转化为数学模型加以分析，就可以帮助我们较为精确地认识客观事物的性质，预测未来发展状况，在解决问题的多种可行方案中选择满意方案，从而为领导决策提供有充分依据的、科学可靠的参考意见。

科学分析方法的以上3个组成部分是一个有机整体，在实际工作中一定要注意不能把它们割裂开来，而必须紧密结合起来加以运用。

3. 特殊领导方法

特殊领导方法是只适用于某一特定领域、解决某种具体问题的方法，如决策方法、计划方法、组织方法、激励方法、沟通方法、会议管理方法、时间管理方法、用人方法、社交方法、文化建设方法等等。由于这些具体的方法在本书其他章节中以及其他专业管理课中会作专门的详细介绍，所以在此不作展开。

总之，与基本领导方法相比较，特殊领导方法具有专业性强的特点，它只适合于解决某方面的具体问题，若用于其他方面则难以奏效，有的根本无法使用。

根据上述领导方法3个层次的划分及其特点，领导者在研究和学习领导方法时应注意以下两点：

(1) 领导方法是由抽象的思想方法到具体的工作方法，由适用于多个领域的一般方法到只适用于个别领域的特殊方法所构成的体系，彼此既有区别又相互联系。因此，对于领导方法应全面地进行学习，不能只重视某个层次或某些方法而忽视其他方法。

(2) 哲学方法和基本领导方法具有广泛的适用性，一切领导工作都应加以运用，对于某一个组织的领导者来说，特殊领导方法则是他们特有的方法，具有明显的组织特色。因此，学习领导方法，既要讲究全面性，又应突出重点，以更多的时间和精力深入研究领导的特殊方法，这样才能胜任领导工作。

二、领导方法与领导艺术的关系

(一) 领导艺术的含义和特征

所谓领导艺术，是指建立在一定知识、经验基础上的非规范化、有创造性、给人以美感的领导技能，也就是非程序化、非模式化、非定量化的领导技能。领导方法同领导艺术是普遍性同特殊性的关系。科学的领导方法是领导工作规律性的反映，具有普遍性。而领导艺术则是领导者根据不同环境，结合个人特点，对科学方法的具体应用，它具有特殊性。领导艺术的特殊性，具体表现在以下4个方面：

(1) 随机性。即领导艺术不是一成不变的，也无一定的模式，它会因人、因事、因时、因地而异。它体现为领导者在思考和处理具体的问题时所具有的变通能力，把原则性与灵活性有机地结合起来。例如，在设岗用人问题上，"因事设人"是符合管理组织原则的科学方法，但在特定条件下，例如某个单位为了留住某个有特殊专长的专家人才，或为调整、搞好领导关系的需要，高明的领导者，则会实行"因人设事"，专门为特定的人破例设置一个新职或"虚职"，这就是一种领导艺术。

(2) 多样性。即不同的领导者在处理同一问题时，由于个人性格、经历等的不同，会表现出生动活泼、千姿百态的技艺。例如，有些领导者处理问题时大刀阔斧，办事作风果断泼辣，有些领导者则是稳健细致、分步到位。这就是两种不同的领导艺术。这两种方法都可以达到同样的目的。当然，其后果是会有差别的，前一种方法可能会令行禁止，见效快，但也可能留下一些容易反复的"后遗症"；而后一种做法则可能职工反映较好，成果容易巩固，但是工作量大，时间较长。

(3) 创造性。创造性是领导工作尤其是高层领导工作的本质要求，而领导工作的创造性则集中体现在领导者在处理问题时不因循守旧，而是构思新颖，奇招迭出，给人以耳目一新的感觉。例如，三九集团的领导人赵新先首推的"四能"机制，即干部能上能下、机构能撤能并、职工能进能出、收入能高能低；邯郸钢铁公司的领导人刘汉章不是照抄照搬，而是审时度势，根据自身特点，创造出以市场能接受的价格为准，倒推成本，目标分解到部门、车间、班组及个人，形成以成本为中心，实行"成本否决"的目标管理模式，取得了"千斤重担众人担"的良好效果，这就是领导艺术的创造性。

(4) 经验性。领导艺术来源于领导者长期的领导实践经验的积累，然后逐渐形成具有个人特色的领导艺术。所以，领导者的领导艺术总不免存在或多或少经验的痕迹，而不是纯粹的逻辑性推理。

(二) 领导方法与领导艺术的关系

领导方法与领导艺术是普遍性与特殊性的关系。领导方法是领导工作规律性的反映，它是领导艺术的归纳和总结，是领导艺术实践中规范化的知识结晶，具有普遍性和指导性；而领导艺术则是领导者根据不同环境结合个人特点对领导科学方法的具体巧妙运用，其目的是为了增强领导工作的有效性，使领导行为达到最佳效果。所以领导艺术生动直观，具有特殊性。领导者在工作中，必须把二者结合起来，只讲领导方法，不讲领导艺术，会形成管理工作中的教条主义；反之，只讲领导艺术，而不讲领导方法，就会造成管理工作中的经验主义。

单就一个组织的不同层次的管理者来说，所需要掌握的领导方法与领导艺术的比重是不同的，如图 8－5 所示。

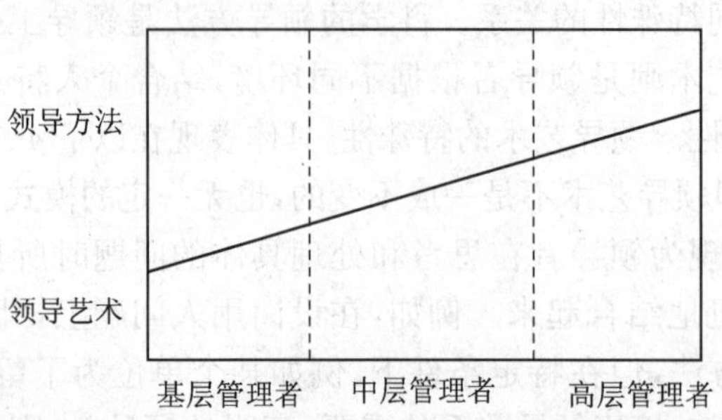

图 8－5　不同层次管理者对领导方法、领导艺术的要求

由图 8－5 可见，中层管理者在工作中应用的领导方法与领导艺术基本相等。而越到基层，应用领导艺术则较少；越往高层，应用领导艺术则较多。因为在高层管理者面临的工作对象中，往往是头绪纷繁，情况复杂，局势多变，事物随机性很强，难以规范化的例外事项较多，所以高层管理者往往是利用建立在科学领导方法基础上的高超的领导艺术来驾驭组织管理工作的运行。

第四节　领导艺术

在上一节中，我们已经知道，领导艺术就是富有创造性的领导方法的具体体现。在履行领导职能的过程中，方法与艺术往往是相互结合、彼此交织在一起的。管理者要具备灵活运用各种领导方法和原则的能力与技巧，才能率领和引导组织成员克服障碍，顺利实现预定的目标。

一、领导艺术与玩弄权术的区别

在讨论具体的领导艺术之前，首先必须在思想认识上澄清领导艺术与玩弄权术的界线。由于领导艺术重在方法运用的技巧方面，所以有时表面看来它与玩弄权术似有相近之处，以致人们对领导艺术产生了种种曲解甚至嘲弄。其实二者是有本质区别的，具体表现在它们的目的、方式和后果 3 个方面。

(1) 二者的目的不同。领导艺术是为国家和集体利益、为实现组织既定的管理目标谋取更高的经济效益，所以运用领导艺术者可以公开宣告自己追求的目的；而玩弄权术者往往是为了达到个人或小集团不可告人的目的，往往遮遮掩掩，以假象骗人。

(2) 二者方式不同。运用领导艺术者诚心诚意，以诚相待，又注重方式、方法；而玩弄权术者往往假心假意，两面三刀，模棱两可。例如，对某人开会的发言有不同看法时，运用领导艺术者往往利用会后个别交换意见，这样既不伤人面子，又达到了效果，而且决不在其他场合胡讲乱说；而玩弄权术者则采取当面天花乱坠、奉迎拍马，背后却骂得一钱不值。再如，对下级送来的报告、批文处理时，玩弄权术者往往对吃不准的事情采取回避责任的办法，如“原则不同意，具体由你们定”，这样不管事情发展的结果如何，他都能左右逢源。

(3) 二者的后果不同。由于领导艺术是从实际出发，巧妙地运用领导方式与方法，使领导行为达到最佳效果。这种效果在近期或长期都会起作用。并且可以积累，使管理效能越来越好。而玩弄权术者由于采取了不正确的手段，追求近期效果，也许一时会欺骗一些人，但由于只想损人利己，最终必然要暴露其庐山真面目。美国前总统林肯曾说：“你可以在一段时间欺骗所有人，也可以在所有时间欺骗一些人，但不能在所有时间欺骗所有的人。”这是对玩弄权术者的鲜明写照。

二、领导艺术的内容

领导艺术的内容，目前尚无一致的意见，归纳起来，大体上有 3 种：① 把其视为履行职能的艺术。主要包括沟通联络、激励和指导的艺术。② 决策艺术、授权艺术、用人艺术等。③ 提高领导有效性的艺术。除上述内容外，还包括正确安排会议和管理自己的时间，处理好各方面的关系，以及吸引职工参加管理等。下面简单介绍几种主要的领导艺术。

(一) 决策艺术

在非程序化的决策过程中，主管人员的主观决策技能起着重要的作用。作为主管人员在一定经验的基础上，对未来事件的判断应具有远见和洞察力，及早察觉组织发展的有利与不利条件，依靠自己的周密考虑和集中群众的正确意见，做出既有事实依据，又具有创新意识的战略决策，促进组织的发展。由于决策事关重大，所以在具体决策实践中，有些领导者为了避免失误，提出了“七不决断”的原则，值得借鉴：

(1) 没有吃透上级的精神不决断。

(2) 不经过系统的调查研究不决断。

(3) 不征求业务部门的意见不决断。

(4) 不经过专家或咨询部门的论证不决断。

(5) 不发动群众讨论或职代会通过不决断。

(6) 没有两个以上的可行方案比较、筛选不决断。

(7) 不经过班子集体讨论不决断。

(二) 用人艺术

在充分了解各人长处的基础上，把工作的重要性和个人能力很好地结合起来，使每个人在各自的工作岗位上努力工作、积极进取，同时把发挥每个人的长处同组织目标很好地结合起来，使个人目标与组织目标协调一致，利于促进组织目标的实现。整个组织尤其是每个部门中,成员之间能优势互补,取长补短,营造良好的组织气氛,这些都是用人艺术的体现。有些管理专家在实践中总结出不少用人技巧,主要是:

(1) 出以公心,适当吃亏,感恩图报。“将欲取之,必先予之”、“滴水之恩当涌泉相报”。

(2) 士为知己者用。即理解与信任是用人的根本所在。所谓“疑人不用,用人不疑”就是这个道理。

(3) 用人之长。常言道,“尺有所短,寸有所长”,所以扬长避短,就能充分发挥每个人的潜能。

(4) 搭配使用。即以此人之长补彼人之短,产生互补效应,提高效能。如激进的人应辅以慎重的人,大刀阔斧的人应辅以精雕细琢的人。

(5) 要善用有过之人。“人非圣贤,孰能无过?”所以既往不咎的态度是激发人的积极性的重要技巧。对有过之人,以正面诱导为主,反面警钟少敲。

(6) 讲五湖四海,避免任人唯亲。特别要以德、才来用人。同时要善于起用非正式组织的头目,使非正式组织与正式组织二者目标的差异、冲突最小化。

(7) 要破除年龄、资历、学历、家庭等方面的陈规陋习,大胆起用有才能的新人,保持组织的活力。

(三) 授权的艺术

所谓授权是指上级领导者把本来属于自己的一部分权力委授给下级,指明工作的目的和要求,并为其提供必要的条件,放手让下级努力完成工作任务的一种领导方法。作为领导者,合理地授权,既利于充分发挥下属的积极性、主动性,增强下级的责任心,使下级在工作中得到锻炼和发展,又能帮助上级领导者从繁杂的、有章可循的例常性工作中解脱出来,集中精力来研究和解决主要问题。在具体运用授权方法中,有以下成功的经验、艺术值得参考:

(1) 授权留责。领导者把权力授给下级以后,下级如果在工作中出了问题,下级要承担责任,但上级领导者却不能因此而使自己的责任减少。“士卒犯罪,过及主帅”就是这个道理。所以,授权以后,上级不是一身轻松了,授权下属不等于放弃责任。把权力交给下属,将责任留给自己。也正因为这样,才能使下级大胆工作,不怕失败,充分发挥他们的聪明才智。

(2) 视能授权。能就是下级的能力。领导者向下级授什么权,授多大权,要根据下级能力的高低而定。下级能力强,不妨让其多负一点责任、多得到一点权力;下级能力弱,就要缩小授权程度,随着以后能力的提高再逐步增加授权,力求做到权和能的统一。

(3) 权责确定。授权时,领导者必须向被授权者明确所授工作职务的目标、责任和权力范围等,不能含糊不清、模棱两可。否则,其职务便形同虚设,被授权者将无所适从,搞不好还会争功诿过,而领导者也没有考核的客观依据。这样,整个管理组织就会失去战斗力。

(4) 逐级授权。领导者只能对自己的直接下属授权，绝对不可越级授权。如果上层领导者把本来属于中层领导者的权力直接授予基层领导者，这必然导致中层领导的被动，不利于调动他们的积极性。

(5) 适度授权。领导者必须分清哪些权力可以下放，哪些权力应该保留。如果把应该保留的权力也统统下放，那就是过度授权，等于放弃职守，可能造成下级滥用权力，甚至使管理失控。如果授权不足或根本不授权，往往造成上级管理者的工作太多，下级的积极性受挫。一般来说，领导者的核心权力是不可以下放的。

(6) 相互信赖。领导者向下级授权以后，就应信任下级，不得干预下级在职权范围内独立处理问题的权力，更不能不和下级商量，随意另行决定和下达指令。否则，上级对下级疑虑重重、事事过问，而下级对上级也怀有戒心而不敢放开手脚工作，那就无所谓授权了。

(7) 适当控制。授权以后，领导者对下属的工作要进行合理的也就是适度的监督，对此要防止两种偏向。一种是把授权变成了放任自流，另一种是对授权不放心，因而不断地检查工作，连细节也不放过，使下属缩手缩脚。这两种控制，前者不足，后者过度，都是不合理的。领导者授权以后重点在于推动下级行使职权，对于充分行使职权、工作搞得好的人，上级将不断地委以新的职权。相反，对于不敢负责、未能行使职权的人，就要逐步收回授予的职权。

（四）指挥和激励的艺术

这主要是指在实践中树立和维护必要的权威，使下级能自觉地接受指挥。在管理中，尤其是在行使领导职能时，要善于进行沟通，针对下属的各种有关信息，及时对其进行必要的教育和发布必要的指令。指令内容要切合实际，方法和形式能为下属理解并乐于接受。根据物质动力、精神动力、信息动力的原则，使组织中的鼓励工作和激励制度、方法等能适应广大职工多种多样、经常变化的需要，从而维护纪律，鼓舞士气，充分挖掘潜力，激发人员积极性、主动性和创造性。

（五）集中精力抓住主要环节的艺术

在组织各项工作任务中，找出对实现组织目标具有重要作用的某项工作或某个环节，在抓住重点的基础上统筹全局，正确决定每个时期、每个阶段的工作秩序，科学地分配时间和组织资源。

至于沟通的艺术、待人的艺术、处事的艺术、解决冲突的艺术、社交的艺术、会议管理的艺术等等，由于在公共关系、社交礼仪、专业管理等课程都有专门介绍，在此不再赘述。

第五节 领导者的时间管理和驾驭技巧

时间管理是每一位组织领导者都必须面对的重要问题，与其他要素相比，时间是不可再生的资源。时间从哲学上来讲，是指物质运动的连续性，是物质运动过程的顺序更替和前后联系的表现。时间从管理上来讲，是分配组织中各种活动过程所需要的周期及其起点和终点，规定各种活动衔接和循环的连续性。当代管理活动的一个重要特点是时效性愈益突出，同样的管理结果或问题处理，在不同的时间就会表现出不同的效益，有的是高效益，有的是低效益或者无效益。从管理资源的角度看，时间是管理的最稀有和最特殊的资源。时间具有租不到、借不到、买不到，定量供应，毫无调节的弹性，又最容易损耗，无法储存、没有替代品等特点。“子在川上曰，逝者如斯夫”，这是古人对时间稍纵即逝的慨叹。

时间对所有的人都是一样的公平的，没有谁多谁少之分，只不过有人善于充分利用时间，有人却在不经意地浪费时间。通过对时间进行计划安排，可以帮助领导者有效地利用有限的时间。

一、时间的特性

时间，看不见、摸不着，它无声无息，悄然流逝，因此，人们很少能意识到每天在不知不觉中浪费了许多时间。或者，虽然意识到了，也没有产生那种浪费人、财、物等有形资源时的痛心之感。事实上，时间是一种最特殊的资源。美国管理学家德鲁克曾经说过：“在其他各项主要资源中，金钱一项事实上是相当宽裕的。另一个限制因素是人力，虽然我们很难雇佣到足够的优秀人才，但总归是可以雇佣到的。只有时间，我们租不到、借不到，也买不到，也不可能以其他方法取得更多时间。”如果浪费了时间，其损失是无可挽回的。由此可见，时间是世界上最宝贵的资源，与其他资源不同，它具有以下特性：

(1) 不可伸缩性。时间不像其他资源，需求量增加时，它们的供给也会相应增加。时间不能伸缩，时间的供给丝毫没有弹性。不管时间的需要量多么大，供给量绝不可能增加。时间的这一特性，决定了我们无法对其“开源”，我们只能设法避免无端地浪费时间，提高单位时间的利用率。

(2) 不可储存性。时间处在永不停止的运动之中，不像别的资源可以储存，以备急需。无论人们是在充分利用它还是在浪费它，它都是以同一种速度流逝着，所谓“盛年不重来，一日难再晨”说的就是这个道理。所以说，时不我待，只有只争朝夕，科学地安排时间，才能在相同的时间内获得非同寻常的成就。

(3) 不可替代性。时间的稀缺性是不可替代的。它不像其他稀缺资源，在一定条件下，某种资源缺少了，可以用另一种资源代替。比如说，我们可以用天然气代替煤，用现代化的机器设备来弥补劳动力的不足，但我们找不到任何一种东西可以来代替时间。

(4) 不可估价性。人、财、物，包括信息，尽管有时很难衡量其价值，但毕竟可以定价，且可以进行交换，唯有时间是无法估价的。“一寸光阴一寸金，寸金难买寸光阴。”可以说，时间是无价之宝，巨商富贾可以买得到荣华富贵，唯独买不到时间。

尽管时间具有以上特性，但是，只要了解时间的本质和特点，就能找出利用时间的方法和规律，做时间的主人。这种管理时间的能力是完全可以通过学习而获得的。通过学习和训练，人们对时间的使用就可以从被动的自然经历与随意打发，转到系统地、集中地、有计划地、有目的地主动分配使用，达到事半功倍的效果。

二、有效驾驭时间的技巧

作为一个组织的领导者，要想正确判断自己有效利用时间的程度，就应该选择一段时间用工作簿或日记连续地记录下每天的各种活动。这样，当一项工作完成时，会得到一个详细的时间和活动记录，然后就可以对所收集的数据进行评估，从而了解自己利用时间的有效程度。

时间管理的目的在于有效地利用时间。因此，领导者必须首先明确在一定时期内所要达到的目标、所需进行的活动以及每一项活动的重要性和紧迫性，然后据此制定工作时间表，并以此为标准进行工作。具体来说，时间管理一般包括以下几个步骤：

(1) 列出目标。领导者首先要确定本部门在未来一段时间内所要实现的目标，并逐个列示出来。

(2) 按重要程度对目标进行排序。之所以要对所罗列的目标按重要程度的大小进行排序，是因为并不是所有的目标都是同等重要的，而且每个人的时间也是有限的，必须应该明确哪些是首先要做的最重要的事情。

(3) 列出实现目标所需进行的活动。根据所罗列的目标，确定应该开展哪些活动，并将这些活动也列示出来。

(4) 对实现每个目标所需进行的活动进行排序。根据每项活动的重要性和紧迫性，排出活动的先后顺序。一般来说，活动的重要程度和紧迫程度可分为 4 类：必须做的、应该做的、有时间就做的、可授权给他人做的。其中：必须做的是非常重要的或非常紧迫的事情；应该做的是重要并且紧迫的事情；有时间就做的是不紧迫的事情；可授权给他人做的是不重要的事情。

(5) 安排活动日程。根据所排列的活动的先后顺序，每天都要列出所要进行的活

(6) 将时间表付诸实施。在工作中，要严格执行事先制定的时间表，每做完一件事，就要看看下面一件事情是什么，可以有多少时间来处理；并尽可能按时间完成，如果不能按时完成，就要重新评价其重要性和紧迫性，并据此修改工作时间表。

(7) 回顾和总结。一天的工作结束之后，要回顾一下这一天的时间运用情况，总结经验教训，以不断地提高工作效率，然后，安排第二天的活动。

三、时间管理中应注意的问题

在时间管理中，管理者应注意以下几个问题：

(一) 遵循 10/90 法则

大多数管理者 90%的决定是在他们的 10%的时间里做出的，管理者们很容易陷在日常事务中。所以，一个组织的管理者，要想有效地利用自己的时间，就必须确保最关键的 10%的活动具有最高的优先级。

(二) 掌握自己的生物钟周期

每个人都有自己的生物钟，在一天的不同时间段里，其工作效率是不同的。所以，为了提高工作效率，管理者应该掌握自己的效率周期，并据此制定自己每天的工作计划，把最重要的事情安排在自己效率最高的时间段里，而把日常事务或不重要的事情安排在生物钟处于低潮的时段。

(三) 掌握帕金森定律

帕金森定律表明：只要还有时间，工作就会不断地扩展，直到用完所有的时间。根据这一定律，管理者不能给一项工作安排过多的时间，否则就会使工作缓慢进行，直到用完安排的所有时间。

(四) 提高会议效率

在管理者的时间表中，会议占有较大的时间份额，因此，如何提高会议效率是时间管理的一个重要内容。为了有效地利用时间，应在会前事先规定好会议的内容和相应的时间安排，并在会议中严格执行。

(五) 避免把整块时间拆散

为了充分利用时间，一个组织的管理者，尤其是高层管理者，应把一天中将工作效率最高的时间段作为整块的可支配时间来安排。在这段时间里，尽量将自己与外界隔离，减少一切干扰，如限制别人进入自己的工作场所、不接电话、不接待下属等，集中精力思考重要问题。

(六) 把不重要的事集中在一起

在每天的日程安排中，要有一段固定的时间集中处理一些不太重要的事，如打电话、接待下属、处理信函、回答问题等。一般而言，这段时间应该安排在生物钟的低潮时期。

本章小结

本章主要介绍了管理职能之一的领导职能的有关问题。

(1) 领导概述：作为一种职能活动，领导可以定义为激励和引导团体成员实现组织目标的过程。领导的这一概念揭示了领导的3层含义：① 领导必须有领导者和被领导者；② 领导的本质是发挥影响力；③ 领导的目的是通过被领导者达到组织的目标。

领导不等同于管理，又与管理密不可分。

领导者获得影响力的途径是多种多样的。领导者的权力根据其来源主要可以分为两大类——职位权力和个人权力。我们将主要依靠法定权力、奖赏权力和强制权力而形成的影响力，统称为职位权力(或制度权力)。职位权力主要与组织的职位特性相关，它来源于个人在组织中的地位。任何人，只要他有了一定的领导职位，就同时拥有了这些权力。而将与个人因素相关的专家权力、归属权统称为个人权力。个人权力是与个人的特性相关的，它来源于个人的品质和才能。领导者有没有个人权力，以及拥有个人权力的大小，要由社会实践来判断。有领导职务的人未必有个人权力；没有领导职务的人却可能有个人权力，并对他人产生深远的影响。正式组织中的有效的领导者应该是兼具职位权力和个人权力的领导。理想的情况是法定权力和奖赏权力备而不用，通过个人权力来实施领导的影响力，这对提高权力的有效性来说是很重要的。

(2) 领导理论：领导理论是研究领导有效性的理论，它研究影响领导有效性的因素，以及为了提高领导有效性应采取的措施。领导理论一般可以分为三大部分：领导个性理论、领导行为理论和领导权变理论。

① 领导个性理论，认为领导行为的有效性，主要取决于领导者个人特性。领导个性理论的说法也很多，概括起来，其基本观点主要是两种：一是先天论；二是后天论。两者都是企图研究出领导人与一般人到底有哪些不同，什么样的人才能成为一个优秀的领导人。先天论认为，某些人天生就是当领导的“料”，天生就有当领导的素质。后天的培养与训练，也只是对这些“天生”者才有帮助，才起作用。后天论的观点认为，一个人的领导能力和领导素质不是天生的，而是后天的，因而人人都有可能当领导。这种后天，主要是通过学习、实践、培养、训练等形成的。

② 领导行为理论着重于分析领导者领导方式和领导风格对领导效能的影响，从而为提高领导者的领导水平和领导效能提供可靠的依据。领导行为理论主要有几类，第一是关于民主式领导和专制式领导的比较。这方面的研究主要有勒温理论、连续统一体理论、利克特理论；第二类是领导二维论，主要包括领导行为四分图理论和领导行为方格理论。

③ 领导权变理论认为，领导是一个过程，这个过程要考虑到领导者、被领导者和环境的交互作用。用公式表示为：领导＝f(领导者×被领导者×情景)。领导权变理论的核心思想就是要考虑情景因素和被领导者的影响，而不只是考虑领导者个人的因素，要根据环境的变化找到一种与之相适应的领导模式。领导权变理论主要包括菲德勒模式、路径—目标理论和领导生命周期理论。

(3) 领导方法：领导方法是领导者在管理工作中思考问题、处理问题和指导工作的方式和方法。领导方法是由多种层次、多种类型的方法所构成的一个整体。从方法的适用范围大小来划分，各种领导方法可分为哲学方法、基本领导方法和特殊领导方法3个层次。哲学方法是指领导者用哲学的基本原理去指导、观察、分析和处理问题的方法，其性质属于方法论，基本特点是抽象的、理论性的，不同于那些处理具体问题的工作方法；基本领导方法是适用于领导者完成各个方面、各个领域工作任务的领导方法，基本领导方法是具体的、可以操作的方法。具体来说，它包括调查研究的方法、群众路线的方法、科学分析的方法；特殊领导方法是只适用于某一特定领域、解决某种具体问题的方法，如决策方法、计划方法、组织方法、激励方法、沟通方法、会议管理方法、时间管理方法、用人方法、社交方法、文化建设方法等等。科学的领导方法是领导工作有效性的直接要求，是领导者顺利实现领导职责的重要保证。

领导艺术，是指建立在一定知识、经验基础上的非规范化、有创造性、给人以美感的领导技能。领导方法与领导艺术是普遍性与特殊性的关系。领导方法是领导工作规律性的反映，它是领导艺术的归纳和总结，是领导艺术实践中规范化的知识结晶，具有普遍性和指导性；而领导艺术则是领导者根据不同环境结合个人特点对领导科学方法的具体巧妙运用，其目的是为了增强领导工作的有效性，使领导行为达到最佳效果。领导者在工作中，必须把二者结合起来。就一个组织不同层次的管理者来说，中层管理者在工作中应用的领导方法与领导艺术基本相等；越到基层，应用领导艺术则较少；越往高层，应用领导艺术则较多。

(4) 领导艺术：领导是一门综合的艺术。主要的领导艺术包括决策艺术、用人艺术、授权艺术、指挥和激励艺术、集中精力抓主要环节的艺术。

课堂案例讨论

一次重大的人事任免

某钢铁公司领导班子会议正在研究一项重大的人事任免案。总经理提议免去公司所属的有2 000名职工的主力厂——炼钢一厂厂长姚成的厂长职务，改任公司副总工程师主抓公司的节能降耗工作；提名炼钢二厂党委书记林征为炼钢一厂厂长。姚、林二人都是公司的老同志了，从年轻时就在厂里工作，大家对他们的情况可以说是了如指掌。

姚成，男，48岁，中共党员，高级工程师。20世纪60年代从南方某冶金学院毕业后分配到炼钢厂工作，一直搞设备管理和节能技术工作，勤于钻研，曾参与主持了几项较大的节能技术改造，成绩卓著，在公司内引起较大震动。1983年他晋升为工程师，先被任命为一厂副总工程师，后又任生产副厂长，1986年起任厂长至今，去年被聘为高级工程师。该同志属技术专家型领导，对炼钢厂的生产情况极为熟悉，上任后对促使炼钢一厂能源消耗指标的降低起了巨大的推动作用。他工作勤勤恳恳，炼钢转炉的每次大修理他都亲临督阵,有时半夜入厂抽查夜班工人的劳动纪律,白天花很多时间到生产现场巡视,看到有的工人在工作时间闲聊或乱扔烟头总是当面提出批评,事后通知违纪人所在单位按规定扣发奖金。但群众普遍反映,姚厂长一贯不苟言笑,没听过姚厂长和他们谈过工作以外的任何事情,更不用说和下属开玩笑了。他到哪个科室谈工作,一进办公室大家的神情便都严肃起来,犹如"一鸟入林,百鸟压音",大家都不愿和他接近。对他自己特别在行的业务,有时甚至不事先征求该厂总工程师的意见,直接找下属布置工作,总工对此已习以为常了。姚厂长手下几位很能干的"大将"却都没有发挥多大的作用。据他们私下说,在姚手下工作,从来没受过什么激励,特别是当他们个人生活有困难需要厂里帮助时,姚厂长一般不予过问。用工人的话说是"缺少人情味"。久而久之,姚厂长手下的骨干都没有什么积极性了,只是推推动动,维持现有局面而已。

林征,男,50岁,中共党员,高中毕业。在基层工作多年,前几天才转为正式干部,任车间党支部书记。该同志脑子灵活,点子多,宣传、鼓动能力强,具有较突出的工作协调能力。1984年出任炼钢二厂厂办主任,1986年调任公司行政处副处长,主抓生活服务,局面很快被打开。1988年炼钢二厂党委书记离休,林征又回炼钢二厂任党委书记。林征长于做人的工作,善于激励部下,据说对行为科学很有研究。他对下属非常关心,周围的同志遇到什么难处都愿意和他说,只要是厂里该办的,他总是很痛快地给予解决。民主作风好,工作也讲究方式方法,该他做主的事从不推三阻四。由于他会团结人(用他周围同志的说法是"会笼络人"),工作能力强,因此在群众中享有一定的威望。他的不足之处是学历低,工作性质几经变化,没有什么专业技术职称(有人说他是"万金油"),对工程技术理论知之不多,也没有独立指挥生产的经历。

姚、林二人的任免事关炼钢一厂的全局工作,这怎么能不引起公司领导们的关注呢。公司领导们心里在反复掂量,考虑着对炼钢厂厂长这一重大人事变动提议应如何表态。

分析讨论

1. 根据姚成的性格特点和技术专长,对他这次任免是否合适?

2. 对厂长的领导素质、领导风格应有什么要求?林征会成为一名合格的厂长吗?

成荣的授权计划

成荣是成荣肥料公司的董事长兼总经理,他单枪匹马开创了今天的事业,控制公司长达30年之久,即使在公司日益扩大的今天,他仍然事必躬亲处理所有的事务,下属只是他可以随意支配的助手。最近,成荣发现公司员工并不欣赏他的管理作风,同时,61岁的他对自己严格要求的每周工作70小时的工作时间也有吃不消的感觉。去年,他终于决定让下属分担一些责任。他打算逐渐放弃自己的管理角色。于是他邀请了一些顾问,为公司拟定了专门的管理制度。顾问们建议他从内部提拔3位资深经理以使他卸下一部分重任,退居咨询和顾问的地位。成荣还接受了顾问们的建议,从外部请来了袁平担任管理发展部经理。此外,顾问们还告诉成荣,经理们对于如何经营自己的部门必须提出更多的创意,对于他们的管理能力也有必要加强。整个授权计划进行得很顺利,经理们的责任日益加重。

袁平积极地开展了训练计划,教授一些员工沟通和做决策的技巧。成荣批准他邀请国内知名专家们作专题演讲,收到了很好的效果。

3位得到提拔的新经理都已在成荣公司服务多年,他们起先对成荣是不是会百分之百支持,对授权政策心存怀疑,因为他们认为成荣独揽大权已成习惯。然而,真正使他们信服的还是成荣的行动。当经理们谈到打算在自己的职责范围内实行某些改变时,成荣很高兴经理们能够迅速承担起责任。成荣虽然还以主席的身份参加高层主管会议,但是他一再声明会在"几个月后"退出这类会议。

然而,在新经理们开始执行其变革计划后不久,成荣开始担心那些新经理的所作所为了。顾问们告诉他,他们的行为并没有超出其职权范围,因此成荣才打消了干预的念头,直到他听说营销经理张浩计划把产品直接销给零售商。

事情发生在一次会议上,张浩还没有解释清楚他的计划,就被成荣厉声打断了:"你不能这样做!上一次我们的尝试几乎把公司弄垮了。"

张浩平静地回答说:"那是几年前的事情,我刚才说过,依现在的市场情况和我们的能力,如果要打算拓展产品的销路,不仅应该这么做,而且势在必行。"

成荣直截了当地制止张浩继续说下去,他不愿意听任何解释,迈开大步走出会议室,留下其他人面面相觑,不知如何是好……

分析讨论

(1) 你认为成荣面临的主要问题是什么?

(2) 你对成荣的授权计划有什么好的建议?

本章自测题

一、名词解释

1. 领导
2. 权利接受论
3. 职位权力
4. 领导艺术
5. 领导方法

二、选择题

1. 职权具有以下(　　)特征。

A. 有明确的权力范围　　B. 职位不同，权力不同
C. 与领导者个人因素无关　　D. 与职位无关

2. 领导有效性等于(　　)×领导效率。
A. 质量　　B. 控制
C. 目标方向　　D. 团队力量

3. “权力接受论”是由(　　)最先提出的。
A. 巴纳德　　B. 法约尔
C. 杜拉克　　D. 孔茨

4. 领导生命周期理论认为，当下级的平均成熟度处于不成熟阶段时，最有效的领导方式是(　　)。
A. 命令型　　B. 说服型　　C. 参与型　　D. 授权型

5. 领导艺术的特殊性，具体表现在(　　)方面。
A. 随机性　　B. 多样性
C. 创造性　　D. 经验性

6. 非权力性影响力是由(　　)决定的。
A. 品格　　B. 才能　　C. 知识　　D. 经历

7. 领导二维理论包括(　　)。
A. 领导行为四分图理论　　B. 领导行为方格理论
C. 连续统一体理论　　D. 领导生命周期理论

8. 费德勒的权变理论模型影响领导有效性的环境因素有(　　)。
A. 上下级关系　　B. 领导方式
C. 任务结构　　D. 领导者自身的权力地位

9. 主要依靠法定权力、奖赏权力和强制权力而形成的影响力，称为(　　)。
A. 职位权力　　B. 个人权力
C. 法定权力　　D. 强制权力

10. 下列关于领导方法与领导艺术的说法正确的是(　　)。
A. 领导方法同领导艺术是特殊性与普遍性的关系
B. 领导艺术是为了增强领导工作的有效性
C. 领导艺术有一定的模式
D. 越到基层，越讲究领导艺术

三、问答题

1. 你如何看待领导特质理论，你认为有效的领导者是天生的还是后天造就的？
2. 简述费德勒领导权变理论的基本结论。
3. 简述权力授予论的后果。
4. 如何运用群众路线方法？
5. 领导授权应遵循哪些原则？

第九章 激　励

学习目的与要求

管理的核心是对人的管理，管理系统的动力来自于人的积极性、主动性与创造性，所以现代管理面临的首要任务是引导成员为实现组织的共同目标作贡献。现代组织的效率和活力的大小，在很大程度上取决于其员工主动性、积极性、创造性是否充分发挥出来。因此，激励是管理的最重要的职能之一，激励思想的发展也是管理思想发展的中心内容。

本章在论述激励的定义与作用的基础上，主要讨论西方管理学者有关激励的各种基本理论与模式，并介绍激励职能在管理实践中的具体运用。

通过本章学习，应掌握以下问题：

(1) 掌握激励与动机的含义、激励的过程，了解激励的作用。

(2) 西方激励理论：需要层次论、双因素理论、ERG 理论、成就需要论、期望理论、公平理论、目标设定理论、强化理论、归因理论和挫折理论的基本内容。

(3) 管理实践中的各种激励方法。

本章框架结构图

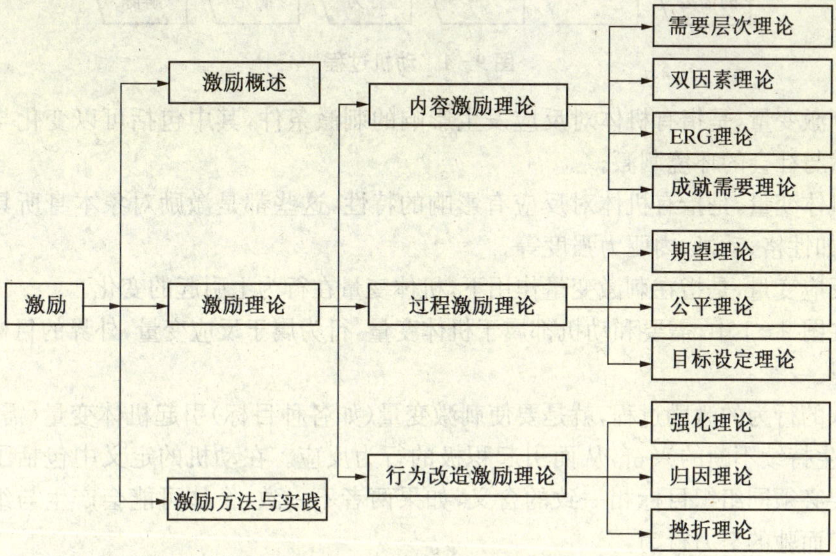

第一节 激励概述

一、激励的含义与过程

激励，就是激发鼓励的意思，就是利用某种外部诱因调动人的积极性和创造性，使人有一股内在的动力，朝向所期望的目标前进的心理过程。

激励过程，实质上就是激发人的动机的过程，所以首先我们要了解什么是动机。在管理学中，我们把动机定义为：个体通过高水平的努力而实现组织目标的愿望，而这种努力又能满足个体的某种需要。动机是引起行为产生的直接原因，是个人与环境相互作用的结果，随着环境的变化而变化。可以说，动机水平不仅因人而异，而且对于同一个人来说还因时而异。

动机可以看做是需要得到满足的过程，激发人的动机的心理过程模式如图 9－1 所示。未满足的需要引起紧张感，而激发了个体的驱动力，这种驱动力将导致需求特定目标的行为。如果最终目标实现，则需要得以满足，紧张得以解除。这说明，人的行为都是由动机支配的，而动机则是由需要所引起的，人的行为都是在某种动机的策动下为了达到某个目标的有目的的活动。

从心理学的角度分析激励过程，实质上就是处理好 3 种变量之间的相互关系的过程，这 3 种变量是指刺激变量、机体变量和反应变量。

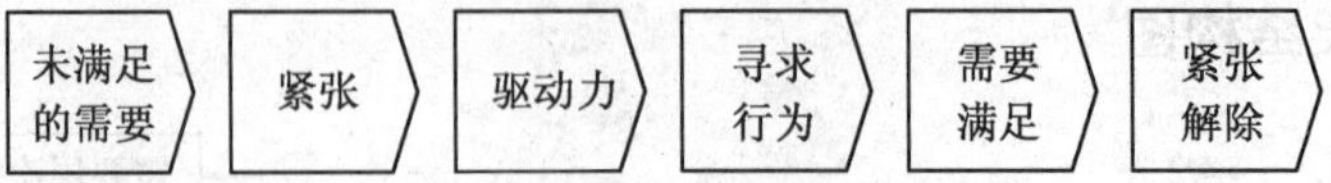

图 9-1 动机过程

刺激变量,是指有机体对反应发生影响的刺激条件,其中包括可以变化与控制的自然与社会的环境刺激。

机体变量,是指有机体对反应有影响的特性,这些都是激励对象本身所具有的特性,如性格、动机、内驱力强度等。

反应变量,是指在刺激变量作用下,机体变量在行为上引起的变化。

在图 9-1 中,需要和动机都属于机体变量,行为属于反应变量,外界的目标是刺激变量。

人的行为的激励过程,就是要使刺激变量(如各种目标)引起机体变量(需要、动机)产生持续不断的兴奋,从而引起积极的行为反应。在动机的定义中包括了个体的需要必须同组织目标相一致的含义,如果两者不一致,个体可能会产生与组织利益背道而驰的努力行为。

二、激励的作用

(一) 对行为的驱动与导向作用

激励作为一种内在的心理活动过程或状态,我们不能观察其外部形态,但它对人的行为具有驱动和导向作用,因此通过行为的表现及效果可以对激励的程度加以推断和测定。通过激励来激发、引导、保持和规范组织成员的行为,以有效地实现组织及其成员个人的目标。为了进行有效的激励,收到预期的效果,领导者必须了解人的行为规律,知道员工的行为是如何产生的,什么样的激励会产生何种行为,激励与行为的关系,等等。

一个管理者如果不懂得怎样激励员工,是无法胜任工作的。激励在组织管理中有多方面的重要功能,大量的管理实践已经证实了这一点。

(二) 激发积极性作用

激励有助于激发和调动员工的积极性。积极性是职工在完成工作任务时一种能动的、自觉的心理和行为状态,它可以促使员工的智慧和体力等能力得到较好的发挥,提高工作绩效,并导致一系列积极的行为后果,如提高效率、超额完成任务、产生良好的服务态度、技能的充分发挥等。美国哈佛大学的詹姆士(W. James)教授在对员工激励的研究中发现,按时计酬的分配制度仅让员工的能力发挥 20%～30%,如果受到充分激励的话,员工的能力可以发挥出 80%～90%,两种情况之间 60%的差距就是有效激励的效果。管理学家的研究还表明,员工的工作绩效是员工能力和受激励程度的函数,即绩效＝能力×激励。

（三）促进目标的一致化作用

激励有助于促进员工个人目标和组织目标趋于同一化。个人目标及个人利益是员工行动的基本动力，它们与组织目标和总体利益之间既有一致性，又存在着诸多差异。当两者发生背离时，个人目标往往会阻碍或干扰组织目标的实现。如何使两者目标一致，则需要激励。激励的作用就在于以个人利益和需要的满足为基本作用力，引导员工认识到个人目标与组织的一致性，从而推动员工为完成工作任务作出自己的努力和贡献，促进个人目标和组织目标的共同实现。

（四）增强组织凝聚力作用

激励有助于增强组织凝聚力，促进组织内部各组成部分的协调统一。组织是由若干员工个体、工作群体及各种非正式群体组成的有机整体，是一个系统。作为一个系统具有整体性特征，它要求各要素之间协调一致。为保证整体各部分之间相互协调、密切配合，就像一部机器那样协调运转，除用严密的组织结构和严格的规章制度加以规范和约束外，还需要运用激励的方法，满足员工尊重、社交等多方心理需要，鼓舞员工士气，协调人际关系，进而增强组织的凝聚力和向心力，促进各个部门、群体、人员之间的密切协作。

第二节 激励理论

要懂得如何激励员工，必须掌握激励理论。自20世纪初以来，管理学家、社会学家和心理学家从不同角度研究了怎样激励的问题，并提出了许多激励理论。从1924年开始的霍桑试验，开创了行为研究的先河，行为研究的发展也引起了以研究人的行为为主的激励理论的发展。对这些理论可以从不同的角度进行归纳和分类，比较流行的分类方法是按研究激励问题侧重面的不同及其与行为的关系的不同，把各种激励理论归纳和划分为内容激励理论、过程激励理论和行为改造激励理论三大类。作为组织的管理者，要想有效地激励员工，必须了解各类激励理论。

一、内容激励理论

内容激励理论着重研究人的行为产生的原因，从需要和动机的角度探讨激励问题。内容激励理论以需要为主要作用机制，着重研究个体行为动机由何种因素所激发。这类理论认为，人的积极性和受激励的程度主要取决于需要的满足程度。其代表性的理论有马斯洛的需要层次理论、赫茨伯格的双因素理论、阿尔德弗的ERG理论、麦克利兰的成就需要理论等。

（一）需要层次理论

最著名的激励理论应该数需要层次理论，它是由美国著名心理学家马斯洛于

1943 年在其《人的动机理论》一书中提出的。他假设每个人都有 5 个层次的需要，由低到高划分为生理需要、安全需要、社交需要、尊重需要和自我实现需要。

1. 生理需要

生理需要是人类生存所必需的，因而也是最基本的需要。这类需要主要包括人对食物、水分、空气、睡眠、休息和性等方面的需要。

2. 安全需要

安全需要是指人们寻求保护自己免受生理与心理上侵害的一类需要。如人们都希望自己身体健康，喜欢安全的、有秩序的、可以预测的环境，要求有稳定的职业和生活保障，等等。

3. 社交需要

社交需要又称爱与归属需要，包括对人际交往，对某群体或家庭的依赖，同事的友谊和异性的爱情等方面的需要。

4. 尊重需要

人们需要自尊，也需要被别人所尊重。因此，追求名誉、地位、权力、威望，要求别人承认、赏识、关心、重视、高度评价自己。

5. 自我实现需要

自我实现需要是指使人最大限度地发挥自己的能力，完成与自己能力相称的一切事情，实现自己和理想的抱负的需要。这是人类最高层次的需要。

马斯洛认为：这 5 种需要划分为高和低两级，是由低到高逐级形成和发展起来的，如图 9-2 所示。生存需要和安全需要称为较低级的需要，而社会需要、尊重需要和自我实现需要为较高级的需要。高级需要是从内部使人得到满足，而低级需要则主要是从外部使人得到满足。

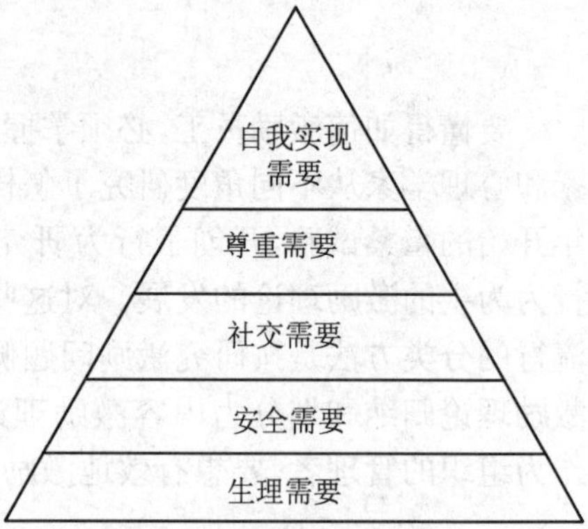

图 9-2 马斯洛的需要层次理论示意图

后来，马斯洛在 1954 年《激励与个性》一书中，对需要层次又做了进一步的阐述，在尊重的需要后面，又增加了求知的需要和求美的需要。

马斯洛认为，需要是分层次的，较低层次的需要得到满足之后，另一种更高层次的需要就会占据主导地位，需要是逐层上升的，见图 9-2 所示。从激励的角度来看，没有一种需要会完全得到满足，但只要部分得到满足，就会转向追求其他方面的需要了。根据马斯洛的观点，如果希望激励某人，就必须了解此人目前所处的需要层次，通过着重满足这一层次或在此层次之上的需要，即可达到激励行为的目的。

虽然众多的研究并未对马斯洛的需要层次理论提供验证性的支持，也就是说，这一理论缺乏实证基础,仅有的几项支持其观点的研究也缺乏说服力。但是,马斯洛的需要层次理论由于直观、逻辑性强、易于理解,得到广泛认可,特别是实践中的管理者。具体来说,只要掌握员工的需要层次,满足不同层次的需要,并根据不同人的需要特点满足其需要即可调动职工的积极性。

需要层次理论的应用价值在于管理者可以根据5种基本需要对员工的需要加以归类和确认,然后针对未满足的或正在追求的需要提供诱因,进行激励,同时更加注重高层次需要的激励作用。如在员工物质需要等生理需要已得到满足的情况下,更应注重于满足对员工的更高层次的精神激励。

同时,在管理上,借鉴和运用马斯洛需要理论时,我们应当注意研究的组织成员的需要情况,把握共性与个性,了解成员的需要差异,分析哪些是优势需要,哪些是一般需要。将满足成员需要所设置的目标与组织的目标密切结合起来,同时要坚持物质激励与精神激励相结合,注意引导培养员工高层次的需要,这样才能把激励工作做到实处,真正起到调动积极性的作用。表9-1说明了需要层次理论同管理措施的关系。

表9-1 需要层次理论与管理措施相关表

需要层次	追求的目标(诱因)	管理制度与措施
1. 生理需要	薪水、健康的工作环境、各种福利	身体保健(医疗设备)、工作时间(休息)、住宅设施、福利设备等
2. 安全需要	职位的保障、意外的防止	雇佣保证、退休金制度、健康保险制度、意外保险制度等
3. 社交需要	友谊(良好的人际关系)、团体的接纳、与组织的一致等	交流制度、利润分配制度、团体活动制度、互助金制度、娱乐制度、教育制度等
4. 尊重需要	地位、名分、权力、责任、薪水相对高低等	人事考核制度、晋升制度、表彰制度、奖金制度、参与管理制度等
5. 自我实现需要	能发展个人特长的组织环境、挑战性的工作等	决策参与制度、提案制度、进修制度、选拔制度等

(二) 双因素理论

双因素理论亦称激励—保健因素理论(Motivation—Hygiene Theory),是美国心理学家弗雷德里克·赫茨伯格提出的。

赫茨伯格认为:个人与工作的关系是一个基本的方面,而个人对工作的态度在很大程度上决定着任务的成功与失败。他调查了这样一个问题:"人们希望从工作中得到什么?"他在调查研究中发现,员工感到不满意的因素大多与工作环境或工作关系有关。这些因素的改善可以预防或消除员工的不满,但不能直接起到激励的作用,故称为保健因素。这类因素主要有:公司政策与管理、监督、工作条件、人际关系、薪水、地位、保障等。与此相反,另外一些使员工感到满意的因素主要与工作内容或工作成果相关。这些因素可以增强满足感,激发员工的进取心,只有这类因素才能真正激励员工。主要有:工作成就、晋升、责任感、个人发展的可能性、工作本身等。

据此,赫兹伯格提出了"双因素理论",其主要内容为:

(1) 激发人的动机的因素有两类:一类为保健因素;另一类为激励因素。

(2) 保健因素与激励因素不可相互替代,各自的作用不同。他认为满意与不满意不是相互对立的,与满意对立的是没有满意,与不满意对立的是没有不满意。这种观点与传统观点的比较如图 9-3 所示。

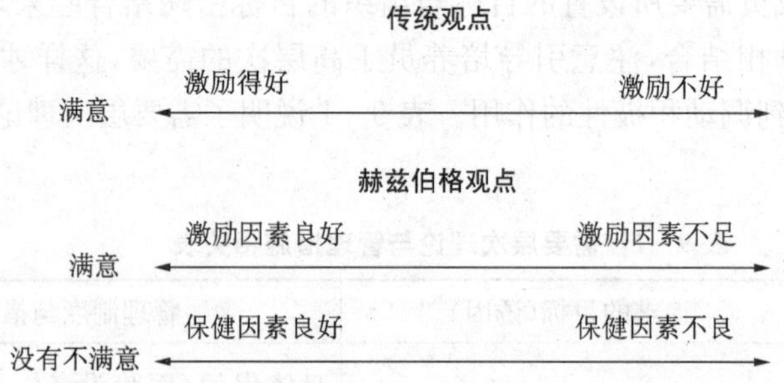

图 9-3 传统观点与赫兹伯格观点之比较

双因素理论对激励具有如下指导作用:

(1) 管理者若想持久而高效地激发员工,就必须改进员工的工作内容,进行工作再设计,从而使员工直接在工作中感到成就、责任和成长。同时,管理者还必须经常给予员工表扬和赏识,使他们感到自己受人重视和尊重。

(2) 管理者不应忽视保健因素,以消除职工不满,保持职工的积极性。

(3) 具体应用时,不可将激励因素和保健因素作绝对化的理解。激励因素也有保健的作用,保健因素同样也会有激励的作用。

(三) ERG 理论

ERG 理论是耶鲁大学的阿尔德弗于 1969 年提出的一种与马斯洛需要层次理论密切相关但有些不同的理论。阿尔德弗把人的需要分为 3 类,即生存的需要(Existence)、关系的需要(Relatedness)、成长的需要(Growth)。

(1) 生存的需要。这类需要关系到人的生存,它包括衣、食、住以及工作组织为使其得到这些因素而提供的手段,如薪水、福利以及工作环境等。这实际上相当于马斯洛理论中的生理需要和安全需要。

(2) 关系的需要。这是指发展人际关系的需要。这种需要通过工作中或工作以外与其他人接触和交往得到满足。这种需要的满足依赖于分享与他人之间的情感和相互关怀的过程而得到。该需要类似马斯洛理论中的安全、社会与某些自尊的需要。

(3) 成长的需要。这是个人自我发展和自我完善的需要。成长需要的满足,不仅要求个人充分发挥其潜能,而且需要有发展这种潜能的工作任务和机会。这相当于马斯洛理论中的自我实现需要与部分自尊需要。

ERG 理论对需要的分类并没有超越马斯洛需要理论的范围,但他们在分析方法上不同。马斯洛的分析方法是完成—前进式的,即低层次需求满足后产生高层次需求。ERG 理论提供了挫败—后退式的分析方法。它认为:

(1) 某种需要得到满足后,可能去追求更高层次的需要。比如,生存的需要(如工资)得到满足后,则期望满足关系的需要(如满足良好的人际关系)。

(2) 当比较高级的需要受到挫折时,会导致倒退至较低级的需要。例如,可能会出现"关系的需要满足越少,对生存的需要的需求就越多"和"成长的需要满足越少,对关系需要的需求就越多"这样两种情况。

(3) 某种需要(特别是成长需要)在得到基本满足后,其强烈程度不仅不会减弱,而且还可能会增强。如基本的薪水要求得到满足后,可能会要求更高的薪水。

表 9-2 阿尔德弗需求等级和马斯洛需要层次等级的比较

阿尔德弗需求等级	马斯洛需要层次
成长需要	自我实现需要 尊重需要
关系需要	尊重需要 社交需要
生存需要	安全需要 生理需要

(四) 成就需要理论

成就需要理论是美国心理学家麦克利兰提出的。麦克利兰认为,个体在工作环境中,在人的生存需要基本得到满足的前提下主要表现为 3 种需要:成就需要(Need for Achievement)、权力需要(Need for Power)、归属需要(Need for Affiliation)。

(1) 成就需要。这是指一种追求卓越,不断向高标准进行挑战,想要发挥自己所具有的潜力,争取成功,克服困难而达到目标的一种欲望。高成就需要者对于自己感到成败机会各半的工作表现得最为出色。他们喜欢设定通过自身的努力才可达到的奋斗目标,为了成功而向困难的工作挑战,在竞争中努力不输给别人等行为。这些人并不是追求成功之后的奖励,而是追求成功本身,在奋斗的过程中体验成功的喜悦与满足。总之,成就需要强的人,把具有挑战性的成就看做人生最大的乐趣,把做好工作达到自己所设置的目标视为最大的愿望。

(2) 权力需要。它是指一种影响并支配别人行为的欲望。权力需要强的人,一般对他人施加影响和控制表现出极大的兴趣,对权力有较高的欲望,喜欢竞争性和地位取向的工作环境。

(3) 归属需要。它是指建立友好的亲密的人际关系的欲望。这种人渴望友谊,会主动与别人友好相处，自觉维护融洽的人际关系，喜欢合作而不是竞争的环境。他们希望彼此之间的沟通，以便相互理解。总之，归属需要强的人，喜欢有一种融洽的关系，甚至把友谊看得比权力更重要。

麦克利兰的大量研究分析表明，成就需要者对组织乃至整个社会和国家经济发展起着重要作用，企业拥有这样的人越多，发展得就越快，就越能取得经济效益。国家拥有这样的人越多，就越兴旺发达。据麦克利兰调查，英国在 1925 年时拥有高成就需要的人数在 25 个国家中名列第 5 位，当时英国确实是一个兴旺发达的国家。1950 年再做调查时，英国拥有高成就需要的人数在 39 个国家中名列第 25 位，事实上第二次世界大战以后的英国也确实在走下坡路。麦克利兰还认为，可以通过教育和培养造就出高成就需要的人，他还开发出培训成就需要的一些方法。成就需要理论为我们选拔组织的管理者和各级组织的领导者提供了依据，也就是说，组织的管理者、领导者应该是高成就需要者，因为这种人容易成功且使组织得到发展。

另外，麦克利兰还认为，成就需要受组织管理状况的影响。如果把有高成就需要的管理人员放在具有挑战性的工作岗位上，便能引起成就的动机和相应的行为。如果把高成就需要的人放在例行的、没有挑战性的岗位上，则成就的动机便难以激发。

二、过程激励理论

内容激励理论从需要与满足的关系来解释人的行为，通过影响人的需要来激发动机、引导员工行为的激励工作，让人比较容易理解。但是我们发现，仅仅用需要的满足并不能解释人类的全部行为。有些行为，从人类需要的角度看，他应该去做，甚至应该努力去做，但是有的人虽然很需要，却没有去做。例如，某公司有一技术难题需要解决，于是张榜公布：攻克技术难题者，奖励 10 万元并可得到提升。按理说，奖金和提升对于每个员工都是需要的，但也许只有少数几个人去攻克技术难题，其他大部分员工并没有相应的行动。用激励内容理论是无法解释员工的这种选择性行为的，而过程激励理论却能对这种选择性行为作出较合理的解释。该理论着重于从动机产生到具体行为选择的心理过程研究，主要包括期望理论、公平理论、目标设定理论等。

（一）期望理论

期望理论是由美国组织心理学家维克托·弗鲁姆提出的。

期望理论认为，当人们预计到某一行为能够带来既定结果，且这种结果对个体具有吸引力时，个人才会采取这一行为。它包括以下 3 种变量或联系：

(1) 努力—绩效的联系。个体感觉到通过一定程度的努力而达到工作绩效的可能性。

(2) 绩效—奖赏的联系。个体对于达到一定工作绩效后即可获得理想的奖赏结果的信任度。

(3) 奖赏—吸引力的联系。个体所获得的奖赏对个体的重要性程度,与个人的目标和需要有关。

以上 3 种联系形成了期望理论的简化模式,图 9-4 表明了期望理论的主要内容。一个人从事工作的动机的强弱程度取决于他认为自己能够实现理想的工作成绩的信念程度。如果这一目标得以实现(达到了一定的绩效水平),他是否会获得组织所给予的充分奖赏?如果组织给予了奖赏,这种奖赏能否满足他的个人目标(具有吸引力)?

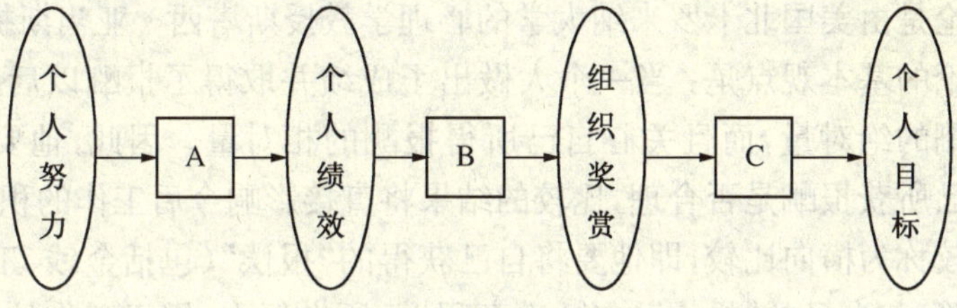

图 9-4 弗鲁姆期望激励模式中的 3 种关系

其中 A 是指努力—绩效的联系;B 是指绩效—奖赏的联系;C 是指奖赏—吸引力的联系。

弗鲁姆在分析了期望理论的简化模式后,进一步建立了激励模型:

$$F=VE$$

其中:F——激励力(Motive Force);

V——效价(Valence);

E——期望率(Expentancy)。

弗鲁姆认为,人们从事任何工作的激励将取决于经过其努力后取得的成果的价值,乘以其努力后将在实质上有助于达到目标的信念。换句话说,激励乃是个人寄托在一个目标的预期价值(效价)与其对实现目标的可能性(期望率)看法的乘积。

从期望理论模型可以看到,当一个人对实现某个目标认为是无足轻重时,效价为零;当个人认为目标实现反而对自己不利时,效价为负。这两种情况都不会对个人产生激励力。同样,如果经过努力达到目标的可能性很小,期望率为零或接近于零,也不会激励一个人去实现目标。只有在确认可能实现目标,同时在实现目标后能满足需要的情况下,人的积极性才能极大地调动起来并为实现目标而努力。如某公司职员希望得到晋升,晋升被他视为个人目标,具有较高效价。公司对于每个努力工作的员工机会是均等的,所以他认为努力工作实现个人目标的可能性很大,于是具有较大的激励,促使他努力去工作。如果某员工把晋升视为无所谓,则他不会去努力工作,因而失去激励,工作得过且过,不求有功,但求无过。

期望理论对管理者的作用在于:管理者可以通过帮助员工调整对个人目标的效价,提高实现目标的期望值,来增强动机水平和激励强度。具体步骤包括:

(1) 描绘出每个员工的个人目标的效价。

(2) 规定实现期望目标所要求的行动表现标准和要求。

(3) 说明所需要的行动表现标准和要求是可以达到的。

(4) 使员工的行动表现与期望目标的实现紧密地结合起来。

(5) 认真分析妨碍员工实现目标的各种相关影响因素,并为其创造有利的环境和条件。

(6)确定优厚的报酬。

(二) 公平理论

公平理论是由美国北卡罗来纳大学的心理学教授斯塔西·亚当斯提出的。

公平理论的基本观点是:当一个人做出了成绩并取得了报酬以后,他不仅关心自己所得报酬的绝对量,而且关心自己所得报酬的相对量。因此,他要进行种种比较来确定自己所获报酬是否合理,比较的结果将直接影响今后工作的积极性。

一种比较称为横向比较,即他要将自己获得的"报偿"(包括金钱、工作安排以及获得的赏识等)与自己的"投入"(包括教育程度、所做努力、用于工作的时间、精力和其他无形损耗等)的比值与组织内其他人做社会比较,只有相等时,他才认为公平,如下式所示:

$$\frac{O_p}{I_p}=\frac{O_c}{I_c}$$

其中:O_p——自己对所获报酬的感觉;

O_c——自己对他人所获报酬的感觉;

I_p——自己对个人所作投入的感觉;

I_c——自己对他人所作投入的感觉。

表 9-3 公平理论中收入/付出横向对比的几种情况

感觉到的比率比较	员工评价
自己所得收入/自己的付出<别人所得收入/别人的付出	不公平(报酬过低)
自己所得收入/自己的付出=别人所得收入/别人的付出	公平
自己所得收入/自己的付出>别人所得收入/别人的付出	不公平(报酬过高)

当员工发现自己的收入与付出不一致时则感到不公平,会设法摆脱不公平,一方面可以向组织领导争取,改变收入,另一方面可以调整自己的付出。

具体来说,员工会根据自己所处的状态来决定自己的行为。

(1) 自己所得收入/自己的付出<别人所得收入/别人的付出时,员工会认为自己所得收入过低,会产生不满情绪,这会促使他设法去摆脱这种状态。他可以有以下 3 种选择:① 找公司理论,争取增加收入而达到公平;② 消极怠工,减少付出而达到公平;③ 离开现组织,到新的组织寻求公平。

(2) 自己所得收入/自己的付出=别人所得收入/别人的付出时,员工认为自己是公平的，所以他会一如既往按原努力程度去工作。

(3) 自己所得收入/自己的付出＞别人所得收入/别人的付出时，员工会认为不公平，这是因为收入过高引起的不公平。但这种不公平不会带来不满情绪，而是促使员工产生紧张感，这时员工会增加付出以达到公平。

除了横向比较之外，人们也经常做纵向比较，即把自己目前投入的努力与目前所获得报偿的比值，同自己过去投入的努力与过去所获报偿的比值进行比较。只有相等时他才认为公平，如下式所示：

$$O_p/I_p=O_h/I_h$$

其中：O_p——自己对现在所获报酬的感觉；

O_h——自己对过去所获报酬的感觉；

I_p——自己对个人现在投入的感觉；

I_h——自己对个人过去投入的感觉。

(1) $O_p/I_p<O_h/I_h$，当出现这种情况时，人们也会有不公平的感觉，这可能导致工作积极性下降。

(2) $O_p/I_p>O_h/I_h$，当出现这种情况时，人们不会因此产生不公平的感觉，但也不会觉得自己多拿了报偿，从而主动多做些工作。

实践证明，公平理论所描述的关于公平的感受是一种普遍的心理现象，不公平感的产生，绝大多数是由于经过比较认为自己目前的报酬过低而产生的，但在少数情况下，也会由于经过比较认为自己的报酬过高而产生的。在组织环境中，它直接作用于员工的行为过程，影响员工的积极性。为实现有效激励，管理者必须深入了解员工对收入/付出比是否感到公平，并通过合理分配奖酬、调节奖励形式、纠正认知偏差、适当减少比较机会等方式消除不公平感，力求使每个员工都得到报酬和待遇，进而增加其满足感，激发职工的积极性。

（三）目标设定理论

目标设定理论是由美国行为科学家洛克于 1968 年首先提出来的。

目标设定理论，致力于实现目标是人们工作的最直接动机，人们追求目标是为了满足自己的情绪和愿望。目标会使人的行为具有方向性，引导人们去达到某种特定的结果，而不是其他的结果。对于一个人的行动而言，具有一个明确而具体的目标比没有目标更能激发人的积极性，从而取得更好的绩效。因此目标设定的过程是一种有效的激励方法。

目标设定过程模型如图 9－5 所示。

图 9－5 目标设定过程模型示意图

(1) 环境诱因。目标设定是由环境引起的。个人目标的确定是以组织目标为依据的。只有当组织目标确定,并明确为实现组织目标将给予何种奖励的情况下,组织目标就会成为个人目标设定的诱因,促使员工确定个人目标。

(2) 目标设定的评估。根据组织目标确定员工目标的方式有两种:一种是由上级指定分派;另一种是本人参与讨论。在此过程中,员工对目标的难度、实现的可能性、目标的挑战性以及达到目标后的效价等作出估价。

(3) 接受目标。根据员工自己的评估,认为目标经过努力是可以达到的,完成这样的目标对各方都是有益的,于是,员工就接受该目标。

(4) 为实现目标努力工作。员工接受目标后,就要努力设法去完成它。这时,要制定一套行动计划,包括步骤、方法、措施,以保证目标实现。

(5) 绩效。这里的绩效是指员工努力工作的实际结果。

(6) 奖酬和满意感。组织根据员工的绩效水平分配奖酬,一定的奖酬给员工带来一定的满意感。

(7) 结果。这里的结果是指在绩效评定和奖酬分配之后,员工个人对前期工作的反应。如果员工从工作中获得了满意感或对组织有归属感,他将继续留在组织里,进入到下一个工作过程。如果没有满意感,员工就会产生离职、缺勤、怠工等行为。

有关目标设定的研究表明,设定恰当而具有挑战性的目标能够产生强烈的激励作用,即对于具有一定难度且具体的目标,一旦被那些承诺并接受目标的人接受,将会比容易的目标更能激发高水平的工作绩效。而当预期到员工在接受较困难的挑战性工作会遇到阻力时,让员工参与目标的设定是可取的。在这里我们提出目标设定可能成功的一些建议:① 目标要具体明确。② 目标要具有挑战性。即设立的目标要有一定难度,但通过努力又是可能实现的。③ 个人目标和组织目标与政策相一致。一方面,个人目标不可能脱离组织目标;另一方面,设定组织目标时,要让员工能看到和实现个人目标,这是激发员工积极性的关键。④ 定出实现目标的行动计划和方法措施。没有计划和措施,目标将会落空。⑤ 实现目标要分段进行。即实现目标是一个渐进的过程,不可能一下子达到。⑥ 在不同的时间内检查和评价目标执行情况。一方面,通过检查获得反馈信息,适时调整计划,改进措施;另一方面,定期评价目标执行情况可以起到即时强化作用。⑦ 制定奖励措施。当组织员工实现预期目标时,应根据成绩给予恰当的奖励,使其获得满足感,激励他向更高的目标挑战。

过程激励理论的期望理论、公平理论和目标设定理论有着密切的关系。这些理论大致是围绕目标—绩效—满足这 3 个环节展开的。各理论的区别在于它们的侧重点不同。期望理论侧重于目标—绩效,以及绩效—满足的中间过程,考察了目标的重要性(效价)与实现目标的可能性(期望值)的关系。公平理论侧重于对过程结果的考察,即报酬的分配方式及公平性与满足感的关系。而目标设定理论则侧重于目标本身的特征考察,通过设定具有挑战性的目标并给予适当报酬来提高绩效。

三、行为改造激励理论

与前两种激励理论不同,行为改造理论不仅考虑积极行为的引发和保持,更着眼于消极行为的改造转化。关于这一问题的探讨,不同的心理学派提出了不同的理论,从而出现了有以行为主义为基础的强化理论,有以人本主义为基础的归因理论,也有两者结合的挫折理论等。

(一) 强化理论

美国哈佛大学心理学家 B. F. 斯金纳所倡导的强化理论是以学习的强化原则为基础的关于理解和修正人的行为的一种学说。所谓强化,从其最基本的形式来讲,指的是对一种行为的肯定或否定的后果(报酬或惩罚),它至少在一定程度上会决定这种行为在今后是否会重复发生。他把能增强某种行为出现频率的因素称为正强化,又称为积极强化,如表扬、奖励、提薪、提升等;能减弱某种行为出现频率的因素称为负强化,又称为消极强化,如批评、惩罚、降职、降薪等,有时不给予奖励或少给奖励也是一种负强化。斯金纳认为,通过正强化,员工因原有行为受到鼓励和肯定而自觉地加强该行为;通过负强化可以使员工感受到物质利益的损失和精神的痛苦,从而自动放弃不良行为。而且他认为,正强化或负强化必须紧随行为之后才最具效果。强化理论可用图 9-6 表示。

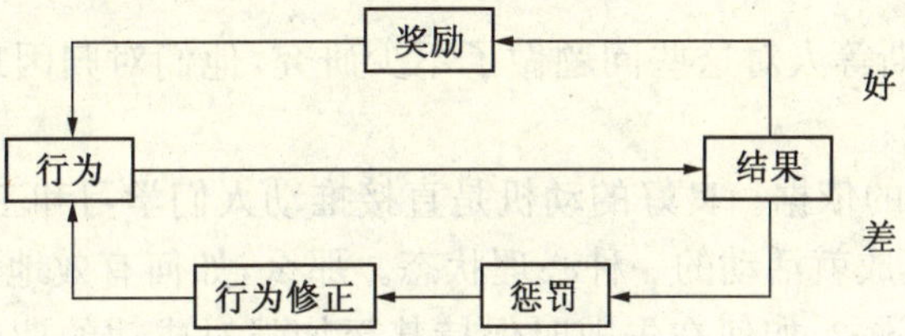

图 9-6 强化理论示意图

斯金纳通过分析员工按他们的方式行动的原因中发现,在员工的参与和帮助下设置具体的目标,对工作成果迅速进行反馈,对员工的行为改进给予奖励,甚至当成绩还没有达到目标时,就要设法给予帮助,并对其所做的可取的地方给予奖励。同时他还发现,让员工充分了解组织的情况,尤其是那些涉及其本身的问题,对员工具有相当大的激励性。

按照强化理论,管理者可以通过强化他们认为有利的行为来影响员工。斯金纳主张强化的重点是应该多采用奖励等正强化而少采用惩罚等负强化。尽管惩罚措施对于消除不良行为的效果很快,但是它的效果经常只是暂时的,并且可能会导致矛盾冲突、缺勤或辞职等。同时,还要依照强化对象的不同采用不同的强化措施。因为人们的年龄、性别、职业、学历、经历不同,需要就不同,强化方式也应不一样,如有的人更重视物质奖励,有的人更重视精神奖励,就应区分情况,采用不同的强化措施,以达到有效激励员工行为的目的。

（二）归因理论

归因理论是美国心理学家海德在有关社会认识和人际关系理论的基础上发展起来的，属于社会心理学的内容。美国斯坦福大学的罗斯和澳大利亚心理学家安德鲁斯等人应用归因理论来改变人的感觉和认识，从而进行强化，最后达到改变行为的目的。

所谓归因理论是说明和推论人们活动的因果关系分析的理论。人们用这种理论来理解、预测和控制他们的环境，以及随着这种环境而出现的行为。因此有人把归因理论叫做认知理论，即通过改变人的自我感觉、自我思想认识来达到改变人的行为。

不同的归因会直接影响人们的工作态度和积极性，进而影响随之而来的行为和工作绩效；对过去成功或失败的归因，会影响将来的期望和坚持努力的行为。一般人可作出4种归因：一是努力程度；二是能力大小；三是任务难度；四是运气与机会。

归因理论所研究的基本问题有下列3个方面：

(1) 关于人的心理活动发生的因果关系，包括内部和外部的原因。

(2) 社会推论问题，即根据行为及其结果对行为者的稳定心理特征和素质或个性差异作出合理的推论。

(3) 期望与预测，即从一定的过去的行为和其结果预计在某种情况下会产生什么行为。

罗斯、安德鲁斯等人对这些问题做了不少研究，他们对归因理论的依据和应用问题提出下列看法：

(1) 归因理论的依据。良好的动机是直接推动人们学习和工作的内在动力，是人们发动和维持其成就活动的一种心理状态。那么，如何有效地激发动机？如何在成就活动中坚持不懈？如何在失败时保持甚至加强对成功的期望？对于常常失败时就自暴自弃的人，能否利用归因理论原则来帮助、改造和矫正他，激发他积极向上的动机和坚持努力的行为？实践证明，归因原理在激发成就动机、促进坚持努力的行为方面，对解决上述问题有重要作用。

(2) 归因理论的应用。坚持是成就行为的主要特征，对于前一段行为的因果关系的分析推论，直接影响和决定着以后的行为，成就的获得有赖于对过去工作是成功或失败的不同归因。在这方面心理学家们在实验的基础上得出了如下几种看法：

① 如果学习的人把失败归于自己脑子笨和能力差这样一类稳定的内因，这样失败后则不能增强学习者今后努力行为的坚持性。

② 假如把失败归因于自己学习不够努力这个相对不稳定的内因，则可能增强学习者更加倍努力去学习的行为的坚持性。

③ 如果把失败归因于不稳定的偶然的外因（比如在考试复习阶段把笔记本丢了，或是有病发烧一周），则学习者不一定会降低学习的积极性，而且能够坚持努力行为。

④ 假如把失败归因于学习任务太重、太难等稳定性的外因,则就很可能会降低学习者的自信心、成就动机和行为的坚持性。

正是因为基于把失败归因于努力与否是与今后能否坚持行为有密切联系,所以,罗斯和安德鲁斯等人认为,把以往的工作或学习的成功与失败的原因,归于内、外因中的稳定性因素还是不稳定性因素,是影响今后工作和学习的成功期望和坚持努力行为的关键。也就是说,如果失败被认为是由于能力差、任务难等稳定因素所致,就会降低随后的成功期望,会失去信心,并不再坚持努力行为;反之,如果把失败的原因归于自己努力不够或粗枝大叶等不稳定性因素,就会保持甚至增强能取得成功的动机,会进一步增强信心,坚持努力行为。

总之,运用归因论原理来增强人们行为的持续性,对取得成就行为有一定作用,特别是对学生和科研人员的作用更为显著。这实际上说明通过改变人的思想认识可以达到改变人的行为的目的,也进一步证明我们党长期坚持的政治思想工作为什么在改造、引导人的行为方面的作用如此之大,并且希望各级领导和管理者在对成功者和失败者今后行为的引导方面尽可能地把成功、失败的原因归于不稳定性因素。

(三) 挫折理论

挫折理论来源于社会心理学中对攻击(侵略)行为的研究。美国耶鲁大学心理学家多拉德、杜博、米勒等人在《挫折与攻击》一书中首次提出了"挫折—攻击假说"。后来,经过一些学者的研究和修正,并将这一理论引入到人的管理中来,从而成为行为科学中的挫折理论。

挫折理论认为,不同个人在遭受挫折时,由挫折感所导致的心理上的焦虑、痛苦、沮丧、失望等会导致种种挫折性行为。任何人的任何行动并不总是一帆风顺的,人的行为并不总是成功的。在实现目标的过程中,由于受到主观因素和客观因素的限制,常常会受阻,乃至失败,这种受阻就叫挫折。挫折既可能消磨人们的斗志,使人们萎靡不振、灰心丧气,但也可能磨炼人们的意志,激发人们奋发向上的精神。挫折对人们的行为会产生何种影响,不仅取决于人们自己的心理素质和心理承受能力,还在很大程度上取决于所在组织的有关主管人员的反应。管理者必须分析挫折的起因,研究员工受挫后的表现,通过关心,采取相应的行动,提高员工的挫折承受力和有效地帮助员工实现目标,从而消除挫折感,激励员工在受挫后不断进取。

对挫折的态度不同,会使人们产生不同的受挫后的行为表现:

(1) 攻击。按照挫折—攻击假说,挫折是产生攻击行为的主要原因。攻击又表现为两种形式:一种是直接攻击;另一种是转向攻击。直接攻击是对构成挫折直接成因的人或事物进行攻击,如争吵、谩骂等。但是,由于遭受挫折的直接原因不总是明确的,或虽明确但不敢或无法攻击的直接对象(如领导),人们往往倾向于通过替换的方式,寻找替代者来作为发泄对象。

(2) 固执,或称坚持行为。是指不由自主地重复某种无效的动作。虽然这种重复不能带来任何结果,但仍要继续。如企业某些员工由于没有掌握新技术,往往会抵制新技术，执拗地认为老一套的技术方法是最好的，并找出各种理由为他们的抵制行为辩解。

(3) 冷漠。冷漠者对一切都心灰意冷，要燃起他心中的希望之火，激发其工作热情是很困难的。

(4) 幻想。当一个人遭受挫折后，不能面对现实，做白日梦，企图以幻想来代替实际问题的解决，那是不正常行为。

(5) 退化。即表现出与其应有行为不相称的幼稚行为，称之为退化现象，如又哭又闹、骂人、耍赖、蒙头大睡、装病不起等。

(6) 焦虑。挫折给人们的情绪造成打击和威胁，从而形成紧张、焦虑、忧虑、恐惧等心态，表现为心神不定、坐立不安、出汗、神经系统紊乱等反应。焦虑不仅影响身心健康，也使人无法正常工作和学习。

按挫折理论，管理者如何对待受挫折的员工？管理者应在了解产生挫折的原因及其影响因素，受挫后的情绪反应和防卫性行为表现以后，首先应该具有一定的宽容度，否则会使受挫折者产生不当行为，以致矛盾激化，造成不良后果。其次，管理者应设法帮助受挫折者摆脱困境。再次，应防患于未然，这是管理者的重要职责之一。

第三节 激励方法与实践

讨论了激励的各种理论之后，如果你作为一名管理者想要激励你的员工，应如何运用这些理论指导实践，即如何去激励员工呢？在这方面没有一个简单的、放之四海而皆准的行动指南。金钱常常是许多管理者用来激励员工的重要手段，因为人的许多需要都必须通过金钱去实现，对金钱的追求是普遍现象，而且人们对金钱的追求永远不会满足。但金钱并非万能，通过激励理论，我们可以了解到需要的多样性。多样性要求管理者不能把金钱作为唯一的激励方式，管理者必须采用多样化的激励方式。

一、激励对象及其特点

我们可以把组织中的成员分为两类：普通员工和管理人员。对于普通员工而言，组织应切实把握普通员工的真实需要，采取有针对性的激励措施，并与他们的工作绩效挂钩；对于管理人员而言，组织应更多地把精力花在如何让他们提供施展才能、满足权力和成长的机会上。另外，实行激励还必须将短期激励和长期激励相结合。

(一) 普通员工的需要特点

在制定对普通员工的激励政策时,作为管理者,必须分析员工的真实需要,不能凭管理者的主观臆断进行。管理者和普通员工所处地位和分工上的差别,决定了他们在把握真实需要方面总会存在一些差异。这样,管理者认为员工所需要的,并不一定是员工真正所需要的。在美国工业界的一次调查中发现,管理者对员工需要的理解和员工自己的实际需要之间存在着很大的差别。

由此可见,不针对普通员工的真实需要的激励措施,是不会达到激励效果的。调查普通员工的真实需要是制定激励政策的基础。

另一方面,人和人不同,普通员工的需要也不一样,只有通过调查了解员工的各种真实需要,才能针对不同需要,采取不同的激励措施,调动员工的积极性。

对员工需要的了解和把握,可以采用各种正式的调查方式,更重要的是管理者平时对员工一言一行要细心观察。管理者只有把自己放在员工的位置上,才能更准确地把握员工的真实需要。

(二) 管理人员的需要特点

组织中的管理人员与普通员工的需要相比,倾向于更高层次。麦克利兰的成就需要理论告诉我们,管理人员的优势需要集中在成就需要和权力需要上,管理人员对成就、权力的渴求比普通员工更强烈。赫兹伯格的双因素理论告诉我们,高层次需要的更多的是从工作本身得到满足。另一方面,经济需要对管理人员来说,特别是对年轻的管理人员来说,仍是重要的激励因素。

二、激励方法

由于激励理论多种多样,显然没有一个统一的模式和方式去激励员工,管理者必须采用以下多样化的激励方式。

(一) 经济激励

经济激励,是指企业以金钱等物质奖励(包括工资、奖金、福利、晋级、股票赠与和各种实物等)作为诱因,驱使员工采取最有效、最合理的行为。按照马斯洛需要理论,人们的需要随着较低层次的满足,不断地向高层次发展。员工对金钱的需求也表现出从能满足吃饱的薪金水平到过富裕生活的薪水的需要。由此,在员工生活达到宽裕水平之前,经济激励作用是十分明显的。如果管理者能将其与员工绩效挂钩,员工对金钱追求的欲望会促使他的行为必须符合行为规范,同时给企业带来有益的劳动成果。其中,工资的作用是保障员工的基本生活需要;奖金的作用是促进现有资源的有效利用,其依据要与个人的绩效相联系。为了达到激励的目的,普通员工、管理人员的奖金要适当拉大档次;福利应当依据岗位、职位设定,若不在其位则不能享受。

（二）精神激励

精神激励是以精神鼓励为诱因对员工产生的激励。管理者对员工的劳动成果或工作成绩表示认同或赞赏有时更具激励作用。受人重视、得到赏识、引起注意的愿望是一个最强大的、最原始的动力之一。当员工取得了一定的成绩后，需要得到大家的承认，尤其是领导者的承认。所以当某个员工取得了一定的成绩以后，领导者只需要向其表示已经知道其取得的成绩，或再加上赞扬，就可以对其产生很大的激励。赞扬的形式多种多样，例如，① 授予荣誉称号；② 颁布证书、奖状等；③ 授予一定的特权；④ 对其进行宣传报道。这种激励既不必花很大的代价，效果又好，因而是一种很有价值的激励方式。

（三）目标激励

目标激励，是以目标为诱因驱使员工去努力工作。目标激励的关键是给员工确定一定的目标。根据目标设定理论，目标是一种催化剂，有了目标，员工会在工作中从满足个人目标和个人价值需要出发，为了追求目标的实现会不断自觉地努力工作，发挥自己最大的潜能。采用目标激励时，目标既不能定得太高，也不能定得太低，应以通过努力可以实现为前提。任何个人在自己需要的驱使下也会具有个人目标，目标激励要求把组织目标与员工的个人目标结合起来，使组织目标和员工目标相一致，如赠与或出让一部分股份给员工，使他们成为所有者、主人翁，这样会促使员工的目标和企业的目标相一致。

（四）参与激励

参与激励就是要让员工经常参与企业重大问题的决策，让员工多提合理化建议，并对企业的各项活动进行监督和管理，员工就会亲身感受到组织对自己的重视，感受到自己是组织的主人翁，组织的前途和命运就是自己的前途和命运，个人只有依附或归属于组织才能发展自我，从而激励员工全身心地投入到企业的事业中来。通过让员工参与组织管理，从而激励员工发挥自己的积极性。

（五）关心激励

关心激励，是指组织领导者通过对员工的关心而产生的对员工的激励作用。根据层次需要理论、成就需要理论、归因理论，领导者通过对组织员工的同情、关心和爱护，使员工产生很强的归属感，从而会对员工产生激励效果。当员工生活、家庭、住房等方面有困难时，领导者能时时关心员工疾苦，了解员工的具体困难，并帮助其解决；当员工遭受情感、失败等挫折时，领导者从精神上给予鼓励；当员工遭受天灾人祸等不幸时，领导者要给予安慰和救济；当员工过生日时，意外受到领导者的生日礼品。如此等等，都属于关心激励的范畴。

（六）公平激励

公平激励，是指组织的领导者在各种奖罚上，对每一位员工公平对待所产生的激励作用。具体来说，应该是同工同酬，多劳多得，少劳少得，不劳者不得，机会均等，每一位员工都感到公平合理。员工要得到加薪、晋升，就必须付出相应的劳动，任何想通过讲人情走后门和请客送礼等歪门邪道的手段都是行不通的。只有在这种公平环境下，才能调动员工的积极性和激发员工扎扎实实地努力工作。否则，员工将会消极怠工，甚至作出不利于组织的行为。为了保障公平合理，组织应制定相应的制度。

（七）权力激励

权力激励，即领导者赋予管理人员相应权力而对管理人员产生的激励作用。针对管理人员的权力需要，高层管理人员对低层管理人员要善于授权。管理人员拥有一定的权力，才能开展相应的管理工作。通过授权，调动他们的积极性、主动性和创造性，激发他们的满足感和成就感。管理人员的成就感，一方面可以在管理工作过程中体验到，另一方面还可以在达到一定的管理绩效水平后体验到。在对管理人员赋权时，领导者要努力处理好集权与分权的关系。一般来说，对下级管理人员的分权应以不失去对其有效的控制为限。

（八）晋升激励

晋升激励，即通过给员工提供晋升机会对员工产生激励作用。晋升对组织的普通员工来说，意味着工作业绩得到了承认，也是权力和地位的象征，可以满足更高层次的需要，会激励他更加努力地工作。晋升对组织的管理人员来说，可能是最有吸引力的激励措施。因为，晋升意味着管理人员的管理业绩得到了认可，可以享有更大的权力，满足其权力的需要；晋升可以给管理人员施展才能和创造更大成就的机会，满足其成就的需要；另外，管理者都希望得到晋升，升职被视为奋斗目标，具有较高的效价等等。所有这些都会对管理人员产生较大的激励，他们会努力工作、发挥潜能、创造佳绩。任何组织，都应有一套通畅的晋升系统和健全的人才培训制度，这套制度应包括员工晋升的程序、计划、途径等内容。

（九）领导者激励

领导者激励，主要指组织领导者的品德、行为给员工带来的激励作用。领导者是组织的核心，其一言一行都会受到组织员工的关注。领导者是员工的表率，是员工行为的楷模。如果领导者能以身作则，大公无私，清正廉洁，与员工同甘苦、共命运，体贴关心下属，不独断专行，发扬民主等，这样的领导者本身对员工就是莫大的鼓舞，激发员工的士气。如果再加上领导者具有较强的能力水平，使企业欣欣向荣，蓬勃向上，累创佳绩，能给员工带来较高的收益，有助于员工的需要满足和价值实现，那么，会对员工产生巨大的激励作用。

（十）惩罚激励

按照强化理论，惩罚也是一种激励。它是指组织利用惩罚手段，诱导员工采取符合组织需要的行动和放弃不良行为的一种激励。惩罚激励主要通过制定一系列的员工行为规范，并规定如不遵守这一行为规范，将根据程度大小，确定相应的惩罚标准与措施。惩罚手段很多，如扣发工资、奖金，罚款，赔偿，批评，降级，降职，各种行政处分以及刑事处罚等。这样，一方面，员工避免惩罚的需求和愿望促使其行为符合特定的规范；另一方面，通过对违规员工的惩罚，激励未违规的员工自觉、积极地去遵守组织规范。

总之，激励员工的方法多种多样，每一种方法都是激励理论的具体应用，从内容、过程、结果等各个不同的角度对员工进行激励。组织管理者应针对不同人员的情况，根据普通员工和管理人员的不同，选择运用各种激励方式，以达到有效激励员工的目的。

本章小结

管理的核心是对人的管理，管理系统的动力来自于人的积极性、主动性与创造性，所以现代管理面临的首要任务是引导成员为实现组织的共同目标做贡献。现代组织的效率和活力的大小，在很大程度上取决于其员工的主动性、积极性、创造性是否充分发挥出来。因此，激励是管理的最重要的职能之一，激励思想的发展也是管理思想发展的中心内容。

从1924年开始的霍桑试验，开创了行为研究的先河，行为研究的发展也引起了以研究人的行为为主的激励理论的发展。对这些理论可以从不同的角度进行归纳和分类，比较流行的分类方法是按研究激励问题侧重面的不同及其与行为的关系的不同，把各种激励理论归纳和划分为内容激励理论，包括需要层次论、双因素理论、ERG理论、成就需要理论；过程激励理论，包括期望理论、公平理论、目标设定理论；行为改造激励理论，包括强化理论、归因理论和挫折理论。

通过激励理论，我们可以了解到需要的多样性。多样性要求管理者不能把金钱作为唯一的激励方式，管理者必须采用多样化的激励方式，针对不同人员的情况，根据普通员工和管理人员的不同，选择运用各种激励方式，以达到有效激励员工的目的。

课堂案例讨论

应该如何激励员工

某贺卡公司的老板经营有方，虽然只有12位员工，但老板使他的公司生意兴隆，人均利润已超过100万元人民币，老板在事业发展的顺境中，为了更好地激励员工开创美好的未来，决定在即将来临的6月、7月、8月3个月的星期五也作为休息日，从而让员工共享公司的成功，并且使员工感受到公司对他们的关怀，使他们有更多的休闲时间。这样一周4天工作制，而让员工所得到的薪水与5天工作制相同水平。在这个决定实施1个月后，一位深受老板信赖的员工和老板透露，说他宁愿加薪,而不是更多的休息日,而且这位员工认为其他员工和他的想法一样。他的意见使老板十分惊奇,因为他的公司员工的薪水已经超过了当地的平均水平的30%,如果他是普通员工的话,他宁愿选择4天工作制,而不选择加薪,所以他以为他的员工也是这样想的。公司的老板很开明,接下来他便召开了由所有员工参加的大会,问下属是愿意加薪还是愿意4天工作制。结果其中有一半愿意工作4天而保持原来的薪水水平,有一半愿意加薪。

分析讨论

运用激励理论,你认为该公司老板应当如何激励员工?

明春计算机公司的激励制度

明春计算机公司是一家中外合资公司,地处南方某一个开放城市。该公司成立于1988年。董事长由中方的方丽小姐担任,她曾在原联邦德国学习计算机多年,并获得博士学位。1985年回国后,曾任光明计算机厂总工程师,1988年该厂与外方合作时调任明春计算机公司董事长。该公司的总经理由大卫·陈担任,他原是美国斯坦福大学的博士生,曾在美国硅谷的坦丁姆计算机公司担任过生产部经理。

明春公司地处开放城市,受到各方面有力的竞争。由于激烈的竞争环境,也由于方丽和大卫·陈这两位在中国长大的洋博士的管理天才,他们两人紧密合作,创造了一套有效而独特的管理职工的方法。

他们为职工创造了良好的工作环境。在公司专门设有健身房、游泳池,还有供职工娱乐活动的图书馆和文化活动房,还专门辟有供职工休息的小花园和宁静的散步小道等。他们规定在工作日免费给职工提供午餐,还定期地在每周五晚上举办各种酒会和男女职工舞会等社会活动。

他们也很注意用经济因素来激励职工,每年都根据职工在本公司的工龄和工作表现情况赠送公司的股票作为奖励,每个职工都持有本公司的股票,这样就大大激励了大家为公司努力工作的热情。

大卫·陈要求每个职工都要制定出具体了解公司并学会和能操作公司内各种工作技能的五年自我发展计划。这样,每个人都可以逐渐了解公司,并能根据个人的发展和公司的需要调动工作。

方丽和大卫·陈都是极随和的人,他们喜欢以非正式的身份进行管理,除了每月举行一次各部门经理的例会外,经常深入各个部门与各部门经理共同商讨问题,但关于各部门之事,他们总是让部门经理自己拿主意、做决策。这样,各部门乃至各室和班组长都能积极地为本部门的工作负责,都能发挥自己的积极性。

当然他们知道,要维持这样一批为公司倾心工作的职工确实不是一件容易的事。人才竞争极为激烈,已有一些公司以更高的薪金试图挖走他们的人才。公司在飞速地发展。随着公司的扩大,它的生产速度自然会放慢,也会出现一个更为正式而庞大的管理机构。在这种情况下，又应如何才能招聘到新的人才，如何才能更有效地激励职工呢？

分析讨论

1. 明春计算机公司采取了哪些有效的激励方法？
2. 请剖析这家公司的报酬制度，说明其能起作用的原因。

本章自测题

一、名词解释

1. 动机
2. 公平理论
3. 激励
4. 强化理论
5. 需要层次理论

二、选择题

1. 在马斯洛的需要层次理论中(　　)需要是最基本需要。

A. 生理需要　B. 安全需要　C. 社会需要　D. 尊重需要

2. 赫茨伯格提出的双因素理论认为(　　)不能直接起到激励的作用，但能防止人们产生不满情绪。

A. 保健因素　B. 激励因素

C. 成就因素　D. 需要因素

3. 下列因素中，属保健因素的是(　　)。

A. 晋升　B. 工作成就　C. 薪水　D. 责任感

4. 麦克利兰成就需要理论中的 3 种需要不包括(　　)。

A. 成就需要　B. 权力需要　C. 归属需要　D. 关系需要

5. 下列说法正确的是(　　)。

A. 物质激励比精神激励作用更大　B. 精神激励有时比物质激励更重要

C. 惩罚不能产生激励作用　D. 组织目标和个人目标是相一致的

6. 公平理论公式中的"收入"包括(　　)。

A. 提升职务　B. 地位

C. 技能水平　D. 荣誉

E. 资历　F. 薪水

7. 行为改造激励理论包括(　　)。

A. 双因素理论　B. 强化理论

C. 期望理论　D. 归因理论

E. 公平理论　F. 挫折理论

8. 人们受挫后的行为表现为( )。

A. 发牢骚　　B. 争吵
C. 忧虑　　D. 恐惧
E. 心灰意冷　　F. 神经紊乱

9. 对普通员工可采用的激励奖酬形式有( )。

A. 金钱　　B. 认可与赞赏
C. 带薪休假　　D. 持股
E. 晋升　　F. 惩罚

10. 强化理论是由( )提出来的。

A. 斯金纳　　B. 赫茨伯格　　C. 马斯洛　　D. 洛克

三、判断题

1. 过程激励理论包括马斯洛需要层次理论、双因素理论、期望理论、成就需要理论等。 ( )
2. 依照双因素理论,管理者要想激励员工努力工作,应将重心放在保健因素上。 ( )
3. ERG 理论对需要的分类并没有超越马斯洛需要理论的范围。 ( )
4. 如果员工感觉到自己所得收入/自己的付出小于别人所得收入/别人的付出,则产生不公平感(报酬过高)。 ( )
5. 激励是个人寄托在一个目标的预期价值(效价)与它对实现目标的可能性(期望率)看法的乘积。 ( )
6. 只有正强化才能产生激励作用,而负强化则不能。 ( )
7. 同一种激励方式对普通员工和管理人员的效果总是一样的。 ( )
8. 金钱是用来激励员工的重要手段。 ( )

四、简答题

1. 简述激励理论的分类。
2. 公平理论的本质是什么?
3. 需要层次理论有哪些主要内容?
4. 根据期望理论,激励力的大小取决于哪些因素?
5. 简述激励的作用。

第十章 控 制

学习目的与要求

控制是管理过程中的一个重要职能，是系统为实现特定的组织目标而进行的一种有意识的调节活动。管理实践证明，有效控制是实现组织目标和提高管理工作效率的重要环节，对组织进行适时适度的控制，可以促进组织快速、高效地达到目标。

本章主要讨论管理的控制职能、控制系统、控制的基本原则、控制的程序和要求以及控制的基本方式。

通过本章的学习，要求学生掌握以下基本点：

(1) 控制的含义和控制的 4 个职能。

(2) 控制系统的定义和内容。

(3) 控制的类型。

(4) 控制的过程。

(5) 控制的基本原则。

(6) 控制的基本方式。

本章框架结构图

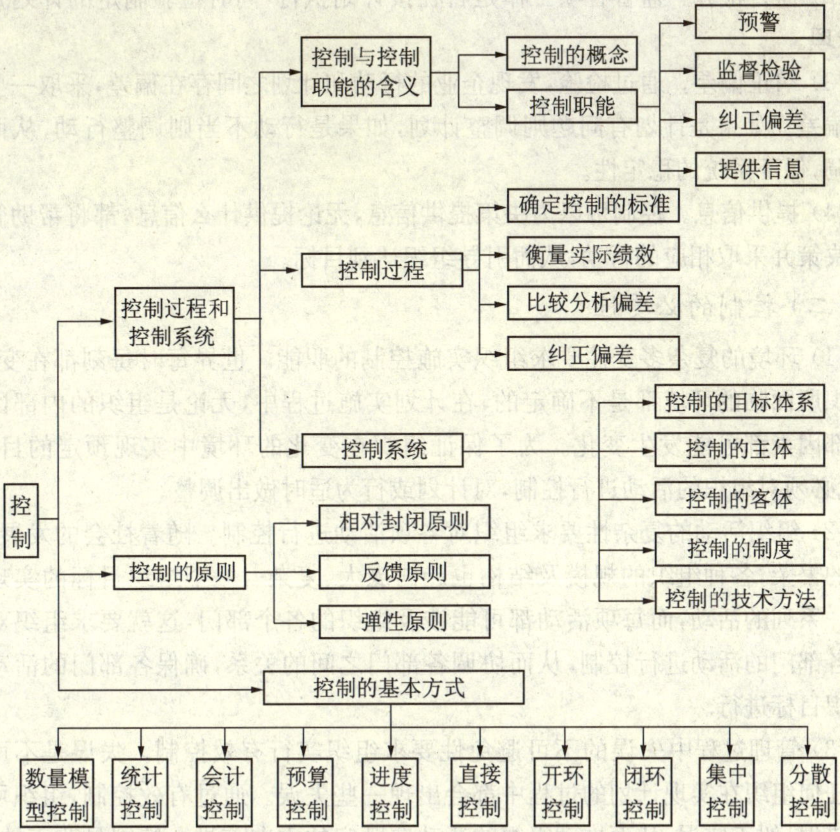

第一节 控制过程和控制系统

一、控制与控制职能的含义

(一) 控制与控制职能的概念

在管理学中，所谓控制，就是不断地接受和交换组织系统内外信息，按照既定标准来监视各项活动以保证它们按计划进行并纠正各种重要偏差的过程。通过控制职能，使组织的计划、任务和目标转化为现实。控制的目的就在于保证组织的实际生产经营活动及其成果同组织预期的目标一致。

可以看出控制在管理中的职能有 4 个方面：

(1) 预警。通过采取一些措施对预计将来可能出现的状况加以控制，避免将来出现偏差或受到一些不利因素的影响，起到预警的作用。

(2) 监督检验。监督各项工作是否在按计划执行，同时检验制定的计划是否正确、合理。

(3) 纠正偏差。通过检验，发现企业的行动和计划之间存在偏差，采取一些措施纠正偏差。如果是计划有问题则调整计划，如果是行动不当则调整行动，从而使两者协调，保证系统的稳定性。

(4) 提供信息。控制可以为决策提供信息，无论提供什么信息，都将帮助管理者做出决策并采取相应的行动，从而引导组织达到目标。

(二) 控制的必要性

(1) 环境的复杂多变性要求组织实施控制的职能。世界每时每刻都在变化，任何组织所面临的环境都是不确定的，在计划实施过程中，无论是组织的内部因素还是外部因素都可能发生变化。为了保证组织在变化的环境中实现预定的目标、计划，就必须对组织的活动进行控制，对计划或行为适时做出调整。

(2) 组织活动的复杂性要求组织对各项活动进行控制。随着社会的发展、商品经济的繁荣，各种组织的规模及结构也趋向庞大、复杂。一个组织目标的实现需要经过一系列的活动，而每项活动都可能涉及组织的各个部门，这就要求组织对各部门及各部门的活动进行控制，从而协调各部门之间的关系，确保各部门的活动都围绕组织目标进行。

(3) 管理过程中失误的不可避免性要求组织实行有效控制。失误是不可避免的。任何组织在实现计划的过程中都会出现一些失误。通过有效控制，组织可及时发现错误、纠正错误，从而推动组织的活动向既定的方向前进。控制是改正缺点、提高组织效率的重要手段。

(三) 控制的分类

按不同的分类原则可将控制分为不同的类型。以下是几种较为常见的分类方法(见表 10－1)。

表 10－1 几种常见的控制的分类方法

分类原则	控制类型	分类原则	控制类型
按控制的时间点分	预先控制 同期控制 事后控制	按控制采用的手段分	直接控制 间接控制
按控制活动的性质分	预防性控制 更正性控制	按控制范围的大小分	全面控制 局部控制
按控制来源分	正式组织控制 群体控制 自我控制	按控制主体分	内部控制 外部控制
		按有无信息反馈分	开环控制 闭环控制

1. 根据控制的时间点不同可分为预先控制、同期控制、事后控制(图 10-1)

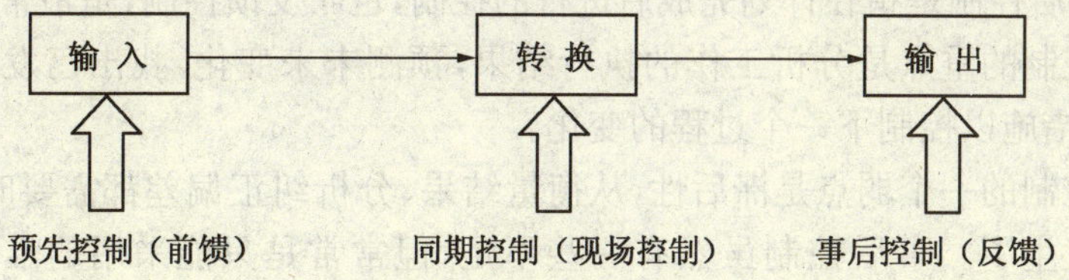

图 10-1 控制的类型

输入:环境对系统的作用和影响称为系统的输入。输入分为可控输入和不可控输入。可控输入是在对系统进行控制时可以调节的输入,并可以改变,以实现控制的目的。在控制论中,可控输入简称输入,不可控输入简称干扰或扰动。可控输入的作用有两个方面:一方面是使系统产生预定的输出;另一方面是使系统克服干扰带来的偏差,排除不符合目的的输出。应当注意的是,干扰既可以来自系统外部,也可以来自系统内部。

转换:系统对输入进行分析、处理,将其转化为对组织有用的信息或策略。

输出:系统对环境的作用和影响称为系统的输出。

控制的目的就是要通过对输入的调节和控制,得到符合控制愿望的输出。

(1) 预先控制是指在系统运行的输入阶段进行的控制,也叫前馈,又称面向未来的控制。是对预计的将来加以控制,将偏差消灭在萌芽状态,损失最小,是最科学经济的控制方法。预先控制的重点是组织所使用的资源。在未进入工作前对资源进行合理的调配,使输入的资源达到标准状态,从而保证既定目标的完成。

生活中有很多预先控制的事例,如新产品投产前的市场调查、机器设备的定期保养、拿到订单之前招聘有关人员并采购相应的原材料、学生上新课前的预习、人们每年进行的体检等。

预先控制能避免预期出现的问题,受到很多管理者的青睐。但在实际操作中有一定的难度,因为世事难料,它需要充分准确的信息、合理的分析和及时的决策,所以,我们不得不借助另外两种控制。

(2) 同期控制是指在计划的执行中进行的控制,也叫现场控制,是在发生重大损失之前的纠正。同期控制的重点是正在进行的作业。主要方法是管理人员深入作业现场,监督检查作业人员的工作,一旦发现偏差,及时提出恰当的工作方法和纠正措施,以保证任务的完成。

生活中也有许多同期控制,如对正在生产中的产品质量的控制、学生期中考试等。由于同期控制是即时处理有关情况,特别适合基础管理人员,尤其是需要快速反应的工作,如产品服务、顾客投诉、信息咨询工作等。这些工作复杂多变,预先控制防不胜防,这时就要做好同期控制,才能达到目标。

同期控制能及时发现偏差、纠正偏差,将使损失控制在较低程度,也是一种经济有效的方法,但对控制人员的素质要求较高,要求控制者有敏锐的判断力、快速的反应能力和灵活多变的控制手段，还要求计划执行人员的配合。

(3) 事后控制是指在计划完成后进行的控制，也叫反馈控制，是最常用的一种方法。事后控制的重点是分析工作的执行结果，预测未来变化，找出已发生或潜在的因素，采取措施以控制下一个过程的变化。

事后控制的一个弱点是滞后性，从衡量结果、分析纠正偏差都需要时间，而且损失往往已发生了。事后控制虽然有一些不足，但常常是只能采用的唯一的控制手段，因为很多事情只有在发生后才能看清结果。另外，许多事情的发展是循环往复的，事后控制能给后面的工作提供信息和借鉴，如用户的意见、市场信息反馈等。

2. 按控制活动的性质分为预防性控制和更正性控制

使用预防性控制是为了避免产生错误，尽量减少今后的更正活动。一般说来，企业的规章制度、工作程序、人员培训和培训计划多起到了预防控制的作用。

在组织管理实践中，更正性控制使用得更为普遍一些，其目的是当出现偏差时，使行为或实施进度返回到预先确定或希望的水平，如审计制度增加了管理部门采取迅速更正措施的能力，因为定期对企业检查，有助于及时发现问题、解决问题。

3. 按控制来源分为正式组织控制、群体控制和自我控制

正式组织控制是指由管理人员设计和建立起来的对一些机构或规定进行的控制。如规划、预算和审计部门就是正式控制组织的典型例子。

群体控制是指基于群体成员的价值观和行动准则而进行的控制，它是由非正式组织发展维持的。非正式组织有自己的一套行为规范，尽管这些规范没有明文规定，但非正式组织中的成员都予以认可，并遵循这些规范。

自我控制是指组织成员有意识地按照某一行为规范进行控制。自我控制能力取决于组织成员个人本身的素质，具有良好素质的人一般来说自我控制能力较强。

4. 按控制采用的手段分为直接控制和间接控制

直接控制是指对执行计划的人采用一定的控制方法和手段，使他能够有效地执行计划，从而保证计划完成的控制形式。直接控制主要是一种对人的控制，人的素质越高，偏差产生的可能性就越小。这是一种对偏差产生源头的控制。

间接控制是指根据计划的执行情况，发现计划执行中的偏差，分析产生偏差的原因，找出责任人，改进下一步工作。可见，间接控制主要是针对实践偏差而进行的控制。

5. 按控制范围的大小分为全面控制和局部控制

全面控制是指对计划进行全方位、全过程所实施的控制，如成本控制等。

局部控制是指针对计划某一方面或某一过程所进行的控制，如项目预算控制、库存控制等。

6. 按控制主体分为内部控制和外部控制

内部控制是一种自我责任控制，外部控制是一种强制控制。

7. 按有无信息反馈分为开环控制和闭环控制

开环控制的控制程序对系统的干扰影响和控制系统的未来行为都是预先认定的,不考虑实施程序中出现的外部干扰,这种控制方法缺乏适应力和应变力。

闭环控制的控制程序考虑到系统被控量的信息反馈过程,并根据结果反馈,对实施程序中出现的各种干扰影响采取措施及时纠正偏差,从而起到良好的调控作用。

二、控制过程

控制是一种管理实践活动过程。在实践过程中,存在着针对不同控制对象进行的不同控制活动。但是,不论控制对象是什么,任何一项活动的全过程都存在着相似之处,我们把管理实践中控制活动发生、发展的一般历程称为控制的基本过程。

控制的基本过程分为以下 4 个阶段:

(一) 确定控制的标准

控制是从制定工作标准开始的。控制标准是控制能否有效实行的关键。没有切实可行的控制标准,控制有可能流于形式,所以必须根据组织的计划目标和任务的性质建立控制标准。

控制的标准有定量标准和定性标准两大类。

(1) 定量标准有实物量标准、货币标准、时间标准、综合标准。

① 实物量标准,如产品产量、单位产品工艺消耗定额。

② 货币标准,如产品成本、销售收入、利润、应交税金。

③ 时间标准,如生产线节拍、生产周期维修间隔。

④ 综合标准,如劳动生产率、市场占有率、投资回报率、废品率。

(2) 定性标准指那些不能用数字衡量的标准,如企业的信誉、服务质量等。

例如,美国著名的快餐连锁店麦克唐纳公司在经营上有一个“质量、服务、清洁、价格”标准。在质量上,它对于食品出炉后的存放时间有详细的规定,油炸食品为 7 分钟,汉堡包为 10 分钟,咖啡为 30 分钟,超过规定的时间,所有的食品将被扔掉;在服务上,它要求 95%以上的客人在进餐馆后的 3 分钟内,服务员必须迎上前接待;在清洁上,它要求服务员必须在客人离开后 5 分钟内把餐桌打扫干净。

在制定标准时,要注意借助标准去督促工人集中注意力于关键部门。因为工人们会从上级制定的标准中得到启示,若只对数量制定标准工人就强调数量,若只对质量制定标准则工人就强调质量。所以,如果质量占重要位置(如制造核心部件的部门),就要对质量定以高标准;如果数量(或其他因素)是重要的,则要对数量定以高标准。若两者都重要,最好为两者都制定明确的标准。

(二) 衡量实际绩效

将实际工作成绩和控制标准相比较,发现两者之间的偏差,同时,对工作做出客观的评价,为下一步分析纠正偏差和采取控制措施提供准确全面的信息,通常是在工作完成之后进行。但在工作进行当中,必须加强监督、检查,及时获得有关信息。这一过程要明确两个问题:一是衡量什么;二是如何衡量。

(1) 衡量什么。并非所有的步骤都要进行控制,只要对一些关键点进行控制就可控制全局。所谓关键点是指在计划实施过程中起决定性作用的点、容易出错的点、起转折作用的点、有示范作用的点。对于组织来说,确定关键点很重要,因为衡量什么就决定了人们追求什么。确定衡量对象需要管理人员具有丰富的经验和敏锐的观察力。

(2) 如何衡量。即用什么方式来衡量。当一个人的管理工作任务过重时,会发生两件事。一件事是工作要分工。例如,一个医院的院长要雇用两个院长助理,对不同楼层的职工进行监督。但是即使这样对管理者有了额外的帮助,他仍需要一些控制工作的方法,这时,就会发生另一件事,即有关衡量的事,一般有直接观察、口头汇报、书面汇报等方式。

直接观察是通过亲临现场获得第一手资料来进行衡量,例如生产线的组长在装配线上亲自观察每个下属的工作。这种方法简单、直接,但带有一定的主观性,需要进一步分析判断。另外,当管理者承担越来越多的责任时,会发现这种直接观察会很困难。

口头汇报有正式汇报和非正式汇报。正式汇报是在一些重要公众场合的汇报,例如会议。非正式汇报是一对一的汇报,例如电话、个别交谈等。口头汇报方便、快捷,且面对面容易沟通,但易误传,且不易保存。

书面汇报是一种正式的汇报。通常采用记录、统计报告、图表等形式,比较全面准确,易于保存,但它是在计划结束后形成的,有它的滞后性。

(三) 比较分析偏差

将实际成果和预定目标相比较,弄清是否发生了偏差。如果没有偏差,或偏差在允许范围之内,则不需要做什么,工作继续进行;但如果偏差超出允许范围则要分析偏差,包括偏差的性质、程度和原因。一般来说,发生偏差的原因有:

(1) 计划的不合理原因。计划制定得不合理,需改进计划本身。

(2) 计划操作原因。计划在实施的过程中由于人为操作不当引起的偏差。

(3) 外部环境发生重大变化。如一些不可控因素(政策变化、自然灾害等)使计划和控制之间发生偏差。

(四) 纠正偏差

比较分析后应采取措施纠正偏差。若标准制定得不合理则修改标准,若活动中方法使用不当则采用新的方法。对于一些不可控原因造成的偏差应想办法将损失降低到最低限度。对于一些危急情况,在发生偏差的当时只能采取应急措施,但等危机过后,还要进一步根除隐患。例如洪水暴发,在发大水的当时,我们只能采取一些临时性的措施如扔沙袋、堵缺口等去抢险救灾,等大水退下去之后,还要修筑岸堤以确保长治久安。

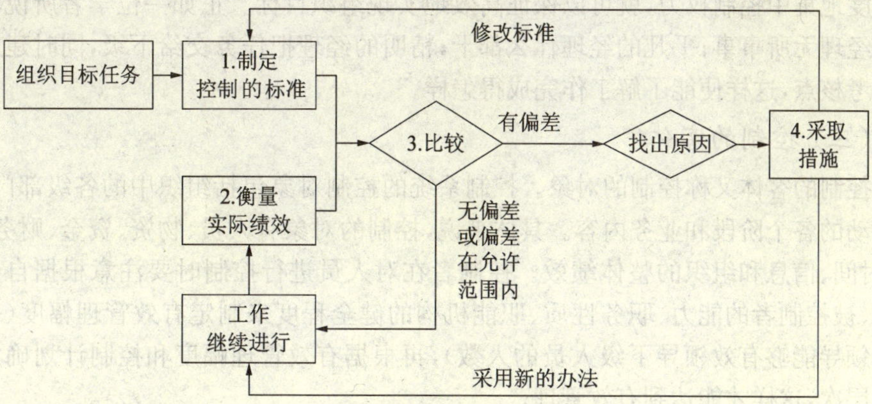

图 10-2 控制程序示意图

三、控制系统

一般说来，要实现有效控制需要两个前提：一是要有完善的计划；二是要有合理的组织控制系统。

所谓控制系统，是指由控制的目标体系、控制的主体、控制的客体、控制的制度、控制的技术方法等要素组成的具有自身目标和功能的管理组织系统。

（一）控制的目标体系

任何控制活动都有一定的目标体系，它包括控制目标、控制计划、资源分配、责任与权利。由于控制和计划密不可分、相互依存，所以，控制的目标体系必须服从于组织的计划，要根据组织计划的总目标和各项分目标科学地确定控制目标体系。在设计控制的目标体系时要注意每一层次的控制手段必须是下一层次的控制目标，即每一个下一层次的控制目标都是上一层次控制目标的实现手段，从而形成一个完整的组织控制链。

（二）控制的主体

控制的主体是组织的各级管理者及其所属的职能部门。一般来说，高层管理者执行的主要是例外的、非程序性的控制，而中、低层管理者主要是执行例行的、程序性的控制。

对大多数高层管理者来说，之所以要实施控制是因为授权是一件非常困难的事。一是担心下属不能完成任务或不能达到自己所预期的结果；二是担心下属有了一定的权力后会滥用职权；三是害怕下属犯了错误而自己要承担责任。所以，大多数管理者都宁愿自己做更多的事以避免授权给他人。这样，无形中增加了自己的工作压力和工作量。通过控制职能可以解决这种困扰。作为控制的主体，他可以建立一个信息反馈机制，这种机制应能够向他提供有关下属工作绩效的信息并能将他的决策及时反馈给下属。这样一来，他只要在充分调动各部门参与管理积极性的前提下适度地集中控制权力，就可以保证高效地实现组织目标。正如一位学者所说："拙劣的经理无所事事；平凡的经理什么都干；精明的经理把任务交给下级，同时建立足够的考核点，这样便能了解工作完成得怎样。"

（三）控制的客体

控制的客体又称控制的对象。控制系统的控制对象包括组织中的各级部门、组织活动的各个阶段和业务内容。具体来说，控制的对象有人员、物资、资金、财务、作业、时间、信息和组织的整体绩效。控制者在对人员进行控制时要注意根据自身的能力、被控制者的能力、职务性质、职能机构的健全程度来制定有效管理幅度（一名上级领导能够有效领导下级人员的人数），再根据有效管理幅度和控制计划确定管理的层次，这样才能达到有效管理。

（四）控制的制度

控制的制度包括检查制度、报告制度、考评制度、监督制度。

（五）控制的技术方法

控制的技术方法有预算控制、成本控制、审计控制、质量控制、库存控制、时间控制、人员控制、信息控制、生产控制。这些内容在各门管理专业课程中会有具体叙述，所以这里就不予展开了。

第二节 控制的原则

控制是管理的基本职能之一，也是容易出现问题的一项工作。在许多情况下，管理者制定了良好的计划，也建立了适当的组织，但是由于没有把握住控制环节，最终不能达到预定的目标。为了保证对组织活动进行有效的控制，必须遵循以下基本原则：

一、相对封闭原则

任何社会组织都是一种开放系统，系统内部与外界环境存在物质、能量、信息的交换。但是，管理更主要的是解决内部关系，外部关系的解决主要是经营的任务，所以相对封闭原则就是指作为一个组织的管理系统，其管理手段、管理过程、管理制度等必须构成相对连续封闭的回路，从而保证信息反馈，形成有效的管理运动。没有这个封闭回路，就不可能实行控制。

一个管理系统可以分解为决策中心、执行机构、监督机构和反馈机构。决策中心是司令部，由此发出指令从而开始了管理的起点；指令一方面下达到执行机构实施，同时又输向监督机构，由其监督实施情况，指令实施的效果输入反馈机构，反馈机构对信息处理，比较效果与指令的差距后，把信息反馈给指挥中心，以便根据新的情况发出新的指令，这便形成了管理系统的封闭回路。从某种意义上讲，管理运动正是在封闭回路中不断振荡、前进的(见图 10 - 3)。

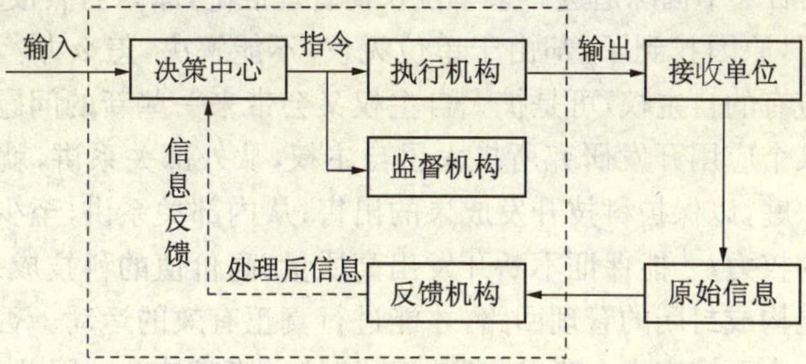

图 10 - 3 管理系统相对封闭回路示意图

由此可见，管理封闭回路是有效管理不可缺少的机制，其必要性有两个方面：一是信息反馈的需要；二是管理机构手段相互制约和促进的需要。例如责任制的落实，就需要同时制定奖惩制度，还必须有监督制、反馈制，这样才能构成一个封闭回路，使规章制度不至于成了摆设。又如组织建设中的人员配置，要求职、责、权、利四者相应构成一个封闭回路。如缺其一，则不能形成封闭回路，也就无法搞好组织管理。如缺少职，权利就没有依托；缺少责，就会滥用职权谋利；缺少权，职责难以履行；缺少利，则使职、责、权缺乏实施的动力。

从一个组织的体制机构来讲也是如此，要使整个管理活动按组织的要求有效运转，也必须通过决策系统、指挥系统、监督系统和反馈系统来构成管理封闭回路，从而保证决策的科学、指挥的统一和监督的有效。

图 10 - 3 还说明管理组织是一个相对独立的封闭系统，有明确的边界、明确的输入和输出。它的相对封闭性表现在，一方面是指管理的目标、计划、组织、控制及规章制度等都有不受外界干扰的相对独立权限，从而保证管理指令的下达和执行；另一方面也不允许有破坏其正常运动的内部因素存在，否则管理系统的控制就会受内外干扰而混乱，不能保证有效的信息反馈。从控制论来看，指令信号和反馈信号被噪声淹没，系统就会处于失控状态，管理就会无效。

建立管理封闭回路的基本条件：一是管理组织的相对独立性，即要有实现本组织功能的必要的自主权，能够对人、财、物等必要资源加以调节运筹，能够调整本组织内的机构设置；二是设置环形走向、具有相互制约和促进关系的封闭职能机构；三是要有较为完善的信息系统。

在管理实践中，具体运用相对封闭原则时有以下 4 点需要注意：

(1) 随时评估后果。评，是指对后果的“质”进行评议；估，是指对产生的结果要尽可能有“量”的估计。采取任何管理措施都要考虑它可能产生的结果。一般是以原定的目标来检验实际执行的结果，看是否达到预期的目的，有多大的偏差。结果与目标总不可能完全一致，这就要采取对策，调节封闭的办法，杜绝偏离目的的结果。即使达到了目标，也可能同时会产生某些副作用，需要调整封闭、采取对策，从而使副作用尽量减少。

(2) 从各种后果中循踪追迹。某单位长期管理混乱，原因当然很多，其最主要的问题反馈上来了，原因找到了，却由于单位无权，不能解决，怎么办？“封闭”的办法就是扩大单位应有的自主权，可是扩大自主权又会带来一些新的问题，因此，还要循踪追迹。比如某个应用开发研究所扩大了自主权，从外部关系讲，就必须有专利法和科技(经济)法庭，以保护科技开发成果的出售；从内部关系讲，至少必须有选择和招聘科技人才的权力，才能保证不断开发出高质量、高价值的科技成果。这样，扩大了的自主权才能构成封闭的管理回路，才能进行真正有效的运动。否则，即使“试点单位”行之有效，全面推广也会碰壁；有效于一时，也终难持久。因此，要学会从各种后果中循踪追迹，选择可以反馈控制的主导线，不断构成有效的封闭回路。

(3) 有效发挥专家顾问的作用。建立顾问团倾听专家的意见，是改进和提高管理的重要措施。但专家的主意有对的，也会有错的；有部分对的，也会有部分错的。怎样才能保证正确的意见被吸取、采纳，不正确的被剔除、摒弃呢？这就必须有一个封闭的管理方法。要改变那种把专家顾问团当做荣誉席位安排的做法，真正把它看成是汇集人才的组织；顾问团专家可以数年一任，不断更新；同时，采用科学的方法倾听各类专家的意见。如国外推行的一种“专家集体预测法”，它不仅可以兼听则明，而且只见意见不见人，足以消除私人偏见。另外，还需要从后果加以封闭，分明赏罚：专家提了正确建议，经采纳取得成效的，应授奖；敢于直言，提了反对意见，事后证明是正确的，要加倍奖励；对于以极不负责的态度对待所承担的咨询工作，出现不应有的差错，造成重大损失者，要承担责任，给予必要的惩罚；从来没有明确态度，长期不提一条建议的，应撤销专家顾问资格，如此等等。只有采用这种相对封闭的管理方法，才能使专家们真正起到智囊的作用。

(4) 注意封闭的相对性。所有管理的封闭，只能是相对的，绝不可让它僵化、凝固。从空间上讲，封闭系统不是孤立系统，它遵循系统原理的作用：每一个系统都与其上下左右各系统有着输入和输出的关系，一环扣一环，以致无穷无尽；从时间上讲，即使评估后果，许多后果不仅事先无法预测，而且只有通过时间的检验才能逐步显现出来；即使有所预测，预测正确与否，采取的封闭措施是否有效，也要通过实践检验。所以，对逐步发现的后果或经实践检验证明是不正确的措施，都必须进行新的封闭，根据实践的发展，逐步改进原来已形成封闭的管理。一劳永逸的封闭是没有的，有效的管理要求动态地、不断地进行封闭。我们的管理改革可以有各式各样的方案，因为必须考虑各种可能涉及的因素，权衡各种可能预见的后果(利弊)，据此采取相应的“封闭模式”。任何“封闭模式”都不可能十全十美、天衣无缝，这就要依靠反馈原则不断反馈，步步提高，日臻完善。

二、反馈原则

在现代管理中，无论是哪一种控制，要使系统达到既定的目标，都需贯彻反馈原则。反馈，是控制论中一个极其重要的概念。它的含义是指从控制系统的输出端拾取信息返回送入系统的输入端，使之对控制系统的输入端发生影响，起到控制修正的作用，以达到预期的目的。例如企业中，输入加工车间的是图纸、工艺、被加工实物等，输出车间的是加工后的成品。在成品检验时，发现有的图纸、工艺环节对成品质量有影响，于是从车间将此反映给技术科室。技术科室修改了有关图纸和工艺，再把修改后的图纸、工艺返回车间，使车间在再加工中成品质量达到预期目标，这个过程就叫反馈。原因产生结果，结果又构成新的原因。反馈在因和果间架起了“反向”的桥梁，在因果性和目的性之间建立起了紧密的联系。这种因果关系的相互作用，不是各有目的的，而是为了完成一个共同功能的目的。在人体运动中，大脑通过信息输出指挥人的多种活动，同时，大脑又接受来自人体各个部分与外界接触发回的反馈信息，不断调节、发出新的指令。如果没有反馈信息不断输入大脑，人体的运动就不能协调。同样，没有反馈，管理也就没有效能。以质量管理为例，如果没有试制过程的反馈，就不能保证设计的完美；如果没有原料质量管理过程中的反馈，就无法保证整个产品的质量没有缺陷；如果没有制定质量管理要求过程中的反馈，就不能充分有效地行使各项质量管理职能；也就是说，如果没有从检验到制造过程的反馈，就无法保证产品制造的无缺点和供应品质量的无缺陷。一句话，没有有效的反馈，就没有有效的管理。一般来说，政府决策的反馈在政策研究中，机关工作的反馈在上下检查中，企业生产的反馈在产品销售中。国外几乎所有的企业都有产品技术服务部，这个服务部一方面是为用户提供技术咨询和产品维修服务；另一方面，也是更重要的一个方面，就是要通过为用户服务，了解产品的情况（比如哪些地方容易坏，哪些地方不方便等），再根据反馈提出改进产品的建议。企业就是依靠这些反馈对产品不断进行改进、提高或者更新换代的，从而保证企业产品的市场竞争力。可以想象，如果没有适时、有力的反馈，企业就很难有持久的生命力。

企业的反馈系统，按照范围可分成两类：一类是企业外部信息反馈系统，它是一个开放系统。企业外部的反馈信息需要企业主动去收集。例如全面质量管理中，销售部门应通过用户访问等形式，主动收集用户对产品的意见，并及时反馈给企业的有关部门。另一类是企业内部的信息反馈系统，它是一个封闭系统。例如在工厂内产品制造过程中发现设计质量上有问题，就要及时地把情况反映给设计部门，通过设计部门改进，使问题得到解决。同样，下道工序发现上道工序的问题，下道工序应及时地把信息反馈给上道工序。只有企业全体人员懂得了反馈原理，建立和健全了两个反馈系统，产品质量才能不断提高，更好地满足用户的需要。

企业内部信息反馈和外部信息反馈的结构，如图 10－4 所示。

应用反馈方法进行控制时，一般产生两种不同的效果：如果反馈使系统的输入

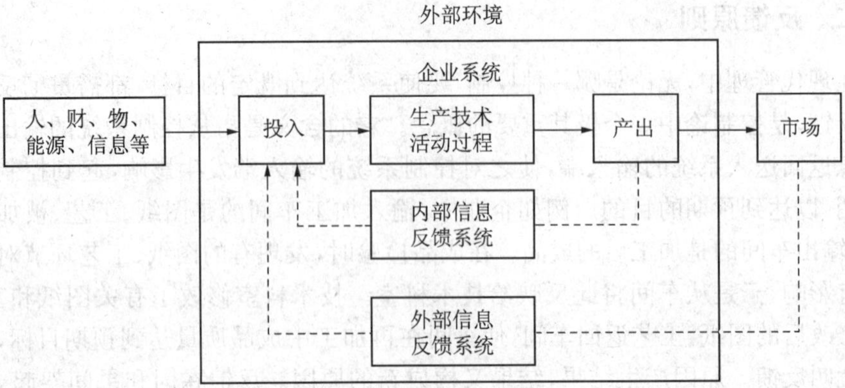

图 10-4 企业信息反馈的结构示意图

对输出的影响作用趋大，造成系统的运动加剧，导致振荡，这种反馈叫做正反馈；如果反馈使系统的输入信号减小，叫做负反馈。例如计划指标订得过高，实际执行与计划产生了差异，可利用负反馈原则调整计划，缩小实际与目标之间的差距。所以在管理过程中，反馈的主要作用就是对所执行的前一个决策引起的客观变化及时作出有效的反应，并提出相应的新决策建议(这种情况大多是负反馈)。

面对大量、不断变化的客观现实，管理是否有效，其关键在于是否有灵敏、正确、有力的反馈。要“灵敏”，就必须有敏锐的感受器，以便及时发现管理与变化着的客观现实之间的矛盾所在；要“正确”，就必须有高效能的分析系统，以过滤和加工感受到的多种信息，做到去粗取精、去伪存真、由此及彼、由表及里的结论；要“有力”，就必须把分析得到的信息变为决策部门强有力的行动，修正原来的管理目标、计划，使之更符合实际情况。

反馈原则是普遍适用于各种控制过程之中的，一般来说，如果系统所给的目标是一个常量，这样的控制称为“简单控制”；如果系统所给的目标是一个随时间而变的函数，这样的控制称为“程序控制”；如果系统所给的目标是一个随其他变量(非时间变量)而变的函数，这样的控制称为“跟踪控制”；如果系统所给的目标是根据过去的经验所确定的期望值，这样的控制称为“自适应控制”；如果系统所给的目标是要达到某一函数在特定区间内的极值，这样的控制就是“最佳控制”。需要强调的是：在现代化的管理中，无论是哪一种控制，为使系统达到既定的目标，必须贯彻反馈原则，而且，为了保持系统稳定的有序性，必须使系统结构具有不断自我调节的能力。因为任何一种调整、改革，一开始都不一定十分完善，但只要系统具有反馈结构，可以在不断的调节过程中，不断地纠正偏差，逐渐趋于完善，直至达到优化状态。

总之，有效的管理要善于捕捉时机，及时反馈，及时做出相应的变革，把矛盾和问题解决于萌芽之中。决策→执行→反馈→修正→再决策→再执行→再反馈……如此无穷地螺旋上升，使管理不断地进步和完善。从这一点来说，反馈原则正是“一切从实际出发”、“实践是检验真理的唯一标准”这一马克思主义基本原理在现代科学管理中的贯彻和体现。

三、弹性原则

管理弹性原则，是指由于客观世界的一切事物都是不断变化发展的，所以管理活动必须保持充分的弹性，以及适应客观事物各种可能的变化，有效地实现动态管理。

管理弹性原则是管理活动的客观要求。因为管理活动具有如下特点：① 各种具体管理活动涉及的因素非常广泛，如一个城市的管理涉及上万个因素，这是任何人难以完全把握的，因此必须留有余地；② 管理是各种因素的合力，需要综合平衡，但在实践中往往由于人的主观认识能力的有限性和客观环境变化的无限性使管理要素不可能达到最佳平衡，这就需要留有可供调节的余地；③ 管理系统是处于动态变化的，系统内外各种因素都在变化，具有很大的不定性，尤其是系统中的决定性要素人受经常变动的情绪影响很大，而管理活动毕竟是人的一种有意识的行为活动，行为会产生后果。由于上述几个方面的分析说明了管理因素多、变化大，所以一个细小的疏忽都可能造成严重的后果，所谓“失之毫厘，谬以千里”，因此对管理必须保持可调节的弹性，以应付主客观条件变化带来的影响。

管理弹性在实际工作中可分为两类：

一是局部弹性。就是任何管理必须在一系列管理环节中保持可以调节的弹性，特别是在重要的关键环节要保持足够的余地。例如美国阿波罗登月飞行航向，在全部过程中就有 13 次可调节校正的机会，从而保证了一旦遇有故障也可安全到达目的地。再如企业计划管理，也需要在工厂、车间、工段（班组）等一系列层次上保持可调节的余地。

二是整体弹性。每个层次的管理系统都有整体弹性问题，它标志着系统的可塑性或适应能力，整体弹性是局部弹性的综合。例如企业的生产经营系统就应有可塑性，以对付市场对品种、批量、规格等需求方面的变化。

弹性原则的应用很广，如在计划管理上，就要求计划指标要有区间幅度即上限和下限，计划方案要有几套，要有各种应急方案，计划控制要有控制度。在工作时间管理上，有的组织如科研单位采取弹性工作时间，能更好地发挥组织成员的潜力。总之，管理要具有一定的弹性才能灵活应变。

在应用弹性原则时，还要严格区别另外两种性质的弹性，即消极弹性和积极弹性。消极弹性的根本特点是“留一手”，不去发挥潜力，如计划指标过低，费用预算夸大，人员积压，规章制度松弛，对整个管理系统采取应付态度，墨守成规地维持现状，不善于发挥人、财、物的潜能，等等，这是守摊式的管理，最后必然导致管理混乱，组织生命力衰竭。积极弹性着眼于遇事“多一手”，最大限度地开发管理的潜力，消除管理资源冗余现象，使整个管理系统具有灵活应变的特性。我们应该大力倡导和应用积极的弹性管理。

弹性原则反映的正是变消极弹性为积极弹性的管理规律要求。一是要在广幅度弹性的基础上，及时向目标进行定向收缩。例如企业组织要经常分析市场动态和本企业产品的适应性，围绕企业目标调节产品和各种管理活动。二是要有多种应变方案的弹性技巧。例如当组织面临一种非预期的形势变化时，要能够有几种方案对付之，“道高一尺，魔高一丈”，处处争取主动。三是要充分发挥内在弹性潜力。各种管理资源的潜能是巨大的，尤其是人的才能和精力的潜能更是无法估量的。兵法上讲：“陷之死地而后生，置之亡地而后存。”这也就是现代的“救灾管理”，即利用灾难式的情况来促发被管理人员的潜能。其基础是：任何人在面临灾难时，其处理情况的速度比通常的速度快得多；其发挥出来的能力非平常可比；其工作效率会提升到最高标准。当然，这包含两种情况：一种是负向的，即迅速被灾难击垮，如呆若木鸡，不知所措；一种是正向的，即激发出更大的干劲，以更灵敏的反应、更敏捷的动作来迎接灾难的挑战。管理者应用弹性原则，就在于对被管理者进行正向激发。

第三节　控制的基本方式

管理控制的方式是指管理者对被管理者实施控制的基本做法。从管理的实践来看，以下基本模式存在于各类管理活动过程中。

一、数量模型控制

数量模型控制是利用数学方法，根据输入要素（即各种参数）与输出之间的函数关系，建立数量模型进行控制。在生产经营活动中，有许多因素相互间存在着量与量的关系，如材料的成分、性能和产品质量之间的关系；工时与产量的关系；各种设备效率之间的比例关系等等。这些数量关系有许多是可以用一定的数学方程式表达出来的，控制就可以用这些模式进行，控制标准的输入达到标准的输出，或者改变输入来控制输出。如确立经济批量来对库存作最佳控制，利用订货点来调节库存，保证需要；建立价格与需求关系的模式，求得销售收入或利润最大的定价；利用线性规划确立投入产出模型等等。随着管理科学的发展，如运筹学、经济数学、计量管理等学科的建立，数学方法在管理上的应用越加广泛。特别是在电子计算机出现以后，解决了大量的计算和分析的工作量问题，使过去在理论上正确，但实际应用很难的数学模型变成了实用的方法，使模式控制应用更广。利用数学模型进行控制，使控制更加定量化和科学化，摆脱了过去只靠个人经验进行控制的束缚，提高了控制的效率和效果。这是控制随着科学技术进步而向前发展的必然趋势，所以今后模式控制将更为广泛地应用于各行各业的管理活动之中。建立数量模式进行控制要考虑下述条件：

(1) 各个变量之间有明确的函数关系。如化工生产中原料成分与化合物(产品)成分之间的关系；库存控制中库存量与库存成本之间的关系等。

(2) 所建立的数量模型，既要符合数学上的原理，又要符合生产、技术、经济等活动的规律性。在建立数量模型时，要按照生产经营活动本身各个要素之间客观存在的内在联系来确立它们的函数关系，不是单纯的数学符号关系，也不是为建立公式而建立公式。如果它们之间的关系式与它们的内在联系不符，尽管在数学上看是对的，但实际上却是错误的，就会做出错误的判断。

(3) 要有实用性，不是单纯的符号运算。在数量模型建立时，要考虑实用的价值，一个符号要能代表某项实质性的经济内容，以使人们能从实际生产经营活动中找到它的数据，不要单纯的抽象推理。

(4) 要抓住主要参数建立模型。由于一项作业受到很多因素的影响，有些是很难估量的，在一个数量模型中包括所有的因素这不仅不可能，也没有实际价值。因此，往往要假定某些因素不变，选择若干主要因素进行分析。建立数量模型的具体方法随各种作业控制的具体内容而不同，如利用高等数学中微分法求极值的原理建立经济订货批量和设备的经济寿命的模型；利用盈亏平衡方法进行量、本、利的控制；利用排队论方法建立服务模型；利用线性规划建立运输模型等等。

二、统计控制

利用统计方法对生产经营活动进行控制称为统计控制。统计控制分为概率控制和利用统计报表进行控制两类。

(一) 概率控制

一般所称的统计控制是指概率控制。它是利用数理统计和概率论的原理与方法对事物进行分析研究的一种控制方法。上面说过，控制论认为，一个控制系统，所接受的信息虽然很多，但是有许多信息带有随机性质，有一定的统计分布的规律性。例如产品质量的计量特征，如尺寸、重量等等，它的概率分布带有正态分布性质，不合格品率的出现带有二项分布的性质，服务对象的到达带有泊松分布的性质等等，因而可以利用概率分布的原理。对系统的活动进行研究和控制，按照统计控制原理，影响生产经营活动的因素有两大类：一类是偶然因素，它的变化虽然对生产经营过程发生影响，但这是正常现象；另一类是系统因素，它的变动对生产经营过程影响很大，如原材料质量变化、机器设备损坏等，如果不及时处理，就会引起较大的损失，就会使系统失去控制，达不到预定的目的。因此，可按照仅属于偶然因素变化产生的影响，规定一个控制界限，超过这个界限的偏差就可视为系统因素发生变化，系统的活动可能失去控制，需要采取措施加以纠正。根据数理统计中概率分布的规律，在正态分布的情况下，在平均数上下各 3 个标准差的范围内，它的概率达到99.73%。

因此,常把3个标准差作为控制界限进行控制。这种统计控制方法不仅可用于质量控制,而且可以用于其他方面的控制。

概率控制另一种方法就是利用相关分析的方法,建立回归方程进行控制。这对于变量间没有明确的函数关系,不能建立数量模型,但在统计上有明显的相关关系的变量更有作用。这种方法是先进行相关分析,研究变量间的分布状态是属于线性相关还是非线性相关,是属于指数分布曲线还是S分布曲线等等,然后根据它们的概率分布类型,利用回归分析方法建立回归方程,进行观察和控制。

(二) 利用统计报表的资料进行控制

这是一种统计分析应用方法,也是社会经济各部门、企事业单位目前经常采用的一种方法。统计报表制度本身就具有检查监督的作用。这种方法就是根据统计记录、汇总整理的资料,如各种台账和统计报表、各种统计指标,包括绝对数和相对数指标,来衡量工作进展和计划的完成情况,经过对比分析,找出偏差和原因,采取措施来调节企业的生产经营活动。统计分析方法很多,如指数法、分组法、统计调查表、动态分析法等等。

三、会计控制

会计控制是利用会计的原理和方法,运用会计资料,如分类账、明细账、会计报表等所反映的数据进行控制。它的实质就是运用货币对生产经营活动进行监督和调节。会计控制是最早的传统的控制方法,主要是利用货币的收支来控制企业的生产经营活动。在商品经济中,一切生产经营活动都是要通过货币交换进行的,物质生产流程与货币信息流程是统一的,后者反映前者的运行状态。如材料账反映材料的入库、投产、库存的状态;生产费用账是反映投产、在制、出产的状态等等。因而,可以通过会计记录来观察分析生产经营活动的过程,以进行监督。会计控制由于是利用货币进行监督,所以更适宜用于管理控制。要提高经济效益,就要加强会计控制,它在企业控制系统中是一个相对独立的子控制系统,是不可缺少的工具。

会计控制是通过会计核算与分析工作,同企业各级的内部经济核算制度结合进行的。要及时观察、检查有关的会计资料,如控制材料库存,就要检查材料账,分析会计记录的变动情况和报表上的数据,从而发现偏差和原因,进行控制。会计分析利用的指标很多,如资金利润率、流动资金周转率、固定资金利用率、销售收入增长率等等。必须指出,会计控制不是消极监督,不是仅仅利用货币来揭发、限制生产经营中的浪费和积压等现象,更主要的是发现问题,运用财力来支持和发展生产,提高经营效果。

四、预算控制

利用财务预算对生产经营活动进行控制称为预算控制,也是一种传统的控制方法。财务预算包括各种收入预算、费用预算、现金收支预算和投资预算等。预算控制是计划职能与控制职能的交界面。预算也是一种计划，预算编制属于计划职能；根据预算组织有关收入，控制支出，属于控制职能。因此，实行预算控制的步骤是：

（1）首先是编好预算。没有预算或预算编制得不好，控制就失去作用。在编制预算时，不要主次不分，过多地考虑或细分次要的项目，应集中力量编制好几项主要收入和支出的项目；要提倡零基预算，即从头开始，不要随便按上期实际情况为始点来增减预算开支，而是重新对整个预算进行计算，重新确定每一项目的收支。

（2）利用预算来检查各项收入和费用的完成情况和进度，及时估计达不到预算要求的可能性。

（3）提醒及督促帮助各单位执行预算，查找发生偏差的原因，按预算进行费用开支。

（4）在必要时也可调整预算，以适应情况变化。在可能的条件下采用弹性预算，这是指某项预算费用随着另一变量而变化，如办公费随办公人员数量而变化，流动资金需要量随产值或销售收入而变化等。预算控制和会计控制一样，不是消极的控制而是积极的控制。

五、进度控制

对生产和工作进度进行的控制称为进度控制。它是将调整进程和期限的要求结合在一起，主要是控制生产或工时，工程进度是否按期完成；各项作业在时间上能否相互衔接。进度控制通常采用甘特图或网络图进行。

甘特图在生产管理中应用极广。它把线条图上的数量标度改为时间标度，把时间进度、计划数、实际完成数3个方面结合起来，反映在一个图上。用第一个线条表示计划，用第二个线条表示实际，从而反映出计划与实际的偏差，表示超前滞后的时间，并把相关作业在时间衔接关系上表示出来。人们用这种图表一方面做计划，另一方面进行控制。

网络图在编制网络计划时属于计划职能，同时也用它进行控制。用网络图进行控制就是抓住网络计划的关键路线。我们常用的计划评审技术（PERT）和关键路线法（CPM）是网络图的一种。网络图在一定意义上也是甘特图的发展，它除与甘特图一样能表示作业进度和时间衔接的先后关系外，还可以确定出关键路线和非关键路线中的时差，即最早最迟开工或完工的时差。这样，人们可以抓住关键路线，利用非关键路线的时差灵活调度资源，保证关键路线的按期完成，达到预期的目的。

六、直接控制

直接控制是指对人的控制。上述各种控制方法，与直接控制对比而言都属于间接控制。因为，企业的一切生产经营活动都是由人来进行的，所以，对人的控制是直接的控制；其他的控制方法都是要通过人来实现的，所以是间接的。上面说过，人是企业控制系统的主体，如果离开人的有效活动，控制系统就会软弱无力直至瘫痪。

即使是建立了很好的电子计算机信息系统,也离不开人的主观能动性。因此,必须做好人的工作,这是控制职能实施的关键。对人的控制不是单纯的强制与监督,主要是在于提高他们的思想政治觉悟,提高人们的责任心,发挥他们的积极性,培养他们的能力,使他们自觉地并且是有能力地完成所担负的任务,这样的控制就能事半功倍。直接控制往往是同组织职能、激励职能交错在一起的。直接控制的方法通常是关心人和了解人的思想、工作、生活的情况,帮助和指导下属工作,检查下级的工作和进度,对工作成绩进行严格的考核和评比等等。直接控制要同间接控制相结合。只有人而没有科学的控制方法的控制是没有效果的;但是,只有科学的控制方法、先进的技术装备,没有人去执行,没有人的主观能动性,控制也不能奏效。

七、开环控制

开环控制是指施控系统即控制主体对受控系统即控制对象只有信息输入,而受控系统不将输出的信息送回输入端,并形成再控制的直链控制方式。这种控制的效果取决于对环境干扰程度的预测是否准确。例如,某公司领导要求销售部在指定的时间内按指定的价格推销出指定的数量产品,这就要求销售部在事前必须熟悉该产品的供求状况、市场行情,如果发生意外的不利因素,那就难以完成任务。因此,开环控制只适宜于环境因素影响小、有较多经验可以借鉴的控制活动。

八、闭环控制

闭环控制指在控制过程中,既有信息输入和输出,又根据信息反馈情况,通过调节对受控系统的再输入,实现控制的目的的控制方式。例如,司机与汽车分别为司控系统与受控系统。司机驾驶汽车开到指定的目的地(司控目标),就要在汽车行驶过程中不断接受反馈信号,看汽车的行驶是否偏离路线,以便调整自己的动作。根据过去的操作情况来调整未来的行为,这是闭环控制与开环控制不同的根本特点。

九、集中控制

集中控制,指控制指令的发出、信息的流动都来自一个控制中心,各种管理活动都要按照事先规定的程序进行。其优点是统筹兼顾,易于整体协调;缺点是控制过程复杂,适应性差。

十、分散控制

分散控制是一种分级控制,控制指令的发出、信息的流向都是多向和多中心的。其优点是信息传输效率高,控制简便,适应性强;缺点是整体协调差。

本章小结

本章主要介绍了有关控制职能的以下问题:

(1) 控制过程和控制系统：控制，就是不断地接受和交换组织系统内外信息，按照既定标准来监视各项活动以保证它们按计划进行并纠正各种重要偏差的过程。通过控制职能，使组织的计划、任务和目标转化为现实。控制的目的就在于保证组织的实际生产经营活动及其成果同组织预期的目标一致。控制在管理中的职能有4个方面：预警、监督检验、纠正偏差和提供信息。

在实践过程中，任何一项活动的全过程都存在着相似之处，我们把管理实践中控制活动发生、发展的一般历程称为控制的基本过程。控制的基本过程分为确定控制的标准、衡量实际绩效、比较分析偏差和纠正偏差4个阶段。

一般说来，要实现有效控制，需要两个前提：一是要有完善的计划；二是要有合理的组织——控制系统。所谓控制系统，是指由控制的目标体系、控制的主体、控制的客体、控制的制度、控制的技术方法等要素组成的具有自身目标和功能的管理组织系统。

(2) 控制的原则：控制是管理的基本职能之一，也是容易出现问题的一项工作。在许多情况下，管理者制定了良好的计划，也建立了适当的组织，但是由于没有把握住控制环节，最终不能达到预定的目标。为了保证对组织活动进行有效的控制，必须遵循相对封闭原则、反馈原则和弹性原则。

相对封闭原则是指作为一个组织的管理系统，其管理手段、管理过程、管理制度等必须构成相对连续封闭的回路，从而保证信息反馈，形成有效的管理运动。没有这个封闭回路，就不可能实行。一个管理系统可以分解为决策中心、执行机构、监督机构和反馈机构。决策中心是司令部，由此发出指令从而开始了管理的起点。指令一方面下达到执行机构实施，同时又输向监督机构，由其监督实施情况，指令实施的效果输入反馈机构，反馈机构对信息处理，比较效果与指令的差距后把信息反馈回指挥中心，以便根据新的情况发出新的指令，这便形成了管理系统的封闭回路。

反馈原则是指从控制系统的输出端拾取信息返回送入系统的输入端，使之对控制系统的输入端发生影响，起到控制修正的作用，以达到预期的目的。企业的反馈系统，按照范围可分成两类：一类是企业外部信息反馈系统，它是一个开放系统；另一类是企业内部的信息反馈系统，它是一个封闭系统。只有企业全体人员懂得了反馈原理，建立和健全了两个反馈系统，产品质量才能不断提高，更好地满足用户的需要。

弹性原则，是指由于客观世界的一切事物都是不断变化发展的，所以管理活动必须保持充分的弹性，以及时适应客观事物各种可能的变化，有效地实现动态管理。管理弹性在实际工作中可分为两类：一是局部弹性；二是整体弹性。在应用弹性原则时，还要严格区别另外两种性质的弹性，即消极弹性和积极弹性。

(3) 管理控制的基本方式：管理控制的方式是指管理者对被管理者实施控制的基本做法。包括：数量模型控制、统计控制、会计控制、预算控制、进度控制、直接控制、开环控制、闭环控制、集中控制、分散控制等。

课堂案例讨论

苏南机械有限公司

苏南机械有限公司是江南的一个拥有3 000多名职工的国有企业，主要生产金属切削机械。公司建立于解放初期，当初只是一个几十人的小厂。公司从小到大，经历了几十年的风风雨雨，为国家作出过很大的贡献。20世纪80年代，公司取得了一系列令人羡慕的殊荣：经主管局、市有关部门及国家有关部委的考核，公司各项指标均达到了规定的要求，因此被光荣地评为国家一级企业；厂里的当家产品，质量好，获得了国家银质奖。随着外贸体制改革，逐渐打破了国家对外贸的垄断，除了外贸公司有权从事外贸外，有关部门经考核，挑选了一部分有经营外贸潜力的国有大、中型企业，赋予它们外贸自主权，让它们直接进入国际市场，从事外贸业务。苏南机械有限公司就是在这种形势下，得到了上级有关部门的青睐，获得了外贸自主权。

进入20世纪90年代，企业上上下下都感到日子吃紧。虽然经过转制，工厂改制成了公司，但资金问题日益突出，一方面公司受"三角债"的困扰，另一方面产品积压严重，销售不畅。为此公司领导多次专题研究销售工作，大部分人都认为，公司的产品销不动，常常竞争不过一些三资企业和乡镇企业，问题不在产品质量，而主要是在销售部门的工作上。因此，近几年公司对销售工作做了几次大的改革，先是打破了只有公司销售部门独家对外进行销售的格局，赋予各分厂（即原来的各车间）进行对外销售的权力，还另外组建了几个销售门市部，从而形成一种竞争的局面，利用多方力量来推动销售工作，公司下达包括价格浮动幅度在内的一些指标来加以控制。与此同时，公司对原来的销售科进行了充实的调整工作，把销售科改为销售处，以后又改为销售部，现在正式改为销售公司。在人员上也做了调整，抽调了一批有一定技术、各方面表现均不错的员工充实到销售公司。这样一来，从事销售工作的人员增加了不少，销售的口子也从原来的一个变成了十几个。当初人们担心这样会造成混乱，但由于公司通过一些指标加以控制，所以基本上没有出现混乱情况，但是销售工作不景气的状况却没有根本改变，这是近年来一直困扰公司领导的一大问题。

与此同时，公司的外销业务有了长足的发展。当初公司从事外销工作的一共只有五六个人，是销售科内的一个外销组。后来公司获得了外贸自主权，公司决定成立进出口部专门从事外销工作，人员也从原来的几个发展到了今天的30个：除了12个人在外销仓库，18个人中有5个外销员，5个货源员，其他的人从事单证、商检、海关、船运、后勤等各项工作。公司专门抽调了老王担任进出口部经理。老王今年50岁，一直担任车间、科室的主要领导，是公司有名的实力派人物。在王经理的带领下，进出口部的业绩令人瞩目：1996年的外销量做到了450万美元；1997年达到500万美元；1998年计划为650万美元，1～9月份已达到了500多万美元，看来完成预定的计划是不成问题的。

成绩是显著的，但问题和矛盾也不少。进出口部成立以来，有3件事一直困扰着王经理：一是外销产品中，本公司产品一直上不去。公司每年下达指标，要求进出口部出口本公司一定量的产品，如1998年的指标是650万美元的外销量，其中本公司的产品应达到350万美元。公司的理由是：内销有困难，进出口部要为公司挑担子。虽然做公司产品，对进出口部来讲没有多大利润，但这关系到全公司3 000人的吃饭问题。因此，进出口部只得接受这个任务，王经理再将指标分解给外销员，即每人做70万美元的本公司产品，可结果总是完不成。王经理和外销员都反映，完不成的责任不在进出口部，因为订单来了，本公司分厂不能及时交货，价格也有问题，所以只能让其他厂去做，进出口部做收购，这样既控制价格、质量，又能及时交货。讲穿了，做本公司的产品，进出口部要去求分厂，而做外购是人家求进出口部，好处也就不言而喻了。公司对进出口部完成不了本公司产品的出口任务一直有意见，进出口部与各分厂的关系也搞得很僵，而且矛盾还在发展中。二是外销员队伍的稳定问题。近几年已有几位外销员跳了槽，而且跳出去的人据说都"发"了，有的自己开公司做贸易，有的跳到别的外贸公司，因为他们是业务熟手，手中又有客户，所以都享有很高待遇，一句话，比在原来公司好多了。这又影响了现在的外销员。公司虽然在工资、奖金上向外销员作了倾斜，但他们比跳槽的收入还差一大截，因此总有些人心不定，有的已在公开扬言要走。王经理也听到一些消息，说是有的人已在外面悄悄干上了。面对这样的状况，王经理心里万分着急，他知道，培养一个好的外销员不易，走掉一个外销员就会带走一批生意。他深知问题的严重性，也想了好多办法，想留住人心，比如搞些活动、加强沟通等等，但在有些人身上收效甚微。该怎么办呢？这是王经理一直在思考的问题。

🖊 分析讨论

1. 本来1998年公司完成外销任务是不成问题的，为什么最后又完不成任务了？
2. 为什么公司有大量销售人员外流？应如何留住他们？

✍ 本章自测题

一、名词解释

1. 控制
2. 控制系统
3. 相对封闭原则
4. 弹性原则
5. 反馈原则
6. 正反馈
7. 负反馈

二、选择题

1. 控制必须是(　　)的统一。

A. 目标　B. 手段　C. 方针　D. 收入
E. 成本　F. 行为

2. 控制活动要有(　　)予以保障。

A. 计划　B. 人员　C. 组织机构　D. 关系
E. 规章制度　F. 行为

3. 在管理实践中，具体运用相对封闭原则需要注意(　　)。

A. 随时评估后果　B. 从各种后果中循踪追迹
C. 有效发挥专家顾问的作用　D. 注意封闭的相对性
E. 注意讲究方法性　F. 评估的单项性

4. 控制的基本程序包括的阶段有(　　)。

A. 制定计划　B. 确定控制的标准
C. 衡量实际绩效　D. 比较分析偏差
E. 采取措施纠正偏差　F. 评估措施

5. 控制在管理中的职能主要有(　　)。

A. 预警　B. 监督检验　C. 纠正偏差　D. 提供信息

6. 控制过程包括的阶段有(　　)。

A. 确定控制标准　B. 时间标准　C. 衡量实际绩效　D. 比较分析偏差
E. 纠正偏差

7. 控制系统由(　　)等要素组成。

A. 控制的目标体系　B. 控制的主体
C. 控制的客体　D. 控制制度
E. 控制技术方法　F. 控制原则

8. 企业外部信息反馈系统是(　　)。

A. 开放系统　B. 封闭系统　C. 整体系统

9. 企业内部信息反馈系统是(　　)。

A. 开放系统　B. 封闭系统　C. 整体系统

10. 弹性原则要求(　　)。

A. 变消极弹性为积极弹性的要求　B. 变积极弹性为消极弹性的要求
C. 有多种应变方案　D. 充分发挥内在弹性潜力

三、简答题

1. 怎样理解控制的含义？
2. 控制的原则包括哪些？
3. 前馈控制是控制的最高境界，怎样才能实现前馈控制？

第十一章
信息沟通与管理信息系统

📖学习目的与要求

本章主要介绍了信息沟通的作用、过程、方式、渠道及克服沟通障碍的方法，阐述了数据和信息的概念、分类和基本特征，描述了管理信息系统的概念、功能及发展趋势。

通过本章学习，要求学生了解并掌握以下内容：

(1) 理解信息沟通的含义、作用及条件。

(2) 掌握信息沟通的过程、方式及渠道。

(3) 了解有效沟通的障碍。

(4) 掌握克服信息沟通障碍的方法。

(5) 明确信息的定义及基本特征。

(6) 掌握管理信息对企业管理的影响。

(7) 掌握管理信息系统的含义和功能。

(8) 了解管理信息系统的发展趋势。

本章框架结构图

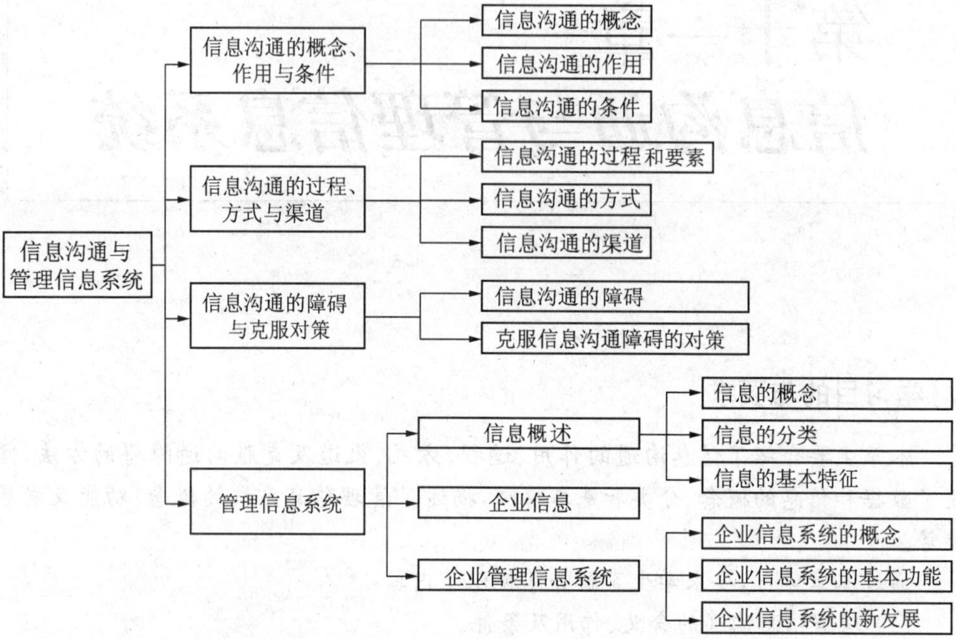

对管理者来说,信息沟通不容忽视。没有信息,管理者就不可能做出决策,而信息只能通过沟通得到。同时,管理者一旦做出决策,也要进行沟通。否则,将没有人知道决策已经做出。因此,管理者需要掌握有效的沟通技巧。

第一节 信息沟通的概念、作用与条件

一、信息沟通的概念

在日常生活中,人们常常用交往、交流、意见沟通、信息传达等术语来表达沟通的含义。简单地说,沟通就是信息的交流。信息交流可以有多种形式,如通讯工具之间的信息交流,人与机器之间的信息交流,以及人与人之间的信息交流。从管理学的角度来看,我们更关注的是人与人之间的信息沟通,其对象是人而不是物体。

所谓信息沟通,是指信息的发送者通过多种渠道把信息传递给接收者,并使接收者接受和理解所传递的信息的过程。沟通包含着信息的传递,如果信息或想法没有被传送到,则意味着沟通没有发生。但是,要使沟通成功,信息不仅需要被传递,还需要被理解。完美的沟通，应是经过传递之后被接收者感知到的信息与发送者发出的信息完全一致。

另外需要注意的是，在日常生活中，一些人把有效的沟通错误地理解为沟通双方达成协议或共识，而不是准确理解信息的意义。他们把沟通看成是别人接受了我们的观点。实际上沟通并不是妥协、认同，而是通过最有效的方式，明白无误地表达各自的观点，即我可以非常明白你的意思，但也可以不同意你的看法。

二、信息沟通的作用

从人际关系来看，信息沟通不仅是一个人获得他人思想、感情、见解、价值观的一种途径，是人与人交往的一座桥梁，同时也是一种重要的、有效的影响他人的工具和改变他人的手段。在以人为中心的管理模式中，信息沟通在管理工作中的地位愈发重要，人际间的相互交往，与上司、下属和周围的人之间的协调、决策、计划、组织、领导和控制的开展都离不开信息的沟通，管理者所做的每一件事都有信息沟通。

信息沟通对有效的组织管理具有以下重要作用：

（一）信息沟通是科学管理的基础

科学管理建立在对信息的收集、传递、处理和运用上，只有充分了解国家的经济发展战略、目标、方针、政策以及国家内外经济现状和发展趋势，了解社会价值、观念变化的趋势以及市场变化的情况，了解国家政策、法规的变动情况，才能作出科学的决策。所以管理者要通过对企业内外信息的接收、传递和处理，才能反馈和沟通各方面的情况，并借以及时控制和指挥整个组织的运转，实现管理环节之间的有机联系及其协调运转。

（二）信息沟通是组织成员参与管理的重要形式

有效的人与人之间的沟通，最重要的是相互信任。如果组织成员意识到自己的意见和建议受到重视，他们就会经常向上反映情况，把自己对本组织诸如决策、计划、投资、技术革新、福利待遇等方面的意见、建议、要求和希望发表出来，这样既有利于增强组织成员的主人翁责任感，调动他们参与组织管理的积极性和能动性，又能营造出一个人人想要作出贡献的环境。

（三）信息沟通有助于领导与职工协调配合

沟通实际上就是一个信息双向交流的过程。领导与职工之间经常进行沟通，有利于相互信任和相互尊重，更有利于相互支持和相互配合。特别是在重大的全面改革中，领导和职工都需要沟通意见调整自己的态度和行为，使双方能很好地配合，使领导作出的决策能为大家所接受；如果没有很好的沟通，职工对领导的决策、命令产生不满，双方难以协调配合，就谈不上决策目标的实现了。

（四）信息沟通能改善人际关系

信息沟通强调多向的互动过程，其目的不是要证明谁是谁非，而是使大家能在一个组织里坦诚地分享自由、和谐、经验和价值。任何一个组织，如果信息沟通畅通有效，那么领导与被领导、职工与职工、群体与群体之间就会减少不必要的冲突和误解，同时可以增进相互间的了解，改善相互间的关系，使人与人之间联系密切，感情融洽，使组织成员能齐心协力为实现组织目标而努力。

（五）信息沟通能使组织与其外部环境建立良好的协作关系

通过信息沟通，组织成为一个与其外部环境发生相互作用的开放系统。信息沟通把组织与外部环境联系了起来。企业主管通过信息交流了解客户的需要、供应商的供应能力、股东的要求、政府的法规条例及社会团体关心的事项等，以促使组织改善自己的管理，满足外界的需要，寻求外界的支持。

三、信息沟通的条件

假设有一条船在海上遇难，留下3位幸存者。这3位幸存者分别游到3个相隔很远的孤岛上。第一个人没有无线电，他只有高声呼救，但在他周围两里以内都没有人。第二个人有无线电，但已受潮，一架从他头上飞过的飞机虽能听到声音，却无法听清他的呼叫内容。第三个人有一架完好的无线电，他通过无线电向外报告自己受难的情况和目前所处的方位，救援飞机收到他发出的呼救信号后迅速前去救他。虽然3个人都在呼救，都在向外联系，但由于各自联络的手段不同，效果截然不同。沟通是信息从发送者到接收者的传递过程，上面3个人中，第一个人未能联络上接收者；第二个人虽进行了联络，但发出的信息不清，对方无法辨识；只有第三个人才实现了沟通。

可见，要进行沟通，就必须具备3个基本条件：

一是要有信息发送者和信息接收者；

二是要有信息内容；

三是要有传递信息的渠道或方法。

即除了要有信息外，还要有信源（信息的发送者）、信道（信息传递的渠道）、信宿（信息的接收者）。而要进行有效的沟通，则还要求满足以下条件：

一是发送者发出的信息应完整、准确；

二是接收者能接收到完整信息并能够正确理解这一信息；

三是接收者愿意以恰当的形式按传递过来的信息采取行动。

也就是说，在信息交流过程中，信息要在发送者与接收者之间传递，信息接收者接收到信息并理解信息，产生相应的反应。如上司正在与部下谈工作，但部下因家庭变故心事重重，注意力无法集中，虽然他似乎在听，但心不在焉，这就意味着有效沟通没有发生。又如，你用很专业的术语对外行讲了一通话，虽然他听得很认真，但他不知所云，不清楚你要表达什么，这样也不能算是有效沟通。

第二节　信息沟通的过程、方式与渠道

一、信息沟通的过程和要素

信息沟通的过程，是信息发送者通过选定的沟通渠道把信息传递给信息接收者的过程，大致可分为4步，如图11－1所示。

第一步：信息的发送者把某种意图通过一定形式转变成信息接收者所能理解的信息（如语言、文字、手势、表情等）。

第二步：信息发送者通过一定的沟通渠道（如电话、文书、电报、网络等），将信息传递给信息的接收者。

第三步：信息接收者对所接收的信息进行加工、分析、接受和理解。

第四步：信息接收者把所理解的信息反馈给信息发送者，以便确认其所接收的信息是否正确。有时信息沟通没有经过反馈这一阶段。

另外，在信息沟通过程中，还可能存在着各种各样的"噪音"干扰。

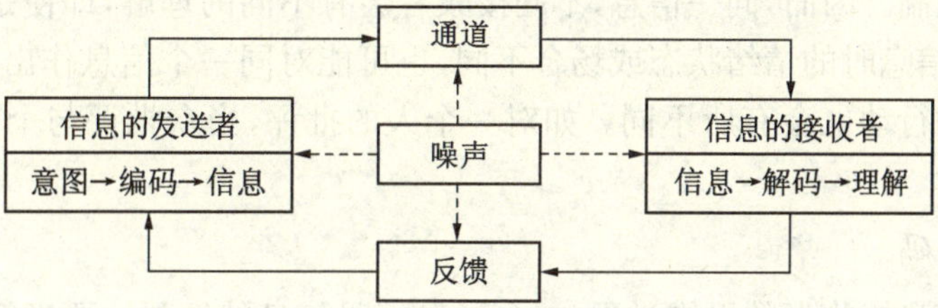

图11－1　信息沟通过程模型示意图

从图11－1中信息沟通的过程看，信息沟通的要素包括信息发送者、编码、信息、沟通渠道、信息的接收者、解码、反馈和噪音。

（一）信息的发送者

信息的发送者又可称为信息源或信息沟通主体，它可能是要告诉某人做某事，或者是有某个问题向某人请教，或者是向某人提供信息。例如，组织的管理者经常要安排各种各样的工作给下属，管理者就是信息的发送者。信息发送者最重要的是明确自己要传递的信息。如果把自己都不清楚的信息传递出去或者把错误的信息传递出去，将会收到不好的效果。

（二）编码

信息发送者要把其意图或想法传递给信息的接收者，首先应将其意图转换成信息接收者所能接受和理解的形式，如语言、文字、图表、手势或表情等，这就是编码。

例如,企业要把其财务状况和经营成果的信息提供给股东,就必须把企业经营活动的原始资料,通过会计方法的处理,编制成股东所能理解的资产负债表和损益表。由于编码是信息发送者把头脑中的概念、想法转变为传递符号,因而在编码过程中易出现编码错误,影响沟通的效率。

(三) 信息

信息发送者通过编码把其意图或原始的资料转换成信息。信息就是所需要沟通的内容。被编码的信息受到信息发送者的技能、态度、知识和社会文化系统的影响。

(四) 通道

通道是指传送信息的媒介物,它由发送者选择。例如口头交流的通道是空气;书面交流的通道是纸张。一个具体的信息可以通过不同的通道发送,不同的信息通道适用于传递不同的信息,通道的选择要视具体情况而定。例如大厦着火,使用备忘录方式传递这一信息通道显然不合适。

(五) 信息的接收者

信息的接收者即接受信息的人,他们在沟通过程中应注意接收信息,把原始信息全部接收。与信息编码者相同,沟通的接收者会受自身的技能、态度、知识及社会文化系统的限制。因而,同一信息,不同接收者会有不同的理解,即使是同一个接收者,由于接收信息时的情绪状态或场合不同,也可能对同一个信息作出不同的解释,因而所采取的行动也会有所不同。如对一个人的批评,当众批评与个别指出,结果可能不一样。

(六) 解码

解码是信息接收者的思维过程,包含了对编码信息的解释。要理解信息一定要解码,要把信息中的符号译成接收者可以理解的形式。只有当信息的发送者与信息的接收者所理解的信息的含义相同或相近时沟通才得以实现;否则,只是信息的传递,信息没有被接受和理解。

(七) 反馈

沟通过程的最后一环是反馈。为了检查信息沟通的效果,信息接收者应把所接收和理解的信息反馈给信息的发送者,使信息发送者明白其传递的信息是否被理解,或及时作出正确解释,及时修正沟通内容。反馈给了信息发送者调节自己行为的机会,从而提高了沟通的效率。反馈把信息沟通的双方转换过来,信息的接收者成为信息的发送者,而信息的发送者成为信息的接收者。

(八) 噪音

信息的沟通经常受到噪音的干扰,如电话信息不清楚、环境噪音大等。除了噪音的干扰外,还有由于语言方面所理解的差异、用语不当、各种成见等因素产生的干扰，这些对有效的沟通都有很大的影响。

了解信息沟通的过程和要素以及它们之间的相互关系，可以帮助我们了解信息沟通的问题，提高信息沟通的有效性。

二、信息沟通的方式

信息沟通方式指的是信息传递的形式，即用什么信息媒介把所要表达的信息内容传递出去并使接收者理解。采用不同的信息媒介就形成了不同的沟通方式。其中最常见的有口头沟通、书面沟通、非语言沟通和电子媒体等。

（一）口头沟通

口头沟通是以口语来传递信息的沟通，它包括面谈、鉴定、会议、正式的讨论、非正式的讨论、演说、传闻或小道消息的传播等，是人们最常采用的信息传递方式。

口头沟通的优点是用途广泛、灵活自由、交流迅速，并直接得到反馈。在面对面交换信息的过程中，不仅可以传递信息，而且可以传递感情、态度，特别是可以借助手势、表情等体态语言来增强沟通的效果，可以马上获得对方的反应，具有双向沟通的好处。同时，由于是面对面的交流，有身临其境之感，比起看书面文字的东西要深刻，掌握的信息既丰富又准确。

口头沟通也有不足之处。口头沟通对信息发送者的口头表达能力要求较高，如果信息发送者口齿不清或语言表达能力不强，就无法使信息的接收者把握信息的基本精神。同时，口头沟通具有一过即逝、事后无据的特点。如果接收者一时没听清楚，就没有办法弥补，不便再回头重新沟通。此外，口头沟通还潜存着很大的信息失真的可能，尤其是在一级一级的信息传递的过程中，每个人都可以自己的方式解释信息，当信息传到终点时，可能会“面目全非”。

（二）书面沟通

书面沟通指的是用文字作为信息媒介来传递信息的沟通力式。它的种类很多，较为常见的有备忘录、报告书、通知、内部刊物、公司手册和信函等。

书面沟通的优点很多，主要表现在以下几个方面：书面沟通以文字的形式固化信息，可以使信息长期保存，可以核实、查询；书面沟通通常有一种关注的意味，往往重要的信息沟通都以书面沟通为准，它更容易引起人们的注意；书面沟通以“白纸黑字”避免了信息在传递过程中的随意性，信息从发送者传到接收者失真较少，不容易被歪曲；书面沟通可以以读者的阅读速度仔细阅读，以求了解；书面沟通通过文字准备，更准确地表达信息内容；书面沟通可使许多人同时了解到信息，提高了信息传递的速度，扩大了信息传递范围。

书面沟通也存在许多不足。如它比较呆板，不易随客观情况的改变而及时修正，不能像口头沟通那样随机应变，也不能得到及时反馈。同时，由于书面沟通文字比较规范，沟通效果也会受到接收者文化水平的限制，阅读能力差的人往往理解不了。另外，书面沟通费时较多，花费1小时写的东西只需10～15分钟就能说完。

口头沟通和书面沟通各有优缺点，如果能将两者结合使用，沟通效果最好。

（三）非语言沟通

非语言沟通是相对于语言沟通来讲的一种沟通方式，它包括动作、表情、声调等。某些沟通采取的是非语言或文字的方式，如交通要道上的红绿灯通过灯光的变换方式告诉你可不可以通过道口；对不遵守课堂纪律的学生，教师常通过目光予以制止。非语言沟通作为一种辅助的沟通方式，非常有助于加强信息的传递。

非语言沟通早在语言文字使用之前就已存在，这从人类发展史及个体发育史中都可以得到验证。据一项研究表明，在面对面的沟通中，那些来自语言文字的信息不会超过35％，有65％的信息是通过非语言方式传递的。我们可以从人的面部表情和眼神了解人的情绪状态，也可以从人的身体距离、姿势、手势等了解人的紧张状态。比如，一副咆哮的面孔所表示的信息显然与微笑不同。说话对象坐立不安，手足无措，显然表示他处于紧张状态。

一个成功的沟通者在强化语言沟通的同时，必须懂得非言语信息，而且应尽可能地了解它的意义，磨炼非语言沟通的技巧，注意“察言观色”。如声音是非语言沟通的重要的一个方面，它能反映沟通者内在的感受。

当然，非语言沟通也存在一些缺陷：它可能会泄露我们的秘密，内心世界往往难以掩饰；它很容易使人产生误解，因为每个人的风格都不同；它们的含义因不同的文化背景而不同，如在一些国家点头表示同意，而另一些国家相反；它们可能需要长时间地重复进行才能被人理解。另外，非语言沟通的范围有限，它往往只是在面对面的范围内使用。

（四）电子媒体

随着电子技术的发展，电子媒介在当今世界信息传递过程中充当着越来越重要的角色。除了电信和邮政系统外，我们还可以通过电视、计算机网络、互联网、传真机、录像等一系列电子设备传递或保存、处理信息。通过电子媒体，可迅速提供准确信息，迅速而廉价，并可同时将一份信息传递给多人；计算机和录像可以保存大量的信息。电子媒体的缺点是它的成本高，某些电子媒介如录像等不能提供信息反馈。它的其他优缺点与书面沟通相同。

三、信息沟通的渠道

信息传递犹如水在水渠里流动一样，总是沿着一定的线路，按一定的方向在特定的人群之间流动的，我们把这种沟通途径称为沟通渠道。从组织系统这个角度出发，可以把沟通渠道分为正式渠道和非正式渠道两大类。在正式渠道中进行的沟通是正式沟通；在非正式渠道内进行的沟通是非正式沟通。

(一) 正式沟通渠道

1. 正式沟通的含义

正式沟通指的是按组织内部明文规定的途径进行信息传递和交流。它和组织的结构息息相关,主要包括:按正式组织系统发布的命令、指示、文件,组织召开的正式会议,组织内部上下级之间或同事之间因工作需要而进行的正式接触。

正式沟通渠道是组织管理中沟通的主渠道,在企业管理中一般的信息都要通过正式沟通渠道下达及反馈。正式沟通带有强制性,比较规范,约束力强,沟通效果较好。正式沟通渠道的弱点是:传播线路固定、呆板,沟通速度较慢;中间环节较多,信息易损耗;对人的素质要求较高,信息易失真。

2. 正式沟通渠道的形式

正式沟通渠道是通过组织规章制度明文规定和组织结构而建立起来的。正式沟通渠道一般有 4 种形式:

(1) 下行沟通。下行沟通渠道是指信息按照组织内部上下级隶属关系,从较高的组织层次向较低的组织级别层次传递的沟通形式。它可以表现为上级给予下级的命令、指示、指导、文件、规定等等,它使下级了解组织的总体情况和自己应完成的任务,并努力加以完成。这种沟通往往带有指令性、法定性、权威性和强迫性,容易引起重视,并严肃对待。下行沟通可以使管理客体及时了解组织目标和上级领导意图,增强员工的向心力和归属感,便于协调行动,发挥组织的整体效能。

但是下行沟通中还是可能出现许多问题,诸如传递路线过长,太费时间,信息在传递过程中发生遗漏和曲解。通常可以通过以下 3 种方法加以缓解:① 使组织结构设置合理化,尽量减少信息传递环节,从而缩短信息传递时间,减少信息扭曲的概率;② 改善信息传递技术,如面对面交谈总是要比通过电话交谈或小组讨论的效果好;③ 信息本身内容要明确、简洁,这样才能使下属正确领悟信息内容,并给予高度重视,保持组织上层信息的权威性。

(2) 上行沟通。上行沟通渠道指的是信息按照上下级隶属关系从较低的组织级别层次向较高的组织级别层次传递的沟通形式。它通常表现为两种形式:一是逐级传递,即按组织程序逐级向上级反映;二是越级反映,指基层人员越过中层干部直接向上层领导反映意见。上行沟通则往往带有非命令性、民主性、主动性和积极性,是上级掌握基层动态及下级反映个人愿望和思想动态的必要手段。

但是向上沟通效率往往比较低下,主要原因有:① 组织规模和生产经营复杂性程度越高,向上沟通障碍也就越多。② 不现实的假设。许多管理者将信息发送给下属后,主观地认为下属已经收到并确切了解其所要表达的意图而不愿去核实。③ 筛选和曲解。在向上沟通的每一环节上,组织都赋予一定程度的筛选权力,每一层的管理者都会筛除一些反馈,再传递给上一层管理者而造成信息曲解。④ 害怕暴露坏消息。在许多组织中的中层管理者往往有拖延向上层传递坏消息的倾向。⑤ 下级人员往往担心受到惩罚而隐藏或歪曲他们的真实感情和重要信息。⑥ 竞争的原因。为了谋求更高的社会地位或加薪，许多人不愿向上层领导传递不利于自己的信息或者利于竞争对手的信息。

(3) 横向沟通。横向沟通指的是发生在组织内部同级层次成员之间的信息传递和交流，以谋求相互之间的了解和工作上的协作配合。组织内部的横向沟通有 3 种不同的情形：一是高层管理人员之间的信息沟通；二是组织内中层各部门之间的信息沟通；三是一般员工在工作上、思想上的相互沟通。

横向沟通可以增进组织内各部门、各团体之间的相互了解，克服本位主义倾向，增强团队协作精神，保证组织目标的实现。

横向沟通过程中最大的障碍是企业内部部门化造成的，另外个人间的冲突也会影响横向沟通。要促进横向沟通可以从以下方面入手：① 绘制明确的组织结构图，明确上下级隶属关系，减少成员不必要的臆测；② 个人工作描述要精确，使每个成员准确地知道其应该做什么和如何做，明确彼此间的权利和义务；③ 鼓励例行会议和沟通，在组织中要定期召开不同部门的碰头会，加强信息沟通；④ 加强冲突管理，增强下属的沟通技能。

(4) 斜向沟通。斜向沟通指的是发生在组织内部既不属于同一隶属序列，又不属于同一等级层次之间的信息沟通。例如，当财务部的一位主管会计直接与等级比他高的销售部经理联系时，他采用的是斜向沟通渠道。这样做有时也是为了加快信息的交流，谋求相互之间必要的通报、合作和支持。这种沟通往往更带有非命令性、协商性、主动性和双向性等特点。为了克服其对等级链的冲击，斜向沟通往往伴随着上行沟通或下行沟通。

3. 正式沟通渠道的模式

在信息沟通过程中，无论是发送者直接将信息给予对方，或是经过某些中间人传达给接收者，都必须通过一定的沟通路径。组织间各种方向的沟通可以形成各种各样的模式，这种模式通常称为沟通网络。根据人们的观察及实验室研究，正式沟通渠道主要有 5 种模式(如图 11－2 所示)，即链式、轮式、圈式、全通道式、“Y”式。在我们进一步说明图中的各种沟通模式之前，让我们假定一个组织中只有 5 位成员。图中的圆圈代表信息的传递者，箭头表示信息传递的方向。

(1) 链式网络。其特点是沟通速度较快，但每个成员只能和另外一两个成员沟通，沟通面窄，彼此很难形成统一的认识，将会影响群体的凝聚力。链式网络适合于组织内部机构过于庞大，需要实行分层授权控制的组织。

(2) 轮式网络。它只有一个沟通中心，其他成员都只能跟他沟通。这种沟通速度可能较快，也比较准确，容易指挥和控制，领导者拥有较大的权力和责任。但中心以外的其他成员沟通不足，不利于团结协作、提高士气。

(3) 圈式网络。小组成员地位平等，每个人都有相通的沟通对象和沟通网络。

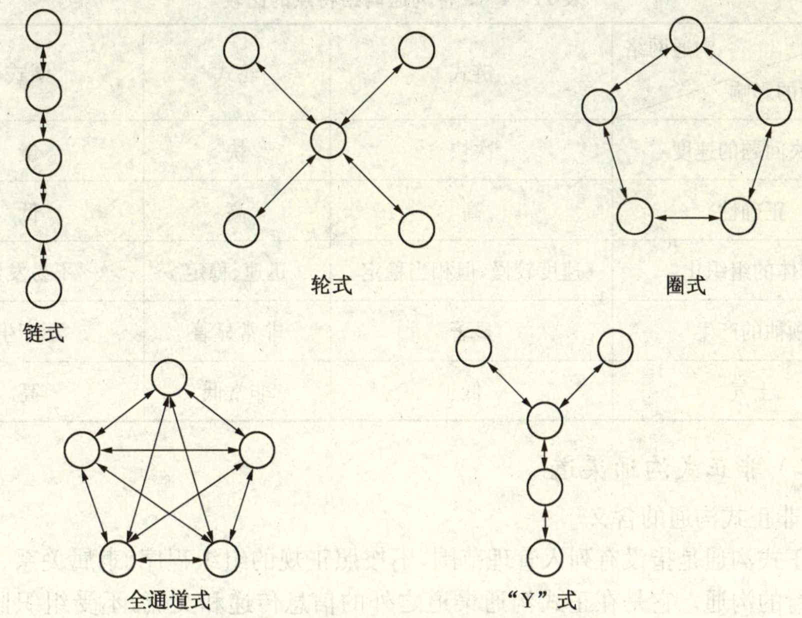

图 11－2　5 种正式沟通网络模式示意图

例如，企业组建的临时组织，其成员在沟通中没有等级差别，享有同等地位。所以该网络的优点是成员充分参与，机会均等，心情舒畅，能够调动积极性；缺点是沟通速度慢，精确性不够高。

(4) 全通道式网络。这是一种开放式的信息沟通系统，每个小组成员相互沟通，沟通面大，比较充分。因此小组内民主空气浓厚，士气较高。在成员之间民主合作精神很强的组织结构中可采用这种沟通网络模式。这种沟通网络信息交流量大，占用时间多，但沟通速度快，信息重复性大，所以不利于大型组织活动。

(5) "Y"式网络。"Y"式沟通网络兼有链式与轮式的特点，因此其沟通速度较快，集中化程度高，运用得好，有助于对整个组织运行及个人行为进行有效的控制。但由于它存在着一个关节点，会对信息进行初步加工和筛选，可能造成部分信息失真，同时这个中间关节点发生问题就会形成沟通障碍。

上述 5 种沟通网络模式对于我们理解和选择实际管理中的沟通模式是非常有指导意义的。例如，链式和倒转的"Y"式相当于一个组织中 5 个或 4 个层次的组织；轮式可以代表一个领导人与他的 4 个下级保持双向联系；全通道式可以表示一个民主气氛很浓的领导集体等。所以，管理者应根据组织的具体情况和不同的目标要求来选择不同的沟通网络。如果需要快沟通，易控制，一般采用轮式；如果需要高协调、高士气，则多用圈式网络等等。最后，我们再将常用的前 3 种沟通网络的特点做一个比较，见表 11－1。

表 11－1 3 种沟通网络特点的比较

沟通网络 对行为的影响	链式	轮式	圈式
解决问题的速度	次快	快	慢
正确性	高	高	低
群体的组织化	速度较慢，但相当稳定	迅速、稳定	不易发生
领袖的产生	显著	非常显著	不产生
士气	低	非常低	高

（二）非正式沟通渠道

1. 非正式沟通的含义

非正式沟通是指没有列入管理范围，不按照正规的组织程序、隶属关系、等级系列来进行的沟通。它是在正式沟通渠道之外的信息传递和交流，不受组织监督，可任意选择沟通渠道。例如，员工之间私下交换意见，议论某人某事及传送小道消息，等等。

现代组织管理中很重视关于非正式沟通的研究，非正式沟通的存在也能对管理产生积极作用。非正式沟通渠道虽不是由组织明文规定建立的，但它一方面可满足组织成员社会交往的需要，另一方面也能真实地表露或反映人们的思想动机，提供了正式沟通渠道难以获得或不便获得的信息，从而弥补和改进正式沟通的不足。同时，非正式沟通渠道的速度也是正式沟通渠道所无法比拟的。如打一个电话向另外一个部门请教一个问题，只需 5 分钟就可以解决，但若依照正式沟通的程序来进行，需要层层批准，则可能花上一整天的时间。

2. 非正式沟通渠道的特征

非正式沟通渠道具有以下基本特征：

(1) 非正式沟通渠道内的信息是不完整的，无规律可循，不能作为决策的依据。

(2) 非正式沟通渠道涉及较多的有关情感和情绪的问题，有很强的感情色彩，容易被出自不同动机和目的的人所利用。

(3) 非正式沟通渠道的建立与个性的相似性有关，“趣味相投”者更容易沟通，更易形成非常合作、凝聚力强的工作群体或小团体。

(4) 非正式沟通渠道传播速度较快，如果信息与其本人或其亲朋好友有关则传递得更快。

(5) 非正式沟通渠道是正式沟通渠道状态的晴雨表。一般来讲，在企业内部正式沟通渠道不畅时，非正式沟通渠道才会丰富起来，特别活跃。

3. 非正式沟通渠道的模式

与正式沟通渠道一样，非正式沟通渠道也有自己的沟通模式。非正式沟通模式主要有单向型、闲谈型、偶然型和集束型。图 11－3 显示了 4 种基本的非正式沟通的网络模式。

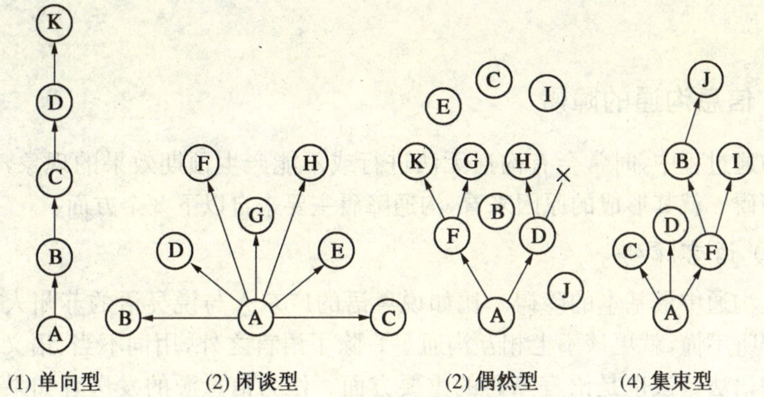

图 11－3　非正式沟通网络模式示意图

(1) 单向型是通过一连串人把消息传递到最终的接收者，这一连串人之间并不一定存在着正规的组织关系。

(2) 闲谈型是一个人主动把消息传播给其他很多人。

(3) 偶然型是按偶然机会传播消息的，信息通过一种随机的方式传播。

(4) 集束型是将消息有选择地告诉自己的朋友或有关人员。信息由 A 传递给几个特定的人 C、D、F，然后再由他们传递给一些特定的人。

在上述 4 种模式中使用最多的是集束型，也就是说非正式沟通往往有一个特定的范围，消息只在与传播人有密切关系的圈子内沟通。

4. 注意几个问题

非正式沟通渠道客观存在于组织之中，但它并不是像一些人认为的那样总是起消极作用。其在组织内部也有存在的价值，管理者在正确运用正式沟通时，也要学会正确运用非正式沟通，并注意以下几个问题：

(1) 要善于发现非正式沟通中的关键人物，在必要时要利用这些关键人物来协助传递或澄清某些事实。

(2) 要为非正式沟通提供必要的条件，这让更多的信息成为事实。

(3) 要高度重视传播面广、传播迅速的小道消息，一定要究其原因，因为它可能反映出了管理中存在的问题，管理者不能置之不理。

(4) 在制定重大决策时，应考虑一下该决策会不会引起小道消息，应采取什么防止举措，是否可以利用非正式渠道来推进此政策。

(5) 不能滥用非正式渠道，在组织管理中，管理者还是应该以正式沟通渠道为主。小道消息满天飞会使人心涣散、士气低落。

第三节 信息沟通的障碍与克服对策

一、信息沟通的障碍

在沟通过程中，时常会有沟通无法进行或不能产生预期效果的现象，我们称之为沟通障碍。就其形成的原因来看，沟通障碍主要来自以下 8 个方面：

（一）语言障碍

这是沟通中最基本的障碍。比如说粤语的广东人与说吴语的苏州人连对方在说什么都听不懂，就更谈不上相互沟通了。除了语言之外，用词不当、语义不明和表达不清的语法错误也是语言障碍的重要方面。作为信息源的发送者如果不能进行正确的信息编码，不能准确地把自己所要表达的内容传递出去，那么，在信息传递的第一关就出了问题，必然会使接收者陷入云里雾里。

（二）知识及习俗障碍

由于人们的个性及知识经验差异很大，一些在发送者认为很简单的、不需多加说明的信息，在接收者那里却是很复杂、需要加以解释才能理解的信息。这种障碍在由上往下的下行沟通中较为常见，沟通者的层次间距越大，沟通障碍的发生可能性就越大。注意到了沟通双方在知识经验方面的差距之后，管理者就应更多地从对方实际知识经验水平的角度考虑，选择最适合对方知识经验的语言、文字及表达风格，从而增强沟通效果。

习俗障碍是指文化背景不同，风俗习惯不同，可能造成的沟通误会与阻塞。了解对方的文化礼仪和特殊的审美要求及待人礼节，有助于人际关系的沟通和谐。

（三）观念障碍

封闭保守的观念是阻碍沟通的"第一杀手"。长期自给自足的传统小农经济使很多人不习惯社会联系，不需要分工协作，所以与别人"鸡犬之声相闻，老死不相往来"，把自己封闭了起来。僵化守旧的观念是进行沟通的第二大阻碍。所谓僵化是把已有的认识和过去的经验固定化，认为它们不可更改，不可逾越，于是唯传统、唯经典、唯权威。第三个阻碍沟通的观念是极端化、绝对化的观念。以这种观念看问题必然导致片面简单，自以为是，否定其他，听不进不同意见，因此不愿与别人沟通，也无法与别人沟通。

（四）心理障碍

人际沟通与机器之间的沟通不同，因为双方都是有思想、有感情、有心理活动的个体，如果他们的心理活动产生了一定的障碍，必然会影响沟通的效果。认识偏差、情绪失控、态度不妥，如对人有成见、胆怯、急躁、固执、蛮横等都是不利于沟通的心理障碍。同时，每个人在组织中的地位不同，也容易造成心理上的差异，形成心理隔阂，而不愿或不能进行有效的沟通。如在上级与部属的谈话中，如果这个上级平时比较严厉，而下属又比较内向，可能会出现下属虽然在认真听上级讲话，但由于心情紧张，信息接收率大打折扣的现象。

（五）角色障碍

在沟通中对自己的社会角色扮演不当，对对方的社会角色把握不准，也容易造成沟通的阻塞。理解角色的差异，就要逾越横亘在这些角色之间的鸿沟：① 代沟。比如，年轻人看问题注重横比，中年人看问题喜欢纵比，当他们评价现在水平时，年长的人感到很满意，青年人则觉得不满足，于是会发生争执、冲突。② 位沟。由于在组织中不同地位的人拥有不同的权力，这就使得组织中的人们在信息传递过程中经常首先关注的是信息的来源，即"是谁讲的"，其次才是信息内容。这种等级观念的影响会造成信息传递的失误。③ 行沟。"隔行如隔山"。不同职业熏陶的不同角色对同一问题会有不同看法。④ 性沟。男女性别导致的角色差别。

（六）渠道障碍

信息沟通是在一定的信息传递渠道中进行的，倘若信息渠道不畅通，必然会影响沟通的效果。在企业管理中，信息渠道不畅通主要表现在两个方面：一是组织结构不合理。如果机构庞大，层次过多，人浮于事，信息经过层层传递，必然要造成流失。一般来说，信息从基层向高层传递，细节容易被抽象掉，比较概括；而信息从上而下传递时，则逐步添加更多的细节。所以，一个合理的组织结构应该成为信息畅通的保障。二是缺乏反馈。信息的沟通应是双向的，在一些企业中，由上至下的信息传递通道是畅通的，但由下至上的上行沟通渠道形同虚设，高层领导往往不注意来自基层的信息反馈，没有形成闭路循环的沟通渠道，信息沟通的效率自然很低。所以只有结构合理、功能良好的组织系统才能促进信息沟通。

（七）时机障碍

有些沟通产生障碍，是由于沟通时机不当造成的。沟通时机包含沟通的时间、空间两个方面。在时间方面，如果接收者由于某种原因心情不好或正在从事某项重要而又急需完成的工作时信息一般不容易引起他的注意，这时与他沟通效果会很差。如某员工家中有人得了急病，上司这时向他交代什么，他可能会点头称是，但他到底记住了多少还要打一个大问号。在空间方面，选择沟通的场所不当，沟通的效果也会有很大的不同。对一个很要面子的下属来讲，上司当着大家的面批评他并限期改正错误与私下与他交谈、指出他的缺点的效果是截然不同的。

二、克服信息沟通障碍的对策

对于以上种种沟通障碍，管理者可以从以下 3 个方面采取相应的对策。

(一) 做好信息沟通的基础管理

1. 信息收集

信息收集是进行信息沟通的前提,也是进行管理决策的前提。在收集信息时,应注意以下问题:

(1) 在管理中,要收集到及时、有用的信息的关键在于组织成员的素质。因此,要提高信息沟通的水平,首先要提高组织成员在政治、知识和能力方面的水平,建立一支反应灵敏的信息队伍。

(2) 信息收集工作要求信息来源真实可靠,原始记录准确无误,信息必须是完整的。在信息收集过程中,常常会遇到报喜易、报忧难的情况。因此,对信息收集工作进行控制的关键是如实、完整的报告。

(3) 在收集信息时,要开辟尽可能多的渠道,力求使所收集的信息完整齐备。同时,在疏通这些渠道时,又要求树立全面观念、政策观念、时效观念和求实观念。

2. 信息的加工处理

对收到的信息进行加工处理也是对信息沟通进行基础管理的一个重要环节,只有通过加工处理过的信息才能进行传递。

(1) 信息的加工处理必须遵循准确、及时、系统和对实际工作具有指导意义的要求。

(2) 在对信息进行加工处理时,要依据其来源及时效的不同方式归口处理,以提高工作效率。

(3) 对信息加工处理的反馈。这是确保信息准确性的可靠途径。这种反馈是双向的,即下级主管部门经常给上级领导提供信息;同时,接收上级领导的信息查询,上级领导也要经常向下级提供信息,同时对下级提供的信息进行反馈,从而形成一种信息环流。

3. 信息传递

信息的生命在于传递,所以,要有效地控制信息沟通,必须努力做好信息传递工作。

(1) 信息传递要贯彻"多、快、好、省"的原则,这是一般要求。在信息传递中,这几方面互相联系,互相制约,要加强协调控制。

(2) 传递信息要区分不同的对象,选择信息传递的目标,确保信息的效用。同时,在提高信息传递的针对性时,注意信息的适用范围,考虑到信息的保密度。

(3) 要适当控制信息传递的数量。但要注意防止出现信息过分保密和随意扩散的倾向。

(4) 要控制越级传递和非正式渠道的信息传递,尽可能使之成为对层层传递和正式沟通渠道的补充,共同完成组织目标。

(二) 正确掌握信息沟通的原则

1. 准确性原则

当信息沟通所用的语言和传递方式能被接收者所理解时,这才是准确的信息,这个沟通才有价值。沟通的目的是让信息接收者准确理解发送者所发出的信息，这看起来似乎很简单，但在实际工作中，常出现接收者对发送者非常严谨的信息缺乏足够的了解。信息发送者的责任是将信息加以综合，用容易理解的方式表达出来。这要求发送者有较高的语言或文字表达能力，并熟悉下级、同级和上级所用的语言，这样才能克服沟通过程中的各种障碍。

2. 完整性原则

完整性原则的一个特别需要注意的地方，即信息的完整性很大程度上取决于主管人员对下级工作的支持。主管人员位于信息交流的中心，利用他们的中心职位和权力，应起到这个中心的作用。但有的上级主管人员忽视了这一点，往往越过下级主管人员而直接向有关人员发指示，下命令，使下级主管人员处于尴尬境地，并且违反了统一指挥的原则。如果确实需要这样做，则上级主管应事先同下级主管进行沟通。

3. 及时性原则

在沟通过程中，不论是主管人员下行沟通信息，还是下级人员的上行沟通信息，以及横向沟通信息，都应遵循及时性原则。这样可以使组织制定的政策、组织目标、人员配备等情况尽快得到下级主管人员或员工的理解和支持，同时可以使主管人员及时掌握其下属的思想、情感和态度，从而提高管理水平。

4. 策略性运用非正式组织原则

这一原则的性质就是只有当主管人员使用非正式的组织来补充正式组织的信息沟通时，才会产生最佳的沟通效果。在正式组织之外，应鼓励非正式组织传达并接收信息，以辅助正式组织做好组织的协调工作，为共同达到组织目标作出努力。一般说来非正式渠道的消息，对完成组织目标也有不利的一面。但是小道消息盛行，即反映了正式渠道的不畅通，因而加强和疏通正式渠道，在不违背组织原则的前提下，尽可能通过各种渠道把信息传递给员工，是防止那些不利于或有碍于组织目标实现的小道消息传播的有效措施。

（三）灵活运用信息沟通技巧

1. 积极倾听

要沟通首先要学会听，会听才能从交流中获得真正的信息。

（1）留心说话者词语的选择和运用，从中获取对方所要传送的意义。

（2）留心说话者的姿势、表情、与你的距离等非语言沟通途径，从中了解对方的心理状态。

（3）不仅被动地听，而且要主动地答、主动地问、主动地说，积极参与。

（4）与说话者进行目光接触，表示自己在耐心地、有兴趣地、聚精会神地倾听。

（5）对重要的内容做些简单的记录，让说话者感到受重视。

（6）注重对方讲话的内容，也包括他讲话时的语音、语调、语速等外在的东西。

（7）及时归纳、概括讲话者所讲的要点，重复说出，并在听的过程中给对方的讲话以补充、佐证或纠正。

(8) 预测讲话者后面要讲的内容,及时给予反应。

2. 提高表达能力

与人沟通的另一个方面是表达自我。

(1) 谈话由寻找双方的共同点开始,不应该开门见山地摆出分歧。

(2) 创造一个令人舒适、充满友好气氛的交谈环境,抑制自己的情绪,也尽量消除对方的对立情绪,使其心平气和。

(3) 学会设身处地的考虑问题,站在对方的角度上提出问题。

(4) 善于通过提问来诱导对方说"是",诱导对方承认你的观点。

(5) 情真意切最能感动人、说服人。

(6) 针对不同对象采取不同的语言。

(7) 明确信息,简化语言,注意非语言提示。

3. 运用反馈

很多沟通问题是直接由于误解或不准确造成的。如果管理者在沟通过程中使用反馈回路,则会减少这些问题的发生。这里的反馈可以是言语的,也可以是非言语的。

当管理者问接收者:"你明白我的话了吗?"所得到的答复代表着反馈。但反馈不仅仅包括是或否的回答。为了核实信息是否按原有意图被接收,管理者可以询问有关该信息的一系列问题。但最好的办法是,让接收者用自己的话复述信息。如果管理者听到的复述正如本意,则可增强理解与精确性。反馈还包括比直接提问和对信息进行概括更精细的方法。综合评论可以使管理者了解接收者对信息的反应。另外,绩效评估、薪金核查以及晋升都是反馈的重要形式。

当然,反馈不必一定以言语的方式表达,行动比言语更为明确。比如,销售主管要求所有下属必须整理好上月的销售报告,当有人未能按期上交此报告时,管理者就得到了反馈。这一反馈表明销售主管对自己的指令应该阐述得更清楚。同理,当你面对一群人演讲时,你总在观察他们的眼睛及其他非言语线索以了解他们是否在接收你的信息。

第四节 管理信息系统

一、信息概述

(一) 信息的概念

信息作为一种科学的概念,已被人们系统的理解和广泛运用,最初是由美国信息论的奠基人仙农(C. E. Shannon)于 1948 年在他的《通讯的数学理论》一文中抽象出来,仙农认为“信息是用来消除不确定的东西”。控制论的创始人维纳(N. Winner)也对信息提出了自己的看法,他认为“信息就是信息,不是物质也不是能量”。

如今,在日常生活中人们可以从报纸、杂志、电视广播、商业广告、互联网络等各个方面获取信息。企业的管理者可以通过与企业内部和外部人员的交往,或从文件、报告和各种业务报表中获取信息。因此,信息是客观存在的事物,是客观事物运动和发展的一种反映。可以认为,信息是客观事物的特征通过一定物质载体(如文字、图像等)形式的反映。

在实际生活与工作中,人们往往将数据和信息两个术语当做意义相同的词来用,如数据处理或信息处理等。然而,数据是对客观现象的表达,是信息的载体,本身并没有意义。

(二) 信息的分类

信息分为两类:自然信息和社会信息。

1. 自然信息

自然信息是指自然界中客观存在的各种生物信息和非生命物质的物理信息。自然界中各种生物接受信息的目的在于适应环境的变化,以求生存。

2. 社会信息

社会信息是人类在社会实践中,为生存、生产和社会发展而产生、处理和利用的信息。人类对各种社会信息的利用已不再是简单的适应,而是通过对各种信息的加工处理,进行创造性的工作,以达到改造环境,使环境更适于人类生存和发展的目的。

(三) 信息的基本特征

1. 客观性

信息是事物在现实世界中存在和变化的客观反映。客观性是真实性,是信息价值性的保证。只有真实反映事物本来面貌的信息才具有使用价值,虚假的信息不仅不具备使用价值,甚至造成决策的失误。

2. 价值性

信息能够满足人们生产、生活、学习等各方面的需要,具有使用价值。信息虽然不是物质产品,但当它物化在信息载体上时就成为一种资源。在当今的信息化社会时代,信息作为一种资源,与原材料、能源一样是不可缺少的,甚至是至关重要的。应当说,不重视信息的价值,人们就无法在社会实践中得以生存和发展,企业就无法在市场竞争中掌握主动权。

3. 等级性

信息的等级性是与管理的等级相适应的。管理分为不同的等级,不同的管理部门对信息的需求也分为不同的等级。根据管理层次,信息可分为战略级、策略级和执行级。不同级别的信息,其来源、生命周期、加工方法、使用频率和保密程度都是不同的。

4. 可共享性

信息与实物不同，信息可以传输给多个用户，为用户共享，而其本身并无损失，这为信息的开发应用提供可能性。

5. 可传输性

人类自觉利用各种传输手段向外传输。信息传输的快慢直接影响信息的使用价值。随着技术革命的不断发展，信息传输的技术也在飞速提高。语言、表情、动作、报刊、书籍、广播、电视、电话等是人类常用的信息传输方式。

6. 可再生性

信息是有寿命的，随着时间的推移，信息的使用价值会逐渐减少甚至完全消失。但是信息经过处理后，可以以其他形式再生。如自然信息经过人工处理后，可用语言或图形等方式再生成信息。输入计算机的各种数据文字等信息，可用显示、打印、绘图等方式再生成信息。

二、企业信息

（一）企业与信息

有效地利用信息可以改变企业的目标、经营、产品、服务或相关环境，从而提高企业的竞争力。企业在利用信息改变企业的生产、服务和内部运作方式的同时改变着企业本身，促使企业形成新的模式。

（二）企业信息处理

企业信息处理是对信息收集、传输、加工、存储、维护到使用的一个过程，这个过程构成了信息资源的生命周期，它是企业信息管理的核心内容。

1. 信息的收集

企业信息的收集，就是按照一定的要求，采取一定的方法，把分散在各种信息源中的对企业经营管理活动有用的信息收集起来，即收集原始资料和数据。它是企业信息处理的起点和基础工作。将企业内外部的各种信息经过识别后加以汇集和整理，以便进一步加工和利用。因此，企业信息的收集应符合以下要求：

（1）必要的信息。

（2）在需要时能够得到的信息。

（3）必要数量的信息。

（4）可靠的信息。

信息收集的内容非常广泛，来源分散多样，只有采取多种方法才能及时收集到所需要的各种信息。信息收集方法和途径有多种，大致有：

（1）查询法。查询反映企业生产经营活动过程现状的原始记录，以及到有关的资料存储部门去查询企业所需信息。

(2) 购买法。到信息经营部门有偿购买或采购各类报纸杂志、专利文献等,取得本企业需要的信息。

(3) 询问法。通过口头或书面的形式向被询问者了解需要的信息。

(4) 观察法。通过到现场直接观察,了解情况,通过日常的各种广告、观察人们的举止言行等,得到所需要的信息。

(5) 采集法。通过专职、兼职信息员,利用他们的工作环境、工作特点向企业通报需要的信息。

(6) 调查预测法。通过参观访问、实地考察、市场调查、市场预测等技术方法取得有关信息。

企业应根据自身生产经营所需信息的特点,灵活地选择本企业收集信息的方法。

2. 信息的传输

信息的传输是指信息收集者以某种方式把加工整理后的信息传递给接收者和使用者。信息传输模式来自于通讯理论中的仙农模型,如图 11-4 所示。

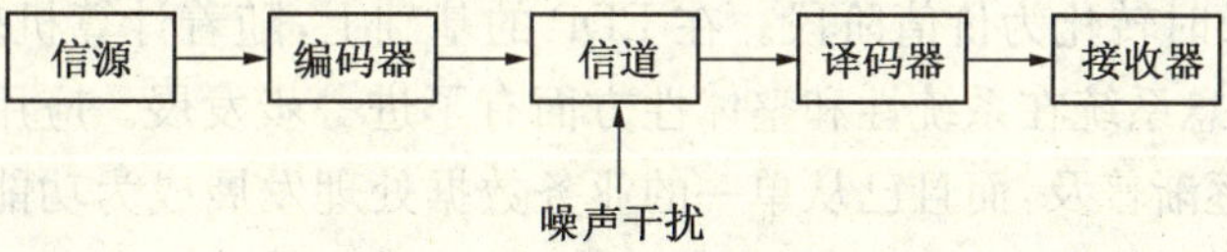

图 11-4　仙农通讯模型示意图

信息的传输过程是从信息源发出信息由发送器的编码器进行编码,变为可传输的信号,通过信道发送出去。

3. 信息的加工

数据或信息需要经过加工才能成为企业所需要的信息。信息加工一般要经过以下几个步骤:

(1) 分类。将杂乱无章的原始信息按主题分门别类,排列成序。

(2) 检核。把已经收集到的大量信息进行过滤,除去与企业无关的信息,并确定所检核出信息的置信度、信息来源的可靠性、数据的准确性和有效性等因素,以保证信息的真实、准确、可靠和完整。

(3) 综合分析。通过比较、计算、分析,把输入的信息进一步加工整理,以便向企业管理人员提供有用的信息。

(4) 统计推断。应用数学模型对信息进行统计和推断,得到决策信息。这里的数据模型包括预测模型、决策模型和模拟模型等。

4. 信息的存储

信息的存储是指将信息存放在某种信息载体上以备后用。信息存储有助于对企业经济情况做全面的动态分析研究。信息存储的载体主要有书刊、声像存储器和计算机存储器。

5. 信息的维护

信息维护是保证信息的准确、及时、安全和保密。保证信息的准确性，一要保证数据是最新的状态；二要使数据在合理的误差范围内。保证信息的及时性就是能及时地提供各种所需信息。保证信息的安全性要采取安全措施，防止信息受到破坏，万一被破坏也能容易恢复。信息的保密性是要采用各种先进技术和防范措施，防止信息被盗。

6. 信息的使用

信息的使用就是如何将信息转化为价值。信息转化为价值是概念上的深化，可分为3个阶段：

(1) 提高工作效率阶段。这一阶段管理信息系统主要以单项事物处理为主，如工资核算、物资管理等。由于处理效率不高，主要是减轻工作强度。这一时期的系统可以归纳为计算机数据处理或电子数据处理(Electric Date Processing，简称EDP)阶段。

(2) 信息及时转化为价值阶段。在EDP的基础上，随着计算机软件、硬件技术的进步，管理信息系统在系统性和整体性方面有了进一步发展。应用于管理业务的信息系统不仅逐渐普及，而且已从单一的业务数据处理发展成为功能比较完善的综合性管理信息系统阶段。

(3) 获取决策信息阶段。这一阶段已将数据处理与经济模型结合起来，对信息加以综合分析，寻求对管理者有价值的决策支持信息。这个阶段是决策支持系统、是专家系统等新技术在管理系统决策问题中的应用阶段。

三、企业管理信息系统

(一) 企业信息系统的概念

企业管理信息系统作为现代企业管理活动中不可缺少的重要组成部分，是企业信息管理现代化的重要标志。

管理信息系统(Management Information Systems，MIS)的概念起源很早。早在20世纪30年代，柏纳德就著书强调决策在组织管理中的作用。50年代，西蒙提出了管理依赖于信息和决策的概念。同时代，维纳发表了控制论与管理，他把管理过程当成一个控制过程。50年代计算机已用于会计工作，1958年盖尔写道"管理将以较低的成本得到及时准确的信息，做到较好的控制"，这时"数据处理"一词已经出现。20世纪70年代以来，关于管理信息系统的定义就有很多，但各种定义基本上都强调了信息系统是利用电子计算机技术进行信息处理，并具有预测和辅助企业进行决策的功能。因此，可以认为企业信息系统是运用系统理论和方法，以电子计算机和现代通讯技术为信息处理手段和传输工具，能为企业管理决策提供信息服务的人机交互系统。

（二）企业管理信息系统的基本功能

企业信息系统是由人和计算机等组成的能进行信息的收集、传输、存储、加工、维护和利用的系统。利用管理信息系统能够掌握企业的各种运行情况，并能利用历史数据来预测未来，从企业全局出发辅助决策者进行战略决策，还可以利用系统提供的信息控制企业的行为，使企业实现其规划目标，在竞争中掌握主动权。

具体来说，管理信息系统具有以下基本功能：

(1) 数据处理功能。包括数据收集和输入、数据传输、数据存储、数据加工处理和输出。它准备和提供统一格式的信息，使各种统计工作简化，使信息成本最低。

(2) 预测功能。运用现代数学方法、统计方法或模拟方法，根据过去的数据预测未来情况。

(3) 计划功能。根据企业提供的约束条件，合理地安排各职能部门的计划，按照不同的管理层，提供相应的计划报告。

(4) 控制功能。根据各职能部门提供的数据，对计划的执行情况进行监测、检查，比较执行与计划的差异，分析产生差异的原因，辅助管理人员及时以各种方法加以控制。

(5) 辅助决策功能。采用各种数学模型和所存储在计算机中的大量数据，及时推导出有关问题的最优解或满意解，辅助各级管理人员进行决策，以期合理利用人、财、物和信息资源，取得较大的经济效益。

系统的观点、数学的方法和计算机的应用是管理信息系统的三要素，事实上，这三点也同样是管理现代化的重要标志。

（三）企业信息系统的新发展

随着计算机技术的发展，计算机的应用逐渐由科学计算发展到过程控制。同时，伴随着人类社会日益走向信息化，企业信息管理进入了新的发展时期，企业信息系统的设计与开发已逐步采用更高层次的决策支持系统与专家系统等新技术。

1. 决策支持系统

随着信息技术应用的深入，信息系统已不仅仅支持信息的处理，而且向上发展，支持管理者的决策。要支持决策就要有分析能力和模型能力，决策支持系统(Decision Support System，简称 DDS)是在管理信息系统的基础上发展起来的新型管理信息技术。

DDS 是利用计算机分析和模型能力对管理决策进行支持的系统。用户可以针对管理决策的问题，建立一个模型以考查一些变量的变化对决策结果的影响。

随后 DSS 有了新的发展，主要有主管支持系统(Executive Support Systems，简称 ESS)和群体决策支持系统(Group Decision Support Systems，简称 GDSS)。

如今，DSS 正朝着智能化方向发展，出现了智能决策支持系统(Intelligent Decision Support Systems，IDSS)，主要是在原有 DSS 上加进知识库和逻辑推理能力。更高的智能应具有学习的能力，尤其是基于案例的学习得到了更多的关注。

2. 专家系统

专家系统的任务是解决需要经验、专门知识和缺乏结构的问题的计算机应用系统，它是人工智能发展的一个重要分支。

专家系统是一种解决需要经验、专门知识和非结构化的问题的计算机应用系统。应用专家系统，可以使无经验的人在解决问题中达到有经验的专业人员的水平。

3. 计算机集成制造系统

计算机集成制造系统(Computer Integrated Manufacturing System，CIMS)是一个综合性的多学科的领域，是在信息技术、柔性制造技术、自动化技术和现代管理科学的基础上，将生产经营中的各个方面，通过新的生产管理模式、工程技术和计算机网络有机地结合起来，成为一个高度自动化的集成制造系统。目的在于适应多变的市场要求，使产品从设计到加工和管理的工作量大大降低，缩短产品生产周期。

4. 电子商务

电子商务(Electronic Commerce，EC)是利用计算机技术、网络技术和远程通信技术，实现整个商务买卖过程中的电子化、数字化和网络化。人们不再面对面看着实实在在的货物、靠纸介质单据(包括现金)进行买卖交易。

美国 Dell 公司利用互联网在资金周转速度快、节省产品销售费用、降低库存等方面获得了无与伦比的竞争优势，在短短几年内就成长为 IT 产业的巨人，而这一切都归功于电子商务。

电子商务对企业来说真正体现了平等竞争、高效率、低成本、高质量的优势，能让企业在激烈的市场竞争中把握商机，脱颖而出。

本章小结

(1) 所谓信息沟通，是指信息的发送者通过多种渠道把信息传递给接收者，并使接收者接受和理解所传递的信息的过程。沟通是信息的传递与理解。信息沟通对有效的组织管理具有以下重要作用：信息沟通是科学管理的基础；信息沟通是组织成员参与管理的重要形式；信息沟通有助于领导与职工协调配合；信息沟通能改善人际关系；信息沟通能使组织与其外部环境建立良好的协作关系。

(2) 沟通的条件：信息发送者和信息接收者；信息内容；传递信息的渠道或方法。而要进行有效的沟通，则还要求满足以下条件：发送者发出的信息应完整、准确；接收者能接收到完整的信息并能够正确理解这一信息；接收者愿意以恰当的形式按传递过来的信息采取行动。

(3) 信息沟通的过程：信息的发送者把某种意图通过一定形式转变成信息接收者所能理解的信息(如语言、文字、手势、表情等)；信息发送者通过一定的沟通渠道(如电话、文书、电报、网络等)，将信息传递给信息的接收者；信息接收者对所接收的信息进行加工、分析、接受和理解；信息接收者把所理解的信息反馈给信息发送者，以便确认其所接收的信息是否正确。有时信息沟通没有经过反馈这一阶段。

(4) 信息沟通方式指的是信息传递的形式，即用什么信息媒介把所要表达的信息内容传递出去并使接收者理解。采用不同的信息媒介就形成了不同的沟通方式。其中最常见的有口头沟通、书面沟通、非语言沟通、电子媒体等。

(5) 正式沟通与非正式沟通客观存在于组织机构中，有效的企业管理应以正式沟通为主，但不能忽略非正式沟通的作用。在必要时可以通过非正式沟通来达到提高管理效果的目的。

(6) 正式沟通模式有链式、轮式、圈式、全通道式、Y式5种；非正式沟通模式有单向型、闲谈型、偶然型和集束型4种。

(7) 从障碍产生的原因来看，沟通障碍主要有语言障碍、知识及习俗障碍、心理障碍、观念障碍、角色障碍、渠道障碍、时机障碍七大障碍。

(8) 克服信息沟通障碍的对策有：做好信息沟通的基础管理；正确掌握信息沟通的原则；灵活运用信息沟通技巧。

(9) 信息及企业信息概述：信息是客观事物的特征通过一定物质载体(如文字、图像等)形式的反映；信息可分为自然信息和社会信息，具有客观性、价值性、等级性、可传输性、可共享性及可再生性等基本特征；企业信息处理包括信息收集、传输、加工、存储、维护和使用几个环节。

(10) 管理信息系统概述：企业信息系统是运用系统理论和方法，以电子计算机和现代通讯技术为信息处理手段和传输工具，能为企业管理决策提供信息服务的人机交互系统。管理信息系统基本功能主要包括数据处理功能、计划功能、控制功能、预测功能和辅助决策功能。

(11) 管理信息系统的新发展：信息新技术包括决策支持系统、专家系统、计算机集成制造系统以及电子商务等。

课堂案例讨论

如何准确有效地表达信息

迈克是一家食品加工厂包装车间的管理人员，玛丽是车间里贴标签的工人。玛丽刚犯了一个严重错误，包装流水线上的产品换了，却没有换上相应的标签，迈克找玛丽谈话。

迈克：你怎么可能让这种事发生？我早就跟你说了，而且要你特别当心。

玛丽：当时我以为要换流水线上的产品，我会从打包工那里得到这个信息，可他什么也没对我说。

迈克：这不是我当时的意见，我说"打包考"，指的是打包机，当产品换线时，它们红灯就亮了。

玛丽：我想我大概误解了你的意思。不管怎么说，那天你跟我说这件事时，我为母亲生病急得要命，她正在医院里开刀，我真没想到，贴标签会惹下那么大的麻烦。

分析讨论

1. 迈克传达给玛丽的信息不清楚是因什么情况引起的?

2. 迈克当时应怎样做,才能保证信息准确到位?

从企业管理软件的发展演变中获利

——记北京第一机床厂实施管理信息系统的历程

信息技术及其产业的高速发展,为制造业实现跨越式发展提供了前提条件和机遇,运用现代信息技术武装我国的制造业成为一项极为重要的任务。企业家已逐渐将企业竞争焦点从硬件资源(制造技术、装备)转向软件资源(信息、策略)。信息作为生产要素的作用日益明显地表现出来,产品创新离不开CAD,快速应变市场离不开ERP,企业信息化建设已成为振兴企业的重要内容。北京第一机床厂就是一个利用信息技术的发展而从中获利的最好的例子。

国内企业中微机应用已经相当普及,但是多数应用是人工管理的翻版,多为台账和统计系统,被称为电算化,它能够提高部门管理工作的效率,但对提高企业经营效益帮助不大。好的管理软件要以先进的管理思想为指导,以先进的管理模式为依据,提供给企业一个改进管理的解决方案;管理的对象与目标也要逐步改变,例如从账务管理提高到实现理财的管理会计;从业务层管理提高到战略决策型管理;从面向事务处理到面向智能的优化管理。纵观国外企业管理信息系统的发展,可用图 11-5 描述。

北京第一机床厂是我国机械制造骨干企业,早在1989年就从国外引进MRP Ⅱ软件包,1990年开始实施计算机集成制造系统(CIMS),用信息技术全面支持企业的设计、管理和制造。北京第一机床厂利用计算机辅助管理已有20年的历史了,20年来应用目标与内容经历了3个阶段,下一阶段面临企业重构,应用范围还将实现跨地区、跨企业的资源优化管理。

实施阶段可用表 11-2 描述。

表 11-2

阶　段	时　间	实施内容	目标与效果
第一阶段	1978—1990	计算机单项管理	部门台账、统计电算化 提高部门工作效率
第二阶段	1991—1997	闭环 MRP	以生产优化为目标 在确保产品交货期前提下降低库存
第三阶段	1998—2000	MRP Ⅱ	以经营优化为目标 物流/资金流集成,搞好资金运作
下一阶段	2000 年以后	ERP/DEM	以企业结构优化为目标 跨企业资源优化,实现敏捷制造

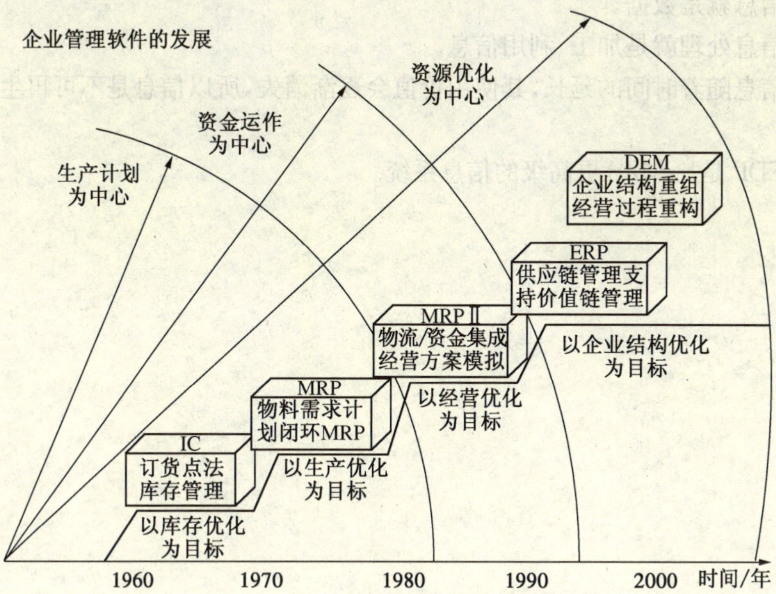

图 11-5

分析讨论

结合北京第一机床厂，谈谈我国企业信息化的现状。

✍ 本章自测题

一、名词解释

1. 信息沟通
2. 沟通方式
3. 沟通渠道
4. 信息
5. 管理信息系统

二、简答题

1. 有效沟通的条件。
2. 信息沟通的过程和要素。
3. 正式沟通渠道的模式。
4. 克服信息沟通障碍的对策。
5. 管理信息系统的基本功能。
6. 管理信息系统的发展趋势。

三、判断题

1. 信息沟通就是沟通双方达成的协议或共识。 (　　)
2. 沟通实际上就是一个信息单向交流的过程。 (　　)

3. 信息就是数据。 ( )

4. 信息处理就是加工、利用信息。 ( )

5. 信息随着时间的延长,其使用价值会逐渐消失,所以信息是不可再生的。 ( )

6. EDP 是比 MZS 更高级的信息系统。 ( )

第十二章 协调与冲突管理

学习目的与要求

协调是法约尔提出的5项管理职能即计划、组织、指挥、协调和控制职能之一。协调能力也应是管理者必须掌握的最重要的能力之一。协调的功能就是通过正确处理组织内外各种关系,为组织发展创造良好的内部条件和外部环境,从而促进组织目标的实现。组织内经常因目标不一致而出现矛盾、问题和冲突,这就需要管理者通过协调加以解决。本章在介绍协调的基本理论包括协调的含义、作用和原则的基础上,主要阐述企业内外几种重要关系的协调办法,对组织内部的冲突类型、冲突的二重性及冲突管理的对策也进行了概要的介绍。本章的学习目的与要求是:

(1) 掌握协调的含义、原则。

(2) 了解协调的内容、冲突的分类。

(3) 理解冲突的二重性。

(4) 掌握冲突管理的对策。

本章框架结构图

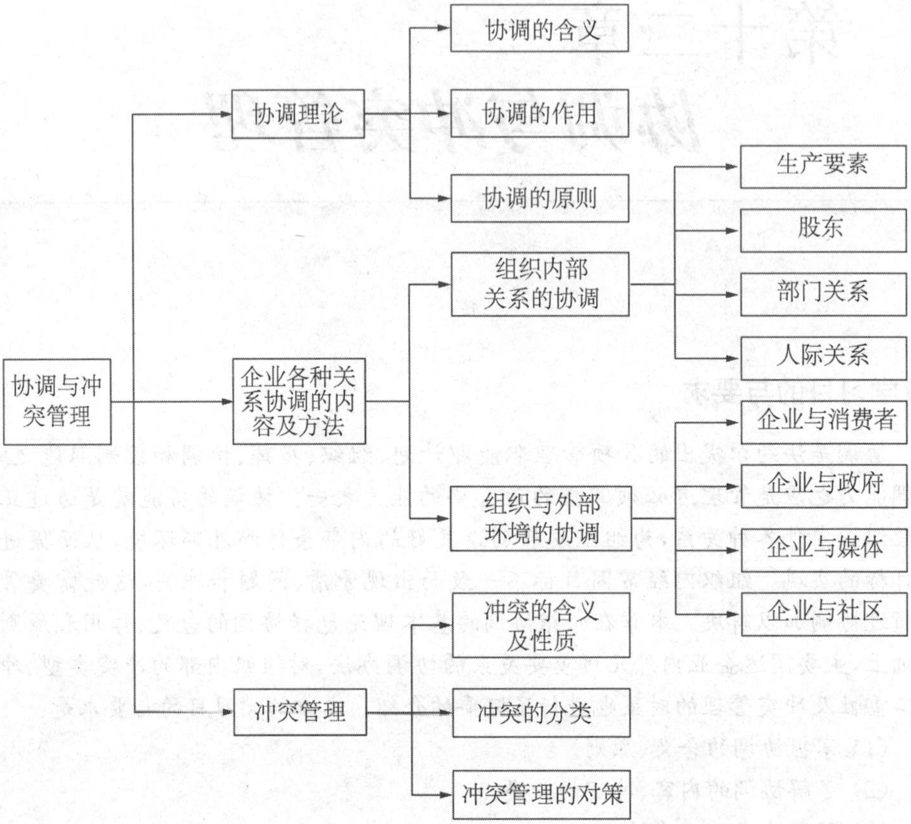

第一节 协调的基本理论

一、协调的含义及作用

（一）协调的含义

法约尔认为，协调是指企业的一切工作都能和谐地配合，以便企业的经营活动顺利进行，并有利于企业取得成功。它要求企业各部门、部门内各成员都要对自己在完成企业共同目标方面必须承担的工作和应相互提供的协助有准确的认识；同时，必须反对各自为政、互不通气和不顾企业整体利益的行为。

像企业这样的组织，是由人、财、物、技术、信息等要素共同构成的。企业要顺利运转，必须根据企业经营目标，对各生产要素进行统筹安排和全面调度，使各要素间能够均衡配置，各环节相互衔接、相互促进。这里的统筹安排和全面调度就是协调，它需要管理者的管理行为来执行。其实，这种协调就是理顺组织内部的各种关系，如部门间的关系、员工之间的关系、上下级间的关系等。同时，企业是开放的系统，在其运转过程中，必然会与外部环境发生多种关系，如企业与政府之间的关系、与消费者的关系、与新闻界的关系等。这些关系处理是否得当，也会影响企业的正常运转。所以，管理者也必须正确处理这些关系，为企业正常运转创造良好的条件和环境。

总之，协调就是正确处理组织内外各种关系，为组织正常运转创造良好的条件和环境，促进组织目标的实现。因此，从一定意义上说，管理者的任务就是协调关系。协调如同"润滑剂"，是组织凝聚力的源泉之一。

（二）协调的作用

协调的作用主要表现在以下方面：

(1) 使个人目标与组织目标一致，促进组织目标的实现。若个人目标与组织目标相一致，人们的行为就会趋向统一，组织目标就容易得到实现。但是我们知道，人们加入组织是为了满足个人的某些需要，如生存的需要、安全的需要、尊重的需要等，这使得个人目标往往与组织目标不能完全一致。管理者可以通过协调工作，使个人目标与组织目标相辅相成，从而促进组织目标的实现。

(2) 解决冲突，促进协作。人与人之间、人与组织之间、组织与组织之间的矛盾、冲突是不可避免的，并且这种矛盾和冲突如果积累下去就会由缓和变为激烈、由一般形式发展到极端形式。如果这样下去，轻则干扰组织目标的实现，重则会使组织崩溃、瓦解。所以，管理者必须通过协调，很好地处理和利用冲突，发挥冲突的积极作用，并使部门之间、人与人之间能够相互协作、很好地配合。

(3) 提高组织效率。协调使组织各部门、各成员都能对自己在完成组织总目标中所需承担的角色、职责以及应提供的配合有明确的认识，组织内所有力量都集中到实现组织目标的轨道上来，各个环节紧密衔接，各项活动和谐地进行，而各自为政、相互扯皮、不顾组织整体利益的现象则会大大减少，从而极大地提高了组织的效率。

二、协调的原则

(1) 目标一致原则。协调的目的是使组织成员充分理解组织的目标和任务，并使个人目标(或群体目标)与组织目标相一致，从而促进组织总目标的实现，所以管理者的协调工作必须围绕组织总目标进行。从这个意义上讲，目标管理(MBO)是实现组织分工、协作的有效工具。

(2) 效率原则。协调的目的不是掩盖、抹杀问题，也不是"和稀泥"，而是通过发现问题、解决问题，使部门之间、个体与个体之间更好地分工、合作，每个人都能满腔热忱、信心十足地去工作，从而提高组织效率。

(3) 责任明确原则。明确责任是协调的基本手段。明确责任就是规定各部门、各岗位在完成组织总目标方面所应承担的工作任务和职责范围。除了要明确自己的职责范围,还要明确互相协作的责任,提倡部门间、同事间发扬主动支援、积极配合的精神,反对各自为政、相互扯皮的恶劣作风。

(4) 加强沟通原则。沟通是协调的杠杆,组织内部以及组织与外部环境之间的信息沟通越有效,彼此间的理解、支持就越容易建立,发生误会、摩擦、扯皮的可能性就越小,而组织的协调性就越强;反之,沟通效果越差,组织协调性也越低。所以,管理者在其工作中,要掌握有效的沟通技能,合理选择信息沟通渠道,积极排除沟通障碍,充分发挥信息沟通在协调中的积极作用。

第二节　企业内外几种主要关系的协调及方法

像企业这样的由多要素组成的、开放的组织,在其生存和发展过程中,需要协调的关系很多也很复杂,但它们大体上可以分为两部分:一部分是企业内部关系,如企业与股东的关系、产供销间的关系、上下级间的关系、生产技术准备与生产任务间的关系等;另一部分是企业与外部环境间的关系,如企业与消费者的关系、与政府部门的关系、与供应商的关系等。通过对组织内部关系的协调,可以使组织内部各种力量都统一到为实现组织目标而努力的轨道上来;通过与外部关系的协调,可以为组织发展创造良好的外部环境。

一、组织内部关系的协调

(一) 对各生产要素的协调

组织要顺利地运转,必须根据组织总目标的要求,对组织各要素进行统筹安排和合理配置,并使各环节相互衔接、相互配合。在要素配置过程中,就产生了各种各样的关系,其中重要的方面有:产品销售与生产能力的关系、生产任务与原材料供应的关系、生产任务与生产技术准备的关系、资金需求与资金筹措间的关系等。

对生产要素进行协调的主要工具是计划和规章制度。在企业发展中,要编制的计划主要有企业发展总体规划、销售计划、生产计划、供应计划、生产技术准备计划、财务计划、人力资源计划等。在编制计划时,要注意3点:一是加强信息传递、沟通,使计划工作有充分、准确的依据;二是学会使用滚动式计划法,这种方法能够灵活地适应环境变化;三是实施目标管理,建立组织目标体系,并把目标的完成情况作为部门和个人绩效考评的依据。

(二) 对企业与股东关系的协调

企业与股东的关系,是重要的内部关系。在所有权和经营权相分离的现代企业制度下,股东出资形成了企业的原始经营资本,并交由专门的经营管理层来运营,所以没有股东也就没有企业。在企业经营过程中,如果股东都对企业失去信心而抛出手中的股票,企业价值将急剧下降并将被停业整顿。所以,良好的股东关系,是企业生存和发展的基础。

协调企业与股东关系的目的,是通过加强企业与股东间的信息沟通,取得现有股东和潜在投资者的了解、信任和支持,最大限度地扩大企业资金来源。在协调企业与股东关系时,应做好以下工作:

(1) 完善企业法人治理结构,在产权清晰和责权利统一的基础上,实现对企业控制权的合理配置,在企业所有者和经营管理者之间形成相互制衡的机制以及有效的激励和约束机制,以最大限度地提高企业运营效率。目前,我国企业在法人治理结构方面仍存在十分突出的问题,如政企不分和产权所有者缺位、缺乏对经营者有效的激励和约束机制、"内部人控制"等。针对这些问题,在今后的改革中必须做到以下几点:通过股权结构多元化,强化所有权对经营者的约束;进一步明确董事会的权利、责任和法律地位;推行经营者年薪制,完善对经营者的激励和约束机制;理顺新老三会之间的关系等。

(2) 企业,尤其是上市的公众公司,应按《公司法》、《证券法》的要求,规范自己的信息披露行为,为投资者提供充分、准确的投资信息,包括公司财务报告报表、资金使用情况、股利政策以及公司经营方案等。通过提供信息,加强与股东及社会公众的交流和沟通,促进了解和信任。

(三) 对部门之间关系的协调

企业内部各个部门是企业总目标一致基础上的分工协作关系,但是在运作过程中难免在资源分配、时间进度、任务安排的均衡性以及工作配合衔接等方面发生矛盾和问题,部门之间的关系主要靠规章制度和会议进行协调管理。

(1) 完善、科学的规章制度是协调工作能够顺利进行的基本保证。企业的规章制度主要由管理制度、工作制度或程序等组成。管理制度是为了规范组织内各种关系而制定的,它明确了各部门在完成企业目标中应承担的职责范围,以及应提供的配合,是协调工作的主要依据,如生产技术准备制度、原材料供应制度、质量管理制度、财务管理制度、考核制度等。工作制度或程序主要说明工作任务及要求、工作程序、责任范围等,是每个工作岗位行为的依据。

(2) 会议也是协调的重要方式。横向部门间可采用定期或不定期的会议方式,加强彼此间的联系、沟通,如联席会、调度会、信息发布会等。通过协调性会议,使横向部门间步调一致,进展平衡,相互衔接确保按期完成任务。

(四) 对组织内部人际关系的协调

组织内部的人际关系主要指的是正式途径以外的非正式关系,如同学关系、非正式群体关系、亲朋关系等。这些关系一般是自愿自发的人际关系,所以往往比正规的、自上而下(或自下而上)的沟通渠道更迅速、更有效、更富于弹性,并成为密切企业与员工感情、提高企业内聚力的重要途径。

协调组织内部人际关系的目的,是提高员工对组织的归属感、认同感和组织凝聚力,使所有员工团结一致,共同为实现组织目标而努力。协调组织内部人际关系应坚持以下原则:

(1) 相互尊重,平等待人。与人交往最重要的是要尊重对方,不管对方是你的上级,还是下级、同级,都应一视同仁,不能因对方级别低或专业知识少等原因而歧视对方,也不能因对方地位显赫就趋炎附势。相互尊重是进行有效沟通的基础,也是建立良好关系的前提。

(2) 互助互利。个体都是因某种个人需要而加入组织的,所以在协调组织内部人际关系时,要尽可能满足个体的一些需要,以此激发个体的工作热情,增强其对组织的归属感。

(3) 诚实守信。诚实守信是做人和处理人际关系时应坚持的基本原则。对人诚实,才能取得对方的信任;信守承诺,才能深入交往。

二、组织与外部环境的协调

(一) 企业与消费者关系的协调

市场经济下,企业与消费者的关系可以说是“唇齿相依”的关系。没有了消费者,企业就失去了生存的基础。建立和维护良好的企业与消费者关系,是企业发展中的头等大事。

协调企业与消费者关系的目的,是促进企业与消费者的有效沟通,在企业与消费者之间建立起相互了解、相互信任、相互依存的关系,并使企业及时、准确地掌握消费者需求变化趋势,为消费者提供有价值的产品或服务,在消费者心目中建立起良好的企业形象。

协调企业与消费者的关系,首先需要企业牢固树立消费者导向观念,在经营决策中充分考虑消费者需要,在经营管理中处处为消费者着想,只有这样才能赢得消费者的信任和支持。为协调好与消费者的关系,企业还需做好以下工作:

(1) 做好市场调查和市场预测,了解消费者需求变化趋势以及消费者对企业生产、经营、管理等方面的意见和要求,并通过提供及时、优质、独特的产品或服务,满足消费者的需要。同时,还可通过广告、专题报道等形式,向消费者宣传企业经营理念、文化、宗旨及经营状况,促进消费者对企业的了解,形成良好的企业形象。

(2) 改进、完善企业服务体系(包括售前、售中、售后)。良好的服务不仅可以使消费者高兴而来,满意而去,而且能激发连续的消费欲望和购买行为。其中积极的售前服务可以教育消费者和引导消费,热忱的售中服务可以促进购买和消费,良好的售后服务则是企业信誉的保证。此外,还可以把服务体系作为信息反馈的重要渠道,通过它收集有关消费者的信息,改进产品或服务。

(3) 认真对待消费投诉、质询、批评和纠纷。再好的消费者关系也难免出现冲突、纠纷，而当出现这种情况时，最好的解决办法就是认真分析起因，及时、妥善地处理实际问题，认真、严肃地回答质询，调解冲突和纠纷。

(4) 积极与社会上的消费者组织进行合作，为消费者提供必要的信息，指导消费者正确识别和使用产品，根据自己需要选择产品。此外，企业还可以在这些组织的帮助下获取有关消费者的信息。

(5) 既要重视未来的新顾客，又要维系好与老顾客的关系。开拓新市场、吸引新顾客是企业不断发展的条件之一，但维系、保持住现有的老顾客同样重要，因为老的消费者是直接验证和推销企业产品的一支重要力量，起着宣传企业和产品的重要作用。维系老顾客的方法有：与他们通信、开座谈会等。通过这些活动，征求他们的意见或建议，以便改进企业经营管理。

（二）企业与政府关系的协调

这里的政府不是指作为国有资产所有者的政府，而是指作为经济、社会管理部门的政府。政府控制着工商、税务、法律等监督、管理手段；同时，政府还可以通过宏观经济政策对企业施加影响。企业作为社会的一员，必须接受政府的统一监督和管理。协调好企业与政府的关系，是企业对外关系的重要内容，它有助于企业顺利的发展和目标的实现。

(1) 协调与政府的关系，首先要加强企业与政府的信息沟通。一方面，企业要认真学习、理解政府的方针政策、法律法规，为企业决策提供政策和法律依据，保证企业一切活动都能够在政策法律许可的范围内进行，并随时按照政策法令的变化而修正自己的行为。另一方面，利用一切可能的时机和渠道，向政府有关部门反映经济生活中的实际情况和要求，主动提出政策建议或方案供政府决策参考，提高政府行为的合理性、有效性。

(2) 熟悉政府机构的内部层次、部门职能和办事程序，这样可以提高办事效率。

(3) 利用一切机会，扩大企业在政府部门的影响和信誉，如利用新项目奠基的机会，邀请政府有关领导参加奠基仪式。通过这样的活动可以提高政府对企业的信心和重视程度，以便在政策上取得政府的支持。

(4) 正确处理企业利益与国家利益的关系，不能为了企业利益而不顾国家利益，甚至损害国家利益，杜绝偷漏税等违法行为。

（三）企业与新闻界关系的协调

新闻界指报纸、电视台、电台等大众传播媒介机构。新闻界通过新闻报道、新闻评论、开展社会讨论等形式来引导公众舆论。新闻界既是企业处理对外关系的一个重要媒介，同时又是企业对外关系的一个方面。企业可以借助新闻界迅速扩大影响，塑造自己的良好形象，加强与政府、消费者等外界间的沟通。但如果社会舆论对企业不利，则可能扼制企业的生存和发展机会。新闻界对企业还有一定的监督作用。因此，与新闻界的关系是一种只能搞好、不能搞坏的重要关系，必须认真对待。协调与新闻界的关系，应注意以下几点：

(1) 尊重新闻界人士，了解他们的工作性质和工作方式，给予工作上的方便和合作，提供真实信息，一方面宣传自己，另一方面也为新闻界提供新闻源。

(2) 经常与新闻界沟通、联络，增进双方的了解和信任。

(3) 根据新闻媒体的特点、背景，选择合适的新闻中介。

(四) 企业与社区的关系

社区是指人们共同生活的一定区域，如城镇、街道等。任何组织都是在一定的社区中运作的，必然与社区及社区中的社会公众发生种种联系。这要求企业必须从多方努力，搞好与社区的关系，以取得社区的支持，使企业能够顺利地发展下去。

之所以要建立和维护与社区之间的良好关系，是因为企业可以从社区得到以下帮助或资源：

(1) 可靠的后勤服务，如水、动力和交通条件等，这样可以减轻企业的一些负担，避免大而全、小而全和企业办社会所带来的种种弊端。

(2) 良好的员工生活环境。

(3) 充足的劳动力资源。

(4) 一定的消费和购买力。

出于以上对社区的需要，企业希望建立并维护良好的社区关系，以保证企业顺利运转。而社区是否接受企业，取决于企业能否给社区带来利益。一般来说，除了交纳税金、提供产品或服务外，企业还可以给社区带来以下利益：维护社区环境，增强社区吸引力；支持社区公益活动；维持社区稳定；促进社区经济发展等。

企业社区化是建立和维持良好社区关系的根本方法。企业社区化是指通过接受、汲取社区文化并以自己的行为反作用于社区，从而使企业被社区公众接受、爱戴，并融为社区一员。在实现企业"社区化"过程中，应注意以下几点：

(1) 加强企业与社区之间的沟通，使企业了解社区政治、经济、文化背景，并能够及时掌握社区对企业的看法和要求，促进企业改善经营管理；同时，也使社区全面了解企业的宗旨、目标和特色，促进相互理解、相互信任关系的建立。

(2) 企业要像爱护自己的家园一样爱护社区，拿出适当的人力、物力促进社区的"两个文明"建设，在安全生产、环境卫生、社会秩序、公共设施、社区活动等方面发挥中坚作用，担负起自己应尽的社会责任，从而树立一个"合格公民"的良好形象。要遵纪守法，防止发生任何危害社区公众利益的行为。

(3) 妥善处理与社区间的冲突、摩擦。再好的关系也难免发生摩擦、冲突。当问题发生时，企业必须认真、妥善地给予处理。处理问题要在相互理解和尊重的基础上进行，要以社区整体利益为出发点。

第三节 冲突的管理

一、冲突的含义及其二重性

（一）冲突的含义

美国管理协会曾对中层和高层经营管理人员做过一次调查，调查发现管理者平均花费 20%的工作时间来处理冲突；而且，大多数管理者认为，冲突管理的重要性排在决策、领导之前。那么，什么是冲突呢？

冲突广泛存在于组织的各项活动之中，影响和制约着组织及其成员个体的行为倾向和行为方式，是组织活动的基本内容和基本形式之一。从不同的角度，对冲突会有不同的认识。如从政治学角度看，冲突是“人类为了达到不同的目标和满足各自相对利益而发生的某种形式的斗争”。从社会学角度看，冲突是“两个或两个以上的人或团体之间直接的或公开的斗争，彼此表示敌对的态度和行为”。组织行为学则认为，冲突“是指两个人或两个团体的目标互不相容或互相排斥，从而产生心理上的矛盾”。

总之，冲突可以理解为两个或两个以上的行为主体因在特定问题上目标不一致、看法不相同或意见分歧而产生的相互矛盾、排斥、对抗的一种态势。

（二）冲突的二重性

在传统意义上，冲突对组织是不利的，而且被认为是造成组织不安、紧张、不和乃至导致分裂、瓦解的主要原因之一，因此是必须加以克服和予以否定的因素。基于这种认识，传统的管理者都把防止和消除冲突当做自己的主要任务之一。从 19 世纪末到 20 世纪 40 年代，这种观点在管理学上一直占据统治地位。

从 20 世纪 40 年代开始，人们对冲突的认识有所变化，即从人际关系角度看，组织中的冲突是不可避免的；由于冲突是不可避免的，所以应该接纳冲突。此外，人们从实践中还发现，冲突有时能给组织带来好处，如冲突可以使组织里一些被忽视的问题及时地暴露出来，以便管理者及早加以解决。这种观点一直持续到 20 世纪 70 年代。

今天的冲突理论则认为：冲突具有正面和反面、建设性和破坏性两种性质；没有冲突的组织将表现得呆滞，对环境变化适应慢和缺乏创新精神，因而绩效也不是最好的；而存在一定水平的冲突，可以促进组织变革，使组织充满活力，因而绩效水平可以大大提高。基于这种认识，管理者的任务不再是防止和消除冲突，而是管理好冲突，减少其不利影响，充分发挥其积极的一面。

那么,冲突到底能给组织带来哪些好处呢?概括地说,有以下几个方面:

(1) 冲突可以使对抗双方采取适当方式发泄他们心中的不满,促进双方之间的沟通,避免由于长期压抑而可能发生极端状态。

(2) 冲突可以使组织内一些平时不被重视的问题充分暴露出来,使管理者及早发现并加以解决。

(3) 冲突可以促进新思想、好建议的产生,从而促进组织变革。

(4) 组织间的冲突,可以增加组织的内聚力,使组织内部成员齐心协力,一致对外。

(5) 冲突可以促进联合,以求共同生存。譬如,现今世界上发生的大公司之间的购并,就是为了战胜共同的对手而进行的联手。

由于冲突对组织发展具有以上重要意义,因此,冲突成为组织协调最基本的内容。

二、冲突的分类

(1) 按冲突对组织的作用,可以把冲突划分为建设性冲突和破坏性冲突两种。

建设性冲突是指对组织生存和发展有促进作用的冲突;破坏性冲突则是指对组织生存和发展有不利影响的冲突。目前,在国外,主要以冲突的水平(即激烈程度)或冲突的多少来区分建设性冲突和破坏性冲突,它们之间的关系如图 12-1 所示。

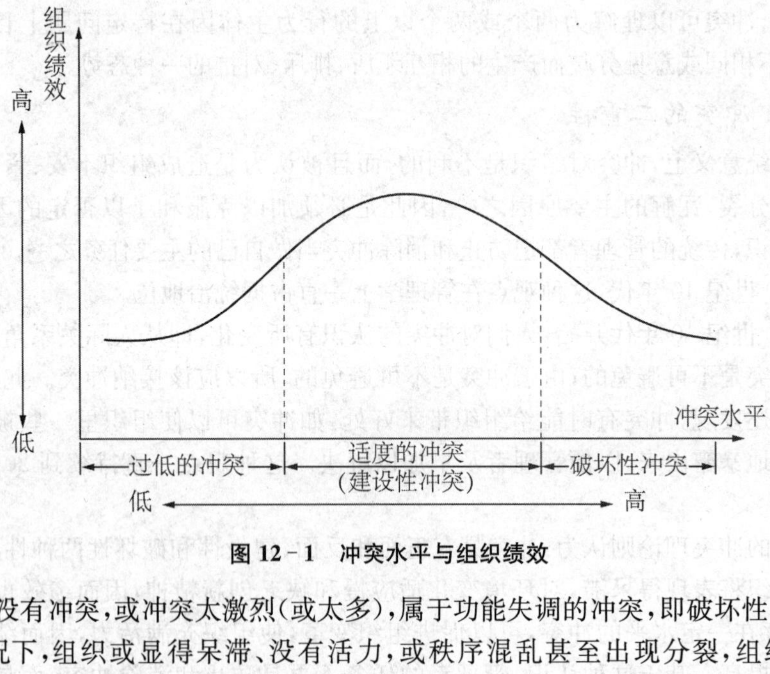

图 12-1 冲突水平与组织绩效

① 没有冲突,或冲突太激烈(或太多),属于功能失调的冲突,即破坏性冲突。在这种情况下,组织或显得呆滞、没有活力,或秩序混乱甚至出现分裂,组织绩效都较低。

② 冲突水平(或次数)适度,属于功能正常的冲突,即建设性冲突。在这种情况下,组织充满活力,对环境变化反应快,组织绩效较高。

遗憾的是,到目前为止,还没有一个用来判断建设性冲突和破坏性冲突界限的标准或工具。要评估某种冲突水平是建设性的还是破坏性的,需要管理者靠自己的经验判断。总之,没有冲突或冲突太激烈都是不利的。

(2) 根据冲突表现出来的状态,可以把冲突分为以下几种:

① 战斗。战斗是冲突程度最激烈的一种情况。在这种情况下,冲突双方自我控制能力都急剧下降,并且其中一方的任何行为都可能成为另一方产生类似行为的起点。如超级大国间的军备竞赛,当一国研制出一种新型武器时,另一国必然会在短时间里研制出同样的或更高级的武器来对付它;接着,前者又会去研制更为厉害的武器。在组织内部,战斗的情形经常会发生,如两人为争夺同一个职位而相互对对方进行人身攻击。

② 竞争。在竞争状态下,双方的对抗程度要小于战斗的状态,而且对抗双方对自己的行为都有一定的理性控制。在竞争中,双方都会考虑采取什么样的策略会对自己有利,自己的行动会对对方产生什么样的影响,最终自己会得到什么。在竞争中,双方都会尽力避免两败俱伤。如两个企业为争夺同一个市场而进行的价格竞争、技术竞争等,就属于这种类型的冲突,争夺的结果往往是双方达成一种均衡状态而共存。此外,在竞争中常常会产生一些新的思想或新的技术,如某个企业为了在竞争中取得优势,大力研究新技术,这必然会对新技术的产生起到积极的促进作用。

③ 辩论。这是一种理性的和有控制的对抗。在辩论中,双方各抒已见,并通过批驳对方来维护自己。此外,通过辩论还可以使双方得到一定的情感发泄。在辩论中,由于双方都在积极地思维,因此同样可能产生一些新思想或新方法。如企业中,两名技术人员为某一技术问题发生冲突并进行辩论。在辩论中,双方都想维护自己的说法;通过辩论也有可能产生一种新的思路,并且这种思路好于两人原有的想法,从而使冲突得到解决。

(3) 根据冲突双方主体的不同,还可以把冲突分为人与人之间的冲突、部门与部门之间的冲突、个体与组织之间的冲突以及组织与外部环境之间的冲突。

组织中人与人之间的冲突、部门与部门之间的冲突、个体与组织之间的冲突,统称为组织内部冲突。组织内部冲突经常因个体利益(或局部利益)与组织利益不一致而发生,如劳资冲突、生产环节与销售环节间的冲突等。组织与外部环境之间的冲突也是冲突管理的重要内容,如企业与消费者之间的冲突、企业与政府部门之间的冲突等,若协调不好同样会影响组织目标的实现。

三、协调组织冲突的对策

面对冲突,管理者可以采取以下解决方法(见图 12 - 2):

(1) 回避。这是解决冲突最简单的一种方法,即让冲突双方暂时从冲突中退出

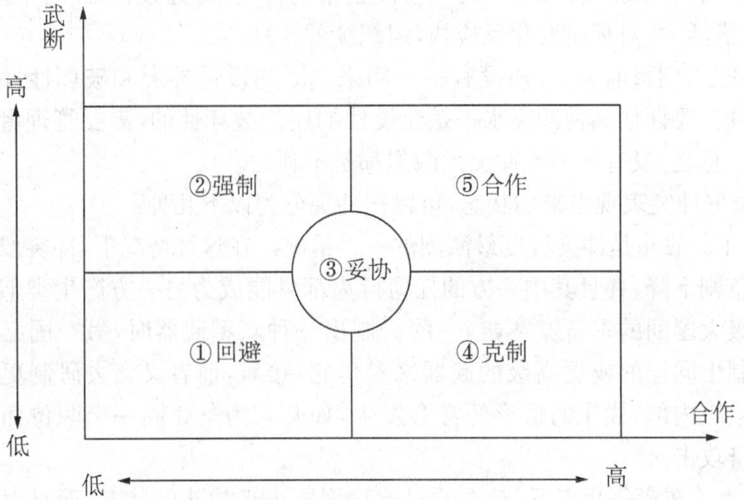

图 12－2 协调组织冲突的对策

或抑制冲突。当冲突微不足道时，或当冲突双方情绪非常激动时，可以采取让双方暂时回避的方法来加以解决。由于采取回避的方法时，管理者并没有追究冲突原因，因此冲突依然存在，并可能在某个时刻以更激烈的形式复发。所以，采取回避方法，要考虑冲突的程度和严重性，以及对组织可能产生的影响。

（2）强制解决。即管理者利用职权强行解决冲突。强制解决的优点是，花费时间少，管理者的一个命令就可以解决问题。因此，当你需要对一个事情作出迅速的处理时，或当你的处理方式其他人赞成与否无关紧要时，可以采取强制的办法。但强制解决，往往以牺牲某一方的利益为代价。

（3）妥协。即通过要求冲突各方都作出一定的让步，使问题得到解决。当冲突各方势均力敌时，或当希望就某一问题尽快取得解决办法时，可以采取这种处理方法。

（4）树立更高目标。树立更高目标的作用，是使冲突各方感到紧迫感和压力。当其中任何一方单靠自己的能力不能完成目标时，冲突双方可能会进行合作并作出一定让步，为完成目标而统一起来。

（5）合作。即将冲突各方召集到一起，让他们进行开诚布公的讨论，搞清楚分歧在哪里，并商量可能的解决办法。这种方法可以使双方的利益都得到满足，因此从结果来说是最好的选择。但这种方法花费时间较多，因此该办法一般在没有时间压力的情况下采用。

本章小结

（1）协调指企业的一切工作都能和谐地配合，以便企业的经营活动顺利进行，并有利于企业取得成功。协调的作用主要体现在促进组织目标的实现、促进协作、提高组织效率等方面。协调应充分贯彻目标一致、效率、责任明确、加强沟通等原则；企业应注重组织内部关系的协调以及组织与外部环境的协调。

(2) 从组织行为学的角度看，冲突是两个人或两个团体的目标互不相容或互相排斥，从而产生心理上的矛盾。冲突具有建设性和破坏性两种性质；组织应通过回避、强制解决、妥协、树立更高目标、合作等对策协调其冲突。

课堂案例讨论

爱通公司

明娟不再和阿苏说话了。自从明娟第一天到爱通公司上班，她就注意到了阿苏，阿苏总是表现得冷漠疏远。开始，她认为阿苏是憎恨她的工商管理硕士学位，她在公司的快速提升，或者是她的雄心壮志。但是，明娟决心同办公室里的每一位同事都处好关系，因此她邀请他出去吃午饭，一有可能就表扬他的工作，甚至还同他的儿子保持联络。

但随着中西部地区营销主管的任命，所有这一切都结束了。明娟一直盯着这个职位，并认为自己有很大的可能得到这个职位。她同与她同一级别的另外3位管理人员竞争这个职位。阿苏不在竞争者之列，因为他没有研究生文凭，但是阿苏的意见被认为在高层有很大的影响力。明娟的资历比其他竞争者要浅，但是她的部门现在已成为公司的核心部门，而且高层管理多次对她进行褒奖。她相信，若阿苏好好推荐的话，她能得到这个职位。

但马德最后得到了提升去了陕西，明娟十分失望。她未能得到提升就够糟的了，使她无法忍受的是选中的竟然是马德。她和阿苏曾戏称马德为“讨厌先生”，因为他们都受不了马德的狂妄自大。明娟觉得马德的中选对自己来说是一个侮辱，这使她对自己的整个职业生涯进行了反思。传言证实了她的猜测——阿苏对决策的作出施加了重大影响之后，她决定把她同阿苏的接触降低到最低限度。

办公室里的关系冷了下来，持续了一个多月，阿苏也很快就放弃了试图同明娟修复关系的行动，他们之间开始互不交流，仅用不署名的小便条进行交流。最后，他们的顶头上司威恩无法再忍受这种冷战气氛，把他们两人召集到一起开了一个会，“我们要待在这，直到你们重新成为朋友为止。”威恩说道，“至少我要知道你们究竟有什么别扭?”

明娟开始不承认，她否认她同阿苏之间的关系有任何变化。后来她看到威恩是严肃认真、誓不罢休的，只得说道:“阿苏似乎更喜欢和马德打交道。”阿苏惊讶地张大了嘴，吭哧了半天，却什么也说不出来。

威恩告诉明娟:“部分是由于阿苏的功劳，马德被安全的踢走了，而且以后你们谁也不用再想法对付他了。但如果你是对那个提升感到不满的话，你应该知道阿苏说了许多你的好话，并指出如果我们把你埋没到中西部去，这个部门会变得有多糟。

加上分红的话，你的收入仍然与马德一样多。如果你在这里的工作继续很出色的话，你就可以去负责一个比中西部地区好得多的地方。”

明娟感到十分尴尬，她抬头向阿苏看去。阿苏耸了耸肩，说道：“你想不想来点咖啡？”

在喝咖啡的时候，明娟向阿苏诉说了在过去这个月里她是怎么想的，并为自己的不公正态度向阿苏道歉。阿苏向明娟解释了她所认为的疏远冷漠实际上是某种敬畏：他看到她的优秀和效率，结果他非常小心翼翼，唯恐哪里阻碍到她了。

第二天，办公室又恢复了正常。但是一项新的惯例建立起来了：明娟和阿苏在每天的十点钟一起去喝杯咖啡休息一下。他们的友好状态使在他们周围工作的同事们从高度紧张中松弛下来了。

分析讨论

1. 明娟和阿苏之间产生矛盾的原因是什么？
2. 威恩作为公司领导解决矛盾的方法是否可行？
3. 本案例对如何处理人际关系有何启发？

本章自测题

一、名词解释

1. 协调
2. 效率原则
3. 冲突
4. 破坏性冲突
5. 建设性冲突

二、选择题

1. (　　)认为，协调指企业的一切工作都能和谐地配合，以便企业的经营活动顺利进行。

A. 法约尔　　B. 西蒙　　C. 泰罗　　D. 马斯洛

2. 管理者的协调工作必须围绕组织总目标进行，从这个意义上讲，(　　)是实现组织分工、协作的有效工具。

A. 个人管理　　B. 群体管理　　C. 目标管理　　D. 项目管理

3. (　　)是加强对经营者有效激励和约束，防止“内部人控制”的有效措施。

A. 完善企业法人治理结构　　B. 对各生产要素的协调

C. 对部门之间关系的协调　　D. 组织内部人际关系的协调

4. 以下不属于企业与外部环境间的关系的是(　　)。

A. 与消费者的关系　　B. 与政府部门的关系

C. 与供应商的关系　　D. 与股东的关系

5. 组织内部人际关系是一种（　　）关系。

A. 正式　　B. 非正式

C. 组织内部自上而下　　D. 组织内部自下而上

6. 美国管理协会的一项调查显示：管理者平均花费（　　）的工作时间来处理冲突。

A. 10%　　B. 2%　　C. 30%　　D. 20%

7. 冲突的二重性是指（　　）。

A. 冲突对组织是不利的

B. 冲突对组织是有利的

C. 冲突对组织具有有利和不利两方面的作用

D. 冲突与组织利益无关联

8. 企业（　　）的冲突属于组织内部的冲突。

A. 生产环节与消费环节　　B. 与消费者

C. 与政府部门　　D. 与供应商

9. （　　）是冲突程度最激烈的一种。

A. 竞争　　B. 辩论　　C. 争议　　D. 战斗

10. 法约尔提出的管理职能包括（　　）。

A. 计划、组织、指挥　　B. 计划、组织、指挥、协调

C. 计划、组织、指挥、领导、控制　　D. 计划、组织、指挥、协调、控制

三、问答题

1. 协调具有哪些作用？
2. 简述协调的原则。
3. 企业应如何进行内部关系的协调？
4. 从表现状态方面看冲突有几种类型？
5. 协调组织冲突的对策有哪些？

下篇

综合案例

案例说明

案例讨论与分析在西方发达国家管理院校的工商管理硕士研究生(MBA)培养中非常盛行。它是运用课堂讲授的专门理论知识与方法来具体剖析某一实践问题并提出有效解决方法的一种专门训练，其目的在于通过案例分析来提高学生的思维敏捷性、逻辑性和创造性。因此，我们认为，从提高高职工商管理专业学生的理论素质和综合能力出发，将案例讨论与分析引入管理学教学中是很有必要的。

本篇所选的案例基本上是配合前面各章节所学理论知识、方法而供讨论和分析用的。内容涉及管理基本原理和决策、计划、组织、领导、人才、激励、控制、协调、沟通等管理职能的具体运用，这些案例既有成功的经验，也有失败的教训，既有大量的实际场景描述，也有简短的过程归纳概括，在案例后都附上案例分析题，供教师引导学生在仔细阅读案例后，运用所学的理论、知识与方法，自己扮演案例情景中的某一角色，拿出自己对问题的见解和找出处理问题的途径。同时，我们建议课程教师有针对性地选择部分案例进行课堂讨论，在充分调动学生思考分析并提出见解的基础上，启发性地对讨论加以归纳和总结，以真正达到提高学生分析问题、解决问题的能力这一案例教学的目的。

本书的案例主要是从有关书籍、网上资料和指导学生写的实践调查案例中精选出来，并经技术性修改或重新整理而形成的。案例分析的重点是组织管理中的基本原理、职能与方法的应用。安排在最前面的3篇有关管理案例教学方面的研究是我们根据长期的管理学课程教学与科研的经验积累而写的，目的在于帮助学生理解案例教学方法并提高案例分析能力。

管理案例教学方法系列研究之一：

管理案例与管理案例教学法

运用管理案例在课堂上进行分析、讨论、交流并进行归纳总结是广泛盛行于欧美国家管理院校培养MBA所实行的一种教学方法。美国哈佛大学商学院不仅是管理案例教学法的起源地，也是公认的管理案例教学法取得成功的典型。据资料统计，美国最大的500家公司的总经理、董事长等高层主管，绝大多数有MBA学位，其中有相当比例出自于哈佛商学院。20世纪80年代末，管理案例教学法逐步引入我国高校的管理教学和成人管理院校的干部培训中。目前，人们虽然对案例教学这一名词已耳熟能详，但对什么是管理案例、管理案例教学法的性质特点以及案例教学过程、分析内容和教学效果的评估等方面的内容或者仍然停留在粗浅的认识阶段，或者是完全照搬、引用西方管理案例教学方法，而未结合中国企业特点和教学实践对这一问题进行系统研究。本文试图从理论上对这些问题进行探讨，以推动具有国情特色的管理案例教学法的深入展开。

一、管理案例及分类

要研究管理案例教学法，首先必须弄清究竟什么是管理案例。我们认为，所谓管理案例就是在实际工商企业管理过程中发生的真实事实材料。这些事实材料由环境、条件、人员、事件、数据、时间等要素所构成。把这些事实材料加工成供课堂教学和学生分析讨论所用的书面文字材料，就成为管理教学案例。

根据目前出版的案例教材和收集的案例资料，我们可以对管理案例从不同角度进行分类。

(1) 按案例编写方式的不同，可分为描述性管理教学案例和判定性管理教学案例。

① 描述性管理案例。这类案例是通过调研将工商企业经营管理的整体问题或某一部分问题(包括成功的经历和经验与失败的过程和教训)，具体、生动地加以归纳叙述。这类案例最大的特点是运用管理实践的事实来印证管理基本理论与方法，使人们通过这类案例的分析能够获得某种经验性的思维方式。最为典型的是中国管理科学院采取企政研三位一体结合方式进行调研后撰写的《中国企业管理案例库》。现实中，人们常常把描述性案例与实例相混淆，实际上它们之间还是有很大的区别的。从案例教学来讲，两者之间的主要区别在于两个方面：描述性管理案例是管理实践的一个全过程，而实例只是管理实践过程中的某一个侧面或某一个环节；描述性案例通常有解决某一问题(决策、计划、组织等)的所有基本事实(人、财、物、时间、环境、背景等材料)和分析过程，而实例往往仅是表达某一问题的解决方法和运用某种方式的效果。很显然，描述性案例应属于管理教学案例法范畴，而实例只能归于课堂讲授教学法范畴。

② 分析判定性案例。这类案例是通过描写企业面临的情况(人、财、物、时间、环境等)和提供必要的数据，把企业决策所面临的各种环境、因素、问题及意义写成书面材料，使学生如临其境。现在许多翻译出版的西方管理案例书中都是这类判定性案例。这种案例的编写像录像机一样将某一组织面临的全部景况从不同侧面实录下来，然后整理成文字数据资料搬到课堂，供学生分析研究，帮助组织进行决策。这类案例最接近实际，它往往是主次方面交叉、表面现象与实质问题混淆、数据不完整、环境不确定、人们观察与思考具有多维性等。由于判定性案例存在着描述组织实况方面的非完整性、解决问题途径的多元性和环境因素模糊以及未来发展的不确定性等问题，所以给在传统学习模式熏陶下的学生分析研究和在传统教学思维惯性

中的教师用管理理论方法来组织引导学生对案例进行分析讲解带来了较大的困难。但是如果我们抛弃传统思维方式，利用案例教学培养学生的感觉能力、反应能力和思维能力，即对案例中企业面临的问题或机遇的敏感程度，对企业内外环境因素所发生变化的对策思路，的确是很有好处的，因为它能增强学生独立判断现实问题或机遇的能力。通过这类案例的分析和讨论，还能增强教师和学生的思维、逻辑、组织和归纳能力，并摆脱对权威教科书理论或标准答案的心理上的依赖。而这一切对学生今后迈向真正的管理实践是大有裨益的。

(2) 根据案例编写涉及范围的大小，把管理案例分为专题性案例和综合性案例。

① 专题性案例是集中描写组织管理活动中某一个方面的问题，如计划、组织、营销、质量、公关、人力资源等案例。这种案例针对性强，往往可以利用比较成熟规范的理论方法来进行分析、讨论，所以应该说这是一种比较简单的案例。目前这类管理案例教学已广泛运用于管理院校的教学中，在培养学生运用理论方法解决实际问题和锻炼学生分析归纳能力以及加深对理论的理解、方法的运用等方面都取得了显著的效果。

② 综合性案例是将企业经营作为一个整体，对企业人、财、物、供、产、销、市场环境、竞争对手等各个方面详细描述，供学生全面分析研究，并要求学生根据资料(有些案例资料不全需进行必要的假设)来寻求问题的关键，拟出决策的依据、标准并进行决策。综合性案例一般比较复杂，目前主要试用于大学管理专业高年级、研究生或企业高层领导干部教学培训中，应当说这种案例教学仍处试验阶段，效果有待验证。同时还应指出，案例教学能否成功，除了取决于有相当数量的合适案例外，还取决于教师如何掌握案例教学的过程，以及按正确思路去引导学生进行案例分析这两个基本因素，这两个方面的问题将在后面讨论。

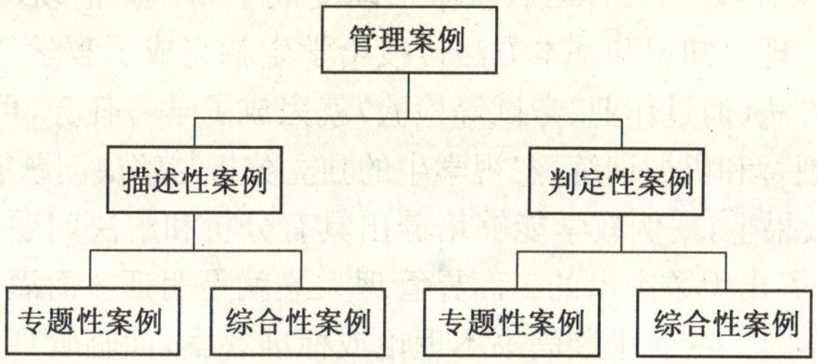

管理案例分类示意图

二、案例教学法的性质与特点

管理案例教学虽然源于西方，但就我国而言，对这一方法的广泛重视和运用产生于对传统灌注式教学法深刻反思的基础上。从性质上讲，它也是完成管理专业教学任务(目标)的一种方法。具体来说它是在学生掌握一定的管理理论知识与方法的基础上，将实际调研撰写或采编的管理案例引入课堂教学，通过学生的分析讨论和教师的组织引导，来达到提高学生对管理问题的思维敏捷性、逻辑性和创造性这种综合素质、能力的教学目标。

管理案例教学特点是相对于传统灌注式管理教学方法根本性不同而言的，具体来讲，它与传统教学方法的区别表现在以下方面：

(1) 学生观的对立。案例教学基于学生是认识的主体，而灌注式教学基于学生是认识的对象，否定学生在认识中的主体作用。

(2) 在教与学的关系上，案例教学强调学生学习的主导性、积极性、主动性与教师的组织引导性、启发性相统一，而灌注式教学则强调教师的主导作用，忽视学生的主观能动性。

(3) 在教学目的上，案例教学的目的主要不在于传授知识，而在于培养学生运用理论方法去发现问题、解决问题的能力，并通过分析、讨论、交流提高学生思维能力与创造力。案例教学鼓励学生求异，即沿着不同思路得出不同的结论，或沿着不同思路得出相同的结论，从中选择最佳方案，同时案例教学也鼓励学生提出与教师或教材不同的见解，充分发挥学生的潜能与智慧，提高学生的素质与能力。需要强调的是，培养学生的思维创造力不仅是案例教学的主要任务，也是学校培养跨世纪管理人才的重要目标之一。同时，这一思想也与现代国际教育追求的目标相接轨，在国际教育界"为创造力而教"、"为创造力而学"的呼声越来越强烈，这正是知识经济时代和日益激烈的现代市场竞争对人才质量的规定。而灌注式教学认为教学就是教师向学生传授知识与技能，强调智力、能力只能在知识获取中得到提高。

(4) 在教学内容上，案例教学的教学内容就是通过学生对案例的分析、讨论和教师的组织、引导来开启学生的思路，激活学生的思维，促使学生积极思考、主动质疑，提出新方法、新见解，培养学生的思维能力和创造力。而灌注式教学则以传授知识为主要内容，强调多而繁，面面俱到，教学活动变成了"教书"活动，教师只要把教学大纲中规定的基础理论知识和基本方法传授给学生就完成了教学任务，学生只要接受了这些知识和方法(通过作业、考试等检验)就完成了学习任务，可见，这种"教书"活动偏重于死记硬背和机械训练，忽视学生的独立分析与解决问题能力的提高。

(5) 在教学效果上，案例教学能够培养出具有分析和解决问题能力的创造性人才，哈佛商学院培养出无数杰出的工商界管理人才就是明证。而灌注式教学培养出来的学生往往只能是一些腹中装满书本理论或标准答案，面临管理实践问题时却无所适从的"书呆子"。当然，应该看到，灌注式教学方法在传授系统性知识方面(概念、定义、原理、方法)具有很强的连贯性、逻辑性，所以在管理专业低年级教学中仍具有不可替代性。我们讨论案例教学与灌注式教学的不同只是想说明管理案例教学方法的特点，并不是想用一种方式全盘否定或代替另一种方式。一般来讲，管理案例教学主要应当运用于已初步掌握管理学基本理论与方法的在校工商管理类各专业学生或企业管理人员的培训学习。

管理案例教学方法系列研究之二：

管理案例的分析方法

管理案例分析是管理案例教学中最重要的核心环节，这不仅因为案例教学中学生成了教学的主体，而学生的主体作用是在对案例进行深刻剖析基础上通过进行口头或书面交流讨论发挥出来的，而且更为重要的是，只有让学生亲自去做大量的案例分析，才能使他们真正掌握和悟出企业管理的要旨和精髓，使他们建立起管理理论同实际情形相结合的平台。根据有关资料，哈佛大学商学院的 MBA 学生平均每天要做 3 个案例分析，宾州大学沃顿学院几乎所有的 MBA 课程都是通过案例分析来完成的。因此，我们认为，探讨和研究科学的案例分析方法对案例教学的顺利推行具有极其重要的意义。本文在参考中外管理案例教学资料和教学实践的基础上主要对案例分析的目标、过程与方法等问题进行初步的探讨。

一、案例分析的目的

在传统教学模式熏陶下的教师和学生，总以习惯思维认为案例分析的目的应是寻求“标准答案”即结果，一个好的案例也应该存在一个“唯一解”。其实，在现实的管理实践中，任何决策都是在特定的时间，具体的环境，掌握某些不完善的信息，面临某一特定的难题或机会，由某一特性的领导人物进行立断或由集团群体经过讨论作出的。这一决策是否正确，不仅取决于对企业内外环境信息（人、财、物、技术、市场、政策、法律、竞争对手、消费者等）及变化的正确判断，而且更重要的是决策的实施是否具有从上到下一整套高素质的人员进行得力的贯彻和根据环境因素变化进行适应性的调整。所以决策是否正确往往需要由相当一段时间所带来的企业经济效益的变化情况来进行验证，而绝不可能像在学校做完一个题目后就可以从教师的讲课中或从某本教科书的后面找到参考答案来验证自己的结果。因此我们认为案例分析的目的也不在乎寻求某一“标准答案”，因为案例的基本含义就是对某一经营过程或实际环境的全面描述，包括时间、地点、人物、具体问题等。所以对案例进行分析的真正意义在于运用管理理论知识去灵活辨别、解释案例过程的前因后果，提高创造性地处理各种问题的本领，并就行动方案作出满意的选择。

具体来说，通过案例分析应达到以下 3 个方面的目标：

(1) 通过对一定数量的不同行业、不同市场竞争状况、不同环境、不同背景、不同产品技术特点的企业案例分析，逐步使学生积累起对不同行业、企业的产品性质和经营特点的经验，并培养出观察和分析各类组织经营活动的技巧，最终为学生提供将管理理论同实践相结合的平台。

(2) 增强学生灵活运用管理理论、方法独立判别组织面临的机会和解决现实问题的能力，逐渐使学生在心理上摆脱对教师或教科书"标准答案"的依赖。

(3) 增强学生在大量阅读文字、数据、报表、材料中归纳、概括关键问题的能力，这点对学生今后走向企业管理岗位尤为重要。

二、案例分析方法

我们前面说案例分析没有"标准答案"，但这绝不意味着学生分析案例时可以信口开河、想入非非。事实上，案例分析是一个非常严谨的阅读、观察、思考、判断、归纳和决策的过程。我们认为如果在这一过程中能遵循一定的分析程序与方法，对达到案例分析的目的是很有裨益的。下面我们在参考国内外大量的案例教学资料并结合案例教学经验的基础上，对如何指导学生具体分析管理案例提出以下看法。

(一) 描述性管理案例的基本分析方法

(1) 阅读案例。细致地通读案例是案例分析的基础，因为只有细致地阅读案例，才能对公司经营的一般状况和各项具体内容信息做到心中有数。一般来说，在进行案例讨论前，无论是教师还是学生，都应反复阅读并做些笔记，记下主要事实、人物、过程、特点、成绩、问题及论点，以便在案例分析讨论前熟悉案例材料，对其中事实、内容耳熟能详。

(2) 概括问题。由于描述性管理案例对企业经营状况、过程、优劣势、成绩与问题已从方方面面用大量的文字、报表数据进行阐释说明，所以对教师和学生来说应在细致阅读的基础上运用所学的管理理论与方法，对案例材料中叙述的主要情况如公司的性质、产品特点、经营状况、市场地位、主要优劣势、取得的业绩、存在的问题等等用书面语言进行扼要的概括。值得说明的是，许多描述性管理案例繁文缛节，提供了过分详细的统计、会计报表、调查分析、会议记录、过程描述等，因此要求教师与学生在概括问题时一定要根据需要分析讨论的主要问题对材料进行取舍，重新用理论进行提炼、归纳和解释，而这一能力只有在大量的案例书面分析训练中才能得到实质性的提高。

(3) 借鉴与启示。对描述性案例进行分析的最后一个阶段就是在对案例材料主要问题进行理论概括的基础上，进一步思考根据案例分析得出的经验、教训、成绩、问题等重要结论对其他行业、产权性质、产品规模、市场特点相同的企业具有哪些借鉴与启示，如在管理预测、决策、新品开发、市场促销、公关等方面，同时要弄清借鉴案例中的经验与教训时应注意的环境背景条件。

总之，指导学生进行描述性案例分析只要切实认真地把握以上 3 个过程就能达到案例教学目的和良好的教学效果。

(二) 判定性案例分析的基本方法

判定性案例无论是专题性的还是综合性的，其分析难度都比描述性案例要大，因为许多案例原始材料庞杂，体例极不规范、系统，行文多有语言啰嗦、叙述重复、表格琐细、背景资料不全，表面现象与内在实质混同等问题，但这类案例更接近工商企业管理实际，不难设想，当你被任命为一个公司总经理后，不正是要面对零乱繁杂的公司内外环境因素进行决策吗？根据国内外案例教学的经验，对判定性案例可按以下基本方法进行：

(1) 认真读懂每一个案例。读懂案例的目的，不仅在于熟悉公司的一般情况，而且还在于对隐藏在现象后面的实质问题和相联系的广阔背景材料(如行业背景、宏观经济政策、产业政策、市场竞争状况、行业标准等)有充分的思考和调研准备。

(2) 进入角色分析。进入角色分析就是要求学生设身处地进入案例中的组织决策者角色，对全部已知事实材料进行认真估价、详细区别、筛选、分类，按其对决策问题的重要性进行排列和取舍，同时对各种现象之间的关系进行分析，以把握组织决策问题的内容结构。

(3) 找出关键问题。正如弄清病因就可对症下药一样，对案例分析来说，看透了问题也就解决了问题的一半。所以寻找出与案例中需要具体决策内容相关的关键问题就显得非常重要。但许多案例往往是大量的数据表格和表面现象或无关紧要的事实的陈述。因此就要求学生对现象进行去伪存真、由表及里、由此及彼地分析、判别和推理，使决策依据的事实能够建立在有充分证据的重大信息之上。例如企业销售下降，可能是产品不对路，也可能是促销不力或者是市场饱和，或者是厂商关系不协调等因素所致，所以必须找出主要问题的原因，不能含糊笼统。

(4) 提出多种决策方案。根据前面 3 个步骤，就可以让学生提出几种方案以供选择，除了根据案例中不同的解决办法，不同人的意见、想法来设计出不同方案外，还应让学生充分运用想象力、创造力和综合力对方案进行设计。想象力、创造力就是在案例背景资料不全的情况下让学生大胆进行假设，勇于创造出一些新的决策方案思路。综合力就是让学生在比较案例中不同意见、观点的优劣基础上取长补短，设计出决策方案。

(5) 作出决策标准，进行决策并提出建议。这是对判定性案例进行分析的最后一个阶段。决策标准就是进行决策时所依据的判断准则或现实规则。标准往往是多元的，可以是利润，也可以是市场份额，或者是组织员工士气和树立企业长远的形象等等，关键要依据组织的目标而定。所以在分析案例时要对组织发展方向和战略目标有充分的认识。进行决策就是对每项选择方案思路的优劣进行衡量、评估后，确定对某一方案的选择，并解释为何进行这种选择。提出建议就是为了确保决策实施，在人、财、物、运行机制、制度等环节的各方面和如何适应外部环境等方面提出改进或保障措施。

我们认为，如果在管理案例教学中对学生在判定性案例的分析时能按上述过程与方法进行书面训练，就能为下一步的课堂案例讨论奠定良好的基础。

管理案例教学方法系列研究之三：

实施管理案例教学过程必须把握的几个重要问题

案例教学法是工商管理专业开放教育与人才培养模式改革试点教育中的一种非常有用的教学方法。这种新教学方法在理论联系实际、培养学生综合能力、发挥学生学习的主动性、活跃课堂气氛等方面均有很好的作用，因此案例教学在工商管理专业高年级的课程中受到学生的广泛好评。国外大学 MBA 案例教学的实践证明，它在培养学生的分析判断能力、表达能力、写作能力、辩论能力等方面均有传统灌输教学所不具备的优势。但是案例教学要想取得较好的效果，还必须遵循案例教学方法本身的客观规律。下面我们在参考国外大学工商管理案例教学方法的基础上，结合我们在历届工商管理专业教学过程中从事案例教学的实践，试就案例教学实施过程中要注意的几个重要问题做一些讨论。

一、把握好教师在案例教学中的作用

教师在案例教学中发挥什么样的作用，这是每一个准备采用这种教学方法的教师需要首先明确的问题。

为了回答教师在案例教学中应发挥的作用这个问题，我们首先来看一看案例教学的过程和组织形式：① 教师布置要学习的案例；② 学生利用课余时间进行预习和准备(包括阅读案例、拟出分析提纲)；③ 进行小组讨论；④ 各小组推选代表作全班发言并组织全班课堂讨论；⑤ 教师总结。根据需要，教师有时还要求学生课后撰写书面分析报告。由此可以看出，这种教学方式突出了两个环节：一是自学，包括个人阅读分析案例，准备分析提纲；二是互学，包括小组讲座和课堂讨论。在这两个环节中，都是以学生为主体的。以学生为主体还是以教师为主体，是案例教学法与传统教学方法之间的根本区别所在。传统教学方法以传授系统知识为主要目标，所以采用了以教师为主体的课堂讲授方式；而案例教学法以提高学生独立解决实际问题的能力为目标，所以采用了以学生为主体的自学与互学的方式，因为这种能力只有通过学生自身的努力与体验才能获得。所以，习惯于传统教学方法的教师在使用案例教学法时要特别注意角色和任务的转换。

强调案例教学以学生为主体，并不是说教师在教学过程中仅是一个可有可无的旁观者，恰恰相反，教师仍应在整个教学过程中发挥重要作用，扮演重要角色。案例教学中教师的作用主要体现在 3 个方面：一是根据教学需要选择适当的案例。二是在课堂讨论中，发挥好“导演”的作用。虽然课堂讨论是以学生为主体，而且基本上应由学生自己控制讨论的进程，但这并不意味着放任自流。讨论中必要的引导是教师必须做好的工作。三是归纳总结作用。教师在案例讨论结束应简明扼要地把学生讨论的观点加以归纳总结，并适当给以补充完善，同时也可对学生未触及的（疏忽的）重要问题和资料进行必要的提示，引发学生更广泛、更深入的思考。值得说明的是，案例讨论过程中为了达到预期的效果，教师还应当避免充当两类角色：一是不要充当“讲演者”。案例教学中教师应当始终意识到学生才是讨论的主角，教师的作用只是开路搭桥、穿针引线，如果教师一发言就是长篇大论，那么就喧宾夺主了。二是不要充当“裁判员”。讨论中出现不同观点的争论时，教师不要轻易出来仲裁，评论是非。因为这样做会抑制讨论气氛，而且会导致学生对教师的依赖性，更何况教师的见解未必总是正确、全面的。

总之，教师在课堂讨论中既不能放任自流，也不宜干预过多，要起到积极的然而又是辅助的作用。

二、选择适当的案例

为了使案例学习获得应有的效果，教师需要选择适当的案例。这项工作应该在课程开课之前做好，这样便于将课堂讲授与案例学习通盘考虑，使案例成为整个教学内容的有机组成部分。在案例的选择中，应该考虑以下几个问题：

(1) 案例内容与课堂讲授内容的相关性。国外的管理学教科书常常在每章后附有一个或几个案例，这样使用起来很方便，本教材也采用这种方法。每章后附一些小型专题案例，内容大致与本章学习内容相关，最后在教材下篇给出一些综合案例或大型专题案例。采用案例教学时，教师应当事先根据教学内容的要求预先熟悉案例资料，同时还可补充一些合适的案例。如果所选择的案例在其分析过程中需要用到一些还没有介绍过的管理理论和方法，教师应在布置学习之前作必要的讲解，以便学生能在分析过程中正确运用。

(2) 案例的难度要适当。所谓案例的难度，是指学习、分析一个案例的难易程度。按照加拿大西安大略大学管理学院教授米切尔·林德斯和詹姆士·厄斯金的意见，案例的难度可以从“分析”、“概念”和“陈述”3个维度来考察和量度，并据此提出了“分析—概念—陈述”三维立方体模型。在这个模型中，林德斯和厄斯金又把每个维度按难易程度分为3个等级。这样把3个维度的不同难易程度加以综合，共有9种组合：111，112，…，333。在9种组合中，“111”是难度最小的，“333”是难度最大的。在“111”这个组合中，分析、概念陈述维度都是一级难度。这种案例一般篇幅较短，提供的资料少，表述清楚；涉及的概念（理论、技术）比较简单易懂；案例中已经对决策问题、备选方案以及所做的决策作出明确的阐明。分析这种案例，只需学习者对案例中所作出的决策和行动方案作出评价就可以了。而在“333”这个组合中，分析、概念、陈述维度都是三级难度，这种案例篇幅较长，提供了大量的资料，表述往往不是很清晰，甚至还会遗漏关键信息；涉及的概念、理论、技术难度大，并且往往是各种概念的复杂组合；没有明确存在什么问题，而只是提供了背景情况。分析这种案例时，需要从错综复杂的关系中找出存在的问题，分析时需要作出某些假设，有时还需要对资料进行计算、推导。其他7种组合的难度介于“111”和“333”之间。虽然上述三维立方体模型对案例难度的度量比较粗糙，但在编写案例或为满足教学需要选择案例时仍不失为一种有用的工具。

在编写或选择案例时，应当选择什么样的难度为好，这需要考虑以下因素：

① 教学对象。这是确定案例难度时最重要的考虑因素。如果教学对象是没有实践经验的年轻学生，应选择难度较小的为宜；而对于具有丰富实践经验又掌握了一定管理理论的工商管理专业高年级学生则可选择具有一定难度的案例。

② 教学阶段。一般说来，案例教学应该循序渐进，对初次接触案例者或者在一门课程开始时，应使用难度较小的案例，以后可逐渐提高难度。

③ 用于案例分析的时间。如果用于课堂考试，由于时间较短，不宜用篇幅较长、难度过大的案例，而平时用于学习讨论的案例则可不受此项限制。

(3) 其他方面的考虑。例如内容专业性较强的案例不宜采用，否则在阅读案例时首先需要弄明白很多专业术语，这在时间上就很不经济。又如，过于陈旧的案例最好不要用，因为案例中涉及的时代背景、行业情况、市场情况等均已发生很大变化，学生在分析、讨论时难免会产生脱离现实之感。另外，还应注意尽量选用国内的案例。由于文化的差异、行业背景的不同以及翻译方面的问题，国内学生一般对国外的案例不能很好地适应。

三、组织好案例教学实施过程的各个环节

案例教学是以学生为中心和主体的教学方法，能否在教学过程中得到学生的支持和配合是案例教学取得预期效果的前提。由于案例教学法引入我国的时间较短，大多数学生对这种新型的教学方法比较陌生。因此，有必要在案例教学实施之前安排一定时间给学生介绍一些案例学习的有关知识，内容可包括案例教学法的起源、作用，案例教学法与传统教学方法的区别，实施案例教学的主要环节和要求，以及如何撰写案例分析报告等。

案例教学的实施是一个完整的过程，能否组织好其中的各个教学环节将直接影响到案例教学的成败。根据我们的实践体会，应该重点抓好以下3个环节：

(一) 预先准备

为使学生有充分的个人准备时间，教师应该在案例讨论前几天将案例分发给学生，并对学生提出明确的要求。准备阶段的教师应对学生提出3点具体要求：一是要求学生仔细阅读案例，弄清楚案例资料中提供的背景、各种事实以及它们之间的联系，有的案例提供了图表、数据，则还需要进行必要的分析、计算，弄清情况是进一步分析的基础。对篇幅较长、比较复杂的案例，只读一遍是不行的，至少要阅读两三遍，甚至更多。二是分析案例中存在的问题及主要矛盾，并结合所学的基本理论和方法，站在案例中决策者的立场上，提出处理矛盾、解决问题的途径和方案，即作出

决策。在分析、决策的过程中，特别要强调基本理论和方法的运用。不运用管理基本理论、方法的案例分析，无助于学生运用所学理论解决实际问题能力的提高，也违背了案例教学的初衷。三是要求写出分析提纲，为参加小组讨论做好准备。

（二）小组讨论

小组讨论是案例教学的重要环节，通过讨论可以达到相互交流、相互启发、相互补充的目的，使分析更加深入，方案更加完善。小组讨论人数以5～7人为宜，应指定一名认真负责的学生为组长，负责讨论召集工作。教师应深入小组参加讨论会。组织小组讨论应注意以下几点：

(1) 人人都要发言，都要对讨论分析作出自己的贡献。

(2) 提倡独立思考、各抒己见，使问题能得到充分展开。

(3) 由于每个人知识结构、工作经历的差异，看问题的角度也会不同，因此讨论中不必强求意见一致和统一。

(4) 每个讨论小组可指定一人做记录，以便组长可归纳小组的不同分析意见和观点。各组在讨论结束后应推选1～2名学生作为本组代表在全班课堂讨论中发言。

（三）课堂讨论

全班课堂讨论是案例教学的最后一个重要环节。课堂讨论可以集中全班的智慧，从各个角度对问题进行深入的分析，通过各种不同观点之间的相互碰撞和较量，达到相互启发、共同提高的目的。因此，课堂讨论的质量直接影响到案例教学的效果。

典型的课堂讨论可按下列次序层层展开、层层深入：

(1) 列举事实，阐明观点。用案例中提供的背景、事实、数据，并结合所学的理论来阐明自己的观点或假设。

(2) 诊断问题，分析原因。有哪些矛盾和问题？主要矛盾和要解决的主要问题是什么？为什么会产生上述矛盾和问题？

(3) 制定对策，作出决策。广开思路，列出各种解决问题的备选方案，并权衡各种备选方案的利弊、得失，确定一个满意的方案作为决策方案。

(4) 实施行动方案。实施上述决策方案具体要做哪些事情，同时还要对方案的风险性及相应对策做出说明。

但是实际的课堂讨论是很难按照上述次序有条不紊地进行的。课堂讨论中经常可能出现下列情况：一是冷场，无人带头发言或者一两个学生发言后便“后继无人”；二是离题，讨论场面热烈，但却离题甚远；三是在枝节问题上纠缠不休，影响讨论的深入；四是少数学生滔滔不绝，“垄断”了整个讨论会。为了避免以上情况的出现，要求教师必须认真对案例进行备课，对分析讨论的形式、内容、程序等进行周密的分析研究，对讨论中可能出现的冷场、离题、争论等事先作出预计，并考虑好处理办法。

在课堂讨论中唱主角的是学生，教师的主要作用是引导。简短的开场白后，教师在讨论中绝大部分时间都在静观讨论的动态，只是在必要时用几句简洁明了的话进行引导或提出一个启发性的问题，把讨论引向正轨，使讨论层层深入。案例讨论并无固定模式，完全由案例的性质、内容难度和教师的组织和引导来决定。例如可以先由各小组代表各自做系统的分析，然后全班针对他们的发言提出自己的不同见解；也可以按列举事实、阐明观点、诊断问题、分析原因、制订方案、作出决策以及行动方案的实施等一般程序来层层分析、层层推进；还可以采用“角色辩论”的方式，由各组代表分别充当案例中的某一角色进行辩论。

课堂讨论结束时，需要教师作出小结。实际上，学生在课堂讨论中获得收获，主要是通过自身的参与——包括自己发言以及倾听别人的观点获得的，即收获来自于讨论过程之中。从这个意义上说，案例讨论的小结并不是十分必要的。国外不少上案例课的教授都不做小结，但我国学生一般都希望教师作出简明扼要的归纳总结。教师在做课堂讨论小结时应注意以下 4 点：

(1) 将学生的发言扼要地作出归纳，并进行必要的理论补充，使学生的观点、看法能通过总结上一个层次。

(2) 不要对讨论中不同观点、方案的优劣、是非进行裁决，更不要企图提出一个最优方案，因为管理实践中往往不存在什么最优方案。

(3) 不就事论事，而要把具体的事例上升到一般的高度，总结出几条具有启迪性的结论，同时还可以启发学生从哪些方面或运用哪些理论进一步对问题进行深入分析。这样做可以使学生的认识得到进一步的提高和升华。

(4) 学生往往对案例中事件发展的现状或结果非常关心，教师如果知道这些情况，切不可在讨论时“泄露机密”，而应在讨论结束时的小结中将情况披露给学生。这时学生会有豁然开朗的感觉，效果比较好。

四、处理好案例教学法与其他教学方法的关系

工商管理案例教学法具有许多独特的优点，但这并不意味着它是完美的、万能的管理教学法。实际上，在具体的教学实践上，案例教学法有其不可忽视的局限性。

(1) 案例教学法在系统知识的传授方面具有很大的局限性。案例是对一个企业特定管理情景的逼真描述和介绍，它只是一种具体的、个别的管理情景。因此，从案例学习中获得的知识是具体、孤立、零散的，缺乏系统性。因此，案例教学不能替代系统理论的讲授。

(2) 并非所有的管理课程都适合于采用案例教学法。一般而言，对于“管理学基础”、“企业战略”、“组织行为学”、“市场营销学”、“人力资源开发与管理”等综合性强的课程比较适合使用案例教学法，而一些专业性、方法性很强的课程，如“管理信息系统”、“现代管理方法”等课程则难以找到使用案例的机会。

(3) 教学对象方面的局限性。使用案例教学法需要教学对象具备两个基本条

件：一是掌握了一定的管理基本理论和方法；二是有一定的实际工作经历和经验。这两个条件对于成人学生来说是基本具备的，但对于应届高职学生来说一般是不具备的。因此，在高职高年级学生中一般只在管理学课程中安排适量的、难度较低并有针对性的专题案例为好。

（4）案例法强调实践性，但是这种“实践”毕竟是间接的。这种“间接的实践”与学生亲临企业开展调研实习所获得的“直接实践”相比较就相形见绌了。当然，采用案例法可使学生在较短的时间内“接触”很多企业，就这方面而言，的确是一种理论与实践相结合的教学方式。

（5）案例分析因为没有“标准答案”，对案例报告或试卷的评分有一定的难度，在评分中难免带有一定的主观性。

任何一种教学方法都不可能是十全十美的。因此，我们在管理教学中应该处理好系统理论讲授、案例教学、企业调研实习等各种教学方法的关系，根据不同的教学对象和教学目标，注意各种教学方法的综合运用，做到博采众长，兼收并蓄，合理运用。只有这样，才能不断提高教学质量，才能培养出知识、能力全面发展的合格人才。

案例一　美欧日改革的三部曲——战略调整、业务重组、管理改革

20 世纪 90 年代以来，美欧日跨国公司先后进行了三方面的改革，即战略调整、业务重组和管理改革。

美国——以通用为例

美国公司率先适应经济全球化和信息化新趋势，同时进行了战略调整、业务重组和管理改革，并且互相补充。

通用电器公司（GE）是调整与改革的代表。早在 20 世纪 80 年代初，首席执行官韦尔奇就主动开始了极具魄力的战略调整和业务重组，提高企业的竞争力。“数一数二”的原则是韦尔奇进行企业重组的重要原则。韦尔奇认为，只有那些在市场上领先于对手的企业才有可能在 90 年代之后依然存在和发展。他将企业划分出核心制造、科技密集和服务三大领域。他提出，GE 旗下企业如果在这三方面不是位居全球第一或第二，都必须整顿，提高竞争力，否则将关闭和出售。在公司业务重组的同时，“消肿减肥”，进行结构改革，裁减层级，精简人员。到 80 年代末，GE 共裁减了 10 万个职位。

90 年代初期以来，GE 着重进行产业调整，公司经营重心转向服务业。公司总裁韦尔奇认为，GE 仅靠制造优良产品来赚钱的时代已经过去了，他决定把公司的重点从制造业转向服务业。GE 的主要业务可分为制造、广播、金融服务和其他生产服务

四大项。1999 年 3/4 以上的收入将来自金融、信息和产品等方面的服务。随后，其他一些美国公司也纷纷进行战略调整、业务重组和结构改革。

综合美国公司 80 年代，特别是 90 年代以来所进行的战略调整、业务重组以及结构改革，我们可以发现这些改革突出了以下几个原则：

企业经营目标：首先为股东赢利，不断提高营业收入收益率和资产收益率。

企业战略调整：经营重点从一般制造业转向服务业，从硬件产品转向软件产品和系统产品。

企业业务重组：提出核心业务，发展相关多元化业务。

企业管理改革：减少层级，精简人员，贴近客户，增加灵活性和适应性。

欧洲——以戴姆勒奔驰为例

戴姆勒奔驰(DBAG)从 20 世纪 90 年代中期开始进行企业战略调整和业务重组。该公司吸收美国企业改革的基本原则，调整了企业经营目标。公司提出："旨在增值的企业经营管理目标"。公司在重视顾客与雇员利益的基础上强调股东的利益。公司提出："为我们的股东提供适当的利润；为我们的顾客提供有吸引力的产品与服务；为我们的雇员(同事)提供优厚的和有保障的工作职位。"

该公司把经营重点领域进行集中化——把核心业务集中于交通运输(航天、航空、轨道、汽车)。与此同时，调整领导结构，更为接近顾客和更为灵活地接受挑战。

为了适应未来的挑战，DBAG 公司积极推进战略联盟与合并。1998 年该公司跨越大西洋与美国克莱斯勒合并，成为汽车业巨头之一。

德国企业战略调整和改革的主要内容是：经营业务重组，集中力量开展具备优势的业务；组织结构重组，形成战略管理控股的公司总部和法律上独立的运营公司；战略联盟与合并，实现业务重组；财会制度改革，增加企业经营透明度。

经过 90 年代初期和中期深刻的战略调整、业务重组与管理改革，美国与西欧一大批企业的经营状况大大改善，竞争力明显增强。

日本——以索尼为例

美欧公司进行改革时，少数日本公司也开始进行战略调整和业务重组。例如，索尼公司 1993 年开始进行改革，以适应 90 年代世界经济全球化和信息化的发展。公司坚持把音视产品领域作为主营业务，积极推进软件产品和硬件产品结合的系统产品，并且不断调整企业经营管理结构，引进外部董事，因此形成了富有活力的高度全球化的经营体制(3/4 的生产和员工均在日本以外的国家)。

然而多数日本企业改革滞后于美欧企业。东亚金融危机充分暴露了日本企业的问题。1998 年以来，日本企业开始了全面深入的改革，内容包括：

(1) 调整企业经营目的。目前多数公司认为，企业必须重视为股东赢利。索尼公司现在把股东、员工和客户三者利益摆在同等重要的地位。

(2) 调整企业发展战略，突出企业经营重点。过去日本公司多进行大规模、多元化经营，现在许多企业对原有业务进行选择和集中，突出有竞争力的主营业务，特别注重发展公司内服务业，重视软件产品和"解决方案"。

(3) 进行企业管理结构的改革。伊腾忠商事是一个综合商社，现在正在按照欧美控股公司模式进行改革。其目标是在总公司下面按照不同业务组建8个分公司，分公司独立经营、独立核算，总公司负责全公司战略管理。管理结构改革还包括对董事会的改革。索尼公司把董事会成员减少到10人，引进3名外部董事。东芝公司建立"执行董事"制，使董事数量减少，职责清晰。欧姆龙公司也打算进行同样的改革。

(4) 进行财务制度改革。增加企业财务透明度，实行美国式的联结结算(合并报表)，注重公司的市场价值。

(5) 进行人事制度改革。过去作为日本企业优点的"终身雇佣"制和"年工序列"制已经不适应新的国际竞争形势，必须改变。

上述几个方面的改革，对日本企业传统的经营目的、经营管理体制以及企业文化形成了冲击。

战略调整和业务重组是跨国公司之间收购兼并的基本原因，收购兼并则进一步推动了跨国公司的战略调整和业务重组。

90年代中期，随着因特网的推广，网络经济很快渗透到各个传统产业和企业。网络经济对传统跨国公司提出了严峻的挑战。跨国公司及时感受到这一变化，并且迅速作出反应。90年代末以来，它们纷纷制定了自己的网络经济战略，"触电"、"上网"，抢占网络经济制高点，使跨国公司在21世纪全球化和信息化竞争中处于领先地位。

综上所述，跨国公司90年代以来在全球范围进行了深刻而广泛的变革：战略调整和管理改革；全球收购和全球兼并；全面推进网络化。

分析讨论

1. 美欧日跨国公司的改革三部曲对中国企业界带来什么样的影响？我们该采取哪些应对措施？

2. 面对全球化和信息化的经济发展浪潮，中国企业界怎样才能找到自己的立足之地？是否能经受得住这个严峻的考验？

案例二　海尔业务流程再造

海尔"革了仓库的命"，把仓库改造成一个立体配送中心，使一杯静止的水变成一条流动的河。

国际化不仅是市场的国际化，管理也必须国际化。位于中国青岛的海尔总部就像全球海尔的心脏，在国际化的进程中，它时刻与外界保持同样的脉搏，随时在调整自己。

海尔作为一个在160多个国家建立了营销网点的大公司，怎样避免机构臃肿和迟钝？2001年，海尔对自身进行了一场"革命"：把原来的组织结构由过去的直线职能式的金字塔结构改革为扁平化的组织结构，将职能变为流程，形成以订单信息流为中心，带动物流和资金流的运行，实施业务流程再造。

革仓库的命，让物流成为"第三利润源泉"

齐思佳夫妇精心布置了自己的房间，在添加冰箱时，他们突发奇想，把冰箱的表面想象成了蓝天白云的景象。抱着试试看的想法，他们点击了海尔的网上订购单。他们想可能得等待很长时间，没想到十多天后，海尔公司就给齐思佳打电话，说冰箱已经做好了，要给她送货。齐思佳十分惊讶："怎么这么快?!"

这十几天，对海尔是一场考验。过去海尔根本生产不出这种个性化的冰箱。但物流变革，使它有了可能。在海尔搭建的网络化的平台上，齐思佳的订单被海尔的各个部门同时看到，最重要的是全球的供货商第一时间洞察到了海尔的需求。日本一家供货商主动承担了钢板前期设计的任务，在短短几天时间里，这种特殊的钢板就空运到了青岛本部，成本仅仅增加了100元。

张瑞敏在很多场合举过这样的例子：用户要一个三角形的冰箱，海尔也能生产出来。快速地满足全球用户个性化的需求，正是物流带来的强大动力。海尔国际物流中心在2001年3月正式启动，这个高22米的立体仓库相当于40多个同样大小的普通仓库，采用世界上最先进的激光导引技术开发的激光导引无人运输车系统、巷道堆垛机、机器人、穿梭车等，全部实现现代物流的自动化和智能化，使得订单采购来的原料在4小时内即可送达生产。一杯静止的水变成一条流动的河。张瑞敏将这比喻成"卖海鲜"，卖的东西必须是活蹦乱跳的，要是搁一宿，肯定不值钱了。

新成立的物流部部长梁海山说：对物流的整合，犹如在高速公路上实现从慢车到快车惊险的一跳。从前的海尔，每个分厂都有独立的采购权，那时的供货商达到了2 336家，供货速度不能保障，质量参差不齐，最后经过筛选和优化，精简到了900家。

断了1 000多家供货商的财路，这种大手术对于一个30岁的年轻人来说，是承担着巨大风险的。梁海山眼睛盯着全球的供货商，就是要做到从货比三家到万里挑一的转变。海尔的采购周期从10天压到了3天，同时国际供货商的比例达到了67.5%，比整合前上升了20%，其中的世界500强企业占到了44家，如GE、埃莫生、巴斯夫等等。

在网上招标中，价格低并不是最重要的，海尔提出分供方要参与产品的前期设计。目前可以参与前期开发的供货商比例已高达32.5%，韩国LG公司与海尔合作已达10年的历史，面对越来越挑剔的海尔，他们丝毫不敢掉以轻心。的确，海尔的供应链随时都会优胜劣汰，每一家供货商每走一步都要小心翼翼。

建立一套目前国内自动化程度最高的物流系统，海尔只用了不到两年的时间。谈到海尔的物流建设，海尔集团总裁杨绵绵女士说，最关键的是不能要仓库。现在，我们全是根据订单来采购原材料，根据订单来生产产品，把仓库改造成一个立体配送中心，所有的东西在配送中心停留的时间只有3～7天。

物流成了海尔的“第三利润源泉”。

创造性破坏，把组织机构的金字塔“压扁”

曾经有人说过，创新有两个层次：一种是从无到有；一种是有创造性的破坏。相比较而言，创造性的破坏更加有难度。尤其是已经取得成功的一些管理理念和制度要打破重来，更需要勇气和智慧。我国的一些企业产品和资本都很有竞争力，却缺乏适应全球市场竞争的现代企业制度，正是这个差距拉低了我国企业国际竞争力的分值。海尔在走出去的同时，对内部的管理和结构进行全新的调整和改造，来适应国际化的需要。

采访时，在冰箱二厂的办公室里，没有见到李清君厂长。这里的人说，冰箱二厂开始实施了流程再造，厂长的办公地点搬到了生产现场。在车间里，没有人再叫李清君为厂长，而是叫李经理。李清君说，这种转变主要体现在组织结构上。

冰箱二厂原来一共有6级管理程序，厂长下面还有生产厂长、生产调度、车间主任、大组长和工人；现在程序减为2个，经理直接对着操作工。原来的23个管理人员减成了9个。结构一下子扁平化了。

李清君从1997年开始在一厂当厂长，中间也有过几起几落。每一次变化都像是从零开始。这一次实施扁平化的结构，开始时他感到过失落、心里没底。“一开始说心里话是挺忙的，比以前责任要大了，因为我原来从厂长到工人有6级管理人员，出了问题我可以把责任推给他们。原来一个问题层层上报，到我这里可能就变味了，走样了。”

过去海尔是一种金字塔式的组织结构，员工应对的是层层的上级。现在改造成了一种扁平化的组织结构。原来再造前的订单流程是：供货公司把订单先传到集团的市场部，经过事业部、企划处到生产分厂，分厂做一个计划，再发到车间。现在没有了这些中转站，工人和市场需求的距离一下子被拉近了，每个部门每个员工直接对市场负责。今年2月7日，一位法国经销商订购3 000台节能冰箱，当天，冰箱二厂就在计算机ERP窗口上得到了订货信息并立即安排了生产。可在流程再造之前，这几个小时的过程需要十几天。

张瑞敏认为，原来没有流程再造的时候，就好比是到医院去看病，你到这个窗口划价，到那个窗口交钱，再到另一个窗口拿药。对于窗口里头的人，非常简单，只划价或只拿药，但对于拿药的这个人，就非常复杂，一个窗口一个窗口走。但是现在改了，窗口里的人既要给他划价、收钱，又要给他拿药，那么你的素质就要很高。但对于拿药的人来说，省事了，速度快了。

扁平化的管理，也是欧美许多企业采取的做法。

20世纪90年代，越来越多的公司走出国界在逐渐一体化的全球市场上竞争。原有的企业经营模式已不能适应市场的快速变化，“企业的流程再造”应运而生。它是指以工作流程为中心，重新设计企业的经营、管理及运作方式。

美国GE公司曾对组织结构进行过大刀阔斧的改造，原首席执行官韦尔奇去一家制造厂考察时，发现仅为监督锅炉操作就被分出了4个管理层，韦尔奇把它比喻成穿了太多的毛衣。毛衣就像组织结构的层次，它们都是隔离层，当你外出并且穿了4件毛衣的时候，就很难感觉到外面的天气有多冷了。流程再造后，GE公司的组织结构就像一个车轮，轮轴是韦尔奇和3名副总裁组成的总裁室，轮辐是GE的13个主要事业部，这种结构最大的优点就是简洁，更适应快速变化的市场。

谈到组织结构的创新对于海尔的国际化的意义时，张瑞敏说：组织结构创新的最终目的是把企业组织内部每一个员工的积极性调动起来，或者说给他创造一个创新的空间，这个组织结构的改变不是为了改变而改变，而是为了以最快的速度适应市场的要求。在如今的市场竞争中速度是第一位的，所以所有组织结构的改变都是为了这两个字。

海尔刚提出国际化时，口号是“海尔的国际化”，现在的口号则是“国际化的海尔”。这个词顺序的变化意味着什么呢？张瑞敏说，海尔的国际化就意味着海尔的各项工作、各项标准，包括质量标准、财务标准都要达到国际要求、国际标准。这不是我的目的，我的目的是形成国际化的海尔，也就是本土化的海尔，要融入当地市场当中去，我们叫做三位一体，就是在当地设计、当地生产、当地销售，最终目标是使海尔成为一个真正的世界品牌，不管走到全世界任何地方，大家都知道海尔是一个非常好的我喜欢的名牌。

分析讨论

企业流程再造的目的和主要内容是什么？

案例三 《孙子兵法》中的管理思想

《孙子兵法》常被誉为“东方兵书的鼻祖”，其作者是春秋齐国人孙武。他在继承前人并总结自己的战争经验基础上，继承和发扬了前人的军事理论，创立了自己的军事领导理论，通过军事领导揭示了一系列具有普遍意义的领导活动的规律，表现了他前无古人的卓越领导艺术。

孙子主张从7个方面来研究战争,即所谓“七计”。其中“主孰有道”、“将孰有能”、“士卒孰练”,说的是:通过敌我双方国君政治上是否进步、将帅是否具有指挥才能、士卒是否训练有素这些客观条件优劣的比较就可以预计战争的胜负。由此可见,指挥战争这项领导活动有着不可分割的两个方面:一方面是领导者,包括君、将;另一方面是被领导者,包括士、卒。而他们唯一的目的就是“交和而舍”,即投入战斗。进行战争是君、将、卒的共同目标,三者缺一不可。

孙子的论述充分证明,领导活动应包括领导者、被领导者、共同作用的对象这三个密不可分的要素。它是人类领导活动普遍的客观规律。

既然在战争中君、将、卒处在完全不同的地位,因而各自的分工也就不同。孙子认为战争是“国之大事”,所以“将受命于君”,即得到君主的授权,才能“合军聚众”,即组织训练军队。国君拥有组织、发动、指挥战争的最高权力,所以将得到授权后仍要受到君主的“驾驭”,即严格控制。军权和政权一样,在奴隶制下,它是君主至高无上的权力的一部分。《孙子兵法》的可贵之处是它从战争的实践中认识到,君主不能滥用权力对将帅横加干涉,搞瞎指挥,即所谓“将能君不御”。

春秋时期,诸侯国家的君主和将帅、士卒之间的关系无疑是统治与被统治、命令与服从的关系,所以最高领导者对战争的胜败必然有着重大影响。但是,指挥战争这种领导行为的客观规律是不以人的主观意志为转移的,要实行有效的领导,即夺得战争的胜利,必须把领导者、被领导者、共同作用的对象加以综合考虑,以顺应领导活动这一规律。

孙子十分强调将帅的作用,他认为懂得用兵打仗的将帅是“民之司命,国家安危之主”,他不但认为将帅是国家安危的决定性人物,还指出将帅是“国之辅也”、“国之宝也”,把将帅看做是决定战争胜负的“五事”,即“道”、“天”、“地”、“将”、“法”中的重要一项,指出它也是属于决定战争胜负的基本因素之一。

有人认为孙子过分强调将帅的作用,忽视了士卒的作用,这种看法似乎不符合《孙子兵法》实际。孙子曾明确提出将帅要“与众相得”,即跟士卒相处得来,这不正是出于对士卒在战争中的巨大作用的认识而得出来的吗?孙子处于军事家的位置,同时又处于战国初期诸侯各国长期而残酷的战争的严峻形势之下,特别强调将帅的作用完全是情理之中的事。

怎样处理国君、将帅、士卒之间的关系呢?孙子提出了一个总的原则,就是“令民与上同志”,“上下同欲”。也就是上下同心,目标一致,步调一致。指挥战争这项领导活动,就是处理好领导、被领导、作用对象这三者关系的一个完整的过程。

将帅作为国家“安危之主”,地位如此重要,因此,他相应的必然要拥有相当大的权力,否则不可能履行他的责任和使命。孙子认为,将帅应有以下一些权力:首先是法定权,其次是强制权,再次是奖励权。孙子还特别强调将帅的独立指挥权。《孙子兵法》的名言“君命有所不受”成为历来兵家的信条。对于选将的标准,《孙子兵法》

也明确规定了要求，提出了将帅应具备的素质和才能是智、信、仁、勇、严等。

春秋到战国中期，随着战争的不断增加，战争的规模也日益扩大，作战的战略战术的要求日益提高。对此，作为一个职业军事家，孙子也提出了一系列见解。

他提出的治军原则是"令之以文，齐之以武"。"文"是怀柔安抚的方法，"武"是依军法严厉惩罚的方法。文武并用，就是所谓的"恩威并济"。

《孙子兵法》还提出了"以法治军"的原则。"法"是决定战争胜负的"五事"之一。所谓"法者，曲制、官道、主用也"。依注释过《孙子兵法》的曹操解释，"曲制"是指部曲、旌旗、金鼓的确定和制作，"官"是指百官的分设，"道"是指粮路，"主用"是指军费的制度和规定，即军队的管理方法的规范。

在军队的管理中，孙子强调爱兵，"视卒如婴儿"、"视卒如爱子"，只有爱抚，才能使士卒"亲附"，只有"亲附"，才能造成一支"必胜之军"。推而广之，孙子主张优待俘虏，"卒善而养之"，即用友好的态度对待和供养俘虏。孙子之前，交战双方都是大批屠杀或活埋战俘，较之这种野蛮行为，孙子的主张无疑是一大进步。

孙子还提出："令素行以教其民，则民服。令不素行以教其民，则民不服。"意思是说，平时就用严格贯彻命令的要求来管教士卒，士卒就养成服从的习惯；平时不能严格执行命令或朝令夕改，这样管教士卒，士卒就会养成不服从的习惯。

《孙子兵法》重视赏罚对军队管理的作用，这也是决定战争胜负的"五事"的内容之一。孙子提出"赏其先得者"，即奖赏首先缴获的"冒尖"人物，以鼓励杀敌立功，"取敌之利者，货也"，胜利之后，把战利品分发给参战士卒，作为"晋奖"。

对于罚，虽然孙子一再提及，但在《孙子兵法》中却具体论述不多，原因何在？

罚在治军中是不能不用的，但它只能是不得已而用之。

罚固然可以使士卒因惧怕而畏服，但惩罚显然不利于"上下同欲"局面的形成，影响感情，甚至导致产生抱怨和对抗情绪，妨碍合作，从而影响到最高战斗力的发挥。孙子继承了我国传统的"赏重于罚"的领导思想，并把它贯彻到治军之中。

在军队的管理中，孙子合理地解决了"平时"与"战时"、"赏"与"罚"的关系。强调"平时"，强调"赏"，使将帅能"犯三军之众，若使一人"，即指挥大小三军如同指挥一个人一样，从而造就了一支必胜之军。

就战争而言，时间就是胜利，时间就是生命。孙子有他的时间哲学："兵贵胜，不贵久。""兵贵神速"，用兵的原则是速胜而不是持久，这是孙子时间哲学的精髓之所在。《孙子兵法》指出："故兵闻拙速，未睹巧之久也。夫兵久而国利者，未之有也。"孙子总结自己的战争实践指出，只听说老老实实求得速胜，没见到弄巧立异陷于持久而有好处的。

在《孙子兵法》中，还论述了诸多具体的领兵作战的谋略和方法，从而极大地丰富和完善了孙子的军事战争领导思想。也正因为如此，《孙子兵法》才被誉为"世界古代第一部兵书"，在世界军事战争著作中奠定了无可辩驳的崇高地位。

分析讨论

《孙子兵法》中体现了现代管理中的哪些思想？

案例四 建造“大家庭”

企业家们常常号召职工“以厂为家”、“以公司为家”，试图以此来增加企业的凝聚力，为企业创造更好的效益。但真正能让职工感到企业是自己的“家”，却没有那么容易。这要求企业家真正在企业营造出“大家庭”的环境。

香港新鸿基证券有限公司，1969年由冯景禧创办，该公司在日成交数亿港元的香港证券市场上占有30%的份额，公司年盈利额达数千万元，冯景禧的个人财产达数亿美元。他成了称雄一方的“证券大王”。

“新鸿基”之所以能创造出世界证券业少有的佳绩，主要得益于冯景禧的“大家庭”式的经营管理哲学。

“新鸿基”执行董事谭宝信介绍说：“在冯景禧的掌管下，公司形成了一股难以形容的奇妙力量，这样的气氛能激发员工的创造性。在这里工作，成就肯定比别的机构大。”

实际情况正如谭宝信所说，冯景禧的“大家庭”式的经济哲学，不但使本国职工感到和谐，而且也使外籍职工感到“大家庭”的温暖。这样，一种奇妙的力量就自然形成。这种力量之大是难以形容的。

为了实施“大家庭”式的经营哲学，在管理方式上，冯景禧十分重视人的作用，强调发挥人的创造性。他曾声明：服务行业的资产就要靠管理，而管理是靠人去实行的。

新鸿基集团不以拥有巨额资产为荣，而以拥有一大批有知识、有能力、有胆量、善于运用大好时机、敢于接受挑战的人才队伍为骄傲。

冯景禧的管理哲学和用人艺术，既有西方人的科学求实精神又有东方人和谐情趣的气氛，既有美国现代化管理原则又有日本人的以感情为核心的人际关系，融东西方优点于一炉。

在管理原则上，他十分强调团结的力量，注重全公司上上下下的团结一致。他在经营业务的大政方针决定之前总是广开言路，尤其是重视反面意见，然后加以集中，再向全体员工解释宣传，使大家齐心协力。

他在实施公司的决策时俨然是一位“铁血将军”，而在体谅下属时又俨然是一个宽厚的长者。如果有哪个职工向他辞职，他首先会询问是否有亏待过他的地方，如有，就诚恳道歉、改正，并全力挽留。因为他知道，失去一个人容易，但培养一个人难。

在管理作风上，他注重以身作则，平易近人。为了使员工心情愉快，他还刻意创造一种“大家庭”式的生活气氛，如组织业余球赛，在周末用公司的游艇观赏海景，亲自参加员工们的“国语”学习，等等。

许多企业的职工“吃里扒外”，对企业不负责任，“大家庭”式的管理，不失为医治这种病症的良方。

分析讨论

1. 冯景禧是如何提高香港新鸿基证券有限公司凝聚力的？

2. 你从该案例中得到什么启示？香港新鸿基证券有限公司采取了什么样的激励措施？

案例五　王义堂现象说明了什么

不到两年换一个，换了12任厂长也没摆脱亏损的一家国有企业，却在一个农民手里起死回生。1994年5月，当王义堂接手河南泌阳县水泥厂时，该厂亏损123万元，到年底，王义堂却使该厂盈利70万元。第二年实现利税525万元。第三年在原材料价格大幅度上涨的情况下，仍实现利税470万元。

当年水泥厂多年亏损，再任命谁为厂长呢？难！有人说：“让王义堂试试吧。”王义堂？这提议让大家一愣，他是水泥厂所在地的农民，他怎么能当国有企业的厂长呢？可再一琢磨，认为王义堂有本事，他和人合伙开办的公司个个盈利。县里与王义堂签订了委托经营协议。王义堂交10万元抵押金，企业亏损，抵押金没收；企业盈利，退还抵押金本息，还可按30%的比例得到奖励。

谈起当时厂里的情况，王义堂至今记忆犹新：全厂413名职工，其中行政管理人员113人，厂长一正八副，各自为政，一个科室有五六个人，天天没事干。来三五个客人是一两桌相陪，来一个客人也是一两桌相陪，20个月吃掉30多万元。

上任后，王义堂把原来的9个正、副厂长全部免掉，但对原来的规章制度没有改变，只是不让原来的制度成为挂在墙上的空口号。他规定，职工犯错误只允许3次，第四次就开除。不过，他到底也没开除一个人，倒是有二三十个光棍主动调走了，因为实行计件工资后，这些人再也不能像以前那样光拿钱不干活了。于是，企业每小时水泥的产量从过去的五六吨提高到十多吨。

起初，有城里人身份的人对王义堂的严格很不满意，但王义堂早上5点钟就上班，一天在厂里待十几个小时，他的责任心最终让职工认可了。

针对王义堂现象，一位经济学家评论说，这是一个有普遍意义的典型个案：厂长、经理个人的道德境界在相当程度上决定着整个企业的生死兴衰。这不是纯经济学所能研究和解决的问题，在目前企业存在亏损的情况下，关注并研究王义堂现象有着特殊的意义。

分析讨论

1. 王义堂现象说明了什么？
2. 在当前，研究王义堂现象有何现实意义？

案例六　雀巢公司的经营理念

雀巢食品工业公司是瑞士最大的工业公司，也是世界上最大的食品垄断财团。1996年公司品牌价值115.49亿元，总公司所属的分公司遍布世界五大洲50多个国家，拥有员工20万人。雀巢公司的产品遍销全球，它的名字妇孺皆知。是什么使得雀巢取得如此良好的经营业绩呢？我们认为，雀巢的成功之道可以归纳为四个字：大、活、新、韧。

大规模的经济性

本小之木，不能参天；源浅之水，不能流长。雀巢公司在企业的发展道路上，走的是一条固本扩源之路。

雀巢公司自1876年成立起，便通过入股、联合、收购等方式，迅速统一国内的食品经营业务，然后转向国际市场的角逐。在走国际化的道路时，公司认为，如果企业依靠自己的力量到一个国家建立企业，创建品牌，那将是一个非常漫长的路，因此企业应采用“买路不筑路”的扩展策略，这种策略集中体现在公司跨国兼并著名公司和品牌上。

1984年，公司花40多亿美元收购美国的大食品企业三花公司，1985年又花巨资买下了美国生产炼乳和食品的卡内逊公司，此举使雀巢公司在美国一跃成为巨头。1988年雀巢公司在美国的零售额达到65亿美元。

1988年，公司趁欧洲形成统一大市场之际，以60亿美元买下英国生产巧克力的朗特里公司和意大利生产实心面包的布伊托尼公司，这使雀巢公司从世界糖果业的第四位一举跃为世界首位。

通过收购与兼并，企业规模迅速扩大，使企业在全球范围内建立一体化的产供销系统，统一筹划，无论是从原材料还是到产品推销都能首尾呼应，取得规模经济效益，同时，以兼并和收购的方式，而不是以新建的方式，一方面企业可克服障碍，绕开关税壁垒以及地方保护主义，另一方面也可获得当地的分销系统，这对于食品零售业来说尤为重要。通过不断的兼并与收购，公司在经营规模上形成了恢弘的气势，在国际市场上纵横捭阖,无论企业遇到何等风浪都能屹然不动。

灵活的经营管理方式

雀巢公司在经营管理上采取灵活多变的方式,决不墨守成规。公司采用以人为本的政策,公司职员,不问学历、国籍和出生背景如何,完全以才干实力作为取舍的标准。公司总部设在瑞士,但公司不是瑞士的,而是世界性的公司。在公司7名副总裁中,有两人是西班牙人,一人是意大利人,公司总裁赫尔穆特·毛舍尔是德国人。分布在各国的分公司经理大多是外国人,公司近20万名员工绝大多数不是瑞士人。自毛舍尔任总裁起,公司就废除了“公司的三分之一股份留给瑞士人”的规定,向全世界投资者敞开大门,增大公司的融资范围。

与此同时,在对海外公司的管理上,总公司让分公司自主经营,分公司管理人员采用当地物色、当地选拔人才的政策。从生产、销售的方针策略、人事的任免等,总公司一概放手,由分公司经理自行决定,总公司仅提供各种服务和协调。这种宽松的放权政策,使管理者能充分发挥和施展才能,便宜行事,增加了企业对市场的灵活适应程度。正是公司拥有这种海纳百川的雅量,才使公司拥有事业上的汪洋恣肆。

不断的产品创新

雀巢企业的成长历史,就是一个企业产品不断开发、创新的历史。雀巢公司的创始人内斯特莱试制成能代替母乳和牛奶的育儿奶粉,这种“开拓性产品”的开发,解决了牛奶的运输及保存问题,使雀巢公司正式走进了市场。

二战以后,经济迅速发展和生活节奏的加快,人们需要一种能使头脑灵活且能消除紧张的食品。雀巢公司花费了8年时间研制出速溶咖啡,这种咖啡即冲即饮,且保留了咖啡的原香原味,因此速溶咖啡一经推出便深受欢迎,风行世界。

在开拓世界市场时,雀巢公司推出了新的无咖啡因咖啡。这种咖啡没有满足令人兴奋的因素,却可以满足人体水分补给所需的元素。因此,咖啡的成人市场不大,但儿童市场却很大。另外,儿童从小饮用雀巢咖啡,培养对雀巢咖啡的感情,建立了品牌忠诚度,这对企业的长远发展有很大的帮助。这种不断的产品开发造就了企业永久的活力。

在进行产品创新的同时,企业也不断进行组织创新、管理创新和广告创新。尤其值得一提的是雀巢公司匠心独运的广告,对雀巢公司的品牌国际化功不可没,为广告界留下了不少令人难以忘怀的广告案例。雀巢咖啡的广告在潜移默化中诉诸强烈的感情,如春雨润物,寂无痕迹。一句“味道好极了”令人想起了永久的雀巢咖啡。

坚韧不拔的企业精神

企业在经营过程中,遇到挫折和失败是难免的,关键是要有锲而不舍、坚韧不拔的精神。唯有愈挫愈勇、顽强拼搏、不达目的誓不罢休的精神，才使企业能面对一切困难，迎接任何挑战。

如雀巢公司在开发日本市场的过程中就遭到日本生产咖啡企业的抵制，加上政府的贸易保护主义政策，使企业步履维艰。这些并未使公司退却，相反公司看到日本市场的广阔前景，坚定了开发日本市场的决心。公司集中力量，以大规模的广告促销，并以低廉的成本价格，最终击败日本企业，夺得日本70%的市场份额。

在开发德国市场时，雀巢初战便告失败。一方面是德国的种种进口限制和国内咖啡业的抵制，另一方面是雀巢公司高温干燥式的卓越者咖啡在德国货不对路。公司及时采取对策，调整战术，以冷冻干燥法开发的即溶咖啡重返德国市场，最终取得成功。没有这种坚韧不拔的企业精神，雀巢公司不可能取得日本和德国市场的成功。

综上所述，由于雀巢公司所具有的全球规模经济性，使产、销、供一体化，资源统一配置，降低了经营成本；灵活的经营管理，大胆放权，使公司具有对市场快速反应的能力，调动和激发了员工的工作积极性，提高了企业的经营效率；而企业的不断创新，保证了企业的活力和市场的竞争力；坚韧不拔的企业精神使企业敢于面对困难和迎接挑战。正是"大、活、新、韧"使雀巢公司创造了良好的经营绩效，不断前进与发展。

分析讨论

1. 结合案例材料分析说明雀巢公司的成功之道。
2. 雀巢公司的管理理念表现在哪些方面？

案例七　邯郸钢铁厂的目标成本管理

根据市场上可接受的产品价格，倒推出产品出厂时的成本，进而按反工艺顺序逐步倒推出各工序的目标成本，并以此作为企业上下的管理标准，这就是邯郸钢铁厂（下称邯钢）有名的目标成本管理法。

从1991年初开始，邯钢主动走向市场，实行了"模拟市场核算，成本否决"的经营机制。在企业内部，原材料、辅助材料、燃料、耐火材料、产成品、半成品等的计划价格一律按市场价格核算，改变过去从前向后逐道工序核定成本的传统做法，从产品在市场上被消费者接受的价格开始，从后向前测算出逐道工序的目标成本，然后层层分解落实到每一个员工，全厂最终形成一个目标成本网络体系。

在这一过程中，他们首先肯定了一点：企业目标成本的控制管理要靠全体员工的努力，降低成本是企业上至厂长、下至每一个员工的共同目标，每个人都要分担成本指标或成本费用指标，实行全员、全过程的成本管理；在确定成本标准时，他们反复进行测算，确定合理、先进的单位目标成本，本着“亏损产品不亏损，盈利产品多盈利”的原则，核定出全厂 53 个主要产品品种规格的内部成本和内部利润；为了把成本指标落到实处，公司将 1 万多个综合指标分解到二级厂和处室，然后再细化成 10 万个小指标，层层分解落实到有关科室、工段、班组和员工个人，层层签订承包协议，使每个员工的工作都与市场挂钩，真正形成了“市场重担众人挑，人人肩上有指标”的责任体系。

为了保证模拟市场核算这一机制的有效运转，他们在全厂实行了成本否决制度，凡完不成成本、费用指标的单位或个人一律停发当月的全部奖金，但累计完成后可补发，以促使各单位以丰补歉，确保全年成本指标的完成。

通过推行和不断完善市场核算机制，邯钢取得了显著的经济效益和社会效益。从 1990 年到 1998 年，邯钢钢产量由 110 万吨增加到 344 万吨，实现销售收入由 10.2 亿元提高到 80.1 亿元(含税)，实现利税由 2.1 亿元增加到 10 亿元，其中利润由100 万元增加到 7 亿元，走出了一条主要靠内涵挖潜、内部积累实现国有资产迅速增值的良性发展道路。

分析讨论

请用目标管理理论对邯钢的目标成本管理进行剖析。

案例八　有业公司的外包项目

有业公司是一家刚刚成立不久的房地产开发公司，在全国房地产市场一片大好，开发热浪滚滚之时，公司的创始人张大标有感于房地产事业的蓬勃发展，决心在房地产业的商海里大干一番。

公司于 2005 年 10 月成立，公司成立不久后，张大标利用各种关系与渠道，经过一段时间的努力，终于在宣城拿到了一块较小的地块，虽然这一地块对于资金要求并不是很高，但对于第一次从事房地产开发，明显缺乏房地产开发运营经验的张大标来说还是一个不小的考验与挑战。由于公司成立不久，制度、体系、公司架构、人事管理、财务管理都还没有形成，可以说有公司之名却无公司运营之实。在这样既没有现代化的企业管理制度，又没有懂得房地产开发运营的专业人才的情况下，想操作好一个房地产项目无疑是不现实的。张大标想到了需要引进一个专业化的团队才能顺利地操作该项目，但对房地产的不了解以及首次投资房地产业，并且对于第一个项目的前景拿不准，使得张大标对这一团队的选择相当谨慎，因为他需要这样一个团队为他创造利润，同时为以后的发展打下基础。因此，从节约成本和项目运营角度考虑，他首先想到了通过自己的朋友来物色在房地产业内较为专业又能够信任的人。就这样通过朋友的推荐，张大标找到了两名从事过房地产并且有比较丰富经验的专业人才来从事自己项目的营销工作，他们分别是张鹏和林坚。张鹏是一位有着多年从事房地产代理销售的资深人士，不仅能够完成项目市场调查、前期策划、营销推广、产品定位等，而且对于很多地区不同类型的房地产项目都有涉及，有着丰富的项目操作经验，在一家大型代理公司担任经理。林坚则是一位有丰富的二手房销售经验，从事二手房买卖的公司基层领导。两人通过自己的努力，在薪资方面都相对不错，可以说是白领一族。这对于张大标来说虽然是好事，但薪资方面也让他犯了难。公司还处于没盈利的状态，每月都有不少开支，如果按张鹏和林坚原有的薪资水平，加上再招聘一批基础员工，那么，公司将会大幅增加开支，这是张大标不愿意看到的。但对张鹏和林坚如果明显低于原有薪资，那很有可能找不到合适的人选，对项目不利。经过考虑后，张大标决定采取项目营销外包制来解决张鹏和林坚对薪资方面的要求，由张鹏和林坚两人共同承包该项目的营销，负责项目的前期策划、营销推广、产品销售以及项目人员的管理，按销售额完成的数额与期限来提取佣金，这对张鹏和林坚来说是一个极大的诱惑，如果顺利完成项目的营销销售工作。那么就意味着可以拿到一笔相当可观的报酬。然而，张鹏和林坚无力负担项目其他员工的工资以及自己不能没有收入，对这一方式不能接受。经过与张鹏和林坚协商，张大标以给予他们房地产业内较低的薪资加上这一外包的形式，并且答应由他来支付销售员工工资后，最终与张鹏和林坚达成了一致意见，并且双方签订了协议。

此后，张鹏和林坚展开了大量的项目工作。张鹏擅长项目前期工作，因此，大量项目开盘前的工作基本由张鹏一人来完成，并且得到了大家的认可。林坚则把后期销售部分的工作承担下来。为了便于工作的开展，张大标指定张鹏和林坚为公司的策划经理和销售经理，分别负责项目的策划与销售工作，而张鹏和林坚也出于没有一个自己的实体，属于项目承包兼员工的角色，加之又是朋友推荐，也就默认了这样的任命。然而，随着项目的深入开展，张鹏和林坚对于项目的操作开始出现了不同的意见，产生了较大的分歧，原先两人合伙承包项目操作演变成对项目操作绝对控制权的争夺。林坚负责销售方面，而最重要的也是销售业绩，林坚仗着自己是项目的销售经理，全然不顾他俩的合伙协议，多次不与张鹏沟通协商，不配合张鹏工作，如张鹏每次向林坚要销售报表，林坚不是没有做，就是找各种理由不交给张鹏。从而导致张鹏不能开展阶段性的营销工作，使张鹏下阶段的营销方案无从下手。诸如还有擅自改变销售计划，撇开张鹏直接跟领导汇报，而事后张鹏还是从领导那里得到消息等等，使张鹏工作开展比较困难，最后不得不向他们的“上级领导”反映。而作为公司老板的张大标对于项目的一些专业问题原本就没有什么经验，使得整个营销工作陷入被动。在一次工作例会上，张鹏提出了以赠送小礼品来聚集人气，做好案场接待与来访工作，从中挖掘新客源的营销策略，很显然这需要销售来执行并且利用这个机会获取更多客源。而林坚没有按照张鹏所制定的时间派发小礼品，而是提早就把所有小礼品全部派发出去了，结果现场拥堵不堪，销售员根本就来不及做登记和进一步的沟通，所有来的人都拿了小礼品就走，从而导致没有产生实质的好处。由于销售由林坚负责，而张鹏的项目营销策略得不到林坚有效的执行，并且林坚以自己的一套方式去销售，从而导致前后场脱节，销售业绩越来越差，经济效益迅速下滑。张鹏看到这一局面，感到项目销售已不可能按照自己的想法得到有效执行，还会背上营销不力的罪名，最后不得不离开了有业公司。

分析讨论

1. 有业公司目前存在的主要问题是什么？请分析产生问题的原因。
2. 公司领导张大标应如何摆脱目前的困境？

案例九　员工的困惑

1995年底，4名上海复旦大学的研究生、教师共同创立了永华房地产策划有限公司，主要从事地产经纪、营销策划、投资咨询、房产代理销售。经过多年的努力经营，公司获得了各种荣誉，取得了不俗的业绩，业务范围已扩大到全国，并成立了珠三角、长三角、京津唐三大发展区域。然而，随着公司的快速成长，原有的内部管理机制开始出现了问题，最为显著的就是人员流动跳槽非常频繁。

胡高飞是永华策划机构的一名策划师，在公司也有3年了，但最近他准备离职了。一日胡高飞与公司另一好友一起吃饭，吃喝之间，酒过三巡，满怀郁闷的胡高飞就将公司的种种做法发表了自己的以下看法，一吐为快：

(1) 关于永华策划机构的能力鉴定机制，是综合技术的提升、客户的认可还是少数几个人的所谓评价？听说海尔公司有赛马的人才机制，苏宁公司则是赛马＋相马，而我们永华策划机构主要是老板以天才的判断力加上少数群众的反映来决定一个人的前途，至于这种评议委员会是否科学，就仁者见仁、智者见智了。

(2) 还有我觉得公司老板应该善于包容不同性格、不同特点的人才在一起共事，不能要求这些人都具有一样的温顺特点，保持他们的缺点，也就保持了他们的优点。如果老板永远只看到别人的缺点，或者因为某些缺点而对很多同志不加重用，那么很快就会有很多更在乎技术的公司将这些人挖走，其中可能有很多永华策划机构的竞争对手。

(3) 对永华策划机构行政部的评价，老板也谈到行政部给很多永华策划机构人士的印象是“服务老板，管理大众”。我不做评价，我只援引永华策划机构的两三位高级领导的原话：“盒饭那么差，正常用车被无理由限制，打小报告，能力低下，他们好像是老板的管家一样……”援引新进永华策划机构的一个小青年的话：“小张是不是老板的亲戚啊？为什么我们每次制作找他都脸色难看，没有一次给我好脸色看……”

(4) 对于反映意见的问题,问题在于是否只有两三个员工有反映意见权,还是全体员工都有?是老板愿意听取所有人的意见,还是只愿意听取比较顺耳的几句谗言呢,而且反映意见是为了治病救人呢,还是为了清除异己,是不是永华策划机构应该设立谏议大夫或监察御使一职,或者成立中统组织或蓝衣社,其专门工作就是监视并评价所有的员工,也许这样可能效率会更高。作为永华策划机构这样的公司,居然此风盛行,老板还认为蛮好的。

(5) 关于报销问题,永华策划机构可谓独创一套绝门大法。大法一:夜班报销打 8 折。永华策划机构一位新来的小丫头说:"我怯生生的和司机谈 8 折,司机二话没说,开车扬长而去,把我一个人丢在漆黑的夜里……"大法二:报销等半年。永华策划机构的报销就和永华策划机构的加薪一样遥遥无期,往往当老板哪天睡醒一看,桌上的报销单已经有半人多高……。大法三:流程重要论。某日,老板与一班大员高谈阔论,纵论风月之时,小许将各部门已经签好的报销单呈至面前。老板两眼一瞪:"公司没有流程吗,你也是老员工了……",举手之劳,再等半年,心寒至此,无言以对。

(6) 关于加班与调休制度,目前在许多公司已经形成了比较完善的制度流程,比如调休,比如适当的经济补偿,而在永华策划机构,似乎从来加班都是理所当然的。员工付出了超出自己体能极限的劳作,却没有任何补偿,造成的结果就是,认真敬业的员工在经过一段时间的非人折磨后迅速撤退。在小公司时期可以用老总与你同甘共苦作为一种精神安慰,但到了中等甚至大公司时期,是否需要制度化就值得商榷了。

(7) 关于资源的浪费,永华策划机构有时会给新员工一种"勤俭持家"的假象,一般在下班最后离开公司时,行政部负责人甚至老板本人亲自嘱咐关掉所有不必要的电灯、电脑和空调,这样一项每年也能节省几万元钱,员工出差尽可能按照最低标准,夜间加班打 8 折报销等等,但对请来的外援动辄开万元高薪,而分公司招聘一位前台或者司机这样的小事都必须总公司行政部派 1~2 名人员乘飞机、住星级宾馆前往解决,却常常为工资是否多 200 元而反复开会讨论(有时甚至要往返多次)。如此运作,恐怕是跨国公司也不过如此了。这也许说明了一个道理,永华策划机构已经是大公司了,为了维护制度的严肃性必须薪水一分钱也不能加,但为了体现大公司身份可以大把花钱,也许此乃永华策划机构成功法则之一,援引一句古代寓言:只许州官放火,不准百姓点灯。

分析讨论

1. 请从管理上分析永华策划机构目前存在哪些问题。
2. 如果你是私营企业的负责人,请谈谈如何做好管理工作。

案例十 巴巴拉零售联盟的决策

近年来，北京的高中低各档商场均以各自不同的经营形式与风格出现在首都人的面前。由于商业网络密布，致使许多零售企业的盈利下降。而此时巴巴拉零售联盟组织的利润却大幅度上升。

巴巴拉零售联盟组织的高级管理人员将这一盈利成绩归功于其相对新型的管理方法。这种方法是从日本同行那里学来的——以“集体决策”的方式作为企业管理的中心。

现任董事长王勃先生（即将退休）采用协商一致的管理方法，使管理人员有足够的机会参与企业的主要决策。这样做的最大好处是可以帮助管理人员了解公司组织各个层次的工作状况。同时，集体管理的方法有利于培养管理人员。例如，某委员会的工作涉及诸如策略等政策问题时，通过集体参与，许多年轻的管理人员逐渐熟悉了公司所面临的关键问题。

尽管巴巴拉零售联盟组织的大多数管理人员认为集体管理方法很成功，但也有少数人持反对态度，马骏就是其中态度最坚决的一位。他认为管理人员参加委员会会议是浪费时间，集体决策是妥协的产物，而且最终产生的可能不是最佳决策。

然而，他的同事们却指出，集体管理方法打破了一些部门之间的壁垒，促进了部门之间的协调。他们承认集体制定计划可能是费时的，但计划的实施却很迅速。再者，他们认为与个人决策相比，集体管理方法鼓励管理人员去探索更多的可供选择的方案，有不同年龄、不同观点的人参加，是一种极佳的投入。

马骏不同意这些意见。他指出巴巴拉集体管理之所以行得通，只是由于现任董事长的管理风格在很大程度上影响着大家。一旦他退休了，新的董事长是否会保持这一管理风格并不能肯定。到那时，巴巴拉管理人员之间的合作也就结束了。

看来巴巴拉零售联盟组织内部出现了意见分歧，要解决这一难题，使企业内部所有员工同心协力摆脱目前的僵局，他们首先需要弄清楚几个问题。请你帮助他们分析一下。

分析讨论

1. 集体决策这一方法的优点是什么？
2. 集体决策方法有什么缺点？
3. 请你分析马骏等人对集体决策持否定态度的原因。
4. 怎样才能使委员会或工作组更有效地工作，即减少马骏等人提出的所谓人员浪费？

案例十一　麦当劳公司的管理控制

麦当劳公司以经营快餐名闻遐迩。1955 年，克洛克在美国创办了第一家麦当劳餐厅，其菜单上的品种不多，但食品质量高，价格廉，供应迅速，环境优美。连锁店迅速发展到每个州，至 1983 年，国内分店已超过 6 000 家。从 1967 年麦当劳在加拿大开办了首家国外分店以后，国外业务发展很快。到 1985 年，国外销售额约占其销售总额的 1/5。在 40 多个国家里，每天都有 1 800 多万人光顾麦当劳。

麦当劳金色的拱门允诺：每个餐厅的菜单基本相同，而且“质量超群，服务优良，清洁卫生，货真价实”。它的产品、加工和烹制程序乃至厨房布置都是标准化、严格控制的。为此它撤销了在法国的第一批特许经营权，因为他们尽管盈利可观，但未能达到在快速服务和清洁方面的标准。

麦当劳的各分店都由当地人所有和经营管理。鉴于在快餐饮食业中维持产品质量和服务水平是其经营成功的关键，因此，麦当劳公司在采取特许连锁经营这种战略开辟分店和实现地域扩张的同时，就特别注意对各连锁店的管理控制。如果管理控制不当，使顾客吃到不对味的汉堡包或受到不友善的接待，其后果就不仅是这家分店将失去这批顾客及其周边人光顾的问题，还会影响到其他分店的生意乃至损害整个公司的信誉。为此，麦当劳公司制定了一套全面、周密的控制办法。

麦当劳公司主要是通过授予特许权的方式来开辟连锁分店。其考虑之一，就是使购买特许经营权的人在成为分店经理人员的同时也成为该分店的所有者，从而在直接分享利润的激励机制中把分店经营得更出色。特许经营使麦当劳公司在独特的激励机制中形成了对其扩展中的业务的强有力控制。麦当劳公司在出售其特许经营权时非常慎重，总是通过各方面调查了解后挑选那些具有卓越经营管理才能的人作为店主，而且事后如发现其能力不符合要求则撤回这一授权。

麦当劳公司还通过详细的程序、规则和条例规定，使分布在世界各地的所有麦当劳分店的经营者和员工们都遵循一种标准化、规范化的作业。麦当劳公司对制作汉堡包、炸土豆条、招待顾客和清理餐桌等工作都事先进行翔实的动作研究，确定各项工作开展的最好方式，然后再编成书面的规定，用以指导各分店管理人员和一般员工的行为。公司在芝加哥开办了专门的培训中心——汉堡包大学，要求所有的特许经营者在开业之前都接受为期一个月的强化培训。回去之后，他们还被要求对所有的工作人员进行培训，确保公司的规章条例得到准确的理解和贯彻执行。

为了确保所有特许经营分店都能按统一的要求开展活动，麦当劳公司总部的管理人员还经常走访、巡视世界各地的经营店，进行直接监督的控制。例如，有一次巡视中发现某家分店自作主张，在店厅里摆放电视机和其他物品以吸引顾客，这种做法因与麦当劳的风格不一致，立即得到了纠正。除了直接控制外，麦当劳公司还定期对各分店的经营业绩进行考评。为此，各分店要及时提供有关营业额和经营成本、利润等方面的信息，这样总部管理人员就能把握各分店经营的动态和出现的问题，以便商讨和采取改进对策。

麦当劳公司的再一个控制手段，是在所有经营分店中塑造公司独特的组织文化，这就是大家熟知的"质量超群，服务优良，清洁卫生，货真价实"口号所体现的文化价值观。麦当劳公司的共享价值观建设，不仅在世界各地的分店，在上上下下的员工中进行，而且还将公司的一个主要利益团体——顾客也包括进这支建设队伍中。麦当劳的顾客虽然被要求自我服务，但公司特别重视满足顾客的要求，如为他们的孩子们开设游戏场所、提供快乐餐和组织生日聚会等，以形成家庭式的氛围，这样既吸引了孩子们，也增强了成年人对公司的忠诚度。

分析讨论

麦当劳公司所创设的管理控制系统是由哪些基本要素构成的？该控制系统是如何促进麦当劳公司全球扩张战略的？

案例十二 它们是如何选聘和保留人才的

施耐德电气公司保留人才，注重发展。公司一贯奉行以人为本、重视人才、发掘潜能和长远发展的人力资源管理原则。近几年来施耐德在中国的业务取得了巨大成功，其中最主要的因素之一就是公司经过不断地招聘和培养，建立并相对稳定了一支具有优秀职业素质和专业水准的员工队伍，优秀骨干员工层出不穷。

在人力资源的个体管理上，施耐德公司主要采取积极的管理模式。

首先，通过在公司内部创造出的宽松的文化和工作氛围，激励员工自觉地勤奋工作。同时，为了保留公司的诸多人才，相继采取了一系列措施，如建立补充住房基金等长线福利计划，加大人才本地化力度，管理层岗位空缺以内部提拔为主，进行员工满意度调查等。这一系列措施逐渐降低了员工的主动离职率，特别是业务骨干的离职率。

其次，几年来施耐德公司逐年增加培训费用预算，并建立了相对完善的培训体系，在公司内部形成了良好的学习气氛；公司重视每一位员工，从不把他们分为三六九等，也从未有"一流人才"等概念，而是根据每个人的具体岗位需要和个人情况设计并实施培训课程，这大大调动了员工的学习热情和职业发展积极性。

美国A.G通信系统公司社交群体：让人才舍不得走。公司注重增加员工之间的社交联系，比如组织高尔夫球俱乐部、投资俱乐部、垒球队等社交群体，以此留住员工。另外，组织项目小组，也可减少员工的流失。与抽象的企业实体相比，员工更可能与同事建立密切关系。不少员工因不愿对不起同事而不会离职，至少在项目完成之前不会跳槽。

A. G爱德华兹公司职业年金计划：工作时间越长越有利。美国A. G爱德华兹公司实行职业年金计划，是指由企业自己建立起来的只向本企业员工提供退休津贴的养老保险计划。实现这一计划最大的优点在于它不像工资那样是按期支付的，而是必须等到员工退休以后才能领取；而且它一般对工龄长的员工特别照顾，而那些工作没几年就离开公司的人则无权领取这一养老金。

同“优先认股权”相比，它要“真实”得多，因为这一项资金是独立于公司业务的——即使公司破产了，员工仍然可以领到养老金。所以，职业年金计划对留住员工具有不可替代的作用。A. G爱德华兹公司参加了401(k)计划（美国一项职业年金计划），每年从利润中额外拿出相当于工资3%的资金投保。这个一共有15 000名员工的公司，至少有3 500名员工的养老金账户中有着十多万美元的存款，接近200人有超过了100万美元的存款，这给公司带来了很好的回报：在《财富》杂志所确定的1998年度最适宜工作的100家公司中，A. G爱德华兹公司名列第18位，自愿流失率仅为14%。

分析讨论

1. 从这些成功企业的管理实践中，你学到了什么？

2. 企业之间的竞争，说到底是人才的竞争，留住了人才，就赢得了一半的胜利。你有这方面的切身体会吗？请结合工作实际说明这一点。

3. 创建轻松、愉快的工作环境是管理者调动员工的工作热情、提高工作效率的必要前提。假如你是一名中层管理人员，你打算如何创造一种良好的工作氛围？

案例十三　恒源祥为何不“老”

2001年中国十大公众喜爱商标中，“恒源祥”赫然在列。创始于20世纪20年代的恒源祥，围绕“羊”字做文章，在被认为是“夕阳产业”的经营中异军突起，在众多老字号深感发展困难的不利“气候”中发展成为拥有七大子公司、七十多家加盟公司的企业集团。日前，恒源祥被国家工商总局、国家商标局等权威机构确立为“中国十大公众喜爱商标”。此事在国内再度引起关注：在众多老字号深感发展困难的不利“气候”中，恒源祥以其夕阳行业的身份，硬是在黄昏中升起一轮太阳，大步流星地跻身公众喜爱的十大商标，让老字号们称羡不已。

第一亿斤毛线卖了89万元

最令人叫绝的是，恒源祥仅第一亿斤毛线的拍卖就达到89万元，并获得吉尼斯颁发的“世界上最贵的毛线”证书。无独有偶，与恒源祥此举几乎同时进行的上海另两家老字号品牌拍卖时却以流标告终。出局的还不仅仅是上海的两家老牌子，杭州老城区及西湖风景区内的89家商号、店铺也曾举办过产权公开拍卖，奇怪的是买家不认老字号的品牌价值，老字号只好以现有资产的净价值贱卖。这些买家买下商号后，将商号改做他用，老字号品牌价值荡然无存。

调查表明，中国老字号企业中70%寿终正寝，幸存下来的经济效益好的不到20%，形成规模经济效益的更是凤毛麟角。

而恒源祥第一亿斤毛线最后的竞买者却在拍卖现场大声说，他看中的就是“恒源祥”3个字。

老字号：越用越增值，不用分文不值

老字号青春常在的力量之源是创新。恒源祥总经理刘瑞旗说，老字号的优势在于“老”，有着独特的品牌文化；衰落的根由也在于“老”，因为“老”，企业缺乏活力，无法适应现在的市场竞争。恒源祥走的路，是以“老”在竞争激烈的市场中站稳脚跟，以“新”冲到市场前沿。他认为，老字号只有在不断使用中才会不断增值，不用就会不值分文——不断地进攻才是最好的防御。

因为意识到“老”了，恒源祥更加注重自己的“年轻化”：不惜重金引进人才，不仅有管理博士等高级人才组成的管理核心层，而且仅今年就从国内名牌大学引进数名MBA。

对人才的使用，恒源祥采取因人设岗的用人机制。用刘瑞旗的话就是：“如果你是经理的料，那你就当经理。”他说到做到，如果员工自认自己可以开办公司，就可向总公司申请开办，总公司在人员、财力上不吝支持。今年，恒源祥公司内一位专门从事影视制作的员工申请开办传播公司，成为执行董事。刘瑞旗在成立仪式上对员工说：“我希望你们当中有更多的人开办公司，有更多的人成为经理。”他的话在年轻人的心中激起一股股热浪。创业，在恒源祥年轻人中形成一种气氛。

文化创新是法宝

在经营方式、管理制度、产品和服务结构上，恒源祥也不断出新，对消费者需求不断进行挖掘。如它的毛线不再仅仅满足于生理保暖的需要，而是满足消费者的心理需要，增加了时尚、保健等特性。因此，它才成为毛线行业的龙头企业。

刘瑞旗强调：“文化创新是我们制胜的法宝，因为无论是产品创新，还是机制创新，归根结底是一种文化创新。可口可乐一百年来口味和品牌不变，变的是它不断地吸纳各种文化，始终保持一种开放性，兼收并蓄，并在此基础上进行文化创新。在文化创新方面，我相信恒源祥并不比别人差。”

刘瑞旗的信心，来自于新老客户对恒源祥这个老字号的认同和关心。不久前在上海举行的“恒源祥羊毛节”上，那些着恒源祥服饰的模特，在灯光变幻的T形台上向观众袅娜走来，有年轻人惊叹：恒源祥不仅是老爸老妈那一辈的品牌，也是我们的。因为它够时尚，够典雅，够高贵！

与时俱进，通过产品创新满足不同层次消费者的需求，或许正是老字号企业“返老还童”的秘诀所在。

分析讨论

1. 结合材料分析恒源祥保持长期竞争力的秘密何在。
2. 恒源祥的经验对企业有哪些有益启示？

案例十四　零售巨子沃尔玛成为世界第一的四大法宝

《财富》杂志评选的2002年美国企业500强，零售业巨子沃尔玛连锁店将埃克森—美孚石油公司拉下马，以2 198.1亿美元的营收总额登上了美国乃至世界企业的第一把交椅。这是美国历史上服务业公司第一次成为《财富》500强的龙头老大。1955年，《财富》杂志开始给巨型企业排座次时沃尔玛还根本不存在。1979年，沃尔玛全年销售额才首次达到10亿美元，可到1993年，一周的销售额就达到这个数字，2001年更是一天就予以完成。沃尔玛既不经营赚钱快的汽车、石油，更不生产获利丰的飞机、大炮，而是靠出售廉价的零售百货，愣是在40年内“打遍天下无敌手”。正像《财富》杂志记者不无惊叹地写道：“一个卖廉价衬衫和鱼竿的摊贩怎么会成为美国最有实力的公司呢？”

的确，沃尔玛走向成功的过程演绎出许许多多令人拍案叫绝的故事。翻开沃尔玛的历史，人们不难发现有4条经验至为关键。

第一是薄利多销。沃尔玛创始人山姆·沃尔顿1962年在阿肯色州乡村创立第一家连锁店时靠的就是这一条。当年，沃尔顿对其商店的定位就是中下阶层，经营服装、饮食以及各种日常杂用，最重要的是以低于别家商店的价格出售，因而吸引了众多顾客，连锁店越开越多，但“天天低价”的法则始终没有变。沃尔顿有句名言：“不管我们付出的代价多大，如果我们赚了很多，就应当转送给顾客。”

如今，沃尔玛旗下在美国拥有连锁店约3 500家，其他国家拥有1 100家，全球雇员1 200多万，是一个实实在在的企业帝国。但不管你走进哪里的沃尔玛，“天天低价”仍然是最为醒目的标志。为了实现低价，沃尔玛想尽了招数，其中重要的一招就是大力节约开支，绕开中间商，直接从工厂进货。统一订购的商品送到配送中心后，配送中心根据每个分店的需求对商品就地筛选、重新打包。这种类似网络零售商零库存的做法使沃尔玛每年都可节省数百万美元的仓储费用。

第二是服务至上。除了低价，沃尔玛再一个引人注目的特点就是良好的服务。从 1962 年到 1992 年退休，沃尔顿引领公司飞速发展的 30 年中，格外强调要提供“可能的最佳服务”。为了实现这一点，沃尔顿编制了一套又一套的管理规则。他曾要求职员做出保证：“当顾客走到距离你 10 英尺的范围内时，你要温和地看着顾客的眼睛，向他打招呼并询问是否需要帮助。”这有名的“10 英尺态度”至今是沃尔玛职员奉为圭臬的守则。对于职员的微笑，沃尔顿还有个量化的标准：“请对顾客露出你的 8 颗牙。”此外，什么“太阳下山”原则、“超越顾客的期望”等等都是沃尔玛吸引顾客的制胜法宝。

第三是团队精神。沃尔玛企业文化中崇尚的 3 个基本原则的第一条是“尊重个人”。沃尔玛不只强调尊重顾客，提供一流的服务，而且还强调尊重公司的每一个人。在沃尔玛内部，虽然各级职员分工明确，但少有歧视现象。该公司一位前副董事长曾经说过：“我们是由具有奉献精神、辛勤工作的普通人组成的群体，来到一起为的是实现杰出的目标。我们虽然有不同的背景、肤色、信仰，但坚信每一个个人都应受到尊重和尊严的待遇。”

第四是力争完美。沃尔玛从 20 世纪 60 年代初的一家店到 90 年代已发展成为世界十大公司之一，可“力争完美”的雄心依然未变。沃尔玛在吸纳新的经营理念和创意的同时，还迅速跟上时代步伐，利用新技术为自身发展服务。它曾投入 4 亿美元巨资，委托休斯公司发射商用卫星，实现了全球联网，为其高效的配送系统提供保证。据报道，通过全球网络，沃尔玛总部可在 1 小时内对全球 4 000 多家分店每种商品的库存量、上架量和销售量全部盘点一遍。近两年，美国网络业普遍不景气，沃尔玛网站虽然也受到影响，但该网站的经营却是越来越好。

综上所述，沃尔玛的成功经验对于今天的企业家来说似乎并没有多少新鲜之处，可值得注意的是，山姆·沃尔顿领导下创就的种种经营法则坚持几十年不变，说到做到，这不仅令人叹服，而且应当成为千万企业效法的蓝本。

分析讨论

1. 请总结沃尔玛的企业文化。
2. 你认为企业文化建设应从哪些方面入手？

参考文献

1. 赵丽芬主编. 管理理论与实务. 北京：清华大学出版社，2004
2. 王绪君主编. 管理学基础. 北京：中央广播电视大学出版社，2001
3. 杨加陆，林东华. 现代管理学. 上海：上海三联出版社，2003
4. 沈波，李岩，蒋新宁，肖立刚. 管理学基础. 北京：企业管理出版社，2001
5. (美)哈罗德·孔茨，海因茨·韦里茨. 管理学. 北京：经济科学出版社，1995
6. (美)约瑟夫·普蒂，海因茨·韦里茨，哈罗德·孔茨著；丁慧平，孙先锦译. 管理学精要·亚洲篇. 北京：机械工业出版社，1999
7. 苏勇，何智美. 现代组织行为学. 第1版. 北京：清华大学出版社，2007
8. 李维刚，白瑷峥主编. 管理学原理. 北京：清华大学出版社，2007
9. 陈琳主编. 管理原理与实践. 第1版. 北京：国防工业出版社，2007
10. 孙成志主编. 组织行为学. 第1版. 北京：中央广播电视大学出版社，2001
11. 王重鸣. 管理心理学. 北京：人民教育出版社，2006
12. (美)杜拉克. 有效的管理者. 北京：中国财政经济出版社，1988
13. (法)H. 法约尔. 工业管理与一般管理. 北京：中国社会科学出版社，1982
14. 何钟秀. 现代管理学. 杭州：浙江教育出版社，1998
15. (日)占部都美. 现代管理论. 北京：新华出版社，1984
16. (美)小詹姆斯·H. 唐纳利. 管理学基础. 北京：中国人民大学出版社，1981
17. 韩岫岚主编. MBA 管理学. 北京：中央党校出版社，1999
18. 苏慧文等. 管理学原理与案例. 青岛：青岛海洋大学出版社，1999
19. 郭显光主编. 现代企业管理. 北京：中国物资出版社，1999
20. 单宝玲主编. 现代企业管理原理. 天津：天津大学出版社，1998
21. 吴培良主编. 企业领导方法与艺术. 北京：中国经济出版社，1997
22. 杨晓滨，张丽华主编. 现代管理培训与案例教学. 北京：中国人事出版社，1999
23. 徐二明主编. 工商管理培训案例. 北京：中国经济出版社，1998
24. 赵国俊，陈幽泓. 机关管理的原理与方法. 北京：中国人民大学出版社，1999
25. 周三多，蒋俊，陈传明. 管理原理. 南京：南京大学出版社，1998
26. 韩岫岚，王绪君主编. 管理学. 北京：经济科学出版社，1999
27. 许庆瑞主编. 管理学. 北京：高等教育出版社，1997

28. 贺梅生，傅尔基. 现代企业管理学——基础与应用. 上海：华东理工大学出版社，1998

29. 张红，徐学军. 新编企业管理学. 广州：华南理工大学出版社，2000

30. (美)斯蒂芬·P. 罗宾斯. 管理学. 北京：中国人民大学出版社，1996